CAMBRIDGE

★ 四川大学边疆研究资料丛书

国际法上的难民权利

The Rights of Refugees under International Law

[美] 詹姆斯·C.哈撒韦◎著　黄云松◎译

中国社会科学出版社

图字：01-2017-1932

图书在版编目（CIP）数据

国际法上的难民权利 /（美）詹姆斯·C. 哈撒韦著；黄云松译. —北京：中国社会科学出版社，2017.3

（四川大学边疆研究资料丛书）

书名原文：

The Rights of Refugees under International Law

ISBN 978-7-5161-8330-4

Ⅰ. ①国… Ⅱ. ①詹… ②黄… Ⅲ. ①难民—人权—国际法—研究 Ⅳ. ① D998.2

中国版本图书馆 CIP 数据核字 (2017) 第 031346 号

出 版 人　赵剑英

责任编辑　王　茵

特约编辑　王　称

责任校对　崔芝妹

责任印制　王　超

出　　版　中国社会科学出版社

社　　址　北京鼓楼西大街甲 158 号

邮　　编　100720

网　　址　http://www.csspw.cn

发 行 部　010-84083685

门 市 部　010-84029450

经　　销　新华书店及其他书店

印　　刷　北京君升印刷有限公司

装　　订　廊坊市广阳区广增装订厂

版　　次　2017 年 3 月第 1 版

印　　次　2017 年 3 月第 1 次印刷

开　　本　710×1000　1/16

印　　张　21

插　　页　2

字　　数　414 千字

定　　价　89.00 元

凡购买中国社会科学出版社图书，如有质量问题请与本社营销中心联系调换

电话：010-84083683

丛书编委会

丛书总序

历史经验一再表明：边疆稳则国家安，边疆强则国力盛。边疆安全与发展问题，关乎中国改革开放发展梯次推进，关乎国家的地缘政治经济战略安全，关乎中国能否有效参与国际政治经济新秩序的建构，关乎全面建成小康社会和"中国梦"的实现。

边疆问题研究，在中国有悠久的历史。上溯明代张雨的《边政考》，下及近代仁人志士所列诸种学说，以及上世纪二三十年代活跃在成都华西坝的"华西边疆研究学会"及其主办的《华西边疆研究学会杂志》等，都有筚路蓝缕之功。近年来，"治国必治边"渐成共识，边疆研究方兴未艾，国内多家高校和研究机构先后建立边疆研究机构，一批中青年学者成长起来，相关成果在服务国家治理体系和治理能力现代化、推进"一带一路"建设、构建边疆学学科体系等方面发挥了积极的作用。

2012 年，四川大学联合云南大学、西藏大学、新疆大学、国家民委民族理论政策研究室、国务院发展研究中心民族发展研究所等单位，在北京成立中国西部边疆安全与发展协同创新中心。该中心以兴边富民、强国睦邻和国家长治久安为目标，致力于发挥理论创新、咨政建言、人才培养、舆论引导、社会服务、公共外交等重要功能，服务于边疆稳定与发展，服务于国家安全战略，服务于西部周边睦邻友好，服务于"一带一路"建设。

中国西部边疆地域辽阔，疆线绵长，民族多样，是大国利益交汇区域，也是我国应对各种涉及国家安全、稳定与发展挑战的前沿阵地和战略依托，安全屏障地位十分显要。从云南、西藏到新疆，从边界争议到"一带一路"建设，从民族团结到反分裂斗争，从资源开发到生态保护，从民生改善到周边关系处理，西部边疆的一系列问题都是涉及国家核心利益的重大问题，且生存安全问题和发展安全问题、传统安全威胁和非传统安全威胁相互交织，情况特殊而复杂。

近几年，中国西部边疆的安全与发展面临突出的问题：

（1）西部边疆地区从过去随机状态下的基本稳定，向专项控制下的基本稳定转变,由于外部势力的介入,其安全稳定的变数显著增加。国际上，西部边疆相关议题的国际话语权争夺日趋激烈，特别是国际话语权仍旧由西方国家和媒体主导的大背景下，围绕西部边疆问题“讲好中国故事、传播好中国声音”已成为当务之急。在国内，西部边疆地区从各民族“命运一体，荣辱与共”，开始出现局部否定国家和中华民族认同的暗流，特别是在境内外敌对势力的渗透下，极少数群体的民族分裂意识有抬头趋势。

（2）西部边疆地区社会经济发展面临越来越大的挑战。我国经济发展速度地区差异明显，西部边疆地区经济发展长期落后于全国经济发展平均水平。在全球化和市场化加速推进的背景下，西部边疆地区面临“强者愈强，弱者愈弱”的发展困境，到 2020 年要与全国同步实现全面建成小康社会的目标，时间短，要求高，发展压力巨大。

（3）西部边疆地区的人口、资源、环境关系从基本稳定向局部恶化转变。由于社会经济发展需要，一方面农村人口大量向城镇转移，造成农村空心化，不利于守边固边，也不利于自然资源的高效利用；农村人口向城镇集中，在给当地经济发展带来动力的同时，也由于过度开发承载力有限的自然生态环境而造成当地生态环境破坏，致使局部自然生态环境恶化。近年来，我们社会经济发展转型强调生态文明建设，西部边疆地区则是我国生态文明建设的重要区域，如何协调生态文明建设与社会经济发展的关系，促进人口、资源与环境的协调，是西部边疆地区发展必须处理好的重要问题。

（4）西部边疆地区战略地位不断提升，迎来前所未有的的发展机遇。随着“一带一路”建设的推进，随着我国从过去主要实行沿海开放转向扩大内陆沿边开放，特别是受到东海、南海问题的影响，西部地区向西向南开放的紧迫性显著增强。近年来，“一带两廊”通道问题正在由重大国家利益转化为国家核心利益，喜马拉雅区域生态安全问题日益成为涉及我国潜在核心利益的重大全球性问题；西部周边国际环境正从局部对抗向构建“睦邻、富邻、友邻”格局转变，在中亚、南亚、东南亚构建新型周边关系和新型大国关系的任务十分迫切；西部边疆及周边国家正面临打造“利益共同体、责任共同体、命运共同体”的契机和考验，我国需要更多从地缘政治角度转向地缘文化和地缘文明，树立以人为核心的治理理念和治理模式，把争取民心和民心相通作为边疆治理和“一带一路”建设的最重要抓手。

总之，中国西部边疆问题作为一个问题域，覆盖面广，错综复杂。围绕西部边疆安全与发展战略开展协同创新，必须运用辩证唯物主义和历史唯物主义的立场、观点和方法，整体布局，精心谋划，综合配套，持续推进，防止浅表化、片面性和短效性。中国西部边疆安全与发展协同创新中心肩负着时代的使命，希望经过一个时期的共同努力，加快推进中国西部边疆问题研究和边疆学学科建设。为此，我们与中国社会科学出版社共同策划了《边疆问题研究丛书》、《边疆学学科建设丛书》及《边疆研究资料丛书》，这些丛书不拘形式，重在创新，成熟一批，推出一批。由于时间仓促，水平有限，我们对很多问题的认识尚处于探索阶段，希望读者批评指正。

编者

2015年9月8日

序

世界各国每年有数百万人寻求《难民法》的保护。国际法上的这种自动调节机制成为他们得到庇护的基础，简而言之，就是允许身处危境的人“用脚投票”。

联合国难民署指出，个人一旦满足1951年公约难民概念所规定的标准，那么他就是难民。该事实的发生肯定早于其难民地位得到正式确认。因此，承认难民地位并不能使其变成难民，无非是宣布他有难民地位。承认本身不是他成为难民的原因，得到承认是因为他本就是难民。[①]

照此理解，国际法上的难民有资格在任何《难民公约》缔约国（包括中国）主张一系列受国际法保护的权利——不仅包括重要的民事权利，而且还包括社会经济权利和有助于解决难民身份的其他权利。由于能否取得难民地位的决定性因素是事实，而不是法律程序，因此在确认某个人不是难民之前，他就有资格持续享有法律规定的权利。

当然，主张难民权利必须考虑合法的需求以及难民接收国的实际情况。尽管难民应当得到各项权利，但这一过程是循序渐进的：难民最初只能取得某些最基本的权利，随着其与接收国之间的关系越发紧密，难民享有的权利才能逐步增加（即便如此，接收国赋予难民的权利也不可能超越其国民享有的权利）。难民还需遵守接收国的各项法律，一旦违犯也将遭到起诉和惩罚。正如英国最高法院所述：

> 《难民公约》……是各种利益冲突之间达成的妥协和折衷。一方面，确有必要保障受迫害者获得人道待遇；而另一方面，主权国

① 联合国难民署：《甄别难民地位的程序及准则手册》（2011年），第29段。

家也希望对进入本国领土的人士保持管控……[①]

至关重要的是，《难民公约》的宗旨不是慈善，更不是提供不劳而获的空白支票。无论是公约的内部结构还是起草过程，都清楚无误地表明，《难民公约》坚定地主张让难民自食其力：

> 难民将在庇护国独立生活，这是现阶段难民保护工作的主要特征。除了“极端”个例，国际组织将不会像现在一样继续负责供养难民。他们将被纳入庇护国的经济生活，自食其力并养育其家人。[②]

本书旨在揭示国际难民权利制度的本质。书中对理论上的难民权利，以及各国的广泛实践进行了深入分析。不过，中文节译本并未涉及中国的相关法律和实践。

原著——篇幅几近1200页——于2005年由剑桥大学出版社刊印发行。它对《难民公约》规定的所有权利和《国际人权法》中的同源权利进行了全面梳理和分析。诚然，如果读者希望详尽了解所有难民权利，那么仍需要研读原著。这部中文节译本，只是为了方便读者掌握原著的核心内容。特别之处在于，它解释了《难民公约》中难民权利体系的结构；对难民的两类基本民事权利进行了分析，即进入缔约国并逗留的权利（不推回原则），以及不因非法入境而遭任意拘禁和处罚的自由；此外，它还对难民最重要的经济权利，即就业权进行了阐述。

本书的翻译工作由四川大学的黄云松博士独立完成。他作为博士后研究员，在密歇根大学法学院跟随我学习了一年多时间，而后返回四川大学担任教职。为确保《国际法上的难民权利》中译本的清晰准确，他倾尽精力，耗费数年时间最终圆满完成。他在本书翻译过程中所表现出来的热情执着和超乎寻常的专业精神，令我不胜感激。

詹姆斯·C. 哈撒韦

2015年8月

---

① R. (ST, Eritrea) v. SSHD, [2012] UKSC 12 (UKSC, Mar. 21, 2012), at para. 29.

② “秘书长备忘录”，U.N. Doc. E/AC.32/2, Jan. 3, 1950, at 6—7。

目　录

概　述

一直以来，对于前往发达国家的难民而言，最大的挑战莫过于说服政府当局，以证明他们的难民地位应当得到承认。[①]“有正当理由的畏惧”标准究竟要求面临多么严重的风险？“遭受迫害”的概念包括哪些形式的伤害？在境外寻求难民保护之前是否有义务在本国寻求内部救济？得到保护的五个理由分别有何含义，在这些理由与遭受迫害的风险之间需要具备怎样的因果关系？除此以外，近些年来，个人在何种情形下可能被取消或不再给予难民保护的问题也受到了极大的关注。

虽然围绕上述问题和公约难民资格的争论从未休止，[②] 但是 20 世纪 90 年代也出现了令人瞩目的重要转机，那就是各国司法实践为解决颇为棘手的概念上的争议进行了广泛和深入的努力。各国高等上诉法院已经建立了一套持续而且难得的跨国司法对话机制，就难民概念的范围问题进行探讨，而且不断地致力于寻求共识。[③] 事实上，英国上议院早就指出，解释难民公约并确保各国在难民保护标准上形成共识，这原本就是各国法

---

① 在国际法中，难民定义的核心是“由于种族、宗教、国籍、属于某一社会群体或具有某种政治见解的原因，有正当理由畏惧遭受迫害，因而留在其本国之外并且由于此项畏惧而不能或不愿受该国保护的人”。《关于难民地位的公约》，1951 年 7 月 28 日通过，1954 年 4 月 22 日生效；《关于难民地位的议定书》，1967 年 1 月 31 日通过，1967 年 10 月 4 日生效。

② 联合国难民署将“特定社会群体”的范围、与性别相关的迫害、寻求内部保护或重新安置义务的性质、终止和排除条款等视作特别重要的事项。参见 E. Feller et al. eds., Refugee Protection in International Law (2003), pp. 263—552。

③ 难民法法官国际联合会于 1995 年成立，该组织成员来自大约 40 个难民庇护国，是推动难民法发展的一种重要方式。2002 年，难民法法官国际联合会举办了第一次“难民法高级研讨会”，来自世界各地的审判员汇聚一堂，为了在难民定义的重要问题上达成共识展开探讨。参见 J. Hathaway, “A Forum for the Transnational Development of Refugee Law”, (2003)15(3), International Journal of Refugee Law, p. 418。

院应有的法律责任。

> 与其他的多边条约一样,《难民公约》必须被赋予独立的含义……不至于让缔约各国的不同法律制度的对其产生影响。因此，原则上条约只能有唯一正确的解释……
>
> 在实践中，各国法院在条约解释上存在着严重的分歧，这个问题需要留给它们自己解决。但是在解决问题的过程中，它们必须排除各自国家法律文化的干扰与影响，以探究条约本身的自主和国际含义。[①]

相较于各国法院为了在公约难民定义上达成共识而取得的进展，司法界对于伴随公约难民地位的各项权利的含义却鲜有关注。虽然《难民公约》大部分内容实际上都是在阐述这些权利，但是与之相关的司法意见却是凤毛麟角，而且其范围也仅限于条约规定权利中的极少部分。即便是在学术著作中，也只有“不推回”这一核心义务，以及少数情况下被提及的“不驱逐”和“不惩罚”义务得到过一定的关注。[②] 理论分析上存在的差距显然要归因于大多数发达国家的某种传统，即在形式上或实践中将难民简单地看作长期或永久居民。纵然《难民公约》没有如是要求，但是这种处理方式实际上可以让多数公约权利（和其他额外权利）得到保障。由于难民权利并未面临遭受侵害的风险，因而专门阐述其含义的必要性也不大。

然而，发达工业国家的政府当局近年来已经开始检讨常态化吸收难

① R v. Secretary of State for the Home Department, ex parte Adan and Aitseguer, [2001] 2WLR 143 (UK HL, Dec. 19, 2000).

② 唯有公约第 31—33 条所载明的难民权利引起了学术界的广泛关注。即使联合国难民署在近年来所做的国际咨询中也只有三项难民权利得到了特别关注，即不推回的权利（公约第 33 条）、不因非法入境而受到处罚或拘押的自由（公约第 31 条），以及保障家人团聚的权利：参见 E. Feller et al. eds., Refugee Protection in International Law (2003), pp. 87—179, 185—258, and 555—608。没有全面研究难民权利的某些学术著作现在看起来已经比较过时，包括：N. Robinson, Convention Relating to the Status of Refugees: Its History, Contents and Interpretation (1953); A Grahl-Madsen, Commentary on the Refugee Convention 1951 (1963, 1997); P. Weis, The Refugee Convention, 1951: The Travaux Preparatoires Analysed with a Commentary by Dr. Paul Weis (1995)。

民的内在逻辑，并逐渐寻求限制他们取得各种权利。[①] 最普遍的质疑包括，是否应当允许难民享有迁徙、工作、获取公共福利的自由，或是与家庭成员团聚的权利。在少数国家，有人怀疑免除难民遵守签证和其他移民法规义务的适当性，甚至开始质疑是否有义务接纳难民入境。各国政府也急于寻找办法将难民遣返回原籍国，甚至自我免除其早已承认的某些保护义务。

有力的难民保护模式正在逐渐退化，这种发展趋势在多数欠发达国家成为普遍现象。基于实用主义和国际法原则的考虑，欠发达国家——它们接收了世界上绝大部分难民[②]——几乎很少质疑入境者是否有取得难民地位的资格。[③] 但是，这种观念上的慷慨并不能完全落实在实际行动上，导致这些国家难以用符合《难民公约》的方式来对待难民。在太多的实际案例中，身处欠发达国家的难民遭到关押、被社会边缘化、陷入绝境，甚至失去满足最基本生活需求的能力。虽然大多数发达国家近年来已经对伴随难民地位的相关权利做出了明确界定，但这对于许多欠发达国家而言，仍会是在相当长时间内无法得到解决的难题。

因此，本书旨在重新提出这个长久以来遭到忽视，但对难民来说又至关重要，并且国际社会业已达成共识的难民的人权问题。更确切地说，本书是为了详尽阐述对难民法的理解，将其完全置于法律义务的语境下，暂时抛却各国的政策和偏好取舍，来做一番透彻的分析。而展开分析的基本前提是，《难民公约》是一套经过深思熟虑的完善的权利制度，享有这套制度带来的权益是难民的当然权利。

由此可知，《难民公约》及其《议定书》在此处并未被看作是涉及移民的国际规约，而是作为国际人权法不可或缺的一部分。这种观点完全符合各国高等法院在分析《难民公约》的目的和宗旨时所持的立场。加拿

---

① J. Hathaway, "The Emerging Politics of Non-Entr é e", (1992) 91 Refugees 40, and G. Noll, Negotiating Asylum: The EU Acquis, Extraterritorial Protection, and the Common Market of Deflection (2000).

② 例如，截至 2003 年 12 月 31 日，非洲、中东、南亚和中亚为世界上近 80% 难民提供了保护。美国难民委员会，World Refugee Survey 2004 (2004), pp. 4—5。

③ 在某些地区条约中，尤其是非洲，缔约国已经正式承诺对难民地位进行更广泛的解读。参见 J. Hathaway, The Law of Refugee Status (1991), pp. 16—21; and G. Goodwin-Gill, The Refugee in International Law (1996), pp. 20—21。

大最高法院早就提出，《难民公约》的根本目的就是要甄别那些不再享有国家有责任给予最基本保护的人。在此种情况下，难民法向其提供替代性的基本人权保护：

> 国际难民法的形成是为了在原籍国的保护之外给个人提供一种后备选择。仅当其无法获得国家的保护，且仅当满足特定条件时，这种替代保护才会发挥作用。①

作为对这种观点的补充，英国上议院也指出，难民法的根本目的是要恢复难民获取保护的状态：

> 《难民公约》的主要目的是使因公约原因不再享有本国保护而遭受迫害的人能够向国际社会寻求保护。②

澳大利亚高等法院的科比大法官进一步将难民法的目的与更普遍的人权事业直接关联起来：

> 确定《难民公约》含义应当考虑它的目的，时刻谨记该公约乃是为救济“侵犯基本人权，以致国家保护失效”的重要国际条约之一……正如人类历史在过去百年间反复发生的那样，意识到国家保护的失效才是最终导致国际法介入牵涉个人人权事务的原因。③

如以上观点所述，难民法是人权法中专注于救济或缓解难民困境的分支。它的明确目标就是要确保（由于公约原因）在自己国家失去基本权利保护，而又能够前往一个庇护国家的那些人，在任何《难民公约》缔约

---

① Canada v. Ward, (1993) 103 DLR 4th 1 (Can. SC. June 30, 1993).

② Horvath v. Secretary of State for the Home Department, [2000] 3 ALL ER 577 (UK HL, July 6, 2000), per Lord Hope of Craighead.

③ 科比大法官认为，“难民”一词“的理解应当以国际人权法（《世界人权宣言》和《公民及政治权利国际公约》）为背景”。Minister for Immigration and Multicultural Affairs v. Khawar, [2002] HCA 14 (Aus. HC, Apr. 11, 2002)。

国都享有获取替代保护的权利。因此，作为难民法最无可置疑的结果，入境的权利实际在本质上是具有承续性的一种安排，而且其时限也取决于难民原籍国的风险持续性。当非自愿移民的原籍国不能或者不愿对其履行保护责任时，如果为了维护其人格尊严，那么给以入境的权利就不啻为实现人权目的的必要手段。就精髓和实质而言，难民法与移民法截然不同，它无非是为人权提供替代保护的一项制度。

虽然《难民公约》的重要性显而易见，而且亦得到了大多数国家的批准，[①] 但是当难民的福祉受到威胁时，它却很少被当作最基本的引证和参考依据。尤其需要指出的是，现在过于频繁地引用联合国难民署或其他机构的非约束性政策意见竟然成为一种趋势。在有关法定标准的问题上似乎已经有了一种新的默认规则，即难民面临所有的问题都可以（并应当）依靠新确立的国际人权保护的普遍制度加以解决。[②]

显然，当代所有人都享有法定的人权，而且这种权利在任何时期和任何社会都应当得到正式的承认。世界各国在原则上均无一例外地承认，所谓原生权力、国家主权权力或是文化多元性，都不能成为其治下民众——其中也包括难民——的基本权利得不到保障的正当理由。[③] 涉及人权的国际规约众多，而且数量还在不断增加。可是，在联合国人权法制度业已建立了半个多世纪的今天，我们不得不承认，真正能够用以追究国家责任的法律工具又是何其少。人权法是超越民族国家政治进程的重要成果，对它的理解需要经过一个让不同价值观和政治目标彼此和解的痛苦过程，而这一过程现在还远未结束。我们还没有建成统一而全面

① 截至2004年10月1日，已有145个国家加入了《难民公约》或《难民议定书》。马达加斯加、摩纳哥、纳米比亚、圣基茨和尼维斯只加入了《难民公约》，而美国、委内瑞拉则只加入了《难民议定书》。联合国难民署，www.unhcr.ch。

② "在传统国际法中，'损害境内外国人的人身或财产的国家责任'似乎受到两项重要原则的约束，即所谓的'国际正义标准'以及国民与外国人平等原则……这两项原则在过去所要达成的目的——保护人身及财产安全——现在可以通过承认基本人权的方式得以实现。实际上，当代国际法的发展已经超越了这两项原则。"参见 F. V. Garcia Amador et al., Recent Codification of the Law of State Responsibility for Injuries to Aliens (1974), p. 1。

③ 比利时一度建议将《世界人权宣言》第18、19条纳入《难民公约》，但是该建议未获采纳。原因是英国代表认为："一部关于难民的公约无法囊括《世界人权宣言》的所有条款。况且，《宣言》的普遍性决定了它应当毫无差别地适用于所有人群，为强调这些条款也适用于难民而进行的特别说明毫无意义。"参见英国代表 Leslie Brass 爵士的发言，UN Doc. E/AC.32/SR.11, Jan. 25, 1950, at 8。

的人权法制度，现在有的无非是东拼西凑的各种标准，而其实施则只能依靠某些辅助性或强制力很低的机制。① 纵然人权事业取得了一些成功，但是它仍旧处在发展阶段，在某些领域的成就确实令人振奋，而在其他领域却乏善可陈。

国际人权法这种支离破碎的特征常常被学者和法律界人士所忽视。也许是希望尽早成就普适性人权事业的潜意识在作祟，他们在牵涉国际法原则认定的复杂标准问题上出现了轻描淡写，甚至游移不定的倾向，以便借此夸大法律规范的实际效用。其结果是，书面的法律与得到承认并对国家权威形成有效约束的法律之间已然形成了令人焦虑的割裂。

不过，本书所要阐述的观点恰好相反，即只有凭借真正具有权威性的法律标准，才能够更好地促进难民保护，尤其是要依赖那些已经得到广泛批准的条约法。因此，本书的研究希望在理论和实践层面上明确界定难民在庇护国可以主张的国际法定权利的范围。该研究角度的选择是基于一种笃定的信念，即在当今法律环境之下，那些具有创造性但本身并不完美的规范与机制综合体才是在真正意义上践行国家责任的最佳途径，虽然国际难民权利制度尚未得到充分的利用，但它却为达成该目标提供了一个重要的机遇。

鉴于这一目的，本书将不会用过多的篇幅去探讨其他相关问题。显然，难民概念不是本书的主题。② 本书既不会介绍那些在国内和国际层面肩负难民保护责任的机构及其运作情况，③ 也不会尝试解读难民保护制度的优化配置方式。④

本书更不会对联合国和各地区国际组织订立的一系列高度专门化的人权条约进行详尽分析。本书也将避免迁延到具有潜在关联性的所有国际人权话题。这是一个经过慎重考虑后做出的决定，其原因在于个别难民得

---

① P. Alston and J. Crawford eds., The Future of UN Human Rights Treaty Monitoring (2000).

② 有关公约难民定义范围的详尽阐述，参见 J. Hathaway, The Law of Refugee Status; G. Goodwin-Gill, The Refugee in International Law, pp. 32—79; A. Grahl-Madsen, The Status of Refugees in International Law (vol.I, 1966), pp. 142—304。

③ G. Loescher, The UNHCR and World Politics: A Perilous Path (2001); A. Helton, The Price of Indifference: Refugees and Humanitarian Action in the New Century (2002).

④ J. Hathaway ed., Reconceiving International Refugee Law (1997).

到国际人权保护的眷顾确属偶然现象。受到国际保护的其他群体中的难民，例如少数族裔、妇女和儿童，在大多数国家都能享有为之特设的条约权利。[①] 其他难民则有权根据他们各自的逃亡原因获得权利和救济，其中尤为重要的就是那些躲避战火的难民。[②]

① 尤其重要的条约包括：《消除一切形式种族歧视国际公约》，1965 年 12 月 21 日通过，1969 年 1 月 4 日生效；《消除对妇女一切形式歧视公约》，1979 年 12 月 18 日通过，1981 年 9 月 3 日生效；《儿童权利公约》，1989 年 11 月 20 日通过，1990 年 9 月 2 日生效。

② T. Meron, Human Rights and Humanitarian Norms as Customary Law (1989), pp. 3—78.

第一章

《难民公约》中的权利结构

当下，难民享有的普遍权利有两个主要来源——国际人权法的普遍标准，以及《难民公约》本身。虽然 1951 年以来国际人权法这个涵盖广泛的制度体系取得了长足发展，但是《难民公约》所设定的义务依然非常重要。需要特别指出的是，一般人权规范并不专门针对难民问题；一般经济权利也被定义为逐步实现的义务，欠发达国家可以合法地拒绝非公民享有这些权利；非公民的所有民事权利并不能得到全然的保障，而且他们享有的大多数权利亦可能在国家突发紧急事态时因没有当事国国籍而被剥夺；对国际法上非歧视义务的解释，也不能总是以确保难民获得相关保护为立足点。

另一方面，普遍人权法在《难民公约》确定的权利清单基础上还增加了大量其他权利。某些有能力影响和改善执行标准的国际监督机构也开始常态化地解释和适用普遍人权法，以便有效应对当今的现实状况。鉴于难民法和普遍人权法在难民问题上的实际价值，因此本书的分析将对这些法律渊源进行适度的整合，然后提出一套难民待遇的统一标准。

本章内容会着重探讨《难民公约》确立和界定权利的复杂方式。第一，从根本上来讲，难民权利体系绝不能简单地理解为缔约各国应当向所有难民平等兑现的义务清单。与之相反的是，随着个别难民与置身境内的缔约国之间关联度逐步加深，该权利体系会赋予这些难民更多的权利。在所有难民都享有若干核心权利的同时，其与庇护国之间发生关联的性质和程度还将导致额外权利的产生。如果一个难民进入一国的法律或事实管辖范围，那么最基本的一组权利便立刻随之产生；当难民进入缔约一国的领土时，便能享有第二组权利；当合法逗留于缔约一国领土内时，难民则能享有某些其他权利；当难民合法居留于缔约一国时，难民还能取得某些额外权利；此外，还有少部分权利仅为满足长期居住要求的难民所专享。[①] 在难民提出任何权利要求之前，其与所在国之间的关联必须得到确认。难民与所在国之间的关联结构是一种逐步递进的关系，即此关联乃是建立在彼关联的基础之上（身处一国领土之内的难民必定是处于该国管辖之下的难民；合法逗留的难民首先是逗留于缔约国领土以内的难民；合法居留的难民必然是合法逗留的难民；长期居住的难民一定也是合法居留的难民），而已经取得的权利会在难民地位存续期间一直得以保留。[②]

第二，依据 1933 年公约以及作为其前身的外籍人法律制度，难民应当享有的待遇标准乃是绝对标准与或然标准相结合的产物。难民的某些权利需要得到绝对的保障，即便包括所在国公民在内的其他人都无法享有，难民的这些权利也必须得到切实尊重。[③] 另一种更为普遍的情况是，依据所在国法律和惯例给予其他群体的相关待遇，也会对难民的待遇标准产生影响。在或然权利标准之下，难民有资格取得最惠国国民的待遇，或者是被同化成为庇护国的公民。[④] 如果某项权利不存在绝对标准和或然标准，那么难民则可以享有该庇护国内非公民的一般待遇标准。[⑤] 然而在适用该一般待遇标准时，必须排除难民因内在原因根本无法满足的要求，[⑥] 而且不得对难民采取任何针对其原籍国公民的例外措施。[⑦]

第三，庇护国不能给任何细分难民群体以优惠待遇。《难民公约》本身所规定的非歧视规则以及非歧视的普遍义务均要求，所在国的全部难民都应当享有取得权利的均等机会。

第四，也是最后一点，缔约各国享有一定的自由裁量权，可基于国家安全的考虑剥夺个别难民的某些权利。[⑧] 但与诸如《公民及政治权利国

---

① 参见原著 1.1 章节。

② "The structure of the 1951 Convention reflects [a] 'layering' of rights": "Letter from F. Andrew Painter, UNHCR Senior Protection Officer, to Robert Pauw", (2003) 80 Interpreter Releases 423, p. 427.

③ 参见原著 1.3.3 章节。

④ 参见原著 1.3.1 和 1.3.2 章节。

⑤ 参见原著 1.2 章节。

⑥ 参见原著 1.2.3 章节。

⑦ 参见原著 1.5.2 章节。

⑧ 参见原著 1.5.1 章节。

际公约》等条约不同的是，[①]《难民公约》不允许缔约国基于一般的理由来克减自身的义务，纵然处于战时或其他严重的国家紧急状态也不得例外。

这些难民权利的执行，有赖于赋予联合国难民署以类似于国联时期各高级专员署的替代性保护者角色，并辅之以缔约国之间达成的就任何有关《难民公约》解释或实施问题的纠纷提交国际法院裁决的协定。[②]此外，缔约国的法院和裁判机构也可直接推进难民权利的实施，而联合国和其他人权机构在解释普遍适用的人权义务时，亦须重视专门面向难民的义务。

第一节 与庇护国的关联

随着难民与庇护国之间的关联逐步加深，其享有的权利也会不断增加。在最低层次的关联中，难民仅仅是处于一国管辖之下，也即是接受其控制与权威；当难民实实在在地身处该国领土之内时，其关联也明显加深；当难民被确认为合法进入该国境内时，则关联会进一步加深；如难民得以合法居留于该国，其关联则再度深化；最终，当难民获准在庇护国长期居住时，他们将获得某些权利。在上述五个逐步融入的过程中，由于难民与庇护国之间的关系逐渐巩固和深化，所以《难民公约》主张采取措施以实现一系列更具包容性的需求。

公约起草者依据递增原则赋予难民权利的决定，反映了各国在应对难民突发状况时的惯常经验。当海外的庇护国继续采取主要接收预先选定的难民并对其作重新安置的处理办法时，部分欧盟国家现在却面临着难民

① 在社会紧急状态威胁到国家的生命并经正式宣布时，本公约缔约国得采取措施以克减其在本公约下所承担的义务，但克减的程度以紧急情势所严格需要者为限，此等措施并不得与它根据国际法所负有的其他义务相矛盾，且不得包含纯粹基于种族、肤色、性别、语言、宗教或社会出身的理由的歧视。不得根据本规定而克减第六条、第七条、第八条（第一款和第二款）、第十一条、第十五条、第十六条和第十八条。《公民及政治权利国际公约》第 4 条（一）、（二）款，1966 年 12 月 16 日通过，1976 年 3 月 23 日生效。依据本条款关于继续尊重其他国际法义务的要求，即便《难民公约》的缔约各国可以克减相关权利，但也必须遵照《公民及政治权利国际公约》来履行其义务。关于《公民及政治权利国际公约》的权利克减，参见联合国人权委员会，“General Comment No. 29: Derogations during a State of Emergency” (2001), UN Doc. HRI/GEN/Rev.7, May 12, 2004, p. 184。

② 《关于难民地位的公约》，1951 年 7 月 28 日通过，1954 年 4 月 22 日生效（《难民公约》），第 38 条。

潮的另一种主流模式，[①] 即难民在缺乏计划且未经批准的情况下突然涌向一国边境。《难民公约》的起草者显然考虑到了如何最有效地让难民权利制度适应难民流动模式的转变，使难民的迁移从集中管理模式过渡到少数难民能够独立流动的混合模式：

> 即便难民没有通过正常途径获准入境，但只要他们强行进入最初的所在国，那些国家也有责任向其提供庇护所。然而，由于难民概念没有对正常入境者和以其他方式入境者加以区分，所以最初的所在国是否有义务依据公约向合法入境者和未经事先批准的入境者给予同等保护，的确存在疑问。[②]

就此问题形成的妥协方案是任何未获许可的难民，无论其已经还是正在寻求进入缔约一国的境内，都将获得《难民公约》的保护。[③] 不过，这类难民不能立即享有“正常入境”难民的所有权利。所谓“正常入境”者是指获得事先批准后入境并居留于庇护国的难民。与之不同的是，当时的法国法律规定所有难民都享有基本权利，而且随着难民的法律地位得到确认，他们还会取得其他的权利。[④]《难民公约》通过明确难民与庇护国之间的法律关联程度来兑现难民保护的承诺。

但是在实践中，各国有时会在公约难民地位得到确认之前拒绝给予

---

① “大会主席以加拿大代表的身份发言指出，早期接收国家提出的问题并不会影响到加拿大，因为本国和难民区被海洋分割开来。所以，移民到加拿大的所有难民事实上都是合法入境，且享有合法居留外国人获得的权利。”参见加拿大代表 Chance 的发言，UN Doc. E/AC.32/SR.7, Jan. 23, 1950, at 12。

② 参见比利时代表 Cuvelier 的发言，UN Doc. E/AC.32/SR.7, Jan. 23, 1950, at 12。

③ “然而，不能认为公约不适用于逃离迫害并请求缔约国允许其入境的人……无论难民是否处于正常状态，都不得将其推回可能致其生命或自由受到威胁的国家。”参见美国代表 Henkin 的发言，UN Doc. E/AC.32/SR.20, Feb. 1, 1950, at 11—12。

④ “如果分解成三个不同的方面来看，这个问题会变得更加明了：第一，难民与接收国政府当局达成谅解之前取得的待遇；第二，难民争取其境遇正常化以及相关辅助条件的权利；第三，难民获准在该国合法居留以后享有的权利，在法国这意味需要取得居住证和工作证。”参见法国代表 Rain 的发言，UN Doc. E/AC.32/SR.15, Jan. 27, 1950, at 15。

部分或全部的难民权利。[①] 当然，《难民公约》设定的权利只有名副其实的公约难民才能取得，而并不是任何寻求难民地位的人都能享有。但是，由于公约难民地位是取决于个人所处的实际境遇，而非对该境遇的正式确认，[②] 所以真正的难民可能因为权利在身份甄别期间遭剥夺而处境艰难。[③] 尽管他们是国际法上的权利享有者，可是在官方确认其应否得到难民保护的漫长国内法律程序期间，他们根本无法行使这些权利。除非难民地位的甄别过程非常迅速，否则负责裁定的国家可能无法诚意地履行《难民公约》的相关义务。[④]

只有根据《难民公约》提出的关联程度的要求，让宣称自己是公约难民的所有人都临时享有不以难民地位正常化为前提的某些权利，上述困境才能得到彻底解决。[⑤] 正如联合国难民署所说：

> 每个难民最初都是寻求庇护者；因而为了保护难民，在对待寻求庇护者时必须假设他们可能是难民，直至他们的地位得到最终确认。否则，寻求庇护者便可能因为申请理由不成立而在边境遭到拒绝，或是在遣返后面临迫害，导致不推回原则无法为难民提供有效的保护。[⑥]

---

① Krishnapillai v., Minister of Citizenship and Immigration, [2002] 3(1) FC 74 (Can. FCA, Dec. 6, 2011), 法庭在该案的裁决中指出：“在牵涉公约难民申请者，而非公约难民的案件中……《难民公约》……不适用。”第 25 段。

② “个人一旦满足 1951 年公约难民概念所规定的标准，那么他就是难民。该事实的发生肯定早于其难民地位得到正式确认。因此，承认难民地位并不能使其变成难民，无非是宣布他有难民地位。”联合国难民署：《甄别难民地位的程序及准则手册》（1979 年刊发，1992 年修订），第 28 段。

③ 英国上诉法院在 Khaboka v. Secretary of State for the Home Department, [1993] Imm AR 484 (Eng. CA Mar. 25, 1993) 一案中赞同本观点，指出：“一个难民在其庇护申请被接受与考虑之前和之后都是难民……这不仅是常识，也是对公约第 31 条（一）款的自然解读。‘难民’一词本身就说明了一切。它也包括事后被确认为难民的人。”

④ “善意原则仅次于条约法中最重要的规范，即条约必须遵守原则……当第三方受邀解释条约时，他有义务从善意中汲取灵感，也就是缔约方在解释自己撰写文本的真实含义时所具有的动机。”参见 I. Sinclair, The Vienna Convention and the Law of Treaties (1984), pp. 119—120。

⑤ 这些权利包括不受关联程度限制的权利，难民只要实际逗留便可享有的权利，以及——地位甄别的要求一旦满足——难民合法逗留时应当享有的权利。参见原著 1.1.1 章节、1.1.2 章节和 1.1.3 章节。难民地位甄别得出肯定结论之后，则需给予更多其他权利（参见原著 1.1.4 章节和 1.1.5 章节）。重要的是，如果确认申请者不是公约难民，临时给予其的所有权利可以立即收回。

⑥ UNHCR，“Note on International Protection”, UN Doc. A/AC.96/815 (1993), at para. 11.

如果希望免除对寻求庇护者承担的推定责任，那么各国政府有权采取措施加快难民地位的正式甄别，包括在必要情况下对“明显缺乏依据的申请”启用合理的简易程序。[①] 通过公正审查发现申请者不是公约难民的，可以立即取消其享有的公约权利。这种处置方法能让各国对寻求保护的真正难民尽到责任，至少在地位正常化之前能够确保其享有某些基本权利。

一 接受一国管辖

虽然《难民公约》规定的大多数权利只有在难民合法进入、合法逗留或合法长期居住时才能取得，但有少部分的核心权利并不需要满足关联程度的要求。[②] 尽管在实践当中，这些权利通常是在难民抵达缔约一国领土后即可享有，然而在某些情况下当难民接受缔约一国的控制与权威时，即便其并未实际身处该国领土内或是国境线上，也同样可以享有这些权利。

例如，当一国对其没有合法管辖权的疆土行使实际控制时应当如何处理？一国可能侵入他国领土并在该范围内行使最高权威；或是对诸如公海等部分共有物行使适当权力。作为国家法理管辖权的自然推论（因为其无权控制该领域），在这种情况下要证明该国必须尊重难民权利是不可能的。但不可否认的是，该国正在该领域行使事实上的管辖权。进一步从难民的角度来看，该国的控制与权威——无论是否合法——既能对其造成伤害，也能向其提供援助，这与在此完全建立正式合法的管辖权并无二致。

当然一般而言，各个国家承担的国际法律责任并不能延伸到世界的每个角落，而只能作为其行使主权的某种限制——因此在正常情况下，其国际法律责任只适用于各国有权管辖权的领域。正如欧洲人权法院所述，“国家的管辖职能主要是针对其领土范围”[③]。在难民法的特殊语境下，各

① 明显缺乏依据的申请是指“那些具有欺诈性的，或与 1951 年联合国《关于难民地位的公约》设定标准毫无关系的，或完全不具备给予庇护的其他正当理由的申请”。联合国难民署执委会第 30 号结论，“The Problem of Manifestly Unfounded or Abusive Applications for Refugee Status or Asylum” (1983), at para. (d)。

② 参见《难民公约》第 3 条（“不受歧视”）、第 13 条（“动产和不动产”）、第 16 条（一）款（“向法院申诉的权利”）、第 20 条（“定额供应”）、第 22 条（“教育”）、第 29 条（“财政征收”）、第 33 条（“禁止驱逐出境或送回——‘推回’”）、第 34 条（“入籍”）。

③ Bankovic et al., v. Belgium et al., 11 BHRC 435 (ECHR, Dec. 12, 2001), at para. 59.

国政府非常坚定地反对向处于其边界以外的难民承担保护义务，而仅承认不强制难民返回可能遭受迫害的国家这一有限的责任。[①] 少数核心的难民权利不受关联要求的限制，这对置身其领土以外的难民行使事实管辖权的缔约国仍然适用。这不仅是从《难民公约》文本中得出的自然结论，而且也是符合国际公法基本原则的观点。

《难民公约》的平实语言应当成为展开分析的起点。除了极少数核心的难民权利之外，公约中几乎所有权利都是为那些抵达缔约一国领土，或是满足更高层次关联要求的难民而设定。对于确实不受领土关联程度影响的极少数难民权利，如果还要顽固坚持其应当受到限制，那么这种主张将与条约解释的基本原则发生抵触，因为该原则要求在解释条约文本时应当秉持善意——这当然也包括对条约各项条款进行平衡。

从某些具体事例中可以看出，忠实于文本的解读原则直接得到了《难民公约》起草历史的印证。以财产权利为例，[②] 公约起草者就该权利是否应当以更高层次的关联度为前提的问题发生了争论，但最终还是摈弃了这一观点，原因在于起草者们希望确保难民在任一缔约国内均可行使财产权利，即便他们并未亲身处于该缔约国境内（这与其他外籍非定居者享有的财产权利是基于相同的道理）。以确保公平纳税权利[③] 为目的而排除关联要求的情况与之类似，其动机就是要防止缔约各国以适用于非定居公民的法例为依据，向未处于本国境内的难民征税。诉讼权利[④] 也被特意赋予广泛的外延，以确保难民不仅能享有所在国的诉讼权利，而且在所有缔约国都能享有诉讼权利。在以上的每个具体事例中，起草者不对关联程度做出明确规定显然是刻意为之，其目的就是要让难民在某些其并未真正踏足的地方也享有适当的权利。[⑤]

公约起草者在接受基础教育权利的问题上也排除了对关联程度的要

---

① 参见原著 2.1 章节。

② 《难民公约》，第 13 条。

③ 《难民公约》，第 29 条。

④ 《难民公约》，第 16 条（一）款。

⑤ “1951 年《难民公约》中的几项条款允许居住在缔约一国的难民——作为难民——在另一个缔约国行使某些权利……行使这些权利不需要以重新甄别其难民地位为前提”。联合国难民署执委会第 12 号结论，“Extraterritorial Effect of the Determination of Refugee Status” (1978), at para. (c)。

求，但这项决定却不能用相同的思维进行解释。[①] 公约起草者对该项义务的阐述反映了他们对捍卫最基本教育权利所持的坚定决心，因为从《世界人权宣言》确立的准则来看，这项权利实属“迫切需求”，且具有强制性——其基本思想就是要保障非定居的难民子女也享有接受教育的权利。由于采取最低限度的关联要求（身处庇护国境内）也能确保这一特定目标得到实现，因此有观点认为在教育权利的问题上对关联程度不做要求的决定，似乎更像是出于起草者的过度反应，而非刻意的设计。毫无疑问的是，如果公约起草者们当时意识到缔约国可能（而且越发普遍的）在境外关押难民的话，那么他们对基本教育权利的笃定信念肯定也会驱使其选择这种不设条件限制的权利安排。[②]

依据公约条文的这种起草思路，获取生活必需品配给机构救助的权利，[③] 从技术上说也无需满足与当事国领土发生关联的要求，但前提条件必须是该国在管控难民的地方建立并运作了这样的配给机构。由于该项义务仅与分发基本消费品（如食物）的机构有关，所以在一国领土外受其实际管辖的难民应当有权利获得配给物品，提出这种要求显然是符合逻辑的。尽管《难民公约》有关归化入籍的条款[④] 同样没有提出关联程度的限制，但这其实并无太大的实际意义，因为该条款并不构成取得任何难民权利的基础，在本质上也仅是对缔约国提出的非约束性建议而已。

基于对公约文本一般含义的理解，我们实际上面对的只有两项核心难民权利，而这两项权利对于选择在领土之外向难民行使域外管辖权的缔约国具有非常实际的意义：一是（在难民之间的）非歧视义务；[⑤] 二是不推回的责任，即不得直接或间接将难民推回可能致其因公约规定的原因而遭受迫害的地方（不推回原则）。[⑥] 除了这两项义务之外，缔约国仅需根据

---

① 《难民公约》，第 22 条。

② 这种方式并不会因为实践方面存在的问题而被认定为无法实现，譬如毫不拖延的或是在船上提供基础教育的可行性。即便是立刻享有的权利显然也只能根据各自的情况逐步实现。以公共教育为例，难民只需取得“与国民相同的待遇”。因此，如果难民在申请教育机构时遇到的种种迟延或限制也是生活在偏远地区的公民可能面临的现状，那么这样的情况就不能算作违反难民法。

③ 《难民公约》，第 20 条。

④ 《难民公约》，第 34 条。

⑤ 《难民公约》，第 3 条。参见原著 1.4 章节。

⑥ 《难民公约》，第 33 条。参见原著 2.1 章节。

一般待遇标准[①]行事即可——包括给予其管辖之下的难民以一般外国人的待遇,[②]予以对等互惠原则的豁免并放弃某些根本无法实现的要求,[③]尊重他们的个人身份（例如，家庭或婚姻权利）,[④]并保护他们在《难民公约》规定以外取得的权利。对于缔约各国而言，这样的要求和预期显然非常温和，而且在任何情形下都不可能导致公约文本的一般含义沦为不切实际的空谈。这种解读方式更谈不上违背公约的宗旨和目的。与之相反，无论是普遍的做法还是只针对特定难民群体，如果缔约各国都在领土之外将难民推回面临迫害的险境,而又不受任何诘责与惩罚,那么整个《难民公约》——认为难民在缔约国具备寻求权利保护的当然能力的一部公约——实际上可能会堕入效力尽失的窘境。

换言之，公约中有关少数核心权利的条文，假设其一般含义并不——当然这种假设与公约采取的一般方法截然相反——要求存在领土或其他层次的关联，那么无论缔约国在何地行使权力，这些难民权利是否都能对缔约国构成约束呢?

在国际人权法领域，这个问题引发的争论越来越多。某种程度上，各相关条约对义务范围的不同界定左右了各国法院和条约监督机构在该问题上的看法。正如国际法院最近所指出的一样，对条约义务进行分析的起点无疑是相关条约的语言，而条约的解释也应当以促进条约目的与宗旨的实现为依归。[⑤]因此，为保护战争受害者而制定的日内瓦四公约，超乎寻常地要求各缔约国“承诺在一切情况下尊重本公约并保证本公约之被尊重”。[⑥]其他条约则相对和缓，通常只是在缔约国行使管辖权的范围内给其设定义务。[⑦]例如，《禁止酷刑公约》（全称《禁止酷刑和其他残忍、不

① 参见原著 1.2 章节。

② 参见原著 1.2.1 章节。

③ 参见原著 1.2.2 章节、1.2.3 章节。

④ 参见原著 1.2.4 章节。

⑤ Legal Consequences of the Construction of a Wall in the Occupied Palestinian Territory, (2004) ICJ Gen. List No. 131, decided July 9, 2004, at para. 108—109. 国际法院在确定《公民及政治权利国际公约》的目的和宗旨时主要参照了公约的相关文献以及预备工作资料。这符合条约解释的交互式方法。

⑥ 《关于战时保护平民之日内瓦公约》, 1949 年 8 月 12 日通过, 1950 年 10 月 21 日生效, 第 1 条。

⑦ Legal Consequences of the Covenant of a Wall in the Occupied Palestinian Territory, (2004) ICJ Gen. List No. 131, decided July 9, 2004, at para. 109.

人道或有辱人格的待遇或处罚公约》）规定缔约国“在其管辖的任何领土内”都有义务保护个人安全，[①] 而《公民及政治权利国际公约》则适用于“在其（缔约国）领土内和受其管辖的”的个人。[②] 在绝大多数情况下，人权条约或是在这个问题上保持缄默，[③] 或是只要求缔约国对“接受”[④] 或“处于”[⑤] 其管辖之下的个人的权利给予保护。

实际上，大多数条约的解释方法都有着惊人的共通性。例如，在《美洲人权宣言》的授权下，美洲国家间人权委员会规定：“处于一国权威和控制之下的任何人，无论个人具体情况如何，其基本和不可克减的人权都不能失去法律的保护。”[⑥] 与之相似的，联合国人权委员会在解读《公民及政治权利国际公约》第 2 条（一）款时指出，所谓承担尊重“在其领土内和受其管辖”的个人权利的责任，指的是“成员国必须尊重和保证处于其权力和有效控制下的任何人都享有公约规定的权利”。[⑦]

但是，欧洲人权法院在最近的一宗案件里碰到了更为棘手的一个问题，那就是当某个国家的行为对其境外的人权状况构成影响时，即便其在当地并未行使管辖权，该国是否也应当为违反法定义务而承担责任。[⑧] 经

① 《禁止酷刑和其他残忍、不人道或有辱人格的待遇或处罚公约》，1984 年 12 月 10 日通过，1987 年 6 月 26 日生效，第 2 条（一）款。

② 《公民及政治权利国际公约》，第 2 条（一）款。

③ 《经济、社会、文化权利国际公约》，1966 年 12 月 16 日通过，1976 年 1 月 3 日生效；《消除一切形式种族歧视国际公约》，1965 年 12 月 21 日通过，1969 年 1 月 4 日生效；《消除对妇女一切形式歧视公约》，1979 年 12 月 18 日通过，1981 年 9 月 3 日生效；《美洲关于人的权利和义务宣言》，美洲国家组织第三十号决议（1948）。

④ 《公民及政治权利国际公约》第一任择议定书，999 UNTS 172，1966 年 12 月 16 日通过，1976 年 3 月 23 日生效，第 1 条；《美洲人权公约》，1144 UNTS 123，1969 年 11 月 22 日通过，1978 年 7 月 18 日生效，第 1 条。

⑤ 《公民及政治权利国际公约》第二任择议定书，1648 UNTS 414，1989 年 12 月 15 日通过，1991 年 7 月 11 日生效，第 1 条；《欧洲保障人权与基本自由公约》，213 UNTS221，1950 年 11 月 4 日通过，1953 年 9 月 3 日生效，第 1 条。

⑥ 美洲国家间人权委员会，“Request for Precautionary Measures Concerning the Detainees at Guantanamo Bay, Cuba”, Mar. 12, 2002; “Request for Precautionary Measures Concerning Detainees Ordered Deported or Granted Voluntary Departure”, Sept. 26, 2002。

⑦ 联合国人权委员会，“General Comment No. 31: The nature of the general legal obligation imposed on state parties to the Covenant” (2004), UN Doc HRI/GEN/1/Rev.7, May 12, 2004, p. 192, para. 10。

⑧ J. Crawford, “The ILC's State Responsibility Articles”, (2002) 96(4) American Journal of International Law 773, p. 874.

过深入与广泛的探讨之后，欧洲人权法院在Bankovic诉比利时案的裁决中指出，欧盟的北约成员国批准轰炸南斯拉夫并导致该国平民死亡的行为并不违反公约。[①] 而得出该结论的理由是，袭击的受害者不在北约国家的管辖之下：

> 对公约第1条中有关管辖的解读必须要反映出通常和起码的领土概念，而其他例外的管辖理由则要求针对各个案件的特殊情况进行专门说明。[②]

对于国际公法在何种情况下承认国家的域外管辖权，欧洲人权法院进行了有益的阐释。

> 首先，一国行使域外管辖权的情况主要涉及该国外交和领事官员在海外的活动，以及在该国注册或悬挂该国旗帜的船只与航空器。在这些特殊情况下，习惯国际法和条约法都接受相关国家在域外行使管辖权。[③]

其次，根据欧洲人权法院在Loizidou诉土耳其[④] 以及塞浦路斯诉土耳其[⑤] 这两起案件中做出的裁决，一国“对其领土以外地区实施的有效控制”也构成管辖。[⑥]

> 对缔约国域外管辖权的承认实际上是一种例外情况：当被告国家因军事占领，或是得到一国政府的同意、邀请或默许，对相关领土及其居民实施有效控制，行使该国政府的全部或部分公权力时，

① Bankovic et al., v. Belgium et al., 11 BHRC 435 (ECHR, Dec. 12, 2001).

② Bankovic et al., v. Belgium et al., 11 BHRC 435 (ECHR, Dec. 12, 2001), at para. 61.

③ Bankovic et al., v. Belgium et al., 11 BHRC 435 (ECHR, Dec. 12, 2001), at para. 73.

④ Loizidou v. Turkey, 23 EHRR 513 (EHCR, Dec. 18, 1996).

⑤ Cyprus v. Turkey, 35 EHRR 303 (EHCR, May. 10, 2001).

⑥ Bankovic et al., v. Belgium et al., 11 BHRC 435 (ECHR, Dec. 12, 2001), at para. 70.

承认其域外管辖权则是恰当的。[①]

欧洲人权法院直接驳回了当事国在“管辖权因果关系”问题上的争论，[②] 并对管辖权的第二种例外情形做出了限定，即有证据显示，“一成员国以直接的形式，或是通过……军队或下属地方政府实施了管控”。[③]

在思考以上裁决对难民法产生的影响时，我们必须认识到《难民公约》在责任范围问题上的缄默只说明了一个事实，那就是相对于欧洲公约中“处于缔约国管辖之下”的条款而言，《难民公约》对缔约国责任范围的限制显然更少。[④] 为了促进人权法目标的实现，管辖权在人权法语境之下的解释应当较一般国际公法下的解释更为宽松，欧洲人权法院由于在 Bankovic 案的裁决中没有承认这一符合逻辑的观点而受到了广泛的抨击。[⑤] 在管辖权的问题上，国际法院也陷入了与欧洲人权法院同样的尴尬境遇。

《关于在巴勒斯坦被占领土修建隔离墙的法律后果的咨询意见》中，[⑥] 国际法院被要求就以色列承担的国际法上的责任范围给出意见。咨询意见认为，虽然问题的关键在于给定条约的具体条款应当依据该条约的宗旨和目的进行解释，但是通常情况下条约义务必须适用于缔约国行使“有效管辖”的任何领土。[⑦] 的确，即使条约的规定更倾向于完全在领土范围内承担责任，“但是也不能否认这样一个事实，即条约义务同时适用于缔约国拥有主权的领土和行使管辖权的领土”[⑧]。然而令人吃惊的是，尽管国际法

---

① Bankovic et al., v. Belgium et al., 11 BHRC 435 (ECHR, Dec. 12, 2001), at para. 71; Rasul v. Bush, Dec. No. 03—334, June 28, 2004

② Bankovic et al., v. Belgium et al., 11 BHRC 435 (ECHR, Dec. 12, 2001), at para. 75.

③ Bankovic et al., v. Belgium et al., 11 BHRC 435 (ECHR, Dec. 12, 2001), at para. 70; Military and Paramilitary in and Against Nicaragua, [1986] ICJ Rep 14, at para. 115.

④ E. Lauterpacht and D. Bethlehem, “The Scope and Content of the Principle of Non-Refoulement”, in E. Feller et al. eds., Refugee Protection in International Law 87 (Lauterpacht and Bethlehem, “Non-Refoulement”), at para. 67.

⑤ A. Trilsch, “Bankovic v. Belgium”, (2003) 97(1) American Journal of International Law 168.

⑥ Legal Consequences of the Construction of a Wall in the Occupied Palestinian Territory, (2004) ICJ Gen. List No. 131, decided July 9, 2004.

⑦ Legal Consequences of the Construction of a Wall in the Occupied Palestinian Territory, (2004) ICJ Gen. List No. 131, decided July 9, 2004, at paras. 109—110.

⑧ Legal Consequences of the Construction of a Wall in the Occupied Palestinian Territory, (2004) ICJ Gen. List No. 131, decided July 9, 2004, at para. 112.

院对人权法和人道主义法的责任适用范围进行了深入的分析，但是缔约国应当对给外国居民造成伤害的行为承担责任的观点却没有得到国际法院的采纳——此种结局意味着，国际法院在“管辖权因果关系”问题上所持的立场与欧洲人权法院在 Bankovic 案中的立场非常相似。

不过，国际法院的法律推理对适用域外管辖的第二种情形进行了较深入的说明，这种情形实际上早已得到欧洲人权法院的承认，具体而言，就是指一国通过有效控制“行使了他国政府的全部或部分公权力”。就以色列在巴勒斯坦被占领土行使管辖权的问题，人权委员认为当一国的国家工作人员在他国领土行使权力时即构成事实上的管辖，国际法院对人权委员会的主张表示完全赞同。[①] 根据这一观点，国际法院确认了“以色列安全部队在被占领土行使的有效管辖”。[②] 换言之，国际法院认为，当他国国家工作人员行使了一项重要的公权力（在本案中为警察权力）即构成有效管辖；由于已经确定了公权力的行使，所以国际法院决定对以色列是否还在被占领土行使了其他公权力的问题不必再做进一步调查。虽然没有纯粹从效果的角度来解读管辖问题，但是国际法院的观点已经清楚表明，即使当地政府（在此应为巴勒斯坦权力机构）仍然在行使大量或者绝大多数与国家治理相关的公权力，但他国的行为仍可能构成有效管辖——并需承担因此导致的侵犯人权的责任。

从当下探讨的问题来看，上述裁决和意见的重要性在于其传递了一个中心意思，即不允许将国家责任的管辖权基础局限于狭窄的自有领土范围内。相反，管辖权延伸至领土以外的情况已经足以形成一个“法律空间”（espace juridique）[③]，使《难民公约》规定的权利在该领域不受领土或其他关联条件的限制，并得到最起码的保障。[④]

假设《难民公约》规定的权利不受直接关联条件的限制而成为国际

---

① Legal Consequences of the Construction of a Wall in the Occupied Palestinian Territory, (2004) ICJ Gen. List No. 131, decided July 9, 2004, at para. 109.

② Legal Consequences of the Construction of a Wall in the Occupied Palestinian Territory, (2004) ICJ Gen. List No. 131, decided July 9, 2004, at para. 110.

③ Legal Consequences of the Construction of a Wall in the Occupied Palestinian Territory, (2004) ICJ Gen. List No. 131, decided July 9, 2004, at para. 80; ibid. at para. 36.

④ Kaya v. Haringey London Borough Council, [2001] EWCA Civ 677 (Eng. Ca, May 1, 2001).

公法中管辖权的默认原则，那么由此可以得出的结论将是，缔约各国政府不仅要在它们拥有正式和法理管辖权的领土内，而且还需在领土以外它们行使有效或事实管辖权的地方尊重这些公约权利。[①] 这起码包括两种情形，一是领事或其他国家工作人员管理海外人员，[②] 二是国家在其占领或是得到同意、邀请或默许而存在的他国领土上行使某些重要的公权力。

借一个有用的实例可以清楚地说明后一种情形。各国有权将其管辖权扩展至领海外缘以远 12 海里的毗连区，如果不行使该项权力，毗连区则被视作公海的共有物。毗连区不同于领海或其他领土，是没有主权属性的领域。但毗连区的所属国可以对其行使诸如海关或移民执法等专属管辖权。[③] 如果一国选择建立毗连区——其管辖权显然包括管理位于该地带的人员行动的权力——那么身处该扩展属地管辖区域的难民则有权要求取得无需满足关联条件的公约权利。[④]

二 实际逗留

只要难民“在”或“身处”缔约一国的领土内，那么难民还应取得其他几项权利——包括宗教自由、获得身份证明、不因非法入境受到惩罚的自由，以及行动（迁徙）自由只受必要与合理的限制。[⑤] 任何难民只要实际逗留于受缔约一国管辖的领土内，不论合法还是非法，都可以主张这些权利。[⑥] 本结论不仅来自对“在”或“身处”的一般含义的理解，[⑦] 也反

---

① T. Meron, “Extraterritoriality of Human Rights Treaties”, (1995) 89(1) American Journal of International Law 78, pp. 80—81.

② Bankovic et al., v. Belgium et al., 11 BHRC 435 (ECHR, Dec. 12, 2001), at para. 3; R v. Immigration Officer at Prague Airport et al., ex parte European Roma Rights Centre et al., [2004] UKHL 55 (UK HL, Dec. 9, 2004), at para. 21.

③ 《领海及毗连区公约》，1958 年 4 月 29 日通过，1964 年 9 月 10 日生效，第 24 条；《联合国海洋法公约》，1982 年 12 月 10 日通过，1994 年 11 月 16 日生效，第 33 条，第 55—75 条，第 60 条（二）款。

④ Sale, Acting Commissioner, Immigration and Naturalization Service, et al., Petitioners v. Haitian Centers Council, Inc., et al., 509 US 155 (US SC, Jan. 12, 1993).

⑤ 《难民公约》，第 4 条（“宗教”）、第 27 条（“身份证件”）、第 31 条（一）款（“不因非法入境或逗留而加以处罚”），以及第 31 条（二）款（“非法留在庇护国的难民的行动自由”）。

⑥ Minister for Immigration and Multicultural Affairs v. Khawar, [2002] HCA 14 (Aus. HC, Apr. 11, 2002).

⑦ G. Stenberg, Non-Expulsion and Non-Refoulement (1989), p. 87.

映了公约起草者的直接意图，[①] 他们坚信即便是“未经正常许可进入缔约一国的难民”也必须给予其上述权利。[②] 这一立场同《难民公约》的整个文本保持了一致，尤其是与国家只有在紧急状态下才能采取措施临时中止难民权利的思维充分吻合。[③]

根据属地管辖的一般原则，凭借这种关联关系取得权利的主体不仅是在该国领土内的难民，而且还有那些身处其内陆水道或领水的难民，[④] 其中包括位于其岛屿、小岛、岩礁、珊瑚礁及上空的难民。[⑤] 澳大利亚政府曾经建议从国家领土中“剔除”大约3500座岛屿，这些地方原本都属于该国应当承担难民保护义务的领域，但参议院为了严格遵守国际法而否决了政府的建议。[⑥] 一国领土还包括它的入境口岸，[⑦] 以及该国领土内的所谓“国际区域”。[⑧] 对于一国通过添附、割让、征服、先占或时效获得的其他领土，[⑨] 该国同样需要在这些领土上保障那些满足第二类关联条件的难民的权利。

不过，如果一国与难民的关联发生在他国拥有完整主权的领土上，尤其是针对那些进入一国驻外使馆或者其他外交机构的难民，该国是无需给予其适用于第二类关联条件的难民权利的。虽然这些馆舍不受侵犯，[⑩] 但是它们既不是派出国家的领土的一部分，也不能排除领土所在国的法律管制。[⑪] 由于外交机构不是其派出国的领土，所以实际逗留于领土内的难

---

① 参见丹麦代表Larsen的发言，UN DOC. E/AC.32/SR.15, Jan. 27, 1950, at 22; 参见国际难民组织代表的发言，UN DOC. E/AC.32/SR.15, Jan. 27, 1950, at 18。

② 参见美国代表Henkin的发言，UN DOC. E/AC.32/SR.15, Jan. 27, 1950, at 18；参见丹麦代表Larsen的发言，UN DOC. E/AC.32/SR.16, Jan. 30, 1950, at 11。

③ 在地位甄别程序正式开始之前，《难民公约》已经给予了某些权利。公约第9条允许缔约各国政府在战争或其他特殊情况下取消尚未被确认为难民的人的权利，这从侧面印证了对公约做出的上述解读。参见原著1.5.1章节。

④ 联合国难民署第97号结论，“Conclusion on Protection Safeguards in Interception Measures” (2003), at para. (a) (i)。

⑤ I. Brownlie, Principles of Public International Law (2003), p. 105.

⑥ “Island excision thrown out: hunt for new plan”, Sydney Morning Herald, Nov. 25, 2003.

⑦ G. Goodwin-Gill, The Refugee in International Law (1996), p. 123.

⑧ Amuur v. France,[1996] ECHR 25 (ECHR, June 25, 1996).

⑨ M. Shaw, International Law (2003), pp. 417—441.

⑩ 《维也纳外交关系公约》，1961年4月18日通过，1964年4月24日生效，第22条。

⑪ I. Brownlie, Principles of Public International Law (2003), p. 348.

民的权利保障责任还需由领土所属国承担。[①]

三 合法逗留

对于不仅是实际逗留，而且是合法逗留于缔约国领土内的难民，他们可以进一步主张适用于第三类关联关系的难民权利。合法逗留可以使难民免受驱逐，享有更多的行动（迁徙）自由，并获得自营职业的权利。[②]合法逗留的定义较为宽泛，[③] 包括三种类型的难民。

第一，如果难民被许可在固定时间段内进入缔约一国领土，哪怕只有几个小时，即可视作合法逗留。无论难民是否定居别国，或仅是过境第二国，[④] 或逗留有限的时间，[⑤] 只要其逗留获得官方批准即应认为合法。[⑥] 某些生活在边境地带的难民可能希望前往邻国从事商业活动，[⑦] 起草《难民公约》的各国代表对于应当向其提供那些有限的附加权利问题甚为关注，因而这一条注解在此就显得尤为重要。正如法国代表所说的，“不能说只要没有住所，其逗留就属非法”。[⑧]

第二，相对而言这是更加具有现实意义的类型，是介于“非法”逗留和难民地位得到承认或遭否认之间，包括处于用尽一切申诉和审查的阶段，这种情形也属于“合法逗留”。[⑨] 如果“一人……虽尚未获得居留许可，但已经提出居留申请，且申请已获受理，那么其逗留应予认定合法。

① A. Grahl-Madsen, The Status of Refugees in International Law (vol.I, 1966), pp. 150—154; J. Hathaway, The Law of Refugee Status (1991), pp. 29—33; and G. Goodwin-Gill, The Refugee in International Law (1996), p.40.

② 《难民公约》，第 18 条（“自营职业”）、第 26 条（“行动自由”）、第 32 条（“驱逐出境”）。

③ 参见法国代表 Juvigny 的发言，UN Doc. E/AC.32/SR.42, Aug. 24, 1950, at 12。

④ 参见巴西代表 Guerreiro 和美国代表 Henkin 的发言，UN Doc. E/AC.32/SR.25, Feb. 10, 1950, at 5; 参见比利时代表 Herment 的发言，UN Doc. E/AC.32/SR.42, Aug. 24, 1950, at 17。

⑤ 参见美国代表 Henkin 的发言，UN Doc. E/AC.32/SR.41, Aug. 23, 1950, at 14; 参见美国代表 Henkin 的发言，UN Doc. E/AC.32/SR.42, Aug. 24, 1950, at 14—32。

⑥ N. Robinson, Convention relating to the Status of Refugees: Its History, Contents and Interpretation (1953), p. 117.

⑦ 参见丹麦代表 Larsen 的发言，UN Doc. E/AC.32/SR.41, Aug. 23, 1950, at 18; 参见会议主席，丹麦代表 Larsen 的发言，UN Doc. E/AC.32/SR.42, Aug. 24, 1950, at 16—17。

⑧ 参见法国代表 Juvigny 的发言，UN Doc. E/AC.32/SR.42, Aug. 24, 1950, at 20。

⑨ 参见法国代表 Rain 的发言，UN Doc. E/AC.32/SR.15, Jan. 27, 1950, at 15。

只有那些未提出申请，或其申请已遭拒绝者才可被视作非法逗留"[①]。公约起草者认为，对于事先没有获得授权而前往缔约一国的难民，如果他们已处于正在获取进入该国或他国许可的审查程序中，则"应当以公约目的为考量，视其为合法逗留"[②]。例如，澳大利亚联邦法院在 Rajendranan 案的裁决中指出，鉴于斯里兰卡籍当事人在寻求难民地位期间依据该国国内法取得了临时入境许可，虽然其难民案尚未作出裁决，但仍然认定其是"合法逗留"澳大利亚。[③]

但是各国对于"合法逗留"的完整内涵尚未形成一致公论，英国的大量判例认为——与澳大利亚法院的观点截然相反——如果缔约国国内法并不批准难民在寻求难民地位期间逗留本国，那么寻求庇护者的逗留即为非法，因而不能主张与第三种关联相伴的难民权利。[④] 这一观点据称是来源于上议院于 1987 年对 Bugdaycay 案作出的裁决。[⑤] 该裁决指出，即便取得入境英国的临时许可也不构成英国法律承认的合法逗留。在另一个案例中，英国上诉法院认为其无法重新审查 Bugdaycay 案中的已决事项，并以库尔德夫妇在等待难民申请结果期间逗留英国不构成合法逗留为理由，拒绝向其提供公租房：

> "合法"一词没有固定的国际含义，不仅在国际法中没有，在国内法中也没有。这是一个极其缺乏精确度的表达方式，在不同情况下可能有许多不同的意义。有人不禁要问，《难民公约》究竟为什么会使用这样的表述。眼下最明显的解释就是……至少对于《难民公约》没有明确规定的情形，公约的缔约国希望保留确定入境条件的决定权。[⑥]

---

① 参见法国代表 Rain 的发言，UN Doc. E/AC.32/SR.15, Jan. 27, 1950, at 20。

② 参见美国代表 Henkin 的发言，UN Doc. E/AC.32/SR.15, Jan. 27, 1950, at 20。

③ Rajendran v. Minister for Immigration and Multicultural Affairs, (1998) 166ALR 619 (Aus. EFC, Sept. 4, 1998); Minister of Home Affairs v. Watchenuka, (2004) 1 All SA 21 (SA SCA, Nov. 28, 2003), at para. 36.

④ Chim Ming v. Marks, (1974) 505 F 2d 1170, at 1172 (US CA2, Nov. 8, 1974).

⑤ R v. Secretary of State for the Home Department, ex parte Bugdaycay, [1987] AC 514 (UK HL, Feb. 19, 1987).

⑥ Kaya v. Haringey London Borough Council, [2001] EWCA Civ 677 (Eng. Ca, May 1, 2001), at para. 31.

英国上诉法院认为，临时入境许可不是移民法所承认的合法逗留，移民法“确实涉及个人逗留的合法性问题，并且与寻求庇护者违反国内法‘非法逗留’该国的问题直接相关”。[①]

最起码，尊重各国对合法逗留的法律理解具有明显的合理性。这不仅是因为在理解合法逗留的问题上缺少统一和完整的国际标准，也是缘于前述关于临时许可的争论所反映的实际情况，公约起草者普遍希望参照各自国家的标准来确定第三类关联关系。当然，对各国法律认知的尊重也不是绝对意义上的，否则——如果试想其逻辑结论——将可能导致难民权利遭到不合理限制的局面，使其实际上只能获得各缔约国允诺的五类关联权利中的前两类权利。[②] 事实上，英国上诉法院在其裁决中已经承认，“至少对于《难民公约》没有明确规定的情形，公约的缔约国希望保留确定入境条件的决定权”[③]。换言之，当《难民公约》——以及合乎逻辑的其他国际法的约束性规范——认为逗留为合法时，国家定义合法逗留的普遍权力即受到限制，不允许再推定逗留为非法。[④] 虽然这只是对各国自由裁量权的最低限度的约束，但是它对于确保一部旨在建立国际通行标准的条约的可操作性的确非常重要。

对“合法逗留”的解释主要应当按照国内法律要求，并参考某些相关的国际法律来理解，特别是《难民公约》起草者对此的理解。因此，对国内法的尊重也不是绝对的。就最低限度来说，如果会导致与《难民公约》的规范性要求产生抵触，那么国内法关于合法逗留的解释就不应被难民法所接受。例如，目前英国法只认定在港口或机场寻求难民地位的人为合法逗留者。[⑤] 但是在国际法上，抵达一国后在合理时间段内寻求难民地位的所有人都应当与那些抵达后立即寻求保护的人享有相同权利。[⑥] 鉴于“合

---

① Kaya v. Haringey London Borough Council, [2001] EWCA Civ 677 (Eng. Ca, May 1, 2001), at para. 33.

② 参见原著 1.1.4 章节。

③ Kaya v. Haringey London Borough Council, [2001] EWCA Civ 677 (Eng. Ca, May 1, 2001), at para. 31.

④ 联合国人权委员会，“General Comment No. 27: Freedom of movement”(1999), UN Doc HRI/GEN/1/Rev.7, May 12, 2004, p. 173, para. 4。

⑤ O v. London Borough of Wandsworth, [2000] EWCA Civ 201 (Eng. Ca, June 22, 2000).

⑥ 《难民公约》，第 31 条（一）款，参见原著 2.2 章节。

法逗留”不能从抽象意义上，而应当作为《难民公约》的有机组成部分加以解读，所以不顾与《难民公约》要求相抵触的后果而坚持采纳国内法对合法逗留的解释，实际上是违背了缔约国解释条约条款的义务。因此，纵然寻求难民地位者未能立即申请难民地位，也未遵守与公约第 31 条相背离的其他国内法律规定，但只要他们满足公约第 31 条之要求，即“毫不迟延地自行投向当局说明其非法入境或逗留的正当原因”①，就必须推定其逗留合法。

另一个更令人忧虑的观点是，在获得永久居留权之前，② 或在难民地位得到正式确认前，③ 难民的逗留均为非法。这一立场显然与“合法逗留”一般含义相冲突。依据 Rajendran 案中提出的观点，肯定不能说经由国内法批准而进入难民地位审查或类似程序的人不是合法逗留。④ 只要难民已经向政府当局提供了有关信息——尤其是个人和国籍等详细情况，以及支持其诉求的各种事实——使之能够审查其是否具有难民地位，那么难民的逗留就具备明确的法律依据。⑤ 只要难民满足该国为审查未经许可入境者是否应当被允许继续逗留而提出的相关要求，那么曾经非法逗留的难民现在就应当被看作是合法逗留。⑥

对“合法逗留”的这种理解至少在两个方面与《难民公约》的基本思想保持了一致。首先，如果“合法逗留”以正式确认难民地位作为前提条件，这等于是认为那些负有责任的缔约国一定会对难民地位进行审查，但是这种假设实际上是错误的。如果缔约国选择将审查结果作为是否给予难民权利的条件，那么它显然也因此承担了对难民地位进行评估的隐含责任，⑦ 否则各国政府都可以肆意免除任何正规的审查程序：它们必须尊重那些事实上是难民的人的权利。⑧ 的确，绝大多数欠发达国家——它们接

---

① 《难民公约》，第 31 条（一）款，参见原著 2.2.1 章节。

② Yugoslav Refugee (Germany) Case, 26 ILR 496 (Ger. FASC, Nov. 25, 1958), p. 498.

③ A. Grahl-Madsen, The Status of Refugees in International Law (vol. II, 1966), p. 363.

④ 参见会议主席，丹麦代表 Larsen 的发言，UN Doc. A/CONF.2/SR.14, July 10, 1951, at 17。

⑤ 联合国难民署：《甄别难民地位的程序及准则手册》（1979 年刊发，1992 年修订），第 196 段。

⑥ A. Grahl-Madsen, The Status of Refugees in International Law (vol. II, 1966), pp. 361—362.

⑦ Yugoslav Refugee (Germany) Case, 26 ILR 496 (Ger. FASC, Nov. 25, 1958), p. 497.

⑧ Rajendran v. Minister for Immigration and Multicultural Affairs, (1998) 166ALR 619 (Aus. EFC, Sept. 4, 1998).

收了世界上大部分难民——没有正式的难民地位甄别程序。在这种情况下，如果将正式甄别难民地位作为“合法逗留”的前提条件，那么拒绝处理难民地位申请的决定将使所有真正的难民遭到挟持。这实际上排除了他们取得适用于第三类关联关系的难民权利的可能性——所以这种观点与善意履行条约义务的责任之间难以调和。①

其次，如果合法逗留是以正式承认难民地位作为前提，那么这种解释就混淆了“合法逗留”与“合法居留”两个不同关联类别。② 即使公约起草者对这类关联关系中应当适用的特定权利有不同见解，他们也确实为介于“实际逗留”和“合法居留”的中间状态保留了一些权利，这便是“合法逗留”③。但是这种中间状态在另一种解释中并不存在。一旦难民获得继续逗留的许可，他们将从实际（但“非法”）逗留的状态直接过渡到取得适用于“合法逗留”和“合法居留”状态的所有权利。④ 这种做法与公约的明确架构显然不尽一致。

有观点认为，虽然逗留者得到的授权不同于可以长期停留的许可，但是也应当推定其为合法逗留。这种观点与联合国人权委员会对《公民及政治权利国际公约》中有权享有领土内行动（迁徙）自由的解释一脉相承（“合法处在一国领土内的每一个人”均享有该权利）。⑤ 在 Celepli 诉瑞典案中，⑥ 申请难民地位者的诉求被驳回，并被判决驱逐到土耳其，只是基于人道主义原因并未真正遭到遣返。尽管驱逐令已经下达，但是联合国人权委员会认为原告在瑞典仍然属于“合法逗留”：

> 联合国人权委员会注意到，对申请人的驱逐令是 1984 年 12 月 10 日下达的，但是该驱逐令并未执行，而且申请人还被允许继续留在瑞典，只是行动自由受到了限制。因此联合国人权委员会认为，

---

① 《维也纳条约法公约》，第 31 条（一）款。

② 参见原著 1.1.4 章节。

③ G. Stenberg, Non-Expulsion and Non-Refoulement (1989), pp. 87—130.

④ N. Robinson, Convention relating to the Status of Refugees: Its History, Contents and Interpretation (1953), p. 117.

⑤ 《公民及政治权利国际公约》，第 12 条（一）款。

⑥ Celepli v. Sweden, UNHRC Comm. No. 456/1991, UN Doc. CCPR/C/51/D/456/1991, Mar. 19, 1993.

> 出于遵守《公民及政治权利国际公约》第12条第1款的目的，申请人虽然被下达了驱逐令，但仍然是在瑞典领土内合法逗留，只是受到缔约当事国方面的限制而已。[1]

显然，如果所在国政府基于人道主义原因决定不执行驱逐令，而使已遭拒绝的难民申请者可以“合法逗留”，那么已经进入难民地位审查程序并获准在审查期间留在境内的申请者也同样应当是合法逗留，这一点毋庸置疑。实际上，联合国人权委员会最近重申了其在“合法逗留”含义问题上的立场，直截了当地引用其在Celepli案中的见解作为权威意见：

> 外国人滞留一国境内是否“合法”的问题由国内法决定，使外国人入境该国的行为受到一定限制，但这些限制措施应当符合该国承担的国际义务。委员会就此始终认为，对于非法入境但是地位却已正常化的外国人，必须认作是合法逗留境内。[2]

人权委员会的分析与前述对《难民公约》的理解相互契合。在联合国人权委员会看来，遭到拒绝的难民申请者虽然被下令驱逐，然而当事国又以人道主义原因决定放弃执行驱逐令，其地位“已然正常化”，因此必须被看作是——起码在得到许可继续驻留的期间是——“合法逗留”。在考量是否应当允许非公民暂时逗留国内的问题上，由于这种人——与正在寻求难民地位的人一样——已经满足了当事国规定的行政要求，所以人权委员会的结论也是言之有理。它清楚无误地表明，合法逗留是介于非法逗留与取得居留权之间的过渡状态。

除了得到批准的短期逗留和处于难民地位审查期的逗留外，《难民公约》还预见到第三种合法逗留形式。许多庇护国家，尤其是欠发达国家，

---

① Celepli v. Sweden, UNHRC Comm. No. 456/1991, UN Doc. CCPR/C/51/D/456/1991, Mar. 19, 1993, at para. 9.2.

② 联合国人权委员会，“General Comment No. 27: Freedom of movement” (1999), UN Doc HRI/GEN/1/Rev.7, May 12, 2004, p. 173, para. 4。

并未建立对寻求保护者的难民地位进行甄别的机制。[①] 其他国家有时也可能中止部分或所有寻求庇护者的难民地位审查程序，转而将他们纳入替代性（正式或非正式）保护方案。[②] 在这两种情况下——包括政府将难民分流到所谓的"临时保护"制度的情况[③]——难民的逗留应当推定为合法。[④] 其原因在于，给予境内所有真正的难民以公约权利是政府的法定义务，无论是作为一般还是例外措施，也不管申请者的地位是否经过评估，任何停止甄别难民地位的决定都必须以此为前提加以考虑。[⑤]

在遵守《难民公约》的国家逗留是所有寻求保护者的法定权利，这是对"合法逗留"做出上述理解的根据。选择加入《难民公约》的行为说明缔约国愿意给予其管辖之下的难民以相应的权利。为了杜绝虚假的难民申请，国家有权制定适当程序对寻求保护者的难民地位进行甄别。但如果一国决定对寻求公约难民地位的请求不予裁决的话，那么只能视作其已经默认了寻求庇护者对难民权利的主张，而且必须立即给予申请者以适用于前三类关联关系的公约权利。这是因为，虽然《难民公约》没有强制要求各缔约国对难民地位进行甄别，[⑥] 但是也没有授权各国政府以缺乏难民地位甄别制度为由而拒绝兑现难民权利。鉴于此，如果缔约国对全部或特定的难民地位申请做出不予审查的决定，那就等同于承认了公约难民无需经过正式的地位甄别即可享有难民保护。在这种情况下，合法逗留应当推定为实际逗留的延续。

合法逗留有多种终结方式。对于来自他国且持临时入境许可的难民定居者，合法逗留通常在其离境后即刻终止。凡依据《难民公约》，尤其

---

① Lawyers' Committee for Human Rights, African Exodus: Refugee Crisis, Human Rights and the 1969 OAU Convention (1995), pp. 29—30.

② Intergovernmental Consultations on Asylum, Refugee and Migration Policies in Europe, North America and Australia, Report on Temporary Protection in States in Europe, North America and Australia (1995), p. 79 and 118.

③ W. Kalin, "Temporary Protection in the EC: Refugee Law, Human Rights, and the Temptations of Pragmatism", (2001) 44 German Yearbook of International Law, p. 221.

④ A. Grahl-Madsen, The Status of Refugees in International Law (vol. II, 1966), p. 357.

⑤ 联合国难民署：《甄别难民地位的程序及准则手册》（1979 年刊发，1992 年修订），第 28 段。

⑥ 同上书，第 189 段。

是第 33 条之要求的程序下达驱逐或者遣返令[①]，也可导致难民的合法逗留被终止。依据责任分担协议的相关规定，如果难民入境后被纳入申请审查责任国的归属调查程序，当应予移送至伙伴国的决定做出后，其在调查程序执行国的合法逗留即宣告终止。

由于获批进入难民地位甄别程序，或是在没有建立此类甄别程序的国家寻求保护，而使难民逗留状态得到正常化的，只有针对特定案件的不承认难民地位或是驳回保护申请的终局裁定做出之后，合法逗留状态才能终止。认定个人不符合难民地位的最终裁决，包括经过适当行政程序做出的难民地位申请明显缺乏正当理由之决定做出之后，申请者在缔约国继续逗留则属非法行为，在地位审查程序进行期间临时享有的所有公约权利也将丧失。同样道理，如果以公约第 1 条（C）款为由裁决个人失去难民身份，那么其继续逗留该国的法律依据也将不复存在。[②]

四　合法居留

有些难民不仅在一国境内合法逗留，而且也是合法居留，因此可以进一步主张其他权利，包括结社的自由、参与就业和执业的权利、获得公租房和公共福利的权利、享有劳动和社会保障法的保护、知识产权和取得旅行证件的权利。[③] 在决定第三类关联关系的最佳措辞时，起草者们的语言差异带来了一些意想不到的困难。[④]《难民公约》最终采用了“合法居留”这一表述方式，因为它精确地呈现了法语中“ré sidant ré gulièrement”（经常居住）的概念，其约束力也得到了公约起草者的一致认同。[⑤]

最根本的问题在于，“经常居住”与住所或者永久居民身份等法律

---

① “Report of the Ad Hoc Committee on Statelessness and Related Problems”, UN Doc. E/1618, Feb. 17, 1950, Annex II (Art. 10).

② A. Grahl-Madsen, The Status of Refugees in International Law (vol.I, 1966), pp. 367—412; J. Hathaway, The Law of Refugee Status (1991), pp. 189—205; and G. Goodwin-Gill, The Refugee in International Law (1996), pp. 80—87.

③ 《难民公约》，第 14 条（“艺术权利和工业财产”）、第 15 条（“结社的权利”）、第 17 条（“以工资受偿的雇佣”）、第 19 条（“自由职业”）、第 21 条（“住房”）、第 23 条（“公共救济”）、第 24 条（“劳动立法和社会保障”）、第 28 条（“旅行证件”）。

④ 参见会议主席，丹麦代表 Larsen 的发言，UN Doc. E/AC.32/SR.42, Aug. 24, 1950, at 25。

⑤ “Report of the Style Committee”, UN Doc. A/CONF.2/102, July 24, 1951.

概念并不相同。[①] 公约起草者所要强调的是，是否满足第四类关联条件应当取决于难民面临的现实处境。[②] “经常居住”这个概念“在含义上非常宽泛……并且暗示了一种稳定和一定期限的居住状态”[③]。虽然不要求构成长期逗留[④]或是惯常居住[⑤]，但是难民在缔约国的逗留必须具有持续性。[⑥] 譬如，格拉尔·梅森（Grahl-Madsen）就认为，如果在没有取得居留许可的情况下，官方容忍个人逗留时间超过法律允许的最后时限（通常情况下为3—6个月），那么这就可以看作是合法居留。[⑦]

它最重要的意义在于明确了一点，即受到“临时保护”的难民事实上已经在所在国安定下来，[⑧] 而且被视作处于“经常居住”状态：

> 至于临时居留问题，目前的表述方式显然也包含临时居留的意思，至少法国是这样认为……出于原则性，法国代表也考虑放弃“惯常居住”，转而接受“经常居住”的概念，这已经是他能做出的最大妥协。[⑨]

实际上，英国代表是为了将这个法语概念转译成英文，才提议使用“（临时或其他的）合法居住”这种表述方式。[⑩] 但是美国代表却认为，英语中任何包含“居住”一词的表述方式都不能准确反映法语“居住”所具有的广泛含义。他提出，英语中的“居住”一词没有临时居留的意思。[⑪] 所以为了让公约的英语文本避免这样的误解，可以采取一些必要措施，

---

① 参见美国代表 Henkin 的发言，UN Doc. E/AC.32/SR.42, Aug. 24, 1950, at 24。

② 参见法国代表 Juvigny 的发言，UN Doc. E/AC.32/SR.42, Aug. 24, 1950, at 33—34。

③ 参见法国代表 Juvigny 的发言，UN Doc. E/AC.32/SR.42, Aug. 24, 1950, at 12。

④ 参见法国代表 Juvigny 的发言，UN Doc. E/AC.32/SR.41, Aug. 23, 1950, at 17。

⑤ 参见法国代表 Juvigny 的发言，UN Doc. E/AC.32/SR.42, Aug. 24, 1950, at 12。

⑥ 参见法国代表 Juvigny 的发言，UN Doc. E/AC.32/SR.42, Aug. 24, 1950, at 12。

⑦ A. Grahl-Madsen, The Status of Refugees in International Law (vol. II, 1966), pp. 353—354.

⑧ W. Kalin, “Temporary Protection in the EC: Refugee Law, Human Rights, and the Temptations of Pragmatism”, (2001) 44 German Yearbook of International Law 221, p. 222.

⑨ 参见法国代表 Juvigny 的发言，UN Doc. E/AC.32/SR.42, Aug. 24, 1950, at 15。

⑩ 参见英国代表 Leslie Brass 爵士的发言，UN Doc. E/AC.32/SR.42, Aug. 24, 1950, at 29。

⑪ 参见美国代表 Henkin 的发言，UN Doc. E/AC.32/SR.42, Aug. 24, 1950, at 29。

例如，居留长达“数月”的难民将被拒绝给予相应权利。[①] 经过特设委员会的斟酌，最终决定将“经常居住”的英文翻译确定为“合法居住于其领土内”。[②]

全权代表会议赞同将第四类关联关系的法语表述方式确定为“经常居住”（ré sidant ré gulièrement），但是把对等的英语表述方式修改为“合法居留于其领土内”。[③] 修辞上的细微调整使得英语的表述方式与“经常居住”的包容特性更加贴切。全权代表会议还达成一致意见，将“经常居住”这个法语概念作为第四类关联关系的权威定义，如此一来便彻底解决了所有可能出现的语言歧义。[④]

因此，《难民公约》中第四类关联关系的基本特征可以理解为：在取得正式批准的情况下，持续性地在缔约国逗留；不论对申请者的难民地位是否做出正式声明，都给予其永久居民的权利，或是建立住所的权利。[⑤] 这种解释符合《难民公约》的基本架构，因为公约并不要求缔约国对难民的地位做出裁决，或是为其赋予任何特定的移民身份，[⑥] 而且它也仅仅是鼓励而非要求缔约国给予难民以国籍或其他形式的永久身份。[⑦]

五 长期居住

为惯常居住于庇护国的难民特别保留的权利为数较少：除了适用于前述四种关联关系的权利之外，长期居住的难民还可以主张获得法律援助的权利、在庭审程序中交纳费用保障金时获取国民待遇的权利。[⑧] 在居住期满 3 年以后，难民还可以享受立法互惠的豁免，[⑨] 并不再受任何加诸外

---

① 参见美国代表 Henkin 的发言，UN Doc. E/AC.32/SR.42, Aug. 24, 1950, at 26。

② “Report of the Ad Hoc Committee on Refugees and Stateless Persons, Second Session”, UN Doc. E/1850, Aug. 25, 1950, p. 12.

③ “Report of the Style Committee”, UN Doc. A/CONF.2/102, July 24, 1951.

④ “Report of the Style Committee”, UN Doc. A/CONF.2/102, July 24, 1951, at para. 5; A. Grahl-Madsen, The Status of Refugees in International Law (vol. II, 1966), pp. 351—352.

⑤ G. Goodwin-Gill, The Refugee in International Law (1996), p. 309.

⑥ 参见原著 1.1.3 章节。

⑦ 《难民公约》，第 34 条。

⑧ 《难民公约》，第 16 条（二）款。

⑨ 《难民公约》，第 7 条（二）款。

国人就业方面的限制措施的约束。[①] 由于适用于第五类关联关系的难民权利非常之少，所以对于满足长期居住要求后应取得的权利，公约起草者已经没有太大兴趣来进一步设置额外条件。

> 难民公约，第 10 条 继续居住（应作“连续居住”）
>
> （一）难民如在第二次世界大战时被强制放逐并移至缔约一国的领土并在其内居住，这种强制留居的时期应被认为在该领土内合法居住期间以内。
>
> （二）难民如在第二次世界大战时被强制逐出缔约一国的领土，而在本公约生效之日以前返回该国准备定居，则在强制放逐以前和以后的居住时期，为了符合于继续居住这一要求的任何目的，应被认为是一个未经中断的期间。

在确定难民是否满足特定的居住要求时，“争论的焦点是……持续居住的问题，而不是合法居住”。[②] 为此，公约起草者专门制订条款来帮助那些在第二次世界大战中遭强制放逐而陷入困境的人。如果难民选择继续留在被放逐的国家，那么他们强制留居的期间应被视作在该国合法居住。[③] 尽管难民遭强制放逐而前往的国家在法律上并未允许其入境，但是对实际居住地的关注迫使各方达成了协议，即“个人遭放逐前往的国家承认其被迫留居的期间为合法居住的期间”。[④]

其他难民更愿意将其被强制放逐到外国的居住期间算作其在本国居住的期间，公约起草者为了满足他们的意愿，于是同意被放逐的受害者[⑤]可以选择将被放逐期间视作在原驱逐国家连续居住的期间。[⑥] 即便难民在被放逐期间并未实际在该缔约国内居住，但是“公约起草者们希

① 《难民公约》，第 17 条（二）款。

② 参见比利时代表 Cuvelier 的发言，UN Doc. E/AC.32/SR.22, Feb. 2, 1950, at 5；参见国际难民组织代表 Weis 的发言，UN Doc. E/AC.32/SR.22, Feb. 2, 1950, at 5。

③ 《难民公约》，第 10 条（一）款。

④ 参见会议主席，加拿大代表 Chance 的发言，UN Doc. E/AC.32/SR.22, Feb. 2, 1950, at 7。

⑤ 参见委内瑞拉代表 Perez Perozo 的发言，UN Doc. E/AC.32/SR.35, Aug. 15, 1950, at 12。

⑥ 《难民公约》，第 10 条（二）款。

望将非自愿的居住中断的影响减至最低，同时也为非敌意但未经许可的居留状态提供救济措施，这通常需要将个人在某地的‘逗留’状态转化为‘居住’状态”[①]。

《难民公约》第10条今天仅剩下激励的作用，[②] 因为它只对第二次世界大战期间被放逐者的待遇产生效力。不过，围绕公约第10条的争论给我们留下两个具有持续影响力的重要意义。首先，计算居住期间并不是为了查明难民在国外居住了多长时间，而是要搞清难民在缔约一国居住多长时间才能主张适用于第四种关联关系的权利。其次，在中转国的居住期间不能计入连续居住期间。[③] 不过，居住期间的计算还应该适当考虑难民面临的特定障碍。[④] 为了体现公约第10条的精神，居住期间既可以包括在缔约国被迫逗留的期间，也可以计入难民连续居住遭不可控力所致的中断时间。

总之，对这五种关联关系进行细分的主要目的，就是要促进《难民公约》在所有国家得到充分实施，尽管各个国家在难民接收问题上采取的方法大相径庭，但这种关联程度的分类，还给各国政府留下了一定的灵活空间，方便其在各自的管辖内实现难民法最佳的可操作性。

因为难民权利的取得最终是取决于难民所处的现实状况，而非任何正式的决定或者身份，所以《难民公约》禁止各缔约国援引各自的法律作为拒绝给予难民权利的理由。一旦难民进入缔约一国的管辖，某些权利就应当立即适用；在缔约一国境内的实际逗留，即便是非法的逗留，也是主张其他难民权利的依据；当逗留得到正式批准或官方的容忍时，难民即可主张第三组权利；当在庇护国的逗留已不仅是短暂或临时的逗留时，难民便能进一步主张其他权利；即便是要求最严苛的一类关联关系，也只需要居住得到法律批准并持续一定时间即可。缔约国在难民申请的处理、地位的甄别以及权利的确认中，可能会有延误或无法做出结论，但这在任何情况下都不能构成拒绝兑现难民权利的理由。

---

① N. Robinson, Convention relating to the Status of Refugees: Its History, Contents and Interpretation (1953), p. 96.

② 参见各国议会联盟代表Rollin的发言，UN Doc. A/CONF.2/SR.10, July 6, 1951, at 7。

③ 参见会议主席，加拿大代表Chance的发言，UN Doc. E/AC.32/SR.22, Feb. 2, 1950, at 8。

④ 参见原著1.2.3章节。

第二节 一般待遇标准

以上述关联关系的划分作为依据，特定难民应当享有的权利一经确定，下一步工作就是确立符合要求的执行标准。《难民公约》在规定许多权利时，直接要求按照某种临时的或者绝对的标准予以兑现。我们在这里将其称为“特殊的待遇标准”，后续将对其作进一步解读。[①] 但是，当缺乏这类直接确定执行标准的条款时，起码应当将难民作为“普通外国人”加以对待。

按照国际外国人法的传统规范，把难民归入“普通外国人”将难以确保其得到有效的保护。这是因为保护外国人权益的主要责任应当由其国籍国来承担，而国籍国应当通过外交干预的方式来确保其海外公民的人权得到尊重。根据公约的定义，由于难民是其国籍国不能或不愿保护的人，所以传统的外国人法几乎不能为其提供任何保护。基于这个原因，国际难民法的一个基本目的就是在国际组织——目前是联合国难民署——的监督下向难民提供替代性的国际保护，由其代表难民来履行类似外交干预的职责。

从根本上来说，外国人的某些相关权利也可以通过难民国籍国的努力得以实现。[②] 如果不考虑《难民公约》和其他条约，那么一般法律原则所保障的外国人的权利则比较有限，而每个国家都有权自行决定是否要超越这一限度以给予非公民其他权利。在第一类国家中，外国人享有本国公民的大多数权利已经成为制度性规定。[③] 而第二类国家则推定外国人与本国人享有同等待遇，但如果难民或外国人的国籍国没有给予外国公民以同等保护的话，那么第二类国家则可以依据国内法（立法互惠）或惯例（事实互惠）取消其享有的特定权利。第三类国家认为，在分配权利时将外国人归入国民的做法不合逻辑。在坚持外交互惠理论的国家看来，享有特权

---

① 参见原著 1.3 章节。

② United Nations, “Memorandum by the Secretary-General to the Ad Hoc Committee on Statelessness and Related Problems”, UN Doc. E/AC.32/2, Jan. 3, 1950, at 28; R. Provost, “Reciprocity in Human Rights and Humanitarian Law”, (1994) 65 British Yearbook of International Law 383, p. 383.

③ E. Borchard, The Diplomatic Protection of Citizens Abroad (1915), pp. 71—72.

的外国人可以得到与其国民大致相当的待遇，其余外国人与他们不可同日而语。在第四类国家中，只有当外国人的国籍国通过签署条约的形式来确保其管辖下的外国人取得类似权利时，他们才可能取得超越一般法律原则所赋予的权利。[①]

显然，我们没有任何理由指望难民的国籍国为了协助自己的公民去外国寻求庇护而接受互惠安排。难民法出现以前，由于难民与其国籍国之间的关联已被切断，所以在外国人待遇取决于互惠安排的国家中，难民只能在最低限度之内享有极少的权利。这种困境迫使国联大声疾呼，如果用一般规则来处理难民问题，势必会导致人道主义悲剧。国联还指出，在难民问题上采用互惠规则的做法没有任何实际意义：

> 在缺乏互惠安排的情况下，拒绝给予外国人以国民待遇仅仅算得上是一种温和的反制行为。其目的是要利用其国民来追究那些拒绝对等适用自由制度的国家……但是通过难民个人能起到追究其国家或者政府的作用吗？难民应当为其原籍国的立法行为承担责任吗？互惠规则如果被用以处理难民问题，那显然是毫无意义而且有失公正的。然而适用互惠规则却会给难民造成严重的伤害，因为这是在管理外国人身份中经常适用的规则。由于互惠条件不可能得到满足，所以难民事实上无法取得所有外国人原则上都应享有的一系列权利。[②]

1933 年《难民公约》便已经免除了对难民的互惠要求，[③] 这意味着难民待遇的基本标准中就包含了通常情况下国家间经磋商后同意给予的所有权利。当然，对于第一类国家而言，因为其在任何情况下都不将互惠安排作为难民待遇的决定条件，所以该条款没有什么意义。对于第三类国家（坚持外交互惠的国家），该条款发挥的作用也相对较小。由于外交互惠并不要求必须给予外国人所有权利，因此在第三类国家中的互惠豁免只会将难民归入其余外国人的类别。在实行外交互惠的国家中，非伙伴国家的难民

① E. Borchard, The Diplomatic Protection of Citizens Abroad (1915), pp. 71—73.

② United Nations, "Memorandum by the Secretary-General to the Ad Hoc Committee on Statelessness and Related Problems", UN Doc. E/AC.32/2, Jan. 3, 1950, at 29.

③ 《关于难民国际地位的公约》，1933 年 10 月 28 日通过，1935 年 6 月 13 日生效，第 14 条。

是无法取得许多关键权利的。因而，互惠豁免只会要求实行外交互惠的国家将难民看作二等外侨，而无须将其作为受优待的外国人。

不过，互惠豁免对于第二类国家却有显著的影响，因为这些国家把立法或事实豁免作为确定外国人权利的条件。在这些国家中，互惠豁免实际上支持了将外国人视作国民的推论，相当于确保了难民可以获得国民待遇。与实行外交互惠的国家相比，支持立法或事实互惠的国家“通常会给予外国人以本国国民相同的权利，但是针对以特定障碍阻滞一般外国人或仅本国国民的那些国家，它们可以保留对该国国民实施报复的权力”。[①]

对于理解现行《难民公约》所采取的方法，熟悉历史背景具有非常重要的意义。最初有人建议说，依据 1933 年公约，如果庇护国具有互惠安排，那么 1951 年《难民公约》保护的难民则应当一概被视作公民。[②] 包括丹麦[③]和美国[④]在内的一些国家都支持这一立场，但是法国却指出 1933 年公约的 8 个缔约国中只有 3 个愿意承担给予难民互惠豁免的义务。[⑤] 基于实用主义，法国提出了一个替代方案，即以外交互惠作为拒绝给予所有难民权利的条件，并规定难民只有在庇护国居住满一定年限以后，才能享有满足立法或事实互惠要求的权利。[⑥] 如此一来，实施立法或事实互惠的国家在难民问题上的立场便与支持外交互惠的国家非常相似了。[⑦]

一 视作外国人

《难民公约》第 7 条（一）款

除本公约载有更有利的规定外，缔约国应给予难民以一般外国人所获得的待遇。

---

① E. Borchard, The Diplomatic Protection of Citizens Abroad (1915), p. 72.

② United Nations, “Memorandum by the Secretary-General to the Ad Hoc Committee on Statelessness and Related Problems”, UN Doc. E/AC.32/2, Jan. 3, 1950, at 28.

③ 参见丹麦代表 Larsen 的发言，UN Doc. E/AC.32/SR.36, Aug. 15, 1950, at 18—19。

④ 参见美国代表 Henkin 的发言，UN Doc. E/AC.32/SR.34, Aug. 14, 1950, at 15—16。

⑤ United Nations, “Memorandum by the Secretary-General to the Ad Hoc Committee on Statelessness and Related Problems”, UN Doc. E/AC.32/2, Jan. 3, 1950, at 93—97.

⑥ France, “Proposal for a Draft Convention”, UN Doc. E/AC.32/L.3, Jan. 17, 1950, p. 4.

⑦ 《难民公约》，第 7 条（三）款。参见原著 1.2.2 章节。

公约起草者在第 7 条（一）款中规定的一般待遇标准相当宽泛。与 1933 年《难民公约》中的互惠完全豁免相比，第 7 条（一）款确实显得不太周详，不过它的目的是要确保所有法律和政策在一般情况下给予外国人的权益也能为难民所享有。

第 7 条（一）款最重要的价值在于使非公民权利的所有来源得以整合。美国代表认为，必须确保一般待遇标准“涵盖给予难民的所有权利，而不仅仅是公约草案中明文规定的那些权利”，[①] 特设委员会第一次会议报告简单明了地指出，“互惠豁免不仅涉及公约草案专门载明的权益，也包括在公约草案中没有明确提到的权益”。[②] 虽然各国在互惠豁免的时间和范围问题上的态度随着公约起草进程逐渐固定下来，但是对全面执行一般待遇标准的基本承诺并没有丝毫退缩。[③] 简而言之，庇护国在正常情况下给予其他外国人的任何权利都必须为难民所享有。因此，第 7 条（一）款的一般标准确保难民可以主张国际外国人法所规定的少数权利，以及任何涉及一般外国人待遇的国际法律义务所对应的权益（例如，《人权公约》所规定的那些权利）。

“一般外国人”的待遇标准也有效照顾到了实行外交互惠国家的关切。法国和比利时坚持认为，《难民公约》不能强制其比照特殊伙伴国公民的标准来对待难民。[④] 采用“一般外国人”这个基本标准就是为了避免出现任何误解，包括庇护国有义务给予难民以受优待外国人专享的特殊权利，譬如经济和政治结盟国家的公民所享有的权利。[⑤] 因为这类特殊权利并非“一般外国人”在正常情况下所固有的权利，[⑥] 所以新的一般待遇标

---

① 参见美国代表 Henkin 的发言，UN Doc. E/AC.32/SR.23, Feb. 3, 1950, at 4。

② “Report of the Ad Hoc Committee on Statelessness and Related Problems”, UN Doc. E/1618, Feb. 17, 1950, Annex II.

③ 参见《难民公约》第 7 条（五）款。

④ 参见比利时代表 Cuvelier 的发言，UN Doc. E/AC.32/SR.10, Jan. 24, 1950, at 5。

⑤ 参见比利时代表 Cuvelier 的发言，UN Doc. E/AC.32/SR.23, Feb. 3, 1950, at 4; 参见英国代表 Leslie Brass 爵士的发言，UN Doc. E/AC.32/SR.23, Feb. 3, 1950, at 4。

⑥ 参见比利时代表 Cuvelier 的发言，UN Doc. E/AC.32/SR.10, Jan. 24, 1950, at 5; 参见丹麦代表 Larsen 的发言，UN Doc. E/AC.32/SR.10, Jan. 24, 1950, at 5。

准允许缔约各国拒绝给予难民这类特殊权利。[①]

虽然公约起草者认可各国通过外交互惠措施保持特殊关系的重要性，但是对于利用特别安排给予非公民以特殊权利而排除难民的情形，公约起草者还是决意要加以限制。因此，所有实质性公约权利中只有一项是依据"一般外国人"基础标准来实施的——财产权利、从事自营职业的权利、住房的权利、接受中等和高等教育的权利——其余权利实际上是要求"给以尽可能优惠的待遇，无论如何，此项待遇不得低于一般外国人在同样情况下所享有的待遇"。[②] 正如比利时代表所说的那样，这种措辞方式提出的要求显然超过了非歧视原则。[③]

首先，重点地讲，缔约各国一直同意采用这样的措辞，以便将政府拒绝难民应得权益的能力局限在外交互惠的框架之下。特设委员会第一次会议的报告对语言上的这种精确选择进行了解释：

> 公约第13条，动产和不动产，以及其他几项条款所采用的表述方式——"给以尽可能优惠的待遇，无论如何，此项待遇不得低于一般外国人在同样情况下所享有的待遇"——意在确保难民至少能得到与其他外国人同等的待遇，并鼓励各国在可能的情况下给予其更好的待遇。[④]

虽然特别双边机制或者类似安排中包含的特殊权利不能为难民所享有，[⑤] 但要是拒绝给予难民以大多数非公民均能享有的权利也缺乏充分的理由，这是各国一致认可的观点。各国政府拒绝给予难民概括的互惠豁免的理由，也基本如上所述。各国政府最为关切的问题在于，国家之间特殊的政治与经济关系不能因此而受到重大影响；如果特定伙伴国的公民不再

---

① 参见秘书处 Giraud 的发言，UN Doc. E/AC.32/SR.11, Jan. 25, 1950, at 6；参见原著 1.3.1 章节。

② 《难民公约》，第 13、18、19、21 和 22 条。

③ 参见比利时代表 Cuvelier 的发言，UN Doc. E/AC.32/SR.24, Feb. 3, 1950, at 13。

④ "Report of the Ad Hoc Committee on Statelessness and Related Problems", UN Doc. E/1618, Feb. 17, 1950, Annex II.

⑤ "Comments of the Committee on the Draft Convention", UN Doc. E/AC.32/L.32/Add.1, Feb. 10, 1950, pp. 2—3.

享有专门为其保留的权利，而是将这些权利赋予大多数外国的国民，那么所谓的风险自然也就不复存在。[①] 试想，当给定的一组权利已经具有真正意义上的普遍性时——比如，通过相关国内法或是惯例、双边或多边协议这种普遍的模式彰显出来，抑或权利实际上为大多数外国人所享有——那么这些权利自然而然地也能被难民所享有。

其次，当然也是普遍而言，在适用于一般外国人的限制条件需要针对难民做例外处理的问题上，对难民"给以尽可能优惠的待遇"这项义务，事实上是要求缔约一国秉持善意加以考量。该项规定要确保"难民得到的不是最优惠待遇，而是相较于一般外国人更为优惠的待遇"。[②] 英国政府曾经有一番评述，比较恰当地反映了这项责任的精神要义，宣称本国愿意"满怀同情地考虑放松难民准入的条件"。

二 互惠豁免

（一）《难民公约》，第7条相互条件的免除（互惠豁免）

……

（二）一切难民在居住期满3年以后，应在缔约各国领土内享受立法上相互条件的免除。

（三）缔约各国应继续给予难民在本公约对该国生效之日他们无需在相互条件下已经有权享受的权利和利益。

（四）缔约各国对无需在相互条件下给予难民根据第（二）、（三）两款他们有权享受以外的权利和利益，以及对不具备第（二）、（三）两款所规定条件的难民亦免除相互条件的可能性，应给予有利的考虑。

（五）第（二）、（三）两款的规定对本公约第十三、十八、十九、二十一和二十二条所指权利和利益，以及本公约并未规定的权利和利益，均予适用。

① 参见法国代表 Juvigny 的发言，UN Doc. E/AC.32/SR.34, Aug. 14, 1950, at 11—12。

② 参见美国代表 Henkin 的发言，UN Doc. E/AC.32/SR.13, Jan. 26, 1950, at 14。

基于上述原因可以看出，实行外交互惠的国家需要长期坚守外国人优惠制度，这是《难民公约》确立的一般待遇标准的基础和前提条件。在这类国家中，与之有特殊关系的国家可能通过条约为其公民取得了某些特殊权利，但是难民却不能够强制主张这些权利。[①] 缔约各国对互惠安排可以有独到的理解，但是为了防止这些国家的责任出现严重的失衡，于是决定在实行立法或事实互惠的国家中，暂缓将难民视作公民加以对待。[②]

由于“一般标准”的基本保护义务对推行立法和事实互惠的国家产生了完全不同的影响，所以这些国家也有必要采用不同的方法来解决难民待遇问题。实行立法和事实互惠的国家支持将外国人视作公民的推论，[③] 于是执行“一般标准”事实上就要求立即将所有难民都视作公民。根据公约第 7 条（一）款规定，难民应当在互惠基础上享有一般外国人所获得的待遇，[④] 所以立法或事实互惠安排提供的所有权利，也可以推定为难民所享有。正因为如此，推行一般待遇标准已经导致实行立法或事实互惠的国家承担了更加繁重的义务。

立法或事实互惠安排所确定的权益已经无法回避，但是推迟难民主张这些权益的时间却能减小其影响。特设委员会的建议指出，“只针对在该国居住满一定期限的难民承担这项法律责任”[⑤] 的观点促使公约起草者们决定，难民只有在庇护国的居住期满 3 年以后才能享受立法互惠的豁免。[⑥]

现行《难民公约》采用一般待遇标准的最终效果，就相当于删除了 1933 年《难民公约》有关一切互惠都应予以豁免的要求，虽然删除得并不十分彻底。依据公约第 7 条（一）款，给予难民“一般外国人”所固有的一切权利是附带限制条件的一项义务，缔约国可以合法地拒绝给予难民任何外交互惠权利，因为这些权利只对伙伴国或者属于同一政治或经济联

---

① 参见原著 1.2.1 章节。

② 参见比利时代表 Herment 的发言，UN Doc. A/CONF.2/SR.24, July 17, 1951, at 22。

③ 参见原著 1.2 章节。

④ 参见原著 1.2 章节。

⑤ “Report of the Ad Hoc Committee on Refugees and Stateless Persons, Second Session”, UN Doc. E/1850, Aug. 25, 1950, p. 12.

⑥ 参见原著 1.1.5 章节。

盟的最惠国国民开放。按照公约第7条（二）款，对于满足立法或事实互惠要求的国家，其国民享有某些专门保留的权利，而缔约各国可以在长达3年的时间里拒绝给予难民这些权利。只有当受到互惠安排限制的公约权利实际上为一般外国人所普遍享有时，难民才可以按照公约条款所要求的基本标准来主张这些权利。[①] 因为难民享有的待遇不得低于一般外国人，所以当某项权利一旦为大多数外国人所享有时，庇护国以互惠安排为理由拒绝向难民兑现该权利的特权即自行终结。[②]

部分公约起草者显然已经意识到，以互惠安排的苛刻要求来限制难民并不合理。[③] 虽然大多数国家受到保护主义观念的影响，但它们还是成功通过了一项附加条款，使得1951年以前的许多难民不必因互惠原则而遭受权利的减损。[④] 公约第7条还有一项更具当代意义的附加条款，它要求缔约各国在3年居住期的条件未予满足的情况下，考虑放弃立法和事实互惠的要求。[⑤] 正如罗宾逊（Robinson）[⑥] 和韦斯（Weis）[⑦] 所指出的那样，公约第7条（四）款并不仅仅具有劝勉性质，而且要求缔约各国政府就继续对难民提出互惠要求的逻辑问题进行认真思考。诚然，公约没有正式要求缔约各国在难民居住期满3年之前给予其立法或事实互惠安排所规定的权利，但是公约第7条（四）款“的确使用了‘应’字来强调，公约要求缔约各国就给予这些权利的可能性进行有利于（难民）的斟酌”。[⑧]

有观点认为，同时加入《公民及政治权利国际公约》的缔约国可以缺乏互惠安排为理由，合法地拒绝给予难民权利，应当说这种观点在任何

---

① 参见原著1.2.1章节。

② 参见英国代表 Leslie Brass 爵士的发言，UN Doc. E/AC.32/SR.41, Aug. 23, 1950, at 7。

③ 参见荷兰代表 van Boetzelaer 男爵的发言，UN Doc. A/CONF.2/SR.24, July 17, 1951, at 21—22。

④ 《难民公约》，第7条（三）款。

⑤ 《难民公约》，第7条（四）款；“Report of the Ad Hoc Committee on Refugees and Stateless Persons, Second Session”, UN Doc. E/1850, Aug. 25, 1950, pp. 11—12。

⑥ N. Robinson, Convention relating to the Status of Refugees: Its History, Contents and Interpretation (1953), pp. 88—89.

⑦ P. Weis, The Refugee Convention, 1951: The Travaux Preparatoires Analysed with a Commentary by Dr. Paul Weis (1995), p. 57.

⑧ N. Robinson, Convention relating to the Status of Refugees: Its History, Contents and Interpretation (1953), p. 89.

情况下都缺少法律依据的支撑。[①]《公民及政治权利国际公约》的非歧视条款要求，一国给予任何群体的权利都应推定为自然延及其管辖之下的所有人。针对不同意给予对等待遇的国家，可以选择拒绝给予其国民某些权利，但是当这种决定只是被当作迫使他国向外国公民提供保护的手段时，立法和事实互惠就会变得非常脆弱。正如特设委员会的美国代表所言："以互惠条件对权利做出限制的目的是为了鼓励其他国家在对待其境内的外国人时采取同等自由的制度。但是在处理难民问题时如果也坚持以互惠条件限制难民权利，那自然是什么都得不到。"[②]尽管缔约各国被赋予了较大的自由裁量权，但是既然大多数互惠机制的目的根本不可能通过利用难民问题而得以实现，[③]那么对公约第 7 条中限制性条款的倚重也就不可能符合对非歧视义务的当代理解。

三 免除不可逾越的要求

《难民公约》，第 6 条 "在同样情况下"一词的意义

本公约所用"在同样情况下"一词意味着凡是个别的人，如果不是难民为了享受有关的权利所必需具备的任何要件（包括关于旅居或居住的期间和条件的要件），但按照要件的性质，难民不可能具备者，则不在此例。

如前所述，基本待遇标准包括的大多数公约权利——如财产权利、从事自营职业的权利、住房的权利、接受中等和高等教育的权利[④]——在文本含义上都要求，"应给予难民尽可能优惠的待遇，无论如何，此项待遇不得低于在同样情况下给予一般外国人的待遇"。各国政府有权对合法逗留于其境内的难民的行动自由进行限制，使其受到"对一般外国人在同

① "Concluding Observations of the Human Rights Committee: Azerbaijan", UN Doc. CCPR/CO/73/AZE, Nov. 12, 2001, at para. 20; R. Provost, "Reciprocity in Human Rights and Humanitarian Law", (1994) 65 British Yearbook of International Law 383, pp. 444—445.

② 参见美国代表 Henkin 的发言，UN Doc. E/AC.32/SR.23, Feb. 3, 1950, at 2。

③ 参见原著 1.2 章节。

④ 《难民公约》，第 13、18、19、21 和 22 条。

样情况下适用的任何规章”的约束。[①] 在涉及结社和取得以工资受偿的就业权利问题上，公约也采用了相同的措辞来规范缔约国的义务，要求其将难民视作最惠国国民加以对待，“应给以一个外国的国民在同样情况下所享有的最惠国待遇”。[②]

这种语言实际上反映了公约起草者的共同观点，即如果难民权利只需要达到基本待遇标准——被视作一般外国人——那么难民必须真正具备与其他外国人一样的资格。特设委员会最初采取的检验方法相当严格，指出难民必须满足“针对外国公民为享有该权利所应达到的要求，包括相同的旅居或居住时限与条件”。[③] 有代表认为缔约各国只能按照在庇护国逗留的条件与要求来对两者进行比较，但是这个提议遭到了特设委员会的否定。[④] 比利时和美国代表指出，虽然这种方法过于严苛，但是却能在一个问题上说服委员会，那就是在判断难民与享有特定权利的其他外国人是否真正处于相同境遇时，各国政府应当有权制定一系列审查标准。[⑤]

澳大利亚代表在全权代表会议上进行了一次不太成功的游说，要求在拒绝难民享有某些权利的问题上授予缔约各国更大的自由裁量权。澳大利亚代表萧先生（Mr. Shaw）提出：“公约中不应该有任何内容赋予难民以多于其他外国人的权利。”[⑥] 他的立场遭到了猛烈的抨击，最终不得不收回提议。[⑦] 奥地利代表认为：“如果难民不应当享有多于其他外国人的权利，那么公约的存在似乎就毫无意义，因为它的目的恰恰是为了给予难民特别优惠的待遇。”[⑧] 然而，全权代表会议最终还是得出结论，如果权

---

① 《难民公约》，第 26 条。

② 《难民公约》，第 15、17 条。

③ “Report of the Ad Hoc Committee on Refugees and Stateless Persons, Second Session”, UN Doc. E/1850, Aug. 25, 1950, p. 15.

④ 参见丹麦代表 Larsen 的建议，UN Doc. E/AC.32/SR.36, Aug. 15, 1950, at 9; 参见以色列代表 Robinson 的建议，UN Doc. E/AC.32/SR.42, Aug. 24, 1950, at 23。

⑤ 参见比利时代表 Herment 和美国代表 Henkin 的发言，UN Doc. E/AC.32/SR.42, Aug. 24, 1950, at 24。

⑥ 参见澳大利亚的建议，UN Doc. A/CONF.2/19, July 3, 1951。

⑦ 参见比利时代表 Herment 和联邦德国代表 von Trutzschler 的批评，UN Doc. A/CONF.2/SR.6, July 4, 1951, at 5—6。

⑧ 参见奥地利代表 Fritzler 的发言，UN Doc. A/CONF.2/SR.6, July 4, 1951, at 6。

利的适用只需达到“一般外国人”的基础标准，那么各国政府可以利用个别难民没有真正与享有某项权利的其他外国人处于“同样情况”为理由而合法地拒绝其权利主张。

会议代表赞同特设委员会的主张，因而没有接受所谓缔约各国只能根据旅居或居住条件来判断难民和一般外国人是否处于同样情况的观点。[①]格拉尔·梅森认为：“在大多数国家中，某些权利只会给予那些满足一定条件的人，例如年龄、性别、健康、国籍、教育、培训、经验、个人操守、经济偿付能力、婚姻状况、专业协会或者工会的成员资格，或是居住地，甚至是在该国或特定地方的居住期间。也许某些严格规定还会要求其证明具有所需的资格，譬如特定的文凭或者证书等。”[②]

提出类似而又更加广泛的关切，这一点对于公约起草者来说可能具有特别重要的意义。例如，比利时代表甚至还直接建议，可以将提出职业或专业资格的证据作为主张特定权利的合法理由。[③]英国代表坚持认为“在同样情况下”是“引申含义，而非直接意思”。[④]虽然居住或旅居条件显然是最主要的问题，[⑤]但是要将定义相似情况的所有可能因素都逐一尽数也不太可能，“因为这将会导致庇护国滥用针对外国人提出的所有要求”。[⑥]于是乎，公约第6条采用了一种开放式的措辞，[⑦]允许各国政府“在一般概念的范围内拥有一定的自主权，来决定难民在何种条件下不得比一般外国人享有更加优惠的待遇”。[⑧]

然而，这种自由裁量权也不是绝对的。除了非歧视法的一般原则提出的要求之外，缔约各国在决定难民境况的评估依据时还要受到另一项重大限制，即有义务为难民免除那些不可能逾越的条件。即便各国政府坚称其有权要求难民比照其他外国人的同等条件来主张权益，但是它们也承认难民问题的特殊性——例如，逃亡的紧迫性、与母国关系的断绝，以及无

① 参见英国代表 Hoare 的发言，UN Doc. A/CONF.2/SR.34, July 25, 1950, at 16。
② A. Grahl-Madsen, Commentary on the Refugee Convention 1951 (1963, 1997), p. 23.
③ 参见比利时代表 Herment 的发言，UN Doc. A/CONF.2/SR.34, July 25, 1951, at 17。
④ 参见英国代表 Hoare 的发言，UN Doc. A/CONF.2/SR.34, July 25, 1951, at 17。
⑤ 参见英国代表 Hoare 的发言，UN Doc. A/CONF.2/SR.34, July 25, 1951, at 16。
⑥ 参见英国代表 Hoare 的发言，UN Doc. A/CONF.2/SR.35, July 25, 1951, at 35。
⑦ 参见英国代表 Hoare 的发言，UN Doc. A/CONF.2/SR.3, July 3, 1951, at 22。
⑧ 参见英国代表 Hoare 的发言，UN Doc. A/CONF.2/SR.35, July 25, 1951, at 35。

力筹划搬迁等——使得一般标准在某些时候几乎不可能达到：

> 譬如说，在某些东欧国家，个人必须在居住方面满足一定的条件才能申请社会保险。这种规定……太过严格，而且会减损公约的作用……必须要承认难民所面临的特殊情况。[①]

出现此种忧虑的合理性自然不容质疑，这促使全权代表会议采纳了英国和以色列联合提出的附带条款，以之要求各国政府向难民免除那些“本质上无法满足的”要求。[②]

正是以色列代表提出的问题导致公约第6条被迫改写，这说明在评估难民应得权益时可能会参照以旅居或居住期间为基础的一般标准，但是这个标准在适用的时候不可以过分机械。在评估是否满足一般标准时，应当在考虑难民面临的困难方面表现出一定的灵活度。例如，格拉尔·梅森指出，提供国籍证明、教育文件、职业资格、在难民原籍国取得培训经验的证明文件的要求，在某些时候可能就属于无法逾越的要求而应当予以免除。[③] 这并不意味着缔约国应当准许难民从事他们实际上不具备资质的工作，而只是说如果“难民不能出示本国大学的学历证明，也必须允许其通过正常情况下提供文凭以外的其他方式来证明其受教育程度”。[④] 这是因为难民面临的处境可能根本就不允许他在离开本国时还能有充分的时间去整理或携带所有相关的文件，而且也没有现实的办法来迫使其本国政府当局在海外签发所需的证明文件。[⑤]

将难民视作其他外国人的一般原则——它积极的一面在于允许难民主张特定权利，但消极的一面却是要求其必须遵守享有权利的一般规则——以及在贯彻这项原则时给予难民实质正义的必要性，二者之间如何平衡已经成为问题的关键。即便难民只是提出与一般外国人取得同等权利

---

① 参见以色列代表 Robinson 的建议，A/CONF.2/SR.5, July 4, 1951, at 19。

② 建议案以 22 票赞成、0 票反对（2 票弃权）获得通过：A/CONF.2/SR.26, July 18, 1951, at 10。

③ A. Grahl-Madsen, Commentary on the Refugee Convention 1951 (1963, 1997), p. 23.

④ A. Grahl-Madsen, Commentary on the Refugee Convention 1951 (1963, 1997), p. 23.

⑤ P. Weis, The Refugee Convention, 1951: The Travaux Preparatoires Analysed with a Commentary by Dr. Paul Weis (1995), pp. 46—47.

的主张，但是他们在失去依靠和流离失所过程中遭遇的困难在任何情况下都不应当成为缔约各国剥夺其权利的借口。

四 受个人身份支配的权利

《难民公约》，第 12 条 个人身份

（一）难民的个人身份，应受其住所地国家的法律支配，如无住所，则受其居住地国家的法律支配。

（二）难民以前由于个人身份而取得的权利，特别是关于婚姻的权利，应受到缔约一国的尊重，如必要时应遵守该国法律所要求的仪式，但以如果他不是难民该有关的权利亦被该国法律承认者为限。

按照普通法中的主流认知，非公民的个人身份——包括其法律行为能力、家庭和婚姻权利、继承和取得遗产的权利——通常取决于其国籍国的法律。[①] 因而，要决定一个非公民的儿童是否被合法收养、一个外国人是否有权以婚姻关系享有取得其配偶财产的权利，或境外非公民的遗嘱是否具有法律效力时，应当参照其国籍国的现行法律标准。

我们可以找到很多好的理由来支撑这个法律观点。譬如说，如果婚姻的合法性取决于一对夫妇的居住地或者到访地的法定婚龄，那么国际旅行显然就会对个人基本关系的稳定性产生重大影响。为了在尊重居住国或过境国法院对其境内非公民的个人身份的决定权的情况下排除这种干扰，大多数普通法国家在传统上都选择参照非公民的母国制定的涉及个人身份的法规。这种务实的方法能使人们在不损害个人基本权利的情况下在国家之间自由迁徙。这也可以说是一种原则性的标准，因为个人政治上效忠的国家的法律才是决定其基本身份的法律。

就难民而言，概念上乃是指不再具有公民与国家之间的假定关联的个人，所以《难民公约》的起草者认为，在这种情况下已经不存在原则性

① E. Scoles et al., Conflict of Laws (2000), pp. 242—245; D. Mabbett and H. Bolderson, "Non-Discrimination, Free Movement, and Social Citizenship in Europe: Contrasting Position for EU Nationals and Asylum-Seekers", paper presented at ISSA Research Conference on Social Security, Helsinki, Sept. 25—27, 2000, p. 2.

的理由来继续支持用普通法国家的通行办法来判定其个人身份。与此相反，某些国家的代表认为，如果让难民的个人身份被其选择逃离的国家的法律所绑架，那无异于在道德上铸下大错。丹麦代表提出了自己的论据，称“难民的所在国不应当依照可能导致其沦为难民的法律——如《纽伦堡法案》——来对待他们”。[①] 大会秘书处的杰罗德先生（Mr. Giraud）就此问题总结道：

> 难民的最大特点就是同自己的国家断绝了关系，不再遵守它的法律。这一事实构成了不得再用其本国法律约束他的充分理由。再进一步说，如果对难民适用其住所地国家或居住国的法律，则可以建立起更加和谐的关系。[②]

不以难民原籍国的身份规则来约束难民，这在逻辑上同给予难民例外情况的豁免义务非常相似。在下面的讨论中可以看出，如果单纯根据难民正式拥有的国籍而不顾难民已不再享有该国保护的事实而认定难民为敌对外国人，这显然是无稽之谈。[③] 如果以难民原籍国有关个人身份的法律作为拒绝给予难民权利的理由，而该法律却与庇护国有关个人身份的规则存在抵触，这同样令人费解。但这正是严格适用公约第 7 条（一）款的一般规则所导致的结果——至少在大多数普通法国家是如此——在没有相反规定的情况下，应当给予难民“一般外国人所获得的同等待遇”。

早期的难民条约一般是根据难民的国籍国来确定其个人身份，但是不能仅仅因为原则方面的问题就把这些条约所确立的先例原封不动地继承下来。[④] 与此相反的是，改革难民条约的动力来自国际难民组织的实践经验，而该组织认为传统的国籍法规已经在家庭权利方面，尤其是给缔结和

---

① 参见丹麦代表 Larsen 的发言，UN Doc. E/AC.32/SR.8, Jan. 23, 1950, at 2; 参见以色列代表 Robinson 的发言，UN Doc. E/AC.32/SR.8, Jan. 23, 1950, at 2。

② 参见秘书处 Giraud 的发言，UN Doc. E/AC.32/SR.8, Jan. 23, 1950, at 4。

③ 参见原著 1.5.2 章节。

④ P. Weis, The Refugee Convention, 1951: The Travaux Preparatoires Analysed with a Commentary by Dr. Paul Weis (1995), p. 106; United Nations, “Memorandum by the Secretary–General to the Ad Hoc Committee on Statelessness and Related Problems”, UN Doc. E/AC.32/2, Jan. 3, 1950, at 25.

解除婚姻的能力造成了严重的束缚。[①] 不仅如此，对难民国籍国的身份法规的依赖还大大增加了行政管理的难度。[②] 以色列代表就此问题在全权代表大会上列举了一个实例：

> 举例来说，一个人来自维尔纳，他在一国提出庇护申请，该国法院在国际私法领域选择适用其原籍国的法律，为此该法院首先必须确定他们应当适用的是《波兰民法典》，即苏联吞并立陶宛之前在当地适用的民法，还是在苏联各加盟共和国通行的《苏联民法典》。这项决定肯定会牵涉到政治因素，但某些国家的法院可能并不愿意被卷入此类问题。[③]

大会秘书处提出的替代方案则是采用普通法的传统做法来帮助难民，即参照其住所地国家的现行法规来确定非公民的个人身份。由于难民的住所地国家通常就是其庇护国，[④] 所以这种方法为国内法院裁决难民权利提供了极大的便利：[⑤]

> 这种解决方法非常有利于难民，而且得到了该国法院以及那些可能与难民有法律纠纷的居民的欢迎。法院从此不再操心究竟应当适用哪国法律，以及在特定问题上究竟应当适用外国法律中的哪项具体条款。此外，某些国家的法院只有在其裁决得到外国人国籍国的法院承认时，才会对外国人实施管辖。通过适用住所地国家或者居住国的法律，现行条款就可以消除难民受到的上述限制。[⑥]

最后，甚至连法国代表——该代表先前曾提出过意思完全相反的建

---

① 参见国际难民组织代表 Weis 的发言，UN Doc. E/AC.32/SR.9, Jan. 24, 1950, at 3—4。

② 参见联邦德国代表 von Trutzschler 的发言，UN Doc. A/CONF.2/SR.7, July 5, 1951, at 11。

③ 参见以色列代表 Robinson 的建议，A/CONF.2/SR.7, July 5, 1951, at 11—12。

④ N. Robinson, Convention relating to the Status of Refugees: Its History, Contents and Interpretation (1953), p. 102.

⑤ 参见土耳其代表 Kural 的发言，UN Doc. E/AC.32/SR.7, Jan. 23, 1950, at 14。

⑥ "Report of the Ad Hoc Committee on Statelessness and Related Problems", UN Doc. E/1618, Feb. 17, 1950, Annex II.

议，认为个人身份仍然应当参照难民国籍国的法律来决定[①]——都被说服，接受了难民个人身份应当由其住所地国家的现行法律来决定。[②]

丹麦代表在总结陈述中说：

> 对于难民，委员会已经决定他们的个人身份将受其住所地国家的法律支配……既然如此，所有其他的标准便就此废除。因此，在适用住所地国家法律的国家，难民将得到同其他外国人一样的待遇；而在其他国家，他们将获得特殊的身份。[③]

但实事求是地讲，《难民公约》第12条所采取的办法是否真正解决了确定难民个人身份中遇到的伦理和实践问题，这一点我们并没有完全的自信。作为原则问题，确实有一股力量在支持法国代表最初的观点，认为依靠难民国籍国的法规更符合“难民的民族传统”。[④]实际上，虽然非政府组织只对该问题进行了仅有的一次干预，反对适用住所地国家的法规来确定个人身份，但其理由就是这种做法忽视了许多难民最终要返回原籍国的意愿：

> 对于对自己国家心怀恐惧且无意回国的政治难民来说，承认接收国法律赋予他的个人身份似乎尽在情理之中。但还需解决的另一个问题是，对于仍然眷恋并且还希望回归自己国家的难民来说（譬如过去的德国反法西斯运动成员以及现在的西班牙共和派人士），根据他们的居住国向其强加完全不同的个人身份，只考虑其居住国的环境改变而完全不给当事人以任何表达个人意愿的机会，这种做法是否也同样合乎情理呢？[⑤]

参加全权代表大会的埃及代表列举了一个更为普遍的事例，清楚地

① France, “Proposal for a Draft Convention”, UN Doc. E/AC.32/L.3, Jan. 17, 1950, pp. 3—4.
② 参见法国代表 Rain 的发言，UN Doc. E/AC.32/SR.8, Jan. 23, 1950, at 5。
③ 参见丹麦代表 Larsen 的发言，UN Doc. E/AC.32/SR.9, Jan. 24, 1950, at 11。
④ 参见法国代表 Rain 的发言，UN Doc. E/AC.32/SR.8, Jan. 23, 1950, at 3。
⑤ 参见各国议会联盟代表 Rollin 的发言，UN Doc. A/CONF.2/SR.10, July 6, 1951, at 8。

展现了适用住所地国家法规来决定个人身份所面临的潜在伦理危机：

> 大部分埃及人都是伊斯兰教徒，他们的个人身份由《古兰经》教法决定，其余埃及人的个人身份则取决于其各自宗教信仰中的法律……以上每一个法律体系中关于个人身份的原则都不尽相同……在埃及，外国人（非穆斯林的外国人）的身份由他们各自国家的法律来决定，埃及法律规定必须参照其本国法律。如果难民的个人身份由住所地国家的法律来支配，或者在其没有住所的情况下，由居住国的法律来决定，假如该难民已经在埃及定居下来，这时究竟应当给予其住所地国家还是居住国的个人身份便成为一个棘手的问题。[①]

在埃及代表给出的例子中，公约第 12 条对住所地国家法律的尊重导致的结果就是，即便本人的个人意愿（及其过去在原籍国的经历）是以世俗的因素来决定其个人地位，但是难民的个人地位最终还是将取决于其宗教信仰的相关法规。

在实践层面，“住所”概念本身所固有的歧义特性也给住所地国家原则的采用带来了障碍。例如，我们援引霍尔姆斯大法官在 Bergner & Engel Brewing Co. 诉 Dreyfus 案中的著名论述：

> 住所在法律上是指严格意义上最重要的一个处所，是每个人基于事实或想象的原因都必须拥有的，以便借由它并依照法律的规定而享有一定权利和承担一定义务。[②]

由于概念为住所附加了被个人认为是“家”的另一层含义，所以它明显给难民出了一个难题：

---

① 参见埃及代表 Mostafa 的发言，UN Doc. A/CONF.2/SR.7, July 5, 1951, at 10。

② E. Scoles et al., Conflict of Laws (2000), pp. 242—245; D. Mabbett and H. Bolderson, “Non-Discrimination, Free Movement, and Social Citizenship in Europe: Contrasting Position for EU Nationals and Asylum-Seekers”, paper presented at ISSA Research Conference on Social Security, Helsinki, Sept. 25—27, 2000, p. 245.

> 如果政治难民希望在原籍国的政治局势改善后尽快返回，除非他所盼望的政治变化是太不切实际，以至于他的主观愿望只能被看作是流亡者对其故土的美好憧憬，否则他就会在本国保留自己的住所；但是，如果他没有返回本国的愿望，即便该国的政治局势得到改善也是如此，那么他也可以选择在其逃往的国家取得一个住所。①

在传统上以住所地来决定非公民个人身份的普通法国家中，即使法律专家对它的描述也会出现如此明显的矛盾。再譬如说，莱斯利·布兰斯爵士（Sir Leslie Brass）宣称，英国法律中的个人住所是指“难民已经取得永久居住权的国家”。② 但是美国的代表后来又说，“难民在某些情况下可以在曾经一直居住的另一个国家拥有住所。”③ 国际难民组织的代表则认为，难民的住所地国家是其“存在的中心”。④ 英国代表在全权代表大会上提出了一个最切实际的解释：

> 在盎格鲁撒克逊法中存在两个概念：原始住所（原籍）和选定住所。前者可能是，也可能不是出生地；后者是因个人选择而取得的住所……因此，逃离本国的难民如果不将庇护国作为自己的选定住所，那这一定是非常罕见的现象。⑤

即便是在惯于使用“住所”的普通法国家，其概念本身也具有可变性，所以在如何实际适用住所地规则的问题上，许多大陆法国家代表的困惑无措真是不足为奇。法国代表提出：“‘住所’一词在英语中的含义同与会代表普遍认可的意思不尽相同。”⑥ 以色列代表“提请大会注意‘住所’一词的歧义性，它在不同法律制度下具有不同的含义。在任何情况下，个人

① L. Collins, Dicey and Morris on the Conflict of Laws (2000), p. 129.

② 参见英国代表 Leslie Brass 爵士的发言，UN Doc. E/AC.32/SR.9, Jan. 24, 1950, at 2。

③ 参见美国代表 Henkin 的发言，UN Doc. E/AC.32/SR.36, Aug. 15, 1950, at 6。

④ 参见国际难民组织代表 Weis 的发言，UN Doc. E/AC.32/SR.36, Aug. 15, 1950, at 7。

⑤ 参见英国代表 Hoare 的发言，UN Doc. A/CONF.2/SR.7, July 5, 1951, at 9。

⑥ 参见法国代表 Rochefort 的发言，UN Doc. A/CONF.2/SR.7, July 5, 1951, at 14。

都极有可能在一国居住，而在另一国拥有住所”。[①]

中国代表举出了一个实例，以表达他对住所概念的含混不清感到忧虑：

> 应当明确规定难民在一国居住多长时间才能认为该国是其住所地。否则将难以确认所在国是否真正是难民的住所地，战前在上海寻求庇护的某些犹太人就面临这种情况，上海当时被认为是其住所地，但是日本占领上海以后他们却失去继续居住的权利，最后被遣返波兰或是前往以色列。所以，适用住所地国家的法律似乎存在严重的困难。[②]

这导致中国代表得出一个结论，即“‘住所’一词……意思是指个人决定生活并开始营生的地方”[③]，这一观点并未得到任何其他代表的纠正。

最终，大会没有就住所的明确概念达成一致。[④] 出于实用主义的考虑，也许这并无多少益处，大会决定“由所在国法院来确定难民的居所地”。[⑤] 对于参照难民“居住地”国家或“惯常居住地”国家的现行法规来决定其个人身份的提议，大多数代表都不赞同，[⑥] 这个事实充分说明了住所——至少按照其在20世纪中期的含义——不是那些概念的同义词，事实上，它们之间的歧义已经越来越落后于时代的发展。由于普通法国家当前的发展趋势是对“住所地”法律进行改革，使其符合大陆法中的“惯常居住地”概念，[⑦] 所以这些概念之间的差别将来可能会不复存在。

---

① 参见以色列代表 Robinson 的发言，UN Doc. E/AC.32/SR.8, Jan. 23, 1950, at 4。

② 参见中国代表 Hsiu Cha 的发言，UN Doc. E/AC.32/SR.9, Jan. 24, 1950, at 2。

③ 参见中国代表 Hsiu Cha 的发言，UN Doc. E/AC.32/SR.36, Aug. 15, 1950, at 5。

④ N. Robinson, Convention relating to the Status of Refugees: Its History, Contents and Interpretation (1953), p. 102.

⑤ 参见巴西代表 Guerreiro 的发言，UN Doc. E/AC.32/SR.8, Jan. 23, 1950, at 6; 参见英国代表 Leslie Brass 爵士的发言，UN Doc. E/AC.32/SR.8, Jan. 23, 1950, at 6。

⑥ 参见法国代表 Rain 的发言，UN Doc. E/AC.32/SR.8, Jan. 23, 1950, at 7; 参见比利时代表 Cuvelier 的发言，UN Doc. E/AC.32/SR.8, Jan. 23, 1950, at 7。

⑦ L. Collins, Dicey and Morris on the Conflict of Laws (2000), p. 154.

如果难民没有住所地国家，[①] 公约第12条也允许参照难民“居住地”国家的个人身份法规。[②] 即使有了这项后备条款，[③] 有些时候要确切定义难民的个人身份仍然比较困难。美国代表就非常坦率的表示：“这个条款……也带来了一些问题，因为身处中转营地的难民可能既没有住所地，也没有居住地。”[④] 的确，一个正在寻求个人地位认定的难民，他可能还没有正式进入地位甄别程序，也没有住所地或居住地。但是为了体现公约第12条的精神，最好还是不要参照个人原籍国的现行法规来决定其个人身份。[⑤] 除非难民同其他国家的关联更加紧密，否则符合逻辑的做法就是适用中转国或者庇护国相关个人身份的法规，因为它们有必要对个人地位进行甄别。

参照难民住所地国家的法规可以确定的个人身份有几种呢？虽然特设委员会主席坚持认为《难民公约》已经明确规定了个人身份的相关类型，[⑥] 但是委员会的大多数成员却成功地抵制了他的观点。[⑦] 法国和英国代表争辩说，鉴于该问题非比寻常的复杂性，不可能就此达成任何协议。[⑧] 与有关“住所地”概念的问题一样，委员会决定“应当由缔约各国基于各自的立法，并参考类似司法制度中有关概念加以解释”。[⑨] 但是国内法的这种自由裁量权应当参考“秘书处的研究意见……因为它对个人身份的概念问题进行了最为充分的阐述。缔约各国才有权最终决定个人身份的构成要素，当然这需要参考委员会秘书处提供的解释以及委员会的会议记录，只不过

---

① 参见英国代表 Leslie Brass 爵士的发言，UN Doc. E/AC.32/SR.8, Jan. 23, 1950, at 6。

② 参见秘书处 Giraud 的发言，UN Doc. E/AC.32/SR.8, Jan. 23, 1950, at 4—5。

③ 参见以色列代表 Robinson 的发言，UN Doc. E/AC.32/SR.36, Aug. 15, 1950, at 6。

④ 参见美国代表 Henkin 的发言，UN Doc. E/AC.32/SR.36, Aug. 15, 1950, at 7。

⑤ 参见法国代表 Rochefort 的发言，UN Doc. A/CONF.2/SR.7, July 5, 1951, at 9。

⑥ 参见会议主席，加拿大代表 Chance 的发言，UN Doc. E/AC.32/SR.9, Jan. 24, 1950, at 3, 11; 参见埃及代表 Mostafa 的发言，UN Doc. A/CONF.2/SR.7, July 5, 1951, at 10。

⑦ 参见以色列代表 Robinson 的发言，UN Doc. E/AC.32/SR.9, Jan. 24, 1950, at 6。

⑧ 参见法国代表 Rain 的发言，UN Doc. E/AC.32/SR.9, Jan. 24, 1950, at 4; 参见英国代表 Leslie Brass 爵士的发言，UN Doc. E/AC.32/SR.9, Jan. 24, 1950, at 5。

⑨ 参见丹麦代表 Larsen 的发言，UN Doc. E/AC.32/SR.9, Jan. 24, 1950, at 4。

那些文本都不具备约束力”。[①]

秘书处的研究意见提及了受公约第 12 条约束的三种个人身份。[②] 第一种，“个人的行为能力（法定成人年龄、已婚妇女的行为能力等）”[③] 在公约的起草过程中没有引发任何争论。尽管研究小组关注的首要问题是如何保护已婚妇女的财产权利，但是在不允许妇女享有独立的法律和经济地位的国家，妇女却面临着进退两难的局面。这些妇女会发现——如果所在国参照其原籍国有关个人身份的法规——“她既不能签署租约，取得财产，也不能开立银行账户。她的经济活动会受到限制，而且定居下来并融入社会的机会也会大打折扣”。[④] 但是按照公约第 12 条，女性难民有权要求依据其新的住所地（如果没有住所地，则为居住地）国家的现行法规来评估她的个人身份。与之类似，如果难民原籍国规定法定成人年龄为 21 岁，而庇护国规定法定成人年龄为 18 岁，那么难民则有权按照较低的成人年龄主张相应权利。

研究意见指出的第二种个人身份是与“家庭权利（结婚、离婚、承认和收养儿童等）……以及不属于合同法组成部分的夫妻财产制度”相关的身份。[⑤] 在公约起草者的心目中，这种身份的重要性似乎非常突出。其原因主要是某些国家认为难民的非公民身份意味着庇护国的政府当局无法适用本国法规来确定成立或解除婚姻关系的合法性。[⑥] 但是根据公约第 12 条的规定，难民的个人身份应受其住所地国家的法律支配，“因而住所地国家的政府当局有权依照当地涉及婚姻形式和内容的法规来登记婚姻。同

① 参见以色列代表 Robinson 的发言，UN Doc. E/AC.32/SR.9, Jan. 24, 1950, at 8；参见英国代表 Leslie Brass 爵士的发言，UN Doc. E/AC.32/SR.9, Jan. 24, 1950, at 8；参见法国代表 Rain 的发言，UN Doc. E/AC.32/SR.9, Jan. 24, 1950, at 9。

② “Report of the Ad Hoc Committee on Statelessness and Related Problems”, UN Doc. E/1618, Feb. 17, 1950, at 24.

③ “Report of the Ad Hoc Committee on Statelessness and Related Problems”, UN Doc. E/1618, Feb. 17, 1950, at 24.

④ Report of the Ad Hoc Committee on Statelessness and Related Problems”, UN Doc. E/1618, Feb. 17, 1950, at 25.

⑤ “Report of the Ad Hoc Committee on Statelessness and Related Problems”, UN Doc. E/1618, Feb. 17, 1950, at 24.

⑥ “Report of the Ad Hoc Committee on Statelessness and Related Problems”, UN Doc. E/1618, Feb. 17, 1950, at 25—26.

样道理，法院也有权依据法院地法律规定的离婚条件来裁决离婚”。[①] 从专门针对家庭法律问题的草拟条款的注释中，我们可以看出相关身份种类所涵盖的范围，该注释载明“个人身份包括家庭法（也即是说，亲子关系、收养、合法化、亲权、监护权、监护人、结婚和离婚）和继承法”。[②] 虽然这段话后来被当作对第一段基本规范的赘述而遭删节，但它清楚地表明了与会代表达成的一项共识，即牵涉难民家庭法律身份的一系列问题将由住所地国家的法律来解决，[③] 不受普遍适用于其他非公民的法规影响。[④]

第三种也是最后一种身份，研究意见指出与“动产和某些情况下的不动产继承”问题相关的个人身份也受公约第 12 条支配。[⑤] 由于这些关切是否完全属于家庭法中的身份问题还存在不同见解，所以需要参照专门法律加以厘清。[⑥] 看似矛盾的表述（“某些情况下的不动产继承”）其实有它的事实根据，因为房地产的继承并非在所有的法律制度下都会受到个人身份的影响。[⑦] 如果（公民或其他人的）个人身份与某种继承形式毫无关系，那么在评估难民个人身份时参照其住所地国家的法规也不会给难民带来任何实际利益。

需要强调的是，这三种个人身份——与个人行为能力、家庭权利和婚姻制度，以及继承相关的身份——仅仅是大家一致认可的参考要点。它们既不是约束缔约各国的成文法，也不对公约第 12 条规定的个人身份形式构成限制。[⑧]

---

① “Report of the Ad Hoc Committee on Statelessness and Related Problems”, UN Doc. E/1618, Feb. 17, 1950, at 25.

② United Nations,“Memorandum by the Secretary–General to the Ad Hoc Committee on Statelessness and Related Problems”, UN Doc. E/AC.32/2, Jan. 3, 1950, at 25.

③ “Report of the Ad Hoc Committee on Statelessness and Related Problems”, UN Doc. E/1618, Feb. 17, 1950, Annex II.

④ 参见英国代表 Leslie Brass 爵士的发言，UN Doc. E/AC.32/SR.9, Jan. 24, 1950, at 9; 参见法国代表 Rain 的发言，UN Doc. E/AC.32/SR.9, Jan. 24, 1950, at 9。

⑤ “Report of the Ad Hoc Committee on Statelessness and Related Problems”, UN Doc. E/1618, Feb. 17, 1950, at 24.

⑥ 参见法国代表 Rain 的发言，UN Doc. E/AC.32/SR.9, Jan. 24, 1950, at 6。

⑦ 参见巴西代表 Guerreiro 的发言，UN Doc. E/AC.32/SR.9, Jan. 24, 1950, at 5。

⑧ 参见英国代表 Leslie Brass 爵士的发言，UN Doc. E/AC.32/SR.9, Jan. 24, 1950, at 8; 参见土耳其代表 Kural 的发言，UN Doc. E/AC.32/SR.9, Jan. 24, 1950, at 9。

公约第12条第二段解决的最后一个问题，就是要防止依据住所地国家法律确定难民个人身份却导致其在原籍国的权利遭受侵害的局面出现。[①]按照该条款，“难民以前由于个人身份而取得的权利，特别是关于婚姻的权利应受到缔约一国的尊重”。有两个问题值得特别关注。

第一，代表们认为“在缺乏理由的情况下就无需对已婚妇女的权利能力或婚姻制度进行修改”。[②]如果妇女在原籍国的地位高于其在庇护国的地位，那么适用公约第12条的一般规则（依据住所地国家的法规来确定个人身份）就可能导致既得权利的丧失：

> 这些妇女在婚姻存续期间可能一直在居住在其原籍国，并拥有该国国籍。在许多案例中，根据其国内法，婚姻虽然不会削弱她们的行为能力，但是要求每个配偶的财产彻底分开。成为难民并居住在接收国以后，该国法律限制已婚妇女的法律行为能力，在没有婚约的情况下，这要求已婚夫妇接收一个完全不同的婚姻制度的约束，处于这种境况的妇女常常发现她的权利其实存在争议。[③]

第二，法国代表声称，“如果某些国家许可难民尊崇的宗教机构主持特定仪式，从而使难民取得婚姻权利”，那么他希望确保这些权利能得到尊重。[④]如果庇护国只批准世俗婚姻，那么难民夫妻（以宗教婚姻形式）的结合可能就不被承认。

这两个例子让大家形成了一种基本共识，那就是允许公约第12条一般规则的适用从而剥夺因个人身份取得的权利并不恰当。[⑤]从根本上讲，公约第12条（二）款其实是为了回应代表大会上提出的一项意见，即在如何决定难民身份的问题上应当更多地尊重难民个人的意愿。公约第12

① N. Robinson, Convention relating to the Status of Refugees: Its History, Contents and Interpretation (1953), p. 103.

② United Nations, “Memorandum by the Secretary-General to the Ad Hoc Committee on Statelessness and Related Problems”, UN Doc. E/AC.32/2, Jan. 3, 1950, at 26.

③ “Report of the Ad Hoc Committee on Statelessness and Related Problems”, UN Doc. E/1618, Feb. 17, 1950, at 25.

④ 参见法国代表 Rain 的发言，UN Doc. E/AC.32/SR.9, Jan. 24, 1950, at 14。

⑤ 参见以色列代表 Robinson 的发言，UN Doc. E/AC.32/SR.9, Jan. 24, 1950, at 15。

条虽然不允许难民选择决定其个人身份的法规，但是该条款在整体上可以兼顾难民从各个法律制度中取得的权利。例如，如果一妇女的原籍国不承认妇女具有独立的合法身份，那么依据公约第 12 条（一）款的规定，该妇女也可以要求适用住所地国家的更为进步的身份法律制度，并主张相应的权利。但是与本国相比，如果住所地国家的妇女地位更加低下，那么她还可以援引公约第 12 条（二）款，确保其在更优越的法律制度下取得的那些权利得到尊重。

公约第 12 条（二）款的最初草拟稿还保障了“依据住所地国家以外的其他法律取得的权利”。[①] 在比利时代表的建议下，[②] 同时也考虑到英国代表就公约第 12 条（二）款的宗旨所表达的强烈意见，即该条款是为了维护“一个人在变成难民之前的个人身份和取得的权利”。[③] 于是特设委员会第二次会议对该条款进行了修订，使其特指“以前取得”的权利。[④] 虽然难民不应该放弃其获准进入新的住所地国家之前所取得的权利，但是也不能说庇护国有责任尊重难民之前取得的任何权利，因为难民可能为了获取某些在新住所地国家无法企及的权利而选择临时离开该国。

在针对另一条款（后来已被删除）进行的辩论中，代表们对这个问题进行了深入而坦诚的探讨。该条款规定“难民于所在国之外的其他国家……立下的遗嘱，应当依据该国法律被认定为合法”。[⑤] 虽然该条款的备注强调其目的是保护难民曾经所立遗嘱的法律效力，但是它并未根据所在国的特别要求进行修订，[⑥] 所以比利时的代表认为该条款的文本可能与它的原则目标存在冲突。

在一个波兰难民的案例中，他先在德国居住了一段时间，尔后在比

---

① United Nations, “Memorandum by the Secretary-General to the Ad Hoc Committee on Statelessness and Related Problems”, UN Doc. E/AC.32/2, Jan. 3, 1950, at 24.

② 参见比利时代表 Herment 的发言，UN Doc. E/AC.32/SR.36, Aug. 15, 1950, at 4。

③ 参见英国代表 Leslie Brass 爵士的发言，UN Doc. E/AC.32/SR.36, Aug. 15, 1950, at 4。

④ “Report of the Ad Hoc Committee on Refugees and Stateless Persons, Second Session”, UN Doc. E/1850, Aug. 25, 1950, p. 17.

⑤ United Nations, “Memorandum by the Secretary-General to the Ad Hoc Committee on Statelessness and Related Problems”, UN Doc. E/AC.32/2, Jan. 3, 1950, at 24.

⑥ United Nations, “Memorandum by the Secretary-General to the Ad Hoc Committee on Statelessness and Related Problems”, UN Doc. E/AC.32/2, Jan. 3, 1950, at 26.

利时取得了永久居留权，按照该条款的备注解释，他在波兰立下的遗嘱在比利时是合法有效的，但是从该条款的文本看来，无论他在波兰还是德国立下的遗嘱都属有效。[①]

在接下来的讨论中，大会承认比利时代表的担忧确有根据。但是这个问题的关键在于时间，而不是管辖。例如，丹麦代表拉尔森（Larsen）认为：

> 在涉及难民个人身份的条款中，增加某些内容以保障其在来到住所地国家或者居住地国家前所立遗嘱的合法性，这属于合理要求。但另一方面，他不理解该草拟条款为什么在难民到达住所地或居住地国家之后，还要给难民在他国依当地法律订立遗嘱的权利，并且还要求所在国承认这些遗嘱的效力；既然外国人从未取得过这种性质的特权，那又凭什么要给予难民这样的权利。[②]

大会主席和法国代表认为问题的焦点在于遗嘱是否在到达庇护国之前订立，以及是否在原籍国或者其他国家订立。[③] 如果对公约第 12 条（二）款的目的加以解释，则可以确保难民在到达庇护国前因身份而取得的权利得到尊重，无论这些权利是难民在原籍国还是其他中转国取得。

两方面的原因最终导致大会做出决定，删除了关于难民在抵达庇护国之前订立的遗嘱持续有效的条款内容。[④] 一方面，如果确认遗嘱合法性的理由仅仅是因为外国执行遗嘱的方式不同于住所地国家，那么这种做法实在是毫无必要。[⑤] 正如比利时代表所说："如果该条款的唯一目的就是再次强调场所支配行为原则的话，那么整段内容都显得毫无必要，因为该原则早已得到了普遍承认和尊重。"[⑥] 相反的，如果难民在到达庇护国之前所立的遗嘱中包含违反该国法律的实质性内容，那么各国自然没有尊重此

① 参见丹麦代表 Cuvelier 的发言，UN Doc. E/AC.32/SR.9, Jan. 24, 1950, at 17。
② 参见丹麦代表 Larsen 的发言，UN Doc. E/AC.32/SR.9, Jan. 24, 1950, at 17。
③ 参见会议主席，加拿大代表 Chance 的发言，UN Doc. E/AC.32/SR.9, Jan. 24, 1950, at 19。
④ 参见会议主席，加拿大代表 Chance 的发言，UN Doc. E/AC.32/SR.9, Jan. 24, 1950, at 19。
⑤ 参见丹麦代表 Cuvelier 的发言，UN Doc. E/AC.32/SR.9, Jan. 24, 1950, at 3。
⑥ 参见丹麦代表 Cuvelier 的发言，UN Doc. E/AC.32/SR.9, Jan. 24, 1950, at 18。

类遗嘱的义务。[①]

英国代表担心"该草拟条款实际上是在放任难民利用遗嘱来改变所在国的法律。譬如……一个在英国居住的难民，可以通过在其本国订立遗嘱的方式永久占用在英国的财产"。[②]

丹麦代表举出的例子也许更加尖锐：

> 某些国家不允许遗嘱人剥夺其子女的继承权，比如丹麦就是这样的国家；子女应有的遗产份额必须予以保障，遗嘱人只能就剩余部分行使自由处置的权利。而其他国家，例如英国，则允许遗嘱人随意处置其全部财产。[③]

公约起草者最终承认，鼓励庇护国法院在"可能的情况下满足难民遗嘱人的意愿"只是原则性的承诺。[④] 但是对于实质性问题，大多数国家认为难民遗嘱的有效性应当取决于庇护国的一般法律和公共政策。[⑤]

尊重难民先前因个人身份而取得的权利是庇护国的义务，但是该义务应当受到公共政策的制约，这项提议事实上得到了公约起草者的赞同。难民遗嘱问题引发争论之后，特设委员会指出："如果一国法律基于公共政策或其他原因不承认难民先前取得的权利，那么该条款也不能强制该国承认这些权利。各国可以在任何情况下对该条款的规定提出保留，这是该条款的隐含意思，因此无须直接写明。"[⑥]

然而，全权代表大会决定明确公共政策的限制作用。"但以如果他不是难民该有关的权利亦被该国法律承认者为限"，[⑦] 是英国代表霍尔（Hoare）提出的条款草拟稿，后来被增补进了公约第12条（二）款。这个修订结果可以解除他的担忧，即如果难民先前取得的权利与各国自身的法律规定

---

① 参见美国代表 Henkin 的发言，UN Doc. E/AC.32/SR.10, Jan. 24, 1950, at 2。

② 参见英国代表 Leslie Brass 爵士的发言，UN Doc. E/AC.32/SR.10, Jan. 24, 1950, at 3。

③ 参见丹麦代表 Larsen 的发言，UN Doc. E/AC.32/SR.9, Jan. 24, 1950, at 17。

④ "Report of the Ad Hoc Committee on Statelessness and Related Problems", UN Doc. E/1618, Feb. 17, 1950, Annex II.

⑤ 参见加拿大代表 Chance 的发言，UN Doc. E/AC.32/SR.10, Jan. 24, 1950, at 3。

⑥ 参见英国代表 Leslie Brass 爵士的发言，UN Doc. E/AC.32/SR.41, Aug. 23, 1950, at 8。

⑦ 参见英国代表 Hoare 的发言，UN Doc. A/CONF.2/SR.24, July 17, 1951, at 8。

发生抵触，则不应当要求这些权利得到尊重。一国无法保护有违其公共政策的权利。[①]

“如果一个难民在国内法承认离婚的某个国家解除了婚姻关系，但他又居住在一个不承认离婚的国家，例如意大利，所以离婚难民的处境”也成为全权代表大会需要考虑的一件特殊事例。[②] 诚然，要求庇护国出具离婚证明文件是毫无道理的，因为“如果庇护国是一个不承认离婚的国家，那么它就不可能提供这种身份证明文件……如果当事人不是难民，那么其所主张的权利必须是已经得到该国法律承认的权利”。[③] 由于公约第 12 条（二）款只要求缔约各国尊重先前由于个人身份取得的权利，而无须承担这种权利的证明义务，所以这种表述方式在技术上是正确的。

可是比利时和法国代表认为：“英国提出修订方案的目的是让难民在个人身份权利方面取得与外国人同等的地位……在法国代表提出的那个案例中，如果在相同情况下两个不是难民的外国人被准予离婚，那么所在国的法院就必须对是否承认离婚做出裁决。”[④] 虽然这番话表述的背景显示该条款只是为了解决某一特殊问题，[⑤] 但若作为整体来理解，其注释与第 12 条的文本之间则无法对应协调。

令通常情况下适用于（非公民的）外国人的规则不能适用于难民，[⑥] 并且避免将难民视作外国人，这才是公约第 12 条存在的根本原因。英国提出的修订条款——遗憾之处在于，该条款没有经过更加深入的讨论就得到了大会的批准[⑦]——显然是为了让缔约各国有权否认难民先前取得的“违反其公共政策”的个人身份，[⑧] 有人认为修订条款的意图就是要破坏公约

① 参见英国代表 Hoare 的发言，UN Doc. A/CONF.2/SR.7, July 5, 1951, at 13。

② 参见法国代表 Rochefort 的发言，UN Doc. A/CONF.2/SR.24, July 17, 1951, at 4—5。

③ 参见英国代表 Hoare 的发言，UN Doc. A/CONF.2/SR.24, July 17, 1951, at 5。

④ 参见比利时代表 Herment 的发言，UN Doc. A/CONF.2/SR.24, July 17, 1951, at 5—6; 参见法国代表 Rochefort 的发言 , UN Doc. A/CONF.2/SR.24, July 17, 1951, at 6。

⑤ 参见比利时代表 Herment 的发言，UN Doc. A/CONF.2/SR.24, July 17, 1951, at 5。

⑥ P. Weis, The Refugee Convention, 1951: The Travaux Preparatoires Analysed with a Commentary by Dr. Paul Weis (1995), p. 106; United Nations, “Memorandum by the Secretary-General to the Ad Hoc Committee on Statelessness and Related Problems”, UN Doc. E/AC.32/2, Jan. 3, 1950, at 107.

⑦ 参见 UN Doc. A/CONF.2/SR.24, July 17, 1951, at 9。

⑧ 参见英国代表 Hoare 的发言，UN Doc. A/CONF.2/SR.7, July 5, 1951, at 13。

第 12 条的根本宗旨，这种说法毫无根据。因此，如果所在国出于法律或公共政策的原因而不承认离婚，那么公约第 12 条（二）款也不能构成强制其承认难民离婚权利的依据。① 如果所在国不存在禁止离婚的法律障碍，却仍然以政策原因拒不承认非公民享有的离婚权利，则可以援引公约第 12 条（二）款要求其承认难民的离婚权利。大体而言，公约第 12 条（二）款所涉及的应当是所在国具有普遍适用性的法律和公共政策，而非只针对非公民或者部分非公民的专设法律和政策。罗宾逊(Robinson)提出，“对于因一夫多妻制而取得的权利，禁止该制度的国家”，② 可以将公共政策作为排除公约第 12 条（二）款适用的正当理由，从而合法地拒绝承认这项权利。

在需要援引公约第 12 条（二）款时，难民必须遵从的最后一个要求就是“如必要时应遵守该缔约国法律所要求的仪式”。这是《难民公约》第一份草拟稿提出的要求，也是对 1933 年和 1938 年《难民公约》中相关规定的延续。③ 这一要求的根本目的是“为了保护第三方的利益”。④ 罗宾逊指出：“对于任何需要承认的个人身份，庇护国的法律可以做出某些规定，例如，要求涉外收养必须得到当地法院的认证，或是特殊的婚姻制度（财产分割或是丈夫享有管理妻子财产的权利）必须登记在案。”⑤ 这项要求不是为了限制公约第 12 条（二）款中的权利范围，它只是为了说明难民先前取得的权利应当按照庇护国的一贯要求进行登记，或者是难民在主张权利之前应当先行告知这些权利的存在。

① M. Nowak, UN Covenant on Civil and Political Rights (1993), p. 412.

② N. Robinson, Convention relating to the Status of Refugees: Its History, Contents and Interpretation (1953), p. 103.

③ United Nations, “Memorandum by the Secretary-General to the Ad Hoc Committee on Statelessness and Related Problems”, UN Doc. E/AC.32/2, Jan. 3, 1950, at 26.

④ United Nations, “Memorandum by the Secretary-General to the Ad Hoc Committee on Statelessness and Related Problems”, UN Doc. E/AC.32/2, Jan. 3, 1950, at 26.

⑤ N. Robinson, Convention relating to the Status of Refugees: Its History, Contents and Interpretation (1953), p. 104.

第三节 特殊的待遇标准

如果公约对难民权利的保障只能达到等同于一般外国人的基本标准——内部自由行动（迁徙）的权利、财产权利、从事自营职业的权利、执业的权利、住房的权利、接受中等和高等教育的权利[①]——那么《难民公约》的价值确实就太低了。总体而言，公约要求缔约各国给予难民上述权利，只是这项要求应以其自主决定给予其他外国人相似权益为限。反过来讲，如果只有公民或来自最惠国的外国人能享有这些权利，则缔约各国可以合法拒绝给予难民同样的权利。美国代表在特设委员会上直截了当地指出："当公约给予难民的权利与一般外国人享有的权利相同时，那它给予难民的权益还真是没有多少。"[②]

美国代表的观点中包含了一个重要的警示，那就是公约第 7 条（一）款规定的一般待遇标准只是对所有一般国际法准则的反映。如上所述，这意味着难民的权益将自动受到国际外国人法和国际人权法一般原则的保护。[③] 国际外国人法对难民基本待遇标准产生的影响在于：缔约各国虽然无需给予难民取得私人财产的权利，但是在没有充分赔偿的情况下，也不能剥夺难民合法取得的财产。由于在国际人权法上还未就私人财产权利的法典化形成一致意见，所以即便是这种温和的保护措施也具有显而易见的价值。

对于"一般外国人"待遇标准所确定的难民权利而言，其具体内容的补充非常依赖国际人权法的一般规则。例如，合法逗留于一国境内的每个人，只受到非歧视性的特别法规的约束和限制，其在内部的行动（迁徙）自由都会得到《公民及政治权利国际公约》的保障。根据《难民公约》第 7 条（一）款之规定，一旦难民取得合法逗留的身份，也即是说，他们已经被批准进入地位甄别程序，或是已经获得临时保护，或是在未经相关调查的情况下获准继续逗留[④]，那么对其内部行动（迁徙）自由的任何限制

① 参见原著 1.2.1 章节。

② 参见美国代表 Henkin 的发言，UN Doc. E/AC.32/SR.37, Aug. 16, 1950, at 7。

③ 参见原著 1.2.1 章节。

④ 参见原著 1.1.3 章节。

都必须符合《公民及政治权利国际公约》的要求。

“一般外国人”基础待遇标准所规定的其他四项难民权利——从事自营职业的权利、执业的权利、住房的权利、接受中等和高等教育的权利——代表了《经济、社会、文化权利国际公约》中的同源权利。[①] 至少在发达国家，对《难民公约》第 7 条（一）款相关规范的遵守意味着难民权利的保障必须达到《经济、社会、文化权利国际公约》的要求。但是之前曾经提到，因为《经济、社会、文化权利国际公约》允许欠发达国家不给予非公民经济权利，所以在这些国家中的很多难民可能会面临非常严重的困境。

值得欣慰的是，1951 年《难民公约》规定的大部分难民权利所遵循的并不是基本标准，而是更高的标准：与最惠国的外国人享有权利的标准相同，与庇护国公民享有权利的程度相同，或者是绝对意义上更高标准。当某项权利的规定要求达到上述任何一种更高的标准时，给予难民的保护水平就应超越一般标准。[②] 通过明确要求缔约各国执行特殊待遇标准，《难民公约》旨在让难民获得优于一般外国人的待遇。[③] 这些特殊待遇标准的广泛采用确实说明了现行《难民公约》在很多方面都与早期的《难民公约》一样慷慨——而且在某些方面甚至更加慷慨——因为后者只是简单地免除了互惠措施对难民提出的要求。

一　最惠国待遇

难民享有《难民公约》规定的两项权利——享有非政治性结社的自由和以工资受偿的（雇佣）就业权利——其受保障的程度应当与最惠国国民获得的待遇一致。[④] 这即是说任何外国公民享有的涉及结社自由和以工资受偿的就业权益，难民都可以主张。不过，在满足一般非歧视法律要求的情况下，难民享有的这些权利仍有可能低于所在国公民的待遇。

各国政府并不打算常态化地将难民视作公民，因为国家与公民之间

① 《经济、社会、文化权利国际公约》，第 1 条（一）款、第 11 条（一）款、第 13 条（二）款（乙）项。

② 参见秘书处 Giraud 的发言，UN Doc. E/AC.32/SR.11, Jan. 25, 1950, at 5—6。

③ 参见美国代表 Henkin 的发言，UN Doc. E/AC.32/SR.36, Aug. 15, 1950, at 11。

④ 《难民公约》，第 15 条、第 17 条（一）款。

总是存在特殊的经济和政治关系。[①] 不过，对工作权利（与结社自由，尤其是加入工会相关的权利）的保障应当奉行相同的标准，这已然成为大家都能接受的共同信念。在提出难民应当优先享有工作权利的建议时，法国代表指出：

> 在以工资受偿的就业权利方面，难民享有的不仅是一般外国人的待遇，而且应该是最惠国待遇，这种安排是合法而且恰当的，因为难民无法得到本国政府的帮助，也不能指望本国政府为了帮其取得特殊待遇而利用公约进行干预。法国所做的只是忠实于公约的精神，是这种精神在指导着联合国的行动，以使其服务于难民的利益：目的就是要争取各国政府给予难民本国国民的权益。[②]

美国代表就此问题在特设委员会发表的意见非常有道理："如果没有工作权利，所有其他权利就变得毫无意义。"[③]

因此，特设委员会同意在这个问题上突破先例，[④] 将法国的建议作为工作权利的基础，规定"应给以在同样情况下一个外国国民所享有的最惠国待遇"。[⑤] 各国政府不仅承认这项特殊待遇标准，而且也清楚地意识到这项决定产生的影响。例如，奥地利在评价特设委员会拟定的公约草案时指出，"最惠国条款"中的标准要求把"成千上万的难民"视作在工作权利上享有最惠国待遇的"少数"外国人。英国对于该标准的评价是，难民将会因此取得担任蒸汽船驾驶员的机会，可这份工作在传统上是专门为英国和法国公民保留的。[⑥] 比利时则强调说，"鉴于比利时与某些邻国之间的经济和海关协定"，它将被迫对该条款提出保留。[⑦] 挪威也表示其不得不对特殊待遇标准予以保留，因为"斯堪的纳维亚国家对劳动力市场有自己

① 参见原著 1.2.1 章节。
② 参见法国代表 Rain 的发言，UN Doc. E/AC.32/SR.13, Jan. 26, 1950, at 2.。
③ 参见美国代表 Henkin 的发言，UN Doc. E/AC.32/SR.37, Aug. 16, 1950, at 12。
④ 参见比利时代表 Cuvelier 的发言，UN Doc. E/AC.32/SR.13, Jan. 26, 1950, at 8—9。
⑤ France, "Proposal for a Draft Convention", UN Doc. E/AC.32/L.3, Jan. 17, 1950, p. 6.
⑥ 参见英国代表 Leslie Brass 爵士的发言，UN Doc. E/AC.32/SR.13, Jan. 26, 1950, at 14。
⑦ 参见比利时代表 Herment 的发言，UN Doc. A/CONF.2/SR.9, July 6, 1951, at 8。

的区域性政策”。[1]

虽然无法避免某些国家对该条款提出保留，[2] 但是全权代表大会主席还是呼吁各国“寻求中间之道，在可能的情况下通过身体力行的方式，来劝勉其他国家在将来撤销保留。如果大会按照这种思路展开工作，他认为达成一个公正而有效的协议还是可能的”。[3] 最终，大会放弃了两种极端做法——将难民视作国民，[4] 和让难民享有一般外国人权利的基本待遇标准[5]——并同意依照“在同样情况下一个外国国民所享有的最惠国待遇”给予难民工作的权利。[6]

除了公约起草者整理的相关参考文献外，反对给予难民最惠国待遇的缔约各国做出的保留和声明文本也有助于人们了解特殊待遇标准的适用范围。最惠国待遇包括特殊伙伴国家之间通过双边和多边机制规定的权益。巴西和葡萄牙公民在彼此国家享受的“特惠待遇”，[7] 丹麦、芬兰、冰岛、挪威和瑞典公民在彼此国家享有的“特权”，[8] 西班牙“依据法律和条约”给予安道尔、菲律宾、葡萄牙和拉美国家国民的权利都是具体的例证。[9] 地区和次区域性的特别机制所规定的权益也属于最惠国待遇，[10] 例如，中美洲国家的国民所享有的特权，[11] 以及东非共同体和非盟成员国国民享有

① 参见挪威代表 Anker 的发言，UN Doc. A/CONF.2/SR.9, July 6, 1951, at 14。

② 参见丹麦代表 Larsen 的发言，UN Doc. E/AC.32/SR.37, Aug. 16, 1950, at 11—12。

③ 参见丹麦代表 Larsen 的发言，UN Doc. A/CONF.2/SR.9, July 6, 1951, at 14。

④ 参见 UN Doc. A/CONF.2/SR.9, July 6, 1951, at 4—5。

⑤ 参见意大利代表 Del Drago 的发言，UN Doc. A/CONF.2/SR.9, July 6, 1951, at 9。

⑥ 《难民公约》，第 17 条（一）款。

⑦ 参见巴西与葡萄牙的保留意见：UNHCR, Declarations and Reservations to the 1951 Convention to the Status of Refugees, www.unhcr.ch。

⑧ 参见丹麦、芬兰、挪威和瑞典的保留意见：UNHCR, Declarations and Reservations to the 1951 Convention to the Status of Refugees, www.unhcr.ch。

⑨ 参见西班牙的保留意见：UNHCR, Declarations and Reservations to the 1951 Convention to the Status of Refugees, www.unhcr.ch。

⑩ 参见比利时、危地马拉、伊朗、卢森堡、荷兰、西班牙和乌干达的保留意见：UNHCR, Declarations and Reservations to the 1951 Convention to the Status of Refugees, www.unhcr.ch。

⑪ 参见危地马拉的保留意见：UNHCR, Declarations and Reservations to the 1951 Convention to the Status of Refugees, www.unhcr.ch。

的特权。[①] 更广泛的最惠国待遇还包括：根据“特别合作协议”[②]、“类似英联邦的机制”[③]、“为劳动力转移设定专门条件的……协议”[④]、“机构”条约，[⑤] 以及任何“海关、经济和政治协议”[⑥] 给予外国公民的一切特权。最惠国待遇标准的本质特点意味着它具有内在的发展要求。

正如罗宾逊所说：

> “给予外国国民的最惠国待遇”是一个动态的概念：它会随着国家的不同和时间的推移不断变化。与外国签订的每一项新协议都会构成给予最惠国待遇的依据，现行公约的废止也可能导致最惠国待遇的范围遭到削减。[⑦]

二 国民待遇

为保障难民的宗教自由、艺术权利和工业财产、向法院申诉的权利（包括法律援助）、享受定额供应的权利、接受基础教育的权利、享受公共福利的权利、获得劳动法保护和社会保障的权利，以及税收义务的公平履行，应当将难民视作庇护国公民加以对待。将难民与公民之间的差别待遇进行合法化的任何企图都是特殊待遇标准所明令禁止的，因为这些公约条款通常要求难民的待遇应当“等同于”公民享有的待遇。[⑧]“除了在类似情况下

① 参见乌干达的保留意见：UNHCR, Declarations and Reservations to the 1951 Convention to the Status of Refugees, www.unhcr.ch。

② 参见安哥拉的保留意见：UNHCR, Declarations and Reservations to the 1951 Convention to the Status of Refugees, www.unhcr.ch。

③ 参见葡萄牙对《议定书》的保留意见：UNHCR, Declarations and Reservations to the 1951 Convention to the Status of Refugees, www.unhcr.ch。

④ 参见挪威的保留意见：UNHCR, Declarations and Reservations to the 1951 Convention to the Status of Refugees, www.unhcr.ch。

⑤ 参见伊朗的保留意见：UNHCR, Declarations and Reservations to the 1951 Convention to the Status of Refugees, www.unhcr.ch。

⑥ 参见比利时、伊朗、卢森堡和荷兰的保留意见：UNHCR, Declarations and Reservations to the 1951 Convention to the Status of Refugees, www.unhcr.ch。

⑦ N. Robinson, Convention relating to the Status of Refugees: Its History, Contents and Interpretation (1953), p. 110.

⑧ 《难民公约》，第 14 条、第 16 条（二）款、第 20 条、第 22 条（一）款、第 23 条、第 24 条（一）款。

向其本国国民征收的捐税之外，不得另设名目向难民征税，向难民征收的捐税亦不得超过其本国国民于类似情况下缴纳的税额。”[1] 最有意思的地方可能涉及难民举行宗教仪式的自由，及对其子女施加宗教教育的自由，“应至少给予其本国国民所获得的待遇”。[2] 这是《难民公约》中唯一承诺给予难民和公民平等待遇的条款。

在 1950 年 1 月秘书长提交的第一份公约草案中，除了对宗教自由的权利作例外处理，上述所有其他权利均要求将难民视作公民。[3] 对提供国民待遇的要求所做的解释为指导性意见。某些情况下，如此规定的目的是与早前制定的或者是同源的国际法保持一致。1933 年《难民公约》早已就平等征税的问题做出了规定，[4] 此外，通过包括在国际劳工组织主持下达成的协议在内的双边和多边条约形式，也是确保在社会保障方面将外国人视作国民的做法。[5] 依据劳动法给予难民国民待遇其实还有某些现实性的原因，即“由于本国国民担忧外国劳动力价格更加低廉，从而挤占其就业机会，因此出台这种规定符合本国劳动者的利益”。[6] 同样道理，虽然难民提起或者参与诉讼的权利“在原则上……不会遭到反对，但实际上难民在行使该权利时常常会遇到难以克服的困难：如果要求难民承担支付诉讼费保证金的义务以及拒绝其享有法律援助权利，那么这两种做法都足以导致该项权利变成水中之月”。[7]

有两种情况可以使同等对待的重要性成为给予国民待遇的合理依据。难民接受的基础教育应当与国民对等，“因为学校教育是促进融合的最佳

---

① 《难民公约》，第 29 条。

② 《难民公约》，第 4 条。

③ United Nations, “Memorandum by the Secretary-General to the Ad Hoc Committee on Statelessness and Related Problems”, UN Doc. E/AC.32/2, Jan. 3, 1950.

④ United Nations, “Memorandum by the Secretary-General to the Ad Hoc Committee on Statelessness and Related Problems”, UN Doc. E/AC.32/2, Jan. 3, 1950, at 31.

⑤ United Nations, “Memorandum by the Secretary-General to the Ad Hoc Committee on Statelessness and Related Problems”, UN Doc. E/AC.32/2, Jan. 3, 1950, at 38.

⑥ United Nations, “Memorandum by the Secretary-General to the Ad Hoc Committee on Statelessness and Related Problems”, UN Doc. E/AC.32/2, Jan. 3, 1950, at 37.

⑦ United Nations, “Memorandum by the Secretary-General to the Ad Hoc Committee on Statelessness and Related Problems”, UN Doc. E/AC.32/2, Jan. 3, 1950, at 30.

途径”。[①] 至于艺术和工业财产权利方面的国民待遇，则需要以原则作为基础，这是“由于知识产权和工业财产乃人类智慧的创造，给予承认是理所当然的事情”。[②] 最后，在获取定额供应（配额供给）和社会救济的权利上，难民和国民也应当享有平等待遇。定额供应是规范“生活必需品”分配的制度，[③]“社会救济不应当对因体弱、疾病或年老而导致贫困的难民视若无睹”。[④]

秘书长提交的国民待遇清单中还增加了一项享有宗教自由的权利。一名非政府组织代表在全权代表大会上提出，“公约第 3 条所述的非歧视的禁止性原则”无法“保障难民的个性发展”。[⑤] 他认为公约应当“对难民的精神和宗教自由做出正面的定义”。[⑥] 与会代表对此意见表示认可，并指出宗教自由是一项“不容剥夺”[⑦] 的权利。

在第一份工作草案中，公约第 4 条原本被作为一项绝对权利，[⑧] 因此有代表担心这份草案给各国规定的义务过于严厉。[⑨] 但是大会代表们同时也意识到，如果授权各国以法律和公共秩序为理由来限制宗教自由，那将给难民带来极大的伤害。加拿大代表对此评价称：“众所周知，某些教派常常以其宗教的名义从事破坏公共秩序和道德的活动。”[⑩] 为了化解这一僵

① United Nations, “Memorandum by the Secretary-General to the Ad Hoc Committee on Statelessness and Related Problems”, UN Doc. E/AC.32/2, Jan. 3, 1950, at 38.

② United Nations, “Memorandum by the Secretary-General to the Ad Hoc Committee on Statelessness and Related Problems”, UN Doc. E/AC.32/2, Jan. 3, 1950, at 27.

③ United Nations, “Memorandum by the Secretary-General to the Ad Hoc Committee on Statelessness and Related Problems”, UN Doc. E/AC.32/2, Jan. 3, 1950, at 38.

④ United Nations, “Memorandum by the Secretary-General to the Ad Hoc Committee on Statelessness and Related Problems”, UN Doc. E/AC.32/2, Jan. 3, 1950, at 39.

⑤ 参见大同协会（Pax Romana）代表 Buensod 的发言，UN Doc. A/CONF.2/SR.11, July 9, 1951, at 9—10。

⑥ 参见大同协会（Pax Romana）代表 Buensod 的发言，UN Doc. A/CONF.2/SR.11, July 9, 1951, at 10。

⑦ 参见罗马教廷代表 Comte 和委内瑞拉代表 Montoya 的发言，UN Doc. A/CONF.2/SR.30, July 20, 1951, at 11—12。

⑧ 参见 UN Doc. A/CONF.2/94。

⑨ 参见卢森堡代表 Sturm、埃及代表 Mostafa、荷兰代表 van Boetzelaer 的发言，UN Doc. A/CONF.2/SR.30, July 20, 1951, at 11—12。

⑩ 参见 UN Doc. A/CONF.2/SR.9, July 6, 1951, at 4—5。

局，大会主席提出了一项折衷意见，即难民应当“在宗教和宗教教育方面……享有与国民一致的待遇”。①

然而出乎意料的是，该建议却遭到了大会的反对。罗马教廷的代表争辩道，视同于国民的待遇仍然不够充分，因为“在宗教自由受到限制的国家，难民也会遭受苦难”。② 他说，最重要的是让“这些国家确保难民享有基本的宗教自由”。③ 他的主张显然不是为了让难民从相对于公民的“优惠待遇”中受益。④ 但纯粹等同于国民的待遇也未必能提供充分的保护：

> 他关注的唯一问题就是应当给难民以等同于国民的待遇。正是由于难民本身所处的地位，所以在他们的宗教信仰活动方面常常会受到阻碍。这种看法正是促使他提出修订意见的根本原因。⑤

罗马教廷的代表为了寻求实质平等而提出与众不同的另一种待遇标准，即对难民“至少给予其本国国民所获得的待遇”。⑥ 自此，缔约各国政府不仅不能拒绝难民主张本国公民享有的宗教自由，而且原则上还有义务采取某些超越严格意义上的平等待遇的措施，以此来彰显一个观念，即“如果缺乏实际的保障措施，那么宗教自由这一抽象原则便毫无价值可言”。⑦

三 绝对权利

《难民公约》规定的实质性权利⑧，也即是说，它要求的既不是“一般外国人”的基本待遇标准，也不是任一种特殊的待遇标准（最惠国待遇，或是国民待遇），乃是缔约各国必须履行的绝对义务。总的说来，由于

① 参见会议主席、丹麦代表 Larsen 的发言，UN Doc. A/CONF.2/SR.30, July 20, 1951, at 17。

② 参见罗马教廷代表 Comte 的发言，UN Doc. A/CONF.2/SR.33, July 24, 1951, at 7。

③ 参见英国代表 Hoare 的发言，UN Doc. A/CONF.2/SR.33, July 24, 1951, at 8。

④ 参见罗马教廷代表 Comte 的发言，UN Doc. A/CONF.2/SR.33, July 24, 1951, at 8。

⑤ 参见罗马教廷代表 Comte 的发言，UN Doc. A/CONF.2/SR.33, July 24, 1951, at 8。

⑥ 会议以 20 票赞成、0 票反对（1 票弃权）通过对措辞的修订，UN Doc. A/CONF.2/SR.33, July 24, 1951, at 9。

⑦ 参见瑞典代表 Petren 的发言，UN Doc. A/CONF.2/SR.33, July 24, 1951, at 9。

⑧ 《难民公约》，第 2 条、第 3 条、第 5 条至第 12 条（一）款、第 35—46 条。

在逻辑上无法为这些义务找到相互对应的权利，所以自然也不能为其制定相应的待遇标准。例如，难民有权要求本国提供行政协助、身份证明和旅行证件（因为难民不同于公民和大多数外国人，其所属国家并不愿意向其提供这类便利服务）。[①] 其他权利则是在考虑难民自身特点的基础上而设定的：免于因非法入境受到处罚的权利、免遭驱逐或推回的权利、要求承认先前由于个人身份取得的权利，以及因重新安置而将资产转移海外的权利。[②]

难民向缔约各国法院申诉的权利具有绝对性[③]（但是其要求法律援助和免受某些技术性要求的权利，则应当以其居住地国家公民享有的待遇为限[④]），这是对国际外国人法和 1933 年《难民公约》相关规定的继承，不存在任何异议。[⑤] 虽然公约第 34 条有关难民同化和入籍的规定同样不存在或然性的问题，但是该条款并未包含任何实质性权利。公约鼓励缔约各国为难民的同化提供便利条件，但这不是缔约各国必须承担的义务。

第四节 在难民之间和之中禁止歧视

弗雷德曼（Fredman）认为，非歧视法律义务的目的就是确保“个人素质成为评判一个人的标准”。[⑥] 人们的思考已经延伸到某些非常要害的问题，例如形式平等（“法律面前人人平等”）与实质平等（“法律的平等保障”）之间存在的差异；在评估是否存在任何歧视时，目的和效果的相对重要性；为解决不公正的差别待遇，国际法在多大程度上要求采取积极措施，而非只尽到停止歧视的义务。早期的关注焦点是，非歧视的普遍义务——尤其是《公民及政治权利国际公约》第 26 条规定的非歧视义务——是否能够满足平等保护难民和其他非公民的要求，如果已经足以到达该要

① 《难民公约》，第 25、27、28 条。

② 《难民公约》，第 12 条（二）款、第 30—33 条。

③ 《难民公约》，第 16 条（一）款。

④ 《难民公约》，第 16 条（二）款。

⑤ United Nations, “Memorandum by the Secretary-General to the Ad Hoc Committee on Statelessness and Related Problems”, UN Doc. E/AC.32/2, Jan. 3, 1950, at 30.

⑥ S. Fredman, Discrimination Law (2001), p. 66.

求的话，那么制定外国人法和难民法这些特别规范也许就变成了多余之举。但是我们通过仔细研究人权委员会的法律论述才发现，尽管《公民及政治权利国际公约》第26条行文缜密，但还是无法放心地依靠它去捍卫非公民的权利。引起特别关注的是，人权委员会竟然表现出愿意承认某些差异化分类（常常包括非公民）的倾向，并将其作为差别待遇的内在合理依据；对于各国提出的正当理由都毫无立场地概括接受；尤其是，当貌似公允的法律导致歧视性后果时，人权委员会在毫无准备的情况下往往会做出幼稚的反应。所以唯一的结论就是，尽管反对某些差别待遇的确能够说明非歧视法的价值，但是难民与其他非公民并不会因此就相信它能彻底解决与公民平等享有某些权利的问题。

此处的分析借鉴了某些相同的原则，但是针对的问题却有所不同。虽然在非公民（包括难民在内）与公民之间进行区别对待在多数情况下被认为是合理的做法，但是非歧视法律义务真能有效遏制一部分难民所遭遇的权益遭剥夺的特殊情况吗？

因难民地位而取得的任何权益都是所有难民的固有权利，这是《难民公约》预设的先决条件。因此在很大程度上，难民权利的差异化分配显然是不恰当的做法。公约起草者在定义难民概念时，非常慎重地对受益人群划定了界线。例如，他们排除了尚未离开本国的人、申请理由不涉及公民权利和政治权利的人，以及那些不值得保护的人。① 除了这些明确的严格条件，难民就应当被看作是一个类别，当中的所有成员都应当给以平等的保护。

事实上，各国在对待特定的公约难民群体时常常表现出明显的差异。国籍也许是导致差别待遇的最为普遍的原因。虽然沙特阿拉伯承认在海湾战争中流离失所的伊拉克人的难民地位，但是其境内还有成千上万来自其他国家的难民却得不到承认，而且某些危险的索马里难民还会被立刻递解出境。② 印度允许西藏难民享有完整的工作权利，然而却限制——某些情

① J. Hathaway, The Law of Refugee Status; A. Grahl-Madsen, The Status of Refugees in International Law (vol.I, 1966).

② Immigration and Refugee Board Documentation, Information, and Research Branch, "Kenya, Djibouti, Yemen and Saudi Arabia: The Situation of Somali Refugees", (1992), p. 5.

况下还非常严厉——斯里兰卡和孟加拉国难民寻求自谋生计的机会。[①] 海地难民的待遇比古巴难民的待遇相去甚远，这是长期以来美国的一贯做法。最根本的差别在于，美国对海地难民采取的政策是围堵并将其囚禁在关塔那摩湾，但古巴难民却可以自由进入其领土。[②] 即便海地难民成功进入了美国领土，他们也没有资格要求取保候审，而且他们的申诉必须按照简易的"快速遣返"程序来处理。[③] 英国也存在根据国籍实行差别待遇的现象，地位得到承认的难民可以在英国取得永久居留权，但是英国政府于2002年宣布来自利比里亚、利比亚和索马里3个国家的公民不再享有这一待遇。[④] 不止如此，英国还针对来自10个国家（这些国家于2004年加入了欧盟）的难民地位申请者发布禁令，取消了他们在国内提起申诉的权利。[⑤]

以国籍为依据的排斥政策甚至会针对来自某一地区的全部难民。例如，乌干达为埃塞俄比亚、伊拉克、斯里兰卡和厄立特里亚难民提供保护，但是对来自陆上邻国的难民则不予理会。[⑥] 苏丹承认所有来自邻国（乍得除外）的避难者的难民地位，但是却希望阿拉伯国家的难民"保持非正式和非官方的身份"[⑦]。欧盟在这方面的做法更加出格，它通过订立条约的形式授权成员国禁止任何来自欧盟国家的公民提出难民申请。[⑧] 与之相反的

---

① B. Chimni, "The Legal Condition of Refugees in India", (1994) 7 (4) Journal of Refugee Studies 378, pp. 393—394.

② Woman' s Commission for Refugee Woman and Children, "Refugee Policy Adrift: The United States and Dominican Republic Deny Haitians Protection", (2003), p. 18.

③ Lawyer' s Committee for Human Rights, Imbalance of Powers: How Changes to US Law and Policies Since 9/11 Erode Human Rights and Civil Liberties (2003), p. 30.

④ A. Travis, "Blunkett plans to end asylum-seekers' automatic right to claim benefits", Guardian, Oct. 8, 2002, at 9.

⑤ United Kingdom, "Certification Under Section 94 and 115 of the Nationality and Immigration Act 2002: List of Safe Countries", Nov. 15, 2002.

⑥ J. Kabrera, "Potential for Naturalization of Refugees in Africa: The Case of Uganda", paper presented at the Silver Jubilee Conference of the African Studies Association of the United Kingdom, Cambridge, Sept. 14—16, 1988, p. 9.

⑦ UN Committee on the Elimination of Racial Discrimination, "Concluding Observations of the Committee on the Elimination of Racial Discrimination: Sudan", UN Doc. CERD/C/304/Add.116, Apr. 27, 2001, at para. 15.

⑧ European Council on Refugees and Exiles, "Analysis of the Treaty of Amsterdam in so far as it relates to asylum policy" (Nov. 10, 1997), pp. 8—9.

是，南部非洲的各个国家常常拒绝向来自该地区以外的难民提供保护，并因此遭到联合国难民署的公开谴责。

降低难民保护的力度也可能完全是出自政治原因。性别也可能成为限制难民权利的重要因素，例如索马里难民妇女在埃塞俄比亚寻求庇护时无法得到应有的医疗保健服务、食物和教育机会。① 尼泊尔也存在同样的情况，该国在救助不丹难民时只向男性户主发放食品和帐篷等紧缺物资。这种做法导致离开丈夫的难民妇女几乎无法生存下去。②

在难民中实行差别待遇的原因还不仅仅局限于国籍、政治和性别。尽管澳大利亚多数情况下允许持旅游和学生签证的难民在申请审查期间自由逗留，但是自从“船民”开始登陆澳大利亚以来，当局便常态化地羁押那些没有合法入境签证的难民。③ 那些最初未经批准就入境的难民即便取得了难民地位，他们也只能得到有效期为 3 年的、可续期的临时保护签证（这与那些持入境签证的难民取得的永久身份截然不同），而且他们还不能主张与亲属团聚的权利。④ 巴基斯坦给予阿富汗难民的待遇也存在差别，在俾路支省居住的阿富汗难民基本上是受教育程度很低的农民，而在西北边境省居住的阿富汗难民则大多来自城市，所以巴基斯坦向前者提供的物资援助就明显逊于后者。⑤ 包括美国在内的一些国家，⑥ 都曾拒绝过罹患艾滋病的难民。⑦ 总之，与保护需求毫无关系的各种原因导致差别待遇的情况，对难民来讲早已是家常便饭。虽然难民地位要求的是普遍和共同的权利标准，但是这一观念正面临着差别待遇的严峻挑战。

---

① US Committee for Refugees, World Refugee Survey 2002 (2002), p. 74.

② Human Rights Watch, “Nepal/Bhutan: Refugee Women Face Abuses”, Sept. 24, 2003.

③ P. Mares, Borderline: Australia's Treatment of Refugee and Asylum Seekers (2002), p. 6; C. Steven, “Asylum-Seeking in Australia”, (2002) 36(3) International Migration Review 864, p. 889.

④ P. Mathew, “Australian Refugee Protection in the Wake of the Tampa”, (2002) 96(3) American Journal of International Law 661, p. 673.

⑤ K. Connor, “Geographical Bias in Refugee Treatment Within Host Countries”, paper prepared for the RSP/QEH Refugee Participation Network, 1988, pp. 1—5.

⑥ L. Macko, “Acquiring a Better Global Vision: An Argument Against the United States' Current Exclusion of HIV-Infected Immigrants”, (1995) 9(3) Georgetown Immigration Law Journal 545, p. 546.

⑦ UNHCR, “Refugee Resettlement: An International Handbook to Guide Reception and Integration” (2002), p. 155.

《难民公约》，第3条 不受歧视

缔约各国应对难民不分种族、宗教、或国籍，适用本公约的规定。

《经济、社会、文化权利国际公约》，第2条

……

（二） 所有人民得为他们自己的目的自由处置他们的天然财富和资源，而不损害根据基于互利原则的国际经济合作和国际法而产生的任何义务。在任何情况下不得剥夺一个人民自己的生存手段。

（三） 本公约缔约各国，包括那些负责管理非自治领土和托管领土的国家，应在符合联合国宪章规定的条件下，促进自决权的实现，并尊重这种权利。

《公民及政治权利国际公约》，第2条（一）款

本公约每一缔约国承担尊重和保证在其领土内和受其管辖的一切个人享有本公约所承认的权利，不分种族、肤色、性别、语言、宗教、政治或其他见解、国籍或社会出身、财产、出生或其他身份等任何区别。

《公民及政治权利国际公约》，第26条

所有的人在法律前平等，并有权受法律的平等保护，无所歧视。在这方面，法律应禁止任何歧视并保证所有的人得到平等的和有效的保护，以免受基于种族、肤色、性别、语言、宗教、政治或其他见解、国籍或社会出身、财产、出生或其他身份等任何理由的歧视。

有关第3条非歧视义务的实质内容，从《难民公约》的草拟过程中几乎找不到任何指引。瑞士代表认为“只有羞辱性的做法”才能算得上歧视。[①] 埃及代表极力主张，不能将维护公共秩序的某些必要行为划入歧视的范围，但是他的努力没有取得成功。[②] 希腊代表认为凡为确保“公共

① 参见瑞士代表Schurch的发言，UN Doc. A/CONF.2/SR.4, July 3, 1951, at 15。

② 参见埃及代表Mostafa的发言，UN Doc. A/CONF.2/SR.5, July 4, 1951, at 12。

安全”的必要行为都应免受公约第 3 条的约束，不过这项提议也没有得到其他代表的支持。[①] 美国代表对不受歧视的含义做出了最为精确的解读，他认为歧视的意思是指“拒绝给予某一类人其他人在相同情况下应当享有的权益”。[②] 根据条约解释的原则，概念上的不确定性应当通过参照其他同源条约中非歧视义务的要素来厘清——包括前面提到的《国际人权公约》。如此便意味着只要满足“合理”的国际标准，那么即便是以禁止性理由实行差别化的权利分配也不会构成歧视。

公约起草者在草拟第 3 条时达成了一个关键性的共识，那就是非歧视义务不能局限于各国在其境内的行为，还应当约束其针对意欲入境者做出的国家行为。特设委员会在第二次会议期间提交了公约第 3 条的英语文本，该草拟条款似乎只禁止各国歧视“在其境内的难民”[③]，而法语文本则并没有将成功进入一国领土作为非歧视义务的前提条件。[④] 在全权代表大会期间，法国代表痛斥了草案的英语文本对非歧视义务所做的狭隘规定：

> 关于各国不得以种族、宗教或国籍原因歧视其境内难民的表述好像是在暗示，各国绝对有权力歧视那些意图进入其领土的人，也就是有权歧视那些并未居住于该国境内的人。因此他建议“在其境内”这几个字应予删除。[⑤]

草案英语文本中附加的地域限制并非无意而为，其实它背后的原因就是要为各国推行自己的移民法制度保留绝对的自由。[⑥] 照此逻辑，只有在承认难民取得长期庇护或永久居留的权利根本不取决于《难民公约》的

---

① 参见希腊代表 Philon 的发言，UN Doc. A/CONF.2/SR.5, July 4, 1951, at 12—13。

② 参见美国代表 Warren 的发言，UN Doc. A/CONF.2/SR.5, July 4, 1951, at 4。

③ UN Doc. E/1850, Aug. 25, 1950, p. 15.

④ 参见会议主席的发言，UN Doc. A/CONF.2/SR.4, July 3, 1951, at 19。

⑤ 参见法国代表 Rochefort 的发言，UN Doc. A/CONF.2/SR.4, July 3, 1951, at 18—19。

⑥ 参见美国代表 Warren 的发言，UN Doc. A/CONF.2/SR.5, July 4, 1951, at 5。

情况下，[①] 各国才有可能同意在其领土之外也承担非歧视义务。[②] 事实上，《难民公约》第 3 条适用于公约规定的所有难民权利，包括第 33 条禁止驱逐出境或推回的义务，因此美国在公海围堵和羁押海地黑人难民，但同时又允许大多为白人的古巴难民前往佛罗里达的做法，明显违背了公约第 3 条的非歧视义务（除非依据国际标准证明其行为具有合理性）。

尽管在地域限制问题上取得了共识，但是在公约第 3 条的实质内容上依然存在很大的争议。先前曾经提到，该条款的目的不仅是禁止对部分难民的歧视，而且还要禁止对整个难民群体的歧视。比利时代表向特设委员会提交的公约第 3 条草案稿这样写道：

> 缔约各国既不得以种族、宗教或国籍原因，也不能因其是难民为理由而歧视难民。[③]

后一项义务——承担不得以难民身份的原因而歧视难民的义务——在全权代表大会上没有得到批准。然而，某些国家的代表显然认为这项义务应当予以保留。例如，法国代表坚持认为，仅仅确保不同难民群体之间的平等待遇还算不上一个具有充分包容性的目标，因为“如果所有难民获得的待遇都同样糟糕，那么相关国家也可以堂而皇之地声称自己遵守了公约第 3 条的规定”。[④] 尤其是当某一庇护国内的所有难民都属于同一种族、都信仰同一宗教或是来自同一国家时，禁止歧视不同难民群体的规定便无法有效防止以种族、宗教或国籍原因来剥夺难民权利的做法（因为所有难民都遭受了同等的伤害）。因此，一些国家的代表认识到，为了在源头上消除导致难民现象的歧视行为，有必要让各国承担更重的义务。[⑤]

尽管有这样那样的担忧，但是以色列代表的提议终于还是成功地删除了公约第 3 条中有关禁止歧视整个难民群体的内容，其所谓的理由就是

---

① “Report of the Committee Appointed to Study Article 3”, UN Doc. A/CONF.2/72, July 11, 1951, at 3。

② UN Doc. A/CONF.2/SR.18, July 12, 1951, at 18, and UN Doc. A/CONF.2/SR.24, July 17, 1951, at 19—21。

③ 参见比利时代表 Cuvelier 的发言，UN Doc. E/AC.32/SR.24, Feb. 3, 1950, at 11。

④ 参见法国代表 Rochefort 的发言，UN Doc. A/CONF.2/SR.4, July 3, 1951, at 18。

⑤ 参见比利时代表 Cuvelier 的发言，UN Doc. E/AC.32/SR.24, Feb. 3, 1950, at 11。

涉及待遇标准要求的公约条款已经对该问题起到了监管作用。[①] 这一立场与他先前在特设委员会发表的观点如出一辙，即界定各种义务层次的直接条款才是优先考虑的对象：

> 明确第3条在公约中的具体地位以及它同其他条款的关系，这一点非常重要。该条款只是宣告了一条原则，但是它赋予难民权益的具体条件却是由后续条款来逐条阐述。这显然没有什么不妥之处。《联合国宪章》开篇也只是说联合国的所有成员国“主权平等”，尔后才开始将成员国分为大国和小国、安理会常任理事国和非常任理事国、拥有否决权的成员国和没有否决权的成员国。如果代表们理解了公约第3条的作用只在于确立原则，而该原则的例外情形会如同一般法律文书那样在后续条款中一一阐明，那么公约第3条现有的表述方式就不会遭到反对。[②]

当然，《难民公约》通过包括待定权利和绝对权利在内的混合架构，已经明确设定了难民与公民在权利差异上的可容许程度。[③] 对于可能引发歧视问题的许多权利，只有当其他非公民群体也享有同样权利时，公约才会要求给予难民这些权利。就此而言，在适用待定标准的权利问题上，难民待遇低于公民待遇的合法性显然已得到了《难民公约》的承认。例如，公约第17条在工作权利上只要求“给以在同样情况下一个外国国民所享有的最惠国待遇”。依照如此明确规定，虽然难民在工作权利上享有的待遇不及公民，但是以《难民公约》的架构仍然无法支持难民遭到歧视的指控。

对于公约已经规定的难民应当与公民同等享有的权利，即便在这些权利之上再增设所谓公民与难民间的非歧视义务，那也无助于增强这些权利的效力。在享有定额供应的权利、接受基础教育的权利和公平纳税的权利方面，所有难民都必须被视作国民加以对待。[④] 当难民与庇护国之间具

---

① UN Doc. A/CONF.2/72, July 11, 1951, at 3.

② 参见以色列 Robinson 的发言，UN Doc. E/AC.32/SR.34, Aug. 14, 1950, at 9。

③ 参见原著 1.2 章节和 1.3 章节。

④ 《难民公约》第 20、22、29 条。

有某种程度的关联关系时，他们还有权在宗教信仰和宗教教育、艺术权利和工业财产、社会救济、劳动法、社会保障、法律援助和诉讼费保证金等方面主张国民待遇。[①] 由于公约并未触及非歧视义务所固有的合理差别问题，所以按等同于国民待遇的标准给予难民权利的义务，实际上比遵守难民和国民间的非歧视义务来得更加严格。

前面已经讲到过，《国际人权公约》中具有约束性的非歧视义务，已经能在很大程度上起到禁止普遍歧视难民的效果。《公民及政治权利国际公约》和《经济、社会、文化权利国际公约》的第 2 条都禁止以包括“其他身份”在内的一系列原因进行歧视。这种开放的措辞方式将非歧视义务变成了一种普遍规范，“即必须确保公民和外国人在不受歧视的情况下享有公约规定的一切权利”，[②] 并且特别要求这些权利不得局限于一国公民，而“必须为诸如寻求庇护者和难民等所有人享有，不论其是一国国民还是无国籍人士”。[③] 与《难民公约》第 3 条（该条款只禁止专门针对难民的歧视——具体而言就是以种族、宗教或国籍为有理由的歧视）不同的是，《国际人权公约》规定的非歧视义务是具有全面包容性的义务，即禁止一切以身份原因导致的歧视（其中自然也包括以难民身份而导致的歧视），以此对应公约所规定的一项权利。可以说，虽然《难民公约》中禁止歧视整个难民群体的义务还存在一定的局限性，但是《公民及政治权利国际公约》和《经济、社会、文化权利国际公约》第 2 条规定的非歧视义务已经填补了它留下的罅隙。

第一，对于《难民公约》和《国际人权公约》都赋予的某项权利，两个《国际人权公约》的第 2 条都不允许对国民以外的人进行歧视。因此在这种情况下，确实没有必要去援引难民权利作为夺回国民待遇的抗辩理由。既然《国际人权公约》中的所有权利都必须毫无差别地赋予国民和非公民，[④] 那么难民通过援引同源公约（《国际人权公约》）便可以有效地规避《难

① 参见原著 1.3.2 章节。

② 联合国人权委员会，“General Comment No. 15: The position of aliens under the Covenant” (1986), UN Doc. HRI/GEN/Rev.7, May 12, 2004, p. 140, para. 2。

③ 联合国人权委员会，“General Comment No. 31: The nature of the general legal obligation imposed on state parties to the Covenant” (2004), UN Doc HRI/GEN/1/Rev.7, May 12, 2004, p. 192, para. 10。

④ 《公民及政治权利国际公约》，第 2 条（一）款。

民公约》提供的低标准待遇。

例如，《难民公约》第15条规定了难民享有结社自由，但是“以一个外国的国民在同样情况下所享有的最惠国待遇”为限。一方面，难民不享有与公民相同的结社自由，且未与《难民公约》的其他条款发生抵触。但另一方面，由于《公民及政治权利国际公约》第22条和《经济、社会、文化权利国际公约》第8条也规定了自由结社的权利，所以难民可以援引两个《国际人权公约》的第2条作为依据，来主张形式上与国民同等的结社权利。如果缔约各国拒绝给予同等待遇，那么它们就应当证明在难民和公民之间执行差别待遇存在合理的原因。[①] 除结社自由以外，难民还可以利用《国际人权公约》的平行条款（同样受非歧视义务的约束）在就业、住房和内部行动（迁徙）自由等权利上主张国民待遇，这主要是因为《难民公约》对这些权利的保障水平相对较低。

第二，主张《国际人权公约》中相对于国民的非歧视义务，实际上可能让难民有机会为更广泛的权利遭剥夺情况进行抗争。其原因在于，《难民公约》并未提及《国际人权国公约》所保障的相当一部分权利。尤其是《公民及政治权利国际公约》规定的生命权，免于遭受奴役的权利，反对酷刑、残忍、不人道和有辱人格的待遇的权利，享有自由和人身安全的权利，思想自由的权利，享有良知和宗教自由的权利，离开国家的权利，法院和法庭面前人人平等的权利，反对刑法溯及既往的权利，要求承认个人人格的权利，保护家庭、子女和隐私的权利，反对鼓吹仇恨或歧视的权利，享有主张、发表意见和集会的自由，以及保护少数民族的权利。[②]《经济、社会、文化权利国际公约》所保障的权利还包括获得公平和良好工作条件的权利、获得充足食物和衣物的权利、保护家庭的权利（包括保护母亲和儿童）、接受中等和高等教育的权利、享有社会保障的权利、取得医疗健康服务的权利和参与文化生活的权利。[③] 原则上说，包括难民在内的非公民对上述每一项权利的主张都必须得到保障，且不允许出现低于公民待遇的歧视现象。

---

① 《公民及政治权利国际公约》，第12条（一）款。

② 《公民及政治权利国际公约》，第6—11条、第12条（一）款、第14—21条、第23、24、27条。

③ 《经济、社会、文化权利国际公约》，第7条、第9—13条、第15条。

除两个《国际人权公约》第 2 条中专门规定的非歧视义务之外，《公民及政治权利国际公约》第 26 条对难民的权利保障可能也具有一定价值。第 26 条确立的一项普遍义务要求禁止任何歧视，以确保法律面前人人平等，且所有人都有权得到法律的平等保护。作为原则问题，这一首要义务不仅要求缔约各国不得蓄意剥夺难民的权利，而且还要积极采取措施以保障难民享有一切公共服务的实质性权益。从理论上讲，《难民公约》提出的关联程度这个概念也应受到《公民及政治权利国际公约》第 26 条的约束，如此才能保证剥夺某些难民权益的做法确实具备正当理由。

《国际人权公约》规定的各种免遭歧视的权利也面临着一项重大挑战，那就是在认定某种形式的差别待遇是否构成歧视的问题上，人权委员会实际上已经选择屈从于各国家对“合理性”的看法。至于在判断歧视问题时究竟是应该依据公约第 2 条，还是更具普适性的第 26 条，如果难民受到的不公平待遇要构成歧视的话，那么必须证明这种形式的差别待遇在一般情况下，或是至少在特定情况下是不被允许的做法。代表一般非公民利益的这种论断的确具有一定的说服力，未能规定禁止对整个难民群体进行歧视是《难民公约》第 3 条的一个缺憾，而非歧视法的一般规范是否真的能够在实践中补救这一缺憾也未有定论。换句话说，对于那些对整个难民群体采取差别待遇的国家，相比《难民公约》第 3 条的无所作为，《国际人权公约》至少可以迫使它们为自己的行为给出正当的理由。

最终获得通过的《难民公约》第 3 条，已经没有禁止整个难民群体遭到歧视的作用，其目标是禁止以种族、宗教和国籍原因在难民之间和难民之中进行歧视。虽然公约第 3 条并不要求庇护国国内所有的难民群体都得到完全一致的待遇，但它的确规定凡因所列举的理由而推行差别待遇即构成非法。印度给难民的差别待遇便属于这种情况，西藏难民可以得到工作许可，但斯里兰卡难民却只被允许从事自营职业，孟加拉国难民则连自谋生计的权利都没有。

但是公约第 3 条（与《公民及政治权利国际公约》第 26 条相比）已经明确规定，该条款只能适用于《难民公约》规范的事项。该条款的起草人强调说：“特设委员会的成员完全赞成大家对非歧视原则的坚守，支持将达成一个各方接受（最好是一致同意的）且能统领整个公约的解决方案作为目标，并一致决定各国行使‘立法权’时也不得超越公约的效力范围。”[1] 起草者特别重视的一个问题在于，要避免该条款出现任何违背其宗旨的暗示意思，以免缔约各国误认为它们在适用移民法时也要受到非歧视义务的约束。《难民公约》第3条的作用不是从普遍意义上禁止歧视，它针对的仅仅是在兑现《难民公约》规定权利中发生的不公正的差别待遇。[2]

在判断公约权利是否得到兑现的问题时，认真考虑受保护权益的范围显得非常重要。举例来说，即便是面对地位已经得到承认的难民，也没有法定义务要求缔约各国必须给予其长期或永久的身份。尽管《难民公约》第34条规定的责任非常之弱，但它也绝不仅仅是鼓励性质的条款——下面的分析将会证明，当缔约一国绝对禁止难民申请公民身份，并且拒不就此做出解释时，其做法也是对公约第34条的违反。例如，澳大利亚彻底取消了非法入境的难民申请长期居留的资格，英国的政策则更加明目张胆，它取消了三个国家的公民申请永久居住的权利，除非英、澳两国能拿出符合国际标准的正当理由，否则它们的做法必然构成对难民的歧视。《难民公约》第16条（一）款规定难民有向法院提起申诉的权利，在法院的管辖权限内允许难民寻求任何救济措施。英国的政策实质上剥夺了某些国家的公民就否定性的难民地位审查结果提出申诉的权利——一旦难民被遣返回可能致其受到迫害的地方，那么他在当地提出申诉的权利实际上已经变得毫无意义，因为这种申诉根本无法免除其遭受迫害的风险——因而在形式上已经构成了违背公约第3条的歧视行为。[3]

某些措施和政策在表面上看似与《难民公约》所保护的权益毫无关系，但是公约权利的实现却可能在这些措施和政策中有所体现。例如，《难民公约》并未对难民地位的决定程序做出明确的规定，这意味着涉及程序问题的歧视不可能违反公约第3条的规定。但是当美国要求所有海地人通过简易的“快速遣返”程序（而非适用于其他国家公民的更加正式的程序）

① "Report of the Committee Appointed to Study Article 3", UN Doc. A/CONF.2/72, July 11, 1951, at 3.

② R v. Immigration Officer at Prague Airport et al., ex parte European Roma Rights Centre et al., [2004] UKHL 55 (UK HL, Dec. 9, 2004), at para. 43.

③ Selgeka v. INS, 184 F 3d 337 (US CA4, June 7, 1999).

提出难民地位申请时，[①] 可预见的结果只能是申请被拒的风险急剧提高，这种情况便会引发公约第 33 条中不推回义务是否得到忠实履行的问题。鉴于不推回义务是《难民公约》做出的专门规定，因而对于美国要求海地人经由对其不利的程序提出申请的歧视性做法，可以援引公约第 3 条的非歧视义务提出质疑。

与之相反，由于《难民公约》没有规定家庭团聚的权利，所以即使澳大利亚拒绝某些难民享有该权利的政策依据是公约明令禁止的，我们也无法援引公约第 3 条提出成功的抗辩。针对普遍歧视难民的问题，《难民公约》第 3 条显然无能为力，因为它只有在歧视行为侵害到《难民公约》规定的权利时才产生效力，好在《国际人权公约》能在一定程度上解决这个问题。这是因为《公民及政治权利国际公约》第 26 条有关所有人不受歧视、平等享有法律保护的权利的规定并不局限于该公约调整的事项；更确切地说，“它禁止法律上和受公权力约束与保护的一切领域内的任何歧视”。[②] 所以说，如果缔约一国同时受到《难民公约》第 3 条和《公民及政治权利国际公约》第 26 条约束，那么它在分配任何法定权利时都必须遵守非歧视义务。

《难民公约》的非歧视义务面临的第二个问题便是该义务受到种族、宗教和国籍三种理由的严格限制。由于难民因公民籍而受到歧视的现象非常普遍，所以保护难民免遭以“国籍”为理由的歧视具有更加特殊的意义。例如，除伊拉克人以外，沙特阿拉伯拒绝承认其他国家的难民，国籍毫无疑问地成为该歧视政策的理由。专门针对某类国家的难民所采取的措施和政策，也属于以“国籍”为理由进行的歧视，应当加以禁止。例如，乌干达、苏丹和一些南部非洲国家拒绝承认来自某些国家或地区的难民的地位，这同样违背了公约的非歧视义务。欧盟的某些歧视行为则更加明显，它利用欧盟条约正式禁止来自欧盟内部的难民申请庇护，这种做法也公然违反

① 参见 University of California Hastings College of the Law, “Annual Reports on Implementation of Expedited Removal” (1998, 1999, 2000)。

② 联合国人权委员会，“General Comment No. 18: Non-Discrimination” (1989), UN Doc. HRI/GEN/Rev.7, May 12, 2004, p. 146, para 12。

了公约第3条的规定。[①]

然而，公约第3条关于歧视理由仅限于这三种的规定的确有些令人费解。例如，它没有照搬《联合国宪章》中的种族、性别、语言或宗教等歧视理由。虽然公约起草者表达了与《世界人权宣言》保持一致的愿望，[②]但是他们却拒绝承认类似《世界人权宣言》中的那种开放式非歧视义务。《难民公约》也没有参照《世界人权宣言》明确规定的以肤色、性别、语言、政治或其他见解、社会出身、财产或出生为理由的歧视。[③] 尽管部分公约起草者主张应当与难民遭受迫害的通常原因保持一致，并以此作为捍卫公约第3条适用范围的理由，但是该条款还是没有将政治见解作为禁止歧视的理由，这中间确实存在明显的疏漏，[④]与公约第3条的宗旨产生了矛盾。

有代表提议将性别也归入必须加以禁止的歧视理由，代表们围绕该问题展开了一场激烈的辩论。部分国家的代表对于其政府被暗指存在性别歧视的言论感到怒不可遏，[⑤] 而其他国家的代表则认为性别歧视是一种普遍存在但无需受到指责的现象。[⑥] 有的国家则为自己反对将性别归入歧视理由的立场进行了辩解，甚至宣称禁止以性别为由的歧视将会对香烟的配给供应产生影响。[⑦] 这种缺乏严肃性和原则性的辩驳只说明了一个问题，那就是起草者在决定公约第3条的具体理由时确实比较随意。由于公约第3条的定案表决以17票对1票（5票弃权）的结果否决了进一步扩大该条款适用范围的主张，因此所谓《难民公约》在反歧视方面向难民提供了全方位保护的论断实际上缺乏根据。[⑧] 如此一来，在埃塞俄比亚和尼泊尔，无法平等享有医疗保健服务、获得食物和受教育权利的那些女性难民便无

---

① G. Goodwin-Gill, "The Individual Refugee, the 1951 Convention and the Treaty of Amsterdam", in E. Guild and C. Harlow eds., Implementing Amsterdam: Immigration and Asylum Rights in EC Law 141 (2001), pp. 158—159.

② 参见比利时代表 Cuvelier 的发言，UN Doc. E/AC.32/SR.24, Feb. 3, 1950, at 11。

③ 《世界人权宣言》，第2条。

④ 参见比利时代表 Cuvelier 的发言，UN Doc. E/AC.32/SR.24, Feb. 3, 1950, at 11；参见南斯拉夫代表 Makiedo 的发言，UN Doc. A/CONF.2/SR.5, July 4, 1951, at 12。

⑤ 参见法国代表 Rochefort 的发言，UN Doc. A/CONF.2/SR.5, July 4, 1951, at 9。

⑥ 参见美国代表 Warren 的发言，UN Doc. A/CONF.2/SR.5, July 4, 1951, at 9; 参见会议主席的发言，UN Doc. A/CONF.2/SR.5, July 4, 1951, at 9。

⑦ 参见奥地利代表 Fritzer 的发言，UN Doc. A/CONF.2/SR.5, July 4, 1951, at 11。

⑧ UN Doc. A/CONF.2/SR.33, July2 4, 1951, at 7.

法根据公约第 3 条的非歧视义务寻求保护。

不过，《难民公约》与《公民及政治权利国际公约》第 26 条关于平等获得法律保障的规定存在的互补关系，在这里又一次扩大了对难民的保护范围。《难民公约》第 3 条的目的显然是为了防止歧视行为侵害难民权利（尽管它只对基于三种原因的歧视有效）。《公民及政治权利国际公约》第 26 条则要求部分人享有的任何权利（包括反对歧视的权利）理当为所有人共同享有。如果将两个条款结合起来，那么就必须认为《难民公约》第 3 条具备了普遍适用性，意即《公民及政治权利国际公约》第 26 条所禁止的全部歧视理由，如种族、肤色、性别、语言、宗教、政治或其他见解、国籍或社会出身、财产、出生或其他身份，也应作为第 3 条保障措施的依据。[①]

从此处的分析不难看出，某些国家（曾经也包括美国在内）拒绝保护罹患艾滋病的难民，以及巴基斯坦拒绝向受教育程度偏低的农村难民提供某些物资援助的做法——若单独援引《难民公约》第 3 条则不足以证明其行为的非法性——皆应受到《公民及政治权利国际公约》第 26 条的约束（歧视患有艾滋病的难民是因为他们无法改变的病患身份，而歧视教育程度低下的农村难民则是因为他们的社会出身或财富水平）。针对澳大利亚常态化的关押非法入境的难民问题，即便将这两项法定义务结合起来可能都不足以证明其行为违背了非歧视义务，当然那些拥有某种合法身份的难民要另当别论。关于在判断某种行为是否构成歧视时应否采用注重结果的分析方法，[②] 由于人权委员会还未明确表态予以支持，所以用违反移民法作为实施拘押政策的正当理由便足以逃脱歧视指控。

在非歧视义务的分析中，纵然援引《公民及政治权利国际公约》第 26 条的非歧视义务确有必要，但《难民公约》第 3 条才是解决差别化分配难民权利是否“合理”的关键所在。在解答这个核心问题时必须谨记一个事实，那就是《难民公约》第 3 条将一系列权益与难民地位捆绑在一起。这些权益不仅来自对《国际人权公约》和其他条约的借鉴（比如，迁徙的

---

① 《公民及政治权利国际公约》，第 26 条。

② D. McMaster, Asylum Seekers: Australia's Reponses to Refugees (2001), pp.2—3; J. – P. Fonteyne, “Illegal Refugees or Illegal Policy?” in Australian National University Department of International Relations ed., Refugees and the Myth of the Borderless World (2002), p. 16.

自由、工作权利），而且也是出于对难民处境的特别考虑（例如，非法入境免受处罚、不推回，以及获取身份证件的权利）。如果受到差别化处理的对象恰好是《难民公约》直接保障的权利，那么企图为差别化对待难民找寻理由的缔约国将会遇到巨大的障碍：因为这些完全是因为难民地位而归于难民的固有权利，所以拒绝兑现难民权利、不能平等对待难民的政府，无须再为自己的行为寻找正当理由。

尽管公约第3条在反对歧视部分难民的问题上具有直接和间接的价值，但是它的效力有时候也会受到质疑，其理由是该条款可能会被公约第5条推翻。公约第5条为："本公约任何规定不得认为妨碍一个缔约国并非由于本公约而给予难民的权利和利益。"鉴于在本公约中第3条之效力应从属于与其发生抵触的条款，所以可以认为公约第5条允许缔约各国给予受优待的难民群体更加优越的权利，当然前提条件是任何难民群体获得的待遇都不得低于《难民公约》要求的基本标准。[①] 考虑到第5条当初是紧接着非歧视义务被写入《难民公约》的缘故，[②] 所以它可能被解读为：如能有利于个别难民群体受益，则授权各国政府不受公约第3条的原则束缚。[③]

但是更切合实际的观点则认为，应当对公约第5条进行狭义的解读。《难民公约》的起草过程表明，该条款是为了持续性地维护难民的某些既得利益。公约第5条中没有任何内容可以被解读为允许废除公约第3条的非歧视原则。如果将第5条看作解释性条款，意在鼓励各国政府采取优于《难民公约》要求的待遇标准，[④] 那么对第5条和第3条的解读显然可以变得更加协调。不过这也意味着《难民公约》正式生效以后，各国不能利用公约第5条来支持其仅给予个别难民群体特权的做法。在《难民公约》的规定之外，缔约各国可以给予难民其他的权益，但是绝不能按照种族、

① S. Blay and M Tsamenyi, "Reservations and Declarations under the 1951 Convention and the 1967 Protocol relating to the Status of Refugees", (1990) 2(4) International Journal of Refugee Law 527, pp. 556—557.

② UN Doc. E/AC.32/SR.43, Sept. 28, 1950, at 14.

③ P. Weis, The Refugee Convention, 1951: The Travaux Preparatoires Analysed with a Commentary by Dr. Paul Weis (1995), p. 44; N. Robinson, Convention relating to the Status of Refugees: Its History, Contents and Interpretation (1953), p. 76.

④ 参见美国代表 Warren 与比利时代表 Herment 的会议交流，UN Doc. A/CONF.2/SR.5, July 4, 1951, at 8。

宗教或国籍来差别化地分配这些权益。举例来说，如果任一难民群体突然取得与国民相同的工作权利，那么这项权利的适用范围必须扩展适用于所有难民，而不得利用工作能力和发展潜质不同作为理由，来为少数难民群体的优惠待遇进行开脱。

总之，《难民公约》第 3 条和《国际人权公约》中的同源条款为禁止难民之间和难民之中的歧视问题提供了坚实保障。虽然《国际人权公约》在实际上具有最大的价值，但是《难民公约》第 3 条发挥的作用也非常重要，因为它所界定的难民权益的核心范围证明了差别化分配难民权利的做法缺乏正当性。换言之，《难民公约》第 3 条对过分宽泛解释“合理性”的冲动起到了重要的抑制作用，否则非歧视这一普遍义务的适用范围将会遭到侵蚀。虽然《公民及政治权利国际公约》第 26 条是否强制缔约各国把难民权利逐渐向国民待遇看齐的问题尚不明朗，但是公约第 3 条在一系列权利的分配问题上确实能发挥显著的补充作用，有助于禁止以真实的或强加的族群身份来歧视不同难民群体的做法。

同样重要的是，《难民公约》的起草过程已经清楚地表明，非歧视义务并不存在地域限制，不论难民身在何处，也不管他是否获准进入庇护国，向其承担的非歧视义务都必须履行。鉴于《公民及政治权利国际公约》第 26 条要求所有法律保护都不得以“任何理由”有所歧视，因此同时受到这两个公约约束的各国政府在提供难民保护时，都必须禁止基于任何身份原因的歧视行为，而不能仅仅局限于《难民公约》第 3 条所规定的三种原因。

第五节　难民权利的限制

一个对《难民公约》条款毫无保留，也不在时间或空间上限制自己责任范围的国家,也可以间或在一两种情况下对难民权利进行合法的限制。首先，依据公约相关条款设定的条件，少数公约权利会由于安全或犯罪的原因遭到剥夺。其次，在战争或其他重大紧急状态期间，难民地位尚未得到确认者的权利会由于国家安全原因被临时剥夺。

然而，一旦难民地位得到确认，那么在严重的紧急状态期间由于安全原因而采取的临时措施就必须予以撤销。不得因为难民曾经具有的国籍对其采取任何和平时期的反制或保护措施。最根本的一点在于，即使是在紧急状态之下,《难民公约》——《公民及政治权利国际公约》与之相反——都没有授权各国政府剥夺或终止难民的公约权利。

一 由于国家安全原因导致的权利中止

> 《难民公约》，第 9 条 临时措施
>
> 本公约的任何规定并不妨碍一缔约国在战时或其他严重和特殊情况下对个别的人在该缔约国断定该人确为难民以前，并且认为有必要为了国家安全的利益应对该人继续采取措施时，对他临时采取该国所认为对其国家安全是迫切需要的措施。

《难民公约》的起草者最初曾考虑过授权国家在危急关头全面克减难民权利，但最终还是否决了这种方案。[①] 支持克减条款的英国代表认为，如果在战时或其他危急关头出现大批难民潮，各国政府应当有权中止难民权利。因为对于每个人是否由于安全原因应当被拒绝难民地位审查的问题，各国政府根本无法立刻做出判断，[②] 所以否决各国采取临时措施的权力就相当于逼迫所在缔约国政府让有可能威胁该国安全的人享有权利。[③] 由于难民在其地位被正式确定之前已经能够享有相当多的权利，所以英国代表的担忧确有合理之处。[④] 当然美国代表所强调的一个观点也同样重要，那就是针对难民的任何例外规定都应当被局限于“极其特殊的情况”。[⑤] 因此关注的焦点变成了在调查难民地位申请的同时，如何确保处于紧急状况之下的缔约各国能保护重要的国家安全利益。[⑥]

最终通过的公约第 9 条授权缔约各国“在战时或其他严重和特殊情

---

① Proposal of the United Kingdom, UN Doc. E/AC/32/L.41, Aug. 15, 1950.

② A. Grahl-Madsen, The Status of Refugees in International Law (vol.I, 1966), pp. 162—304; J. Hathaway, The Law of Refugee Status (1991), pp. 214—233.

③ 参见英国代表 Leslie Brass 爵士的发言，UN Doc. E/AC.32/SR.21, Feb. 2, 1950, at 8。

④ 参见原著 1.1.1 章节、1.1.2 章节、1.1.3 章节；参见美国代表 Henkin 的发言，UN Doc. E/AC.32/SR.21, Feb. 2, 1950, at 8。

⑤ 参见美国代表 Henkin 的发言，UN Doc. E/AC.32/SR.34, Aug. 14, 1950, at 21。

⑥ 参见会议主席 Larsen 的发言，UN Doc. A/CONF.2/SR.6, July 4, 1951, at 15。

况下”自行决定是否中止难民权利。严重的经济困难不能成为中止难民权利的理由。[①] 一国政府即便提出“公共秩序”问题,[②] 或是“国家安全”利益[③],同样不足以成为克减难民权利的理由。该条款的最初版本只允许政府在面临“国家紧急情况”时中止难民权利,虽然这一立场最终得以软化,[④] 但它所要求的条件显然超越了“非常紧张的局势”。政府所面临的必须是千真万确的“特殊”情况。

如果出现相关特殊情况,政府官员也只能动用“有必要为了国家安全的利益应对该人继续采取的措施”。在采取特定措施之前,必须对放弃采取该措施而可能给国家安全带来的风险进行善意的评估。[⑤] 从历史角度来看,公约第 9 条的目的就是要在国家面临非法颠覆的风险时,允许政府拥有灵活处置的权力。[⑥] 这项规定实际上符合格拉尔·梅森对国家安全的经典解释:

> 如果一个难民正在居住国家从事间谍活动,那么他对该国的国家安全就构成了威胁……如果他参与通过暴力或其他非法手段推翻居住地国政府的活动,或是针对外国政府的活动,其结果就是用恶劣的干预手段威胁居住地国政府。[⑦]

同样道理,无论一国公民身在何处,当其受到严重威胁时,国家安全也可能面临危险。[⑧] 但是正如史琳勋爵(Lord Slynn)在上议院审理 Rehman 案时所说的那样:“我无法认同的是,只有在面对这些行为时才

① 参见以色列 Robinson 的发言,UN Doc. E/AC.32/SR.34, Aug. 14, 1950, at 21。

② UN Doc. E/AC.32/SR.35, Aug. 15, 1950, at 10.

③ 参见澳大利亚代表 Shaw 建议的措辞,UN Doc. A/CONF.2/SR.6, July 4, 1951, at 13。

④ 参见法国代表 Rochefort 的发言,UN Doc. A/CONF.2/SR.6, July 4, 1951, at 14。

⑤ 参见英国代表 Hoare 的发言,UN Doc. A/CONF.2/SR.28, July 19, 1951, at 6。

⑥ 参见英国代表 Hoare 的发言,UN Doc. A/CONF.2/SR.16, July 11, 1951, at 8。

⑦ A. Grahl-Madsen, “Expulsion of Refugees”, in P. Macalister-Smith and G. Alfredsson eds., The Land Beyond: Collected Essays on Refugee Law and Policy by Atle Grahl-Madsen 7(2001), p. 8.

⑧ Rehman v. Secretary of State for the Home Department, [1999] INLR 517 (UK SIAC, Sept. 7, 1999) per Potts J, at 528.

能为维护国家安全利益而采取驱逐措施。”[①]

由于国际社会现在对恐怖主义风险表现出的严重关切，所以各国高等法院已经对国家安全问题有了更加充分的认识。它们的担忧在于，国家安全的传统概念只强调所在国遭受直接影响的风险。

国家利益不仅仅局限于国防，也包括该国的民主、法律和宪政制度，行政机构在如何保护上述国家利益的决策过程中受到了过于严苛的限制。必须证明当事人的行为具有对所在国造成负面影响的可能性，我支持这一观点，但是我不认为这种影响必须具有直接性或者紧迫性。

鉴于此，上议院直接授权行政机构以“预防性或预警性”的思维方式来评估国家安全面临的风险，[②] 并指出“如果一名恐怖分子正在实施针对其他国家（或是他国提出领土要求的争议地区）的行动，而政府当局又确实能够觉察到该国可能因此对英国及其公民采取针对性的措施，那么英国就没有义务袒护这样的恐怖分子”。[③]

加拿大最高法院不仅认同 Rehman 案的判案逻辑，而且还规定了相对宽松的证据规则，以适应国家安全风险在逐渐增多的现实状况。加拿大最高法院在 Suresh 案中首次确认，所在国民众遭遇的每一个威胁并非都能达到让国家安全面临风险的程度，[④] 而且“在国际法上，该国必须证明恐怖活动与驱逐国的安全之间存在关联关系”。按照上议院的裁判思路，加拿大最高法院指出“必须考虑将来可能面临的风险”，[⑤] 并且国家安全面临的这种风险“也许会肇因于久远之事，存在间接危害加拿大安全的实际可能”。不过在如何证明“是否确实存在致使加拿大受到不利影响的可能性”[⑥] 这个关键问题上，加拿大最高法院的处理方式比英国上议院更加激进，它直接批准采用根植于当代国际社会相互依存现象的证据推定原则，具体而

---

① Secretary of State for the Home Department v.Rehman, [2001] UKHL 47 (UK HL, Oct. 11, 2001), per Lord Slynn of Hadley at para. 16.

② Secretary of State for the Home Department v.Rehman, [2001] UKHL 47 (UK HL, Oct. 11, 2001), per Lord Slynn of Hadley at para. 17.

③ Secretary of State for the Home Department v.Rehman, [2001] UKHL 47 (UK HL, Oct. 11, 2001), per Lord Slynn of Hadley at para. 19.

④ Suresh v. Canada, [2002] 1 SCR 3 (Can. SC, Jan. 11, 2002) at para. 84.

⑤ Suresh v. Canada, [2002] 1 SCR 3 (Can. SC, Jan. 11, 2002) at para. 88.

⑥ Suresh v. Canada, [2002] 1 SCR 3 (Can. SC, Jan. 11, 2002) at para. 88.

言，凡能显示对他国的国家安全构成威胁的证据，都可以用来证明加拿大国家安全遭受威胁：

> 国际公约的解释必须考虑当前的现实状况。一国之内的恐怖主义并不会必然牵连到其他国家，这种看法在过去也许并无不妥。但是自 2001 年以来，这再也不是看待问题的正确方式。[①]

其言下之意就是一国境内的恐怖主义势必会影响其他国家的安全，这样的说法未免言过其实。但如果将两者的关系认作是较为可能的话，那么承认一种（可以推翻的）假设便有了很好的理由，具体来说，如果难民的行为导致国家最根本的利益遭受威胁，那么从表面上即可证明难民对其所在国的国家安全构成了威胁。这种更加和缓的观念似乎在加拿大最高法院对国家安全含义的理解中有所体现：

> 如果某人令加拿大的安全面临重大风险，不论这种风险是直接还是间接的，那他/她就“对加拿大的安全构成了威胁”，需要谨记的是一个国家的安全常常会仰赖于另一个国家的安全。此处所说的必须是“重大”风险，也即是说它在证据方面经得起客观而合理的怀疑，并且该风险可能造成的损害必须是严重而非轻微的。[②]

总之，如果难民的逗留或行为在客观上确有可能导致所在国的最根本利益遭受直接或间接严重损害，包括其领土或公民遭到武装袭击的风险或是其民主制度受到破坏的风险，那么该难民显然是对所在国的国家安全构成了威胁。

在适当情况下，为消除国家安全所受的威胁可以采取必要的临时措施，其中包括停止给予《难民公约》规定的任何权利，[③] 甚至是授权缔约各国在难民地位的决定做出之前羁押难民。[④] 正因为如此，美国为了保护

---

① Suresh v. Canada, [2002] 1 SCR 3 (Can. SC, Jan. 11, 2002) at para. 87.

② Suresh v. Canada, [2002] 1 SCR 3 (Can. SC, Jan. 11, 2002) at para. 90.

③ 参见 Hoare 的发言，UN Doc. A/CONF.2/SR.6, July 4, 1951, at 13。

④ 参见世界犹太人大会代表 Bienenfeld 的发言，UN Doc. E/AC.32/SR.34, Aug. 14, 1950, at 18。

国家安全利益而羁押来自30个阿拉伯和穆斯林国家的寻求庇护者，该项决定在公约第9条允许的范围内理应具有合法性。[①] 由于公约第9条只授权进行“必要”的限制，所以缔约各国采取的措施在逻辑上只能与防止国家安全遭受威胁相关。[②] 虽然临时措施可以针对全部难民、某国难民或某个难民群体，[③] 但是只有在国家安全受到极其紧迫的威胁时，那种全面中止难民权利的做法才算得上是“必要”措施。例如，不能将“难民潮”作为缔约各国临时中止难民权利的充分理由。[④]

也许公约第9条最重要的一点在于，它并未批准永久性的权利克减措施，而只是允许采取临时措施。[⑤] 如果缔约一国希望合法地采取这些临时措施，那么它必须在秉持善意的前提下继续甄别那些权利已遭中止的人的难民地位。[⑥] 如果因为犯罪或公约第1条（六）项规定的应予排除的其他事由而确认某人不是公约难民，那么就可以不给予《难民公约》规定的权利，同时还应允许缔约一国将其驱逐出境，或对其采取其他限制措施。如果得出另一种结果，即确认某人符合公约难民的定义，则公约第9条的假设条件不成立，临时措施亦应予以终止。

即便取得难民地位的决定已经做出，如果所牵涉的国家安全问题仍处于调查过程当中，那么在这种个别情况下仍可以继续维持临时措施的效力。战争或其他特殊情况可能导致一国政府无法依循惯例对每个难民地位申请者进行逐一调查。在难民地位的审查决定做出之前，如果出现无法及时彻查的特定事项，还可以另行组织调查。如果庇护国的主管当局无权对特定案例的安全威胁展开调查，那么它们在难民接收问题上就可能采取更

---

① A. Gumbel, “On the brink of war: US to round up all Muslim and Arab asylum-seekers: Security”, Independent, Mar. 19, 2003, at 10.

② 参见英国代表Leslie Brass爵士的发言，UN Doc. E/AC.32/SR.36, Aug. 15, 1950, at 8。

③ UN Doc. A/CONF.2/SR.6, July 4, 1951, at 13; A. Grahl-Madsen, Commentary on the Refugee Convention 1951 (1963, 1997), p. 45.

④ B. Chimni, “The Law and Politics of Regional Solution of the Refugee Problem: The Case of South Asia”, RCSS Policy Studies 4, Regional Centre for Strategic Studies, Colombo (1998), at 13.

⑤ 参见澳大利亚代表Shaw的发言，UN Doc. A/CONF.2/SR.6, July 4, 1951, at 14。

⑥ N. Robinson, Convention relating to the Status of Refugees: Its History, Contents and Interpretation (1953), p. 95.

加谨慎的态度。[①]

根据公约第9条可以得到这样一个推论，即承认难民地位的审查决定一经做出，临时措施便应立刻终止，但是公约起草委员会针对该推论提出了一种例外情形。如果涉及某个难民的具体调查结果表明“为维护国家安全利益仍有必要对其采取这些措施时”，[②]起草委员会赞成在调查进行期间应当允许当局继续采取临时措施。不过相对于公约第9条的目的而言，这项权力只能算是例外安排，因此必须对其作限制性的解读。尤其是，委员会赞成的只是延长临时措施的效力，绝非以国家安全利益为由而采取无限期的权利限制措施。对于已经得到承认的公约难民，该例外安排也没有授权缔约各国限制其个人权利。

不过，取消临时措施的义务并不是要禁止庇护国政府保护其国家安全，或是防范难民地位已获确认者对其国家安全构成的威胁。庇护国采取的行动必须以公约特别条款为基础，而不能简单地依靠公约第9条的一般授权。由此可见，临时措施的暂时性与针对性同各国政府保护国家根本利益的立场之间并不存在逻辑上的冲突。

简单地说，只有在战时或其他相对特殊的情况下，并且须在秉持善意的基础上，确认这些措施对维护所在国最重要的国家利益实属必要的情况下，才能采取临时措施。授权采取的具体措施有很多种类，但是它们在逻辑上必须是与排除安全威胁有关，且对其必要的措施，并且已经对可能导致的具体危害进行了充分考虑。临时措施不能是无限期的措施，如果某人的难民地位已经得到正式确认，那么临时措施就应当正常终止。在难民地位的审查得出正式结论之前，如果其牵涉的具体国家安全问题尚未解决，那么作为例外情况则可以延长临时措施，否则不能对公约难民地位已获承认的个人适用临时措施。

二 特殊措施的免除

《难民公约》，第8条 特殊措施的免除

① 参见加拿大代表Winter的发言，UN Doc. E/AC.32/SR.35, Aug. 15, 1950, at 10。

② UN Doc. E/1850, Aug. 25, 1950, at 16.

> 关于对一外国国民的人身、财产或利益所得采取的特殊措施，缔约各国不得对形式上为该外国国民的难民仅仅因其所属国籍而对其适用此项措施。缔约各国如根据其国内法不能适用本条所表示的一般原则，应在适当情况下，对此项难民给予免除的优惠。

除了战争或类似危机之外，《难民公约》的起草者反对给予缔约各国剥夺难民权利的普遍权力。值得特别关注的问题是，第二次世界大战之后，针对敌国公民的没收财产和其他惩罚措施也被用在了难民身上：

> 第二次世界大战结束以后，许多曾遭受轴心国迫害的难民又被施以了那些针对敌国公民的特殊措施（羁押、封存财产、冻结财产等），这是因为他们在法律上仍然被当作轴心国的国民。缔约各国最终意识到了这是一种不公正的待遇，为此它们动用了许多行政手段（审查委员会、特别法庭、划分“非敌国”难民的专门类别）来减轻上述措施造成的影响。①

为了确保难民不至因其正式的国籍而背负污名，② 国际难民组织积极倡导各国政府接受1949年《关于战时保护平民之日内瓦公约》第44条的规定：

> 羁押国不得将事实上不受任何政府保护之难民仅依其法律上之敌国国籍而以敌侨待遇之。③

委员会秘书长讲的一番话颇有道理：“如果在战时都要适用这样的规则，那么和平时期则更应当适用相似的规则。公约第8条的目的是要从特

---

① United Nations, “Memorandum by the Secretary-General to the Ad Hoc Committee on Statelessness and Related Problems”, UN Doc. E/AC.32/2, Jan. 3, 1950, at 48.

② 参见法国代表Juvigny的发言，UN Doc. E/AC.32/SR.35, Aug. 15, 1950, at 7; A. Grahl-Madsen, Commentary on the Refugee Convention 1951 (1963, 1997), p. 40。

③ “Humanitarian Debate: Law, Policy, Action”, in (2001) 83(843) International Review of the Red Cross 633.

殊措施的适用范围中排除难民的人身、财产和利益等事项。”[①]

当然，公约起草者担忧的问题并不局限于第二次世界大战结束后采取的某些措施。特设委员会中的法国代表便指出，难民在和平时期也常常因其正式国籍而受到惩罚，无法免除因经济或财政危机导致的报复和限制措施。[②] 尽管缔约各国要求保留一定的自由裁量权，以便在战时剥夺难民地位申请者的某些权利，但瑞维尼先生（Mr. Juvigny）还是坚持认为在和平时期没有理由给予各国类似的特权。[③] 因而委员会决定把战时或其他紧急情况下（公约第 9 条）的特殊措施与任何时候都可能采取的管理措施（公约第 8 条）加以区分，各自适用不同的规则。[④]

让难民免受反制和报复措施的伤害，其中的道理自然是不言自明。在和平时期，某些时候适用于特定国家公民的处罚措施——例如，冻结资产、拒绝发放签证或限制个人自由——实际上是为了惩罚其国籍国或向其施加压力，迫使该国做出或者避免做出某种行为。如同之前对互惠措施的探讨，[⑤] 作为反制或报复对象的某个国家，即使由于其拒绝保护而导致寻求难民地位的人遭到惩罚，也很难相信该国会因此受到触动。所以，将难民纳入特殊措施适用范围的不公正性是再明显不过了。

公约第 8 条所规定的情形其实非常宽泛。[⑥] 它适用于战时或者其他严重的国家紧急状态，只是公约第 9 条的专门规定在这种极端情况下进一步扩大了缔约国对尚在申请难民地位者的限制权。此外，公约第 8 条对特殊措施的约束还适用于“冷战、濒临战争状态、局势紧张、紧急状态，以及需要在内部加以防范的国际危机”。[⑦] 国家之间也可能发生短暂的争端，例如贸易纠纷或是不支付损害赔偿导致的后果。[⑧] 此时外交关系可能已经中断，甚至是完全断绝。在所有类似情况下，不论难民逗留的期限长短、性

① United Nations, “Memorandum by the Secretary-General to the Ad Hoc Committee on Statelessness and Related Problems”, UN Doc. E/AC.32/2, Jan. 3, 1950, at 48.

② 参见法国代表 Juvigny 的发言，UN Doc. E/AC.32/SR.35, Aug. 15, 1950, at 5。

③ 参见法国代表 Juvigny 的发言，UN Doc. E/AC.32/SR.35, Aug. 15, 1950, at 7。

④ 参见以色列代表 Robinson 的发言，UN Doc. E/AC.32/SR.34, Aug. 14, 1950, at 22。

⑤ 参见原著 1.2.2 章节。

⑥ 参见瑞典代表 Petren 的发言，UN Doc. A/CONF.2/SR.26, July 19, 1951, at 9。

⑦ 参见法国代表 Rochefort 的发言，UN Doc. A/CONF.2/SR.6, July 4, 1951, at 14。

⑧ 参见以色列代表 Robinson 的发言，UN Doc. E/AC.32/SR.21, Feb. 2, 1950, at 7。

质如何，一般针对敌对国家公民采取的任何措施都不应适用于难民。[①]

适用这项一般规则需要满足两个重要条件。

第一，从特殊措施中排除难民的义务只针对那些依据国籍而采取的措施。[②]

由于公约第8条的目的是要避免难民因为其形式上有效但实际上却无效的国籍而受到戕害，[③] 所以只依据国籍而采取的“普遍措施”[④] 才会违背公约第8条的规定。罗宾逊认为：

> 如果凭借的是难民正式国籍以外的理由，那么一国便有权对其采取特殊措施。所以公约第8条……不会阻止缔约各国以难民的经济、政治活动为理由而对其适用特殊措施，当然这类活动在一般情况下应当足以构成适用全部或部分特殊措施的正当理由。[⑤]

如同此处分析所揭示的那样，问题的关键在于所采取措施的普遍性。[⑥] 只要特殊措施不是单单针对具有特定国籍的人，而是适用于符合相关标准的所有人，那么难民就不能对自己受到特殊措施的影响提出申诉。[⑦] 例如，难民享有的财产权利“不得低于在同样情况下给予一般外国人的待遇”，[⑧] 因而适用于所有外国人（不论其是何国籍）的特殊征用措施便不会违背公约第8条的规定。另一方面，难民与庇护国国民平等享有获取定额供给的权利。[⑨] 因为难民不属于可以合法采取特殊措施的群体，所以针对一般外国人的特殊措施不能适用于难民。重要的地方在于，尽管缔约各国在通常

---

① A. Grahl-Madsen, Commentary on the Refugee Convention 1951 (1963, 1997), p. 40.

② 参见美国代表 Henkin 的发言，UN Doc. E/AC.32/SR.21, Feb. 2, 1950, at 7; 参见加拿大代表 Chance 的发言，UN Doc. E/AC.32/SR.21, Feb. 2, 1950, at 8。

③ A. Grahl-Madsen, Commentary on the Refugee Convention 1951 (1963, 1997), p. 40; 参见丹麦代表 Larsen 的发言，UN Doc. E/AC.32/SR.35, Aug. 15, 1950, at 6。

④ P. Weis, The Refugee Convention, 1951: The Travaux Preparatoires Analysed with a Commentary by Dr. Paul Weis (1995), p. 75.

⑤ N. Robinson, Convention relating to the Status of Refugees: Its History, Contents and Interpretation (1953), p. 91.

⑥ A. Grahl-Madsen, Commentary on the Refugee Convention 1951 (1963, 1997), p. 39.

⑦ 参见法国代表 Juvigny 的发言，UN Doc. E/AC.32/SR.35, Aug. 15, 1950, at 7。

⑧ 《难民公约》，第13条。

⑨ 《难民公约》，第20条。

情况下具备的自由裁量权可能会削弱这一救济措施的效果，但是对于表面上不违反公约第 8 条的特殊措施，我们还是可以利用非歧视的普遍义务对其加以审查。

第二，公约第 8 条的目的是要确保以国籍为依据的特殊措施不致在实践中剥夺难民的权利。但是瑞典政府在全权代表大会上的态度非常坚决，要求明确对公约第 8 条的解释，以防止该条款要求各国政府修改那些未在难民问题上确认免除特殊措施的国内法。瑞典最初的目标似乎是要对难民在特殊措施方面应否享有豁免权的问题寻求近乎绝对的自主决定权。①

但是比利时的代表却认为，如果承认各国有权自主决定免除特殊措施的适用条件，那么“公约给予难民的权利将遭到极大的减损”，② 尤其是“恐怕瑞典的处理方式将会造就一套充满武断决定的制度，因为住所地国家有权自主决定是否对难民适用特殊措施，但这些国家原本只应当对难民原籍国的其他国民适用这些措施。所以在特殊措施的豁免问题上难民并不享有绝对的权利，而究竟在何种情况下应当给予豁免则要由各国政府自行决定”。③

加拿大代表的表态更加直白，他认为瑞典的建议只会让公约第 8 条变成“一个令人不快的错误，打个比方说，好像一只手给出的恩惠又被另一只手收回一般。在考虑个别国家的状况与法律之前，该条款最初的规定其实非常简单和直接”④。

遭到这番直截了当的抨击之后，瑞典政府不再强调公约第 8 条修正案的重要性。瑞典坚持认为修正案中增加的语言，即“或是应当对此项难民给予适当的免除”⑤，仅仅是为了让各国政府在履行公约第 8 条义务时可以有所选择，或是对难民免除全部特殊措施，或是视具体个案对全部难民免除特殊措施。⑥ 无论做出何种选择，最终的结果其实都是相同的，换句

① 参见瑞典代表 Petren 的发言，UN Doc. A/CONF.2/SR.26, July 18, 1951, at 28—29。

② 参见比利时代表 Herment 的发言，UN Doc. A/CONF.2/SR.27, July 18, 1951, at 31。

③ 参见比利时代表 Herment 的发言，UN Doc. A/CONF.2/SR.28, July 19, 1951, at 8。

④ 参见加拿大代表 Chance 的发言，UN Doc. A/CONF.2/SR.34, July 25, 1951, at 18。

⑤ UN Doc. A/CONF.2/37.

⑥ 参见法国代表 Rochefort 的发言，UN Doc. A/CONF.2/SR.34, July 25, 1951, at 20。

话说，对难民免除特殊措施乃是一种强制性义务。[①]

全权代表大会主席总结道："在是否适用某些措施的问题上，应当通过自动立法或者免除的方式来解决。无论采取哪一种方式，缔约各国所承担的义务都是相同的。"[②]

为了在该问题上达成共识，加拿大代表做了最后的努力，[③] 终于说服与会代表接受瑞典代表先前对公约第 8 条提出的口头修正意见。但让人悲哀的是，该条款最终选定的表述方式却不甚严谨，导致条款解释中仍然存在加拿大代表和全权代表大会打算避免的问题。[④] 瑞典代表建议的措辞"或是应当对此项难民给予适当的免除"[⑤] 被加拿大代表提出的修正案所取代，并获得了大会的采纳。该修正案规定，如果缔约各国的国内法禁止对难民整体免除特殊措施，则"应在适当情况下，对此项难民给予免除的优惠"[⑥]。至此，尽管瑞典政府已经同意该条款明确规定对所有难民免除特殊措施的强制性义务（虽然需要经过专门程序），但是加拿大的修正案文本——其中包含了"在适当情况下"这一限定词——却可能被解读为：免除特殊措施在某些情况下是不适当的做法，因而也是没有必要的。[⑦]

单纯遵循条约中的浅显语言不仅可能导致有悖于《难民公约》宗旨的解释，而且还会违背各国在全权代表大会上解决公约第 8 条适用范围的初衷，此处的失误便是最明显不过的一个例证。[⑧] 然而，如果不将"适当情况"看作行使自由裁量权的理由，而是作为对单凭国籍而采取特殊措施的限制，那么这种令人不快的后果即可得以避免。不过，只要缔约各国愿意在实践中给予难民免除特殊措施的优惠，那么它们就不必在形式上为免除这些措施而制定法律。[⑨]

---

① 参见瑞典代表 Petren 的发言，UN Doc. A/CONF.2/SR.28, July 19, 1951, at 8。

② 参见会议主席，丹麦代表 Larsen 的发言，UN Doc. A/CONF.2/SR.34, July 25, 1951, at 19。

③ 参见加拿大代表 Chance 的发言，UN Doc. A/CONF.2/SR.34, July 25, 1951, at 22。

④ N. Robinson, Convention relating to the Status of Refugees: Its History, Contents and Interpretation (1953), pp. 90—91.

⑤ UN Doc. A/CONF.2/37.

⑥ 参见加拿大代表 Chance 的发言，UN Doc. A/CONF.2/SR.34, July 25, 1951, at 22。

⑦ N. Robinson, Convention relating to the Status of Refugees: Its History, Contents and Interpretation (1953), p. 93.

⑧ S. Blay and M Tsamenyi, "Reservations and Declarations under the 1951 Convention and the 1967 Protocol Relating to the Status of Refugees", (1990) 2(4) International Journal of Refugee Law 527, p. 554.

⑨ N. Robinson, Convention relating to the Status of Refugees: Its History, Contents and Interpretation (1953), p. 93.

第二章

实际逗留的难民之权利

成为缔约一国有效管辖之下的公约难民后即可自动而且立即取得某些权利，本章讨论的主题便是这些权利。在难民地位存续期间，这些基本权利必须始终得到尊重，寻求庇护者的逗留一旦正常化之后还能取得其他的权利，当难民获准在庇护国停留或居住后还将取得更多的权利。

只有在满足公约难民定义的所有要求之后才能取得公约权利，其中一个条件便是离开本国。① 但既然难民权利只须凭难民地位便可取得，那么缔约各国在对难民的保护申请做出否定结论之前,都必须尊重这些权利。这是因为公约上的难民地位取决于个人所处的困境，而非针对该地位做出的正式决定。② 然而，难民在法律上和事实上受到缔约一国的管辖之前，难民权利是无法得到兑现的。其原因在于《难民公约》只约束特定缔约国，而每个缔约国只能在各自的主权范围内履行公约义务。③

设想这两项条件均已满足，不管是否对难民的地位进行正式审查，那么有哪些基本权利是他们可以主张的呢？在难民的地位得到正式确认之前，例如获准进入难民地位的甄别程序，可以合情合理地延迟取得某些权利的时间，在这种情况下，难民的哪些权益应当立即且无条件地予以承认呢？

其中至关紧要的问题有六个。第一，宣称自己为难民者享有进入缔

---

① 《关于难民地位的公约》，1951 年 7 月 28 日通过，1954 年 4 月 22 日生效（《难民公约》），第 1 条（一）款（乙）项。

② 联合国难民署：《甄别难民地位的程序及准则手册》（1979 年刊发，1992 年修订），第 9 段。参见原著 1.1 章节。

③ 参见原著 1.1.1 章节。

约国境内并逗留的普遍权利，直至查明其并非公约难民为止。第二，不得因为难民寻求保护而对其进行任意拘禁或施以处罚。第三，所在国在采取其自认为必要的措施审查公约难民地位的申请时，应当满足其生存的基本安全和经济需求。第四，应当尊重其基本人格尊严，包括尊重财产和相关权利、维护家庭团聚、尊重思想、良知和宗教的自由，并向难民儿童提供基础教育。第五，难民所在国应当发放身份和地位的证明文件。第六，必须准许寻求庇护者诉诸有效的救济手段以维护其权利，包括在任何基本权利遭受侵害时寻求救济的权利。

第一节　入境并在庇护国停留的权利（不推回）

难民最紧迫的需求莫过于进入能使其免遭迫害风险的地方。但是这种最根本的需求却面临着一个严峻的现实，即地球上所有的土地都分别受到各国政府控制和掌握，并且限制非公民入境是它们共同奉行的政策，只是一些国家相对严格，另一些则相对宽松而已。两方面需求的矛盾导致有人提出向各国租借土地来安置难民的建议，[①] 甚至主张在各自国家内建立接受国际监管的难民庇护所。[②] 可是直到今日，有限的国际权威和救济资源仍无法将这些建议变成现实，难民寻求安全的最合理方式仍然是出走外国。不过这种方式有着极高的风险：如果难民被外国拒绝入境，那么他们就可能被遣送回存在迫害风险的原籍国，也可能陷入苦无着落的境地，需要不停地寻找愿意准其入境的庇护国。

许多历史案例都可以证明，如果难民入境另一国家的需求得不到承认，那么潜在后果可能会非常严重。有一个关于 907 名德国籍犹太人的著名案例，他们为躲避国内的迫害而乘坐圣路易斯号海轮出逃。在古巴政府拒绝承认他们的入境签证之后，所有其他拉美国家都不允许这些难民登陆。美国甚至派遣军舰监视圣路易斯号，以确保该船远离本国的海岸线，

---

① E. Burton, “Leasing Rights: A New International Instrument for Protecting Refugees and Compensating Host Countries”, (1987) 19(1), Columbia Human Rights Law Review 307.

② B. Frelick, “Preventive Protection and the Right to Seek Asylum: A Preliminary Look at Bosnia and Croatia”, (1992) 4(4), International Journal of Refugee Law 439; and A. Shacknove, “From Asylum to Containment”, (1993) 5(4), International Journal of Refugee Law 516.

防止难民游泳上岸。加拿大也声称圣路易斯号上的乘客不是加拿大能够解决的问题。最终，圣路易斯号上的犹太人无奈返回欧洲，其中很多人被送进了第三帝国的毒气室和焚化炉。[①]

现代难民同样也会遭遇被断然拒绝的情况。最知名的一个例子就是 1988 年泰国内政部下达的“阻拦”指令。泰国政府要求空艾（Khlong Yai）的渔民阻止任何可能搭载越南难民的船只靠岸，渔民们将此理解为“命令他们虐待手无寸铁的船民。人口贩子害怕遭到起诉或私刑，于是在远离陆地的海湾就将难民赶下了船”。[②] 上千名躲避战火的塞拉利昂难民也被几内亚迅速遣返。[③] 纳米比亚于 2001 年末在奥卡万戈河沿岸 450 公里的地区实施宵禁，命令士兵向任何违反宵禁规定的人开枪射击。由于安哥拉人只可能在夜晚避开安哥拉政府和争取安哥拉彻底独立全国同盟的武装，所以纳米比亚政府采取的措施实际上是禁止逃避宽多库邦戈省暴力事件的安哥拉难民入境寻求庇护。[④] 希腊官员直接在马其顿边界扣留了 20 车逃离科索沃的阿尔巴尼亚难民，理由就是他们“事前没有接到有关难民潮的消息”，以为接收难民做好准备。[⑤] 萨达姆·侯赛因政府倒台之后，曾经受到伊拉克庇护的 1000 多名来自伊朗、巴勒斯坦、苏丹、索马里和叙利亚的难民在伊拉克武装分子的威胁下又逃到了约旦，可是约旦政府只接收了其中大约 150 名难民。[⑥]

彻底关闭边界也是贯彻推回政策的一种方式。扎伊尔和坦桑尼亚经常向难民关闭边界，以阻止他们逃离非洲东北部胡图族与图西族之间的

---

① I. Abella and H. Troper, None is Too Many: Canada and the Jews in Europe 1933—1948 (1992), at 64.

② A. Helton, “Asylum and Refugee Protection in Thailand”, (1989) 1(1), International Journal of Refugee Law 20, at 28.

③ “Refugee influx concerns President”, (1999) 41, JRS Dispatches (Jan. 15, 1999).

④ “Curfew could trap Angolan refugees, says UNHCR”, UN International Regional Information Networks, Oct. 30, 2001.

⑤ J. Hooper, “They vanished in the night: 10,000 refugees unaccounted for after camp cleared”, Guardian, Apr. 8, 1999, at 1.

⑥ Human Rights Watch, “US and Allies Must Protect Refugees; Jordan Should Not Block Trapped Refugees”, Apr. 23, 2003.

血腥冲突。[①] 据报道称，坦桑尼亚外交部长曾在议会发言称："已经够多了。我们要告诉难民现在是他们回家的时候了，不能再放难民进来了。"[②] 1999 年，马其顿以希腊、土耳其、保加利亚和欧盟未尽到帮助科索沃的阿尔巴尼亚难民的责任为由，决定对几乎所有难民关闭边界，只有最体弱的难民和目的地为其他国家的难民可以例外放行。[③] 2000 年 11 月，已经向超过 200 万阿富汗难民提供庇护的巴基斯坦政府决定关闭边界，禁止更多的阿富汗难民入境，[④] 理由是国际社会没有向其提供所需的援助。2001 年 9 月 11 日美国世贸中心恐怖袭击事件发生之后，与阿富汗相邻的其他 5 个国家同样也采取了关闭边界的政策。[⑤]

构筑屏障也能起到与关闭边界相同的效果。在种族隔离时期，南非为了阻止莫桑比克难民入境，曾搭建过 3000 伏的高压电网。[⑥] 2002 年夏，法国和英国联手在加莱附近的火车站修建了双层围栏，目的就是要堵住难民前往英国寻求庇护的"最后漏洞"。一年以后，英国移民部长报告称："法国口岸确实密不透风，没有明显迹象表明寻求庇护者转移到法国北部和比利时的其他口岸。"[⑦]

即使成功进入庇护国边境的难民仍有可能遭到官员的断然拒绝。柬埔寨强行抓捕在高涅（Koh Nheak）生活的蒙塔格纳德难民，并将其移交给越南边境警察；柬埔寨还驱逐了受联合国难民署保护的中国难民。虽然斯里兰卡政府军与猛虎组织叛军的冲突不断，但是印度仍将泰米尔难民遣返回斯里兰卡北部的塔莱曼纳尔（Talaimannar）。巴基斯坦警察常常随意截停阿富汗人并核查其身份，凡未携带身份证明文件的阿富汗人会马上被

① US Agency for International Development, "Rwanda: Civil Strife/ Displaced Persons Situation Report No. 4", Apr. 5, 1995, at 4.

② "Border closure triggers debate", Guardian, July 19, 1995.

③ "Beleaguered Macedonia tries to staunch flood from Kosovo", New York Times, Apr. 4, 1999, at A—10.

④ E. Mac Askill, "Pakistan keeps Annan from 'world's worst camp", Guardian, Mar. 13, 2001, at 14.

⑤ Human Rights Watch, "Closed Door Policy: Afghan Refugees in Pakistan and Iran" (2001).

⑥ South African Bishops' Conference, Bureau for Refugees, "The Snake of Fire: Memorandum on the Electric Fence Between Mozambique and South Africa" (1989), at 2—3.

⑦ A. Travis, "New asylum centres open by end of year", Guardian, May 9, 2003, at 6.

送往边境，然后立即遭到驱逐。[①] 有些哥伦比亚人为躲避暴力伤害，会穿越里奥德奥罗（Rio de Oro）前往委内瑞拉寻求保护，但其中很多人在途中便遭武装巡逻队拦截，随后被遣返哥伦比亚。2003 年，联合国难民署谴责澳大利亚将一艘运送难民的船只拖返印度尼西亚的做法，因为这艘难民船当时已经抵达了靠近梅尔维尔岛的澳大利亚领海。[②] 美国的行为方式也与之类似。例如，2000 年 1 月，"一艘挤满 400 多名海地难民的渔船被从佛罗里达南部海岸驱离，在船上的难民转移到海岸警卫队快艇上以后，随即被迅速送回了海地——难民们显然未经过任何讯问"。[③]

拒绝难民入境的做法，既是一个政策性的问题，也是一种普遍存在的现象。1999 年 7 月，赞比亚下令立即驱逐所有刚果民主共和国的国民（其中必然包括许多难民），无需经过法庭审理，并声称"因为没有为援助这些人制定财政预算，所以有必要将他们清除出境"。[④] 2001 年，伊朗政府下令将数千难民赶往阿富汗西部地区。据联合国消息来源称，这些阿富汗人都是"从伊朗首都或边境附近地区的村镇随意抓捕来的，他们先被关进羁押中心，然后由卡车送回阿富汗，根本得不到任何申诉的机会"。联合国难民署也曾因推迟 10 万多缅甸难民的遣返计划而遭到泰国的指责。事实上，泰国国家安全委员会在 2003 年 1 月就宣布不欢迎来自邻国的难民，而且"一旦发现就会将其遣返回国"。

非国家工作人员常常在政府当局的怂恿和纵容下阻拦难民入境。例如，肯尼亚总统要求来自乌干达和其他地方的难民必须离开该国，命令刚下达不久，"警察和执政的肯尼亚非洲民族联盟（KANU）青年团成员便开始四处搜捕难民……尽管难民向联合国难民署发出了紧急呼吁，但他们仍然遭到安全部队的迫害，至少有一千人被驱逐到了边境的乌干达一侧"。[⑤] 同样，2000 年底逃往几内亚的利比亚和塞拉利昂难民也遇上了一股排外

---

① P. Constable, "Afghan refugees facing eviction", Washington Post, June 16, 2001, at A—14.

② UNHCR, "UN refugee agency says Australia has shirked its international obligations", Nov. 11, 2003.

③ S. Pressley, "In Little Haiti, the Elian Fight Sheds a Painful Light", Washington Post, Jan. 15, 2000, at A—03.

④ Xinhua News Agency (Lusaka), July 19, 1999, quoting Zambian Deputy Minister for Home Affairs Edwin Hatembo.

⑤ Africa Watch, "Kenya: Illegal Expulsion of More Than 1000 Refugees" (1990), at 1.

暴力风潮，兰萨纳·孔戴总统鼓励公民建立民兵组织，[①] 目的就是把难民“赶回老家”。[②]

除了在边境被推回或是受迫返回本国外，难民在被拒绝纳入难民地位甄别程序的情况下也可能遭到驱逐。马来西亚警方在当地的联合国难民署办事机构外守候，伺机抓捕和驱逐来此申请难民地位的印度尼西亚人。[③] 纳米比亚将安哥拉难民列为“非法移民”予以驱逐，剥夺其申请庇护的权利；津巴布韦也以同样的方式对待卢旺达难民。[④] 当负责审查工作的联合国工作人员发现大多数阿富汗难民提交的难民申请都满足了给予保护的条件时，巴基斯坦政府便要求其停止审查工作。[⑤] 泰国直截了当地拒绝了联合国难民署要求该国承认缅甸克伦难民的建议，并宣称“如果我们对难民署言听计从，那成千上万的掸族人便会涌入泰国”。

拒绝处理难民地位的申请可能是一种具有针对性的做法。某些欧洲国家一直以来都不愿意对年龄低于 18 岁且无人陪伴者进行难民地位的审查；[⑥] 澳大利亚移民部长要求各国也采取相同的立场，并将其作为一项普遍规则。[⑦] 新西兰在 1991 年海湾战争期间通过立法，实际上禁止了政府当局全面考虑那些被推定为危害国家安全的难民的申请——其中绝大多数人是穆斯林。[⑧] 因此，被移民当局暂时列作难民的巴基斯坦人——如果“警方指称其符合恐怖分子的‘特征’，即便没有确凿证据证明其为恐怖分子”[⑨]——在庇护申请得到审查前就会遭到驱逐。新西兰上诉法院承认，“由于安全方面的风险，政府官员常常将可能确因政治信仰而畏惧遭到迫害的人递解出境，也许还真的致使其受到了迫害”；不过“这类上诉人从某种

① D. Farah, “For refugees, hazardous haven in Guinea”, Washington Post, Nov. 6, 2000, at A—24.

② “Over 400 refugees arrived in Monrovia on 12 October following a two-day sea voyage. Many complained of being beaten and raped by Guineans”: (2000) 80 JRS Dispatches (Oct. 16, 2000).

③ Human Rights Watch, “Malaysia: Don't Return Indonesian Asylum Seekers”, Aug. 29, 2003.

④ Daily News (Harare), Feb. 21, 2003.

⑤ “Nowhere to turn”, Toronto Star, Apr. 8, 2001.

⑥ (2000) 76 JRS Dispatches (Aug. 16, 2000).

⑦ K. Lawson, “Send minors back home immediately: Ruddock”, Canberra Times, Oct. 2, 2003, at A—7.

⑧ R. Haines, International Academy of Comparative Law National Report for New Zealand (1994), at 57.

⑨ D v. Minister of Immigration, [1991] 2 NZLR 673 (NZ CA, Feb. 13, 1991), at 675.

意义上说可以被看作战争受害者”。[①] 美国也同样主张本国有权力以安全和相关理由拒绝庇护难民，而根本不对难民地位所对应的权益进行全面和公正的调查。[②]

难民还可能因为国内庇护制度的可操作性存在缺陷而面临被驱逐的命运。该制度本身可能并不完善，就如同奥地利的情况一样，毫无相关专业知识的边防军人常常在登记和裁断庇护申请中发挥决定性的作用；[③] 或是像南非一般，遣返中心的官员几乎完全不了解难民法。[④] 即便是有了精心制定的审查程序，但是对最准确的人权记录毫不关心的态度仍然可能危及制度的有效性。例如，英国于 2002 年 1 月驱逐了津巴布韦反对党的部分成员，该决定的依据竟然是早已过时的内政部风险评估报告，而不是外交部关于该国政局严重恶化的最新预警报告。[⑤]

促使自愿遣返有时候也会成为取消难民保护的借口。譬如，土耳其为了推动遣返而允许伊拉克官员“探访”在土耳其的库尔德难民。土耳其一方面鼓励难民遣返，另一方面则对难民横加虐待，对拒绝返回伊拉克的难民采取减少食品和饮用水供应的惩罚措施。[⑥] 2002 年 8 月，卢旺达为促使难民回国，不仅允许刚果叛乱组织的成员会见来自刚果民主共和国的难民，而且还告诉他们凡是拒绝遣返的人将很快被取消援助，也不会继续为其提供返家的交通便利。[⑦] 印度通过一系列手段强迫斯里兰卡人遣返，其中包括肆意逮捕、扣发津贴和食品配给、封锁有关斯里兰卡国内局势的消

---

① D v. Minister of Immigration, [1991] 2 NZLR 673 (NZ CA, Feb. 13, 1991), at 676.

② J. Risen, “Evidence to deny 6 Iraqis asylum may be weak, files show”, New York Times, Oct. 13, 1998, at A—9.

③ E. Wiederin, International Academy of Comparative Law National Report for Austria (1994), at 7—8.

④ Home Affairs ignores SAHRC recommendations”, Business Day, Dec. 13, 2000.

⑤ P. Harris and M. Bright, “Crisis in Zimbabwe: Special Investigation: They flee here for safety but are sent back to face death”, Observer (London), Jan. 13, 2002, at 8.

⑥ Amnesty International, “Turkey: Refoulement of Non-European Refugees-A Protection Crisis” (1997).

⑦ US Committee for Refugees, “The Forced Repatriation of Congolese Refugees living in Rwanda”, Nov. 13, 2002.

息、强制难民签署其看不懂的同意书。[①] 来自科索沃的罗姆难民在马其顿享受不到基本的卫生设施和服务，因而不得不被迫离开该国。[②] 有报道称坦桑尼亚的上千名布隆迪难民自愿遣返本国，但他们离开的真实原因却是食品配给急剧减少，而且没有通过经营活动自谋生计的权利。[③] 近千名苏丹难民返回本国的原因是他们在乌干达的难民营只能忍饥挨饿。[④] 作为强迫阿富汗难民返回本国的策略，巴基斯坦禁止外国援助机构向加洛宰（Jalozai）难民营的难民提供物资援助。[⑤] 与联合国难民署协同工作的难民国际认为，孟加拉国通过“制造完全不利于保护罗兴亚难民的氛围……采取强制手段……包括克减最基本的权益、食品，停止医疗和药品服务，逼迫搬迁到营地内条件更加恶劣的房舍，殴打，以及监禁或以监禁相威胁”，[⑥] 以迫使罗兴亚难民返回缅甸。美国政府动用威胁、诱骗和其他手段来说服萨尔瓦多难民同意“自愿”离境。[⑦] 澳大利亚给阿富汗家庭 28 天期限，令其考虑是否选择领取 1 万美元的遣返补偿，以促使其放弃申请庇护——并警告那些拒绝接受补偿的人，说他们“最终仍会被遣送回国”。[⑧] 坦桑尼亚依据与卢旺达和联合国难民署达成的协议，给所有卢旺达难民规定了“自愿遣返”的期限。[⑨]

除了在边境或境内拒绝提供保护之外，缔约各国还利用保持距离的法律手段，在远离国界但处于僭越管辖（arrogated jurisdiction）之下的地区驱赶寻求庇护者。其中最臭名昭著的要数美国，它不仅在公海拦截那些逃离塞德拉斯独裁统治的海地难民，而且在强迫这些寻求庇护者登上美

① Tamil Information Centre, “Tamils Concerned Over Safety of Refugee Returnees to Sri Lanka”, Nov. 18, 1992.

② (2003) 133 JRS Dispatches (May 30, 2003).

③ (2000) 76 JRS Dispatches (Aug. 3, 2000).

④ (2000) 75 JRS Dispatches (July 20, 2000).

⑤ R. McCarthy, “Wrapped in Plastic, the Rejected Wait to Die”, Guardian, Mar. 16, 2001, at 15.

⑥ Refugees International, “Lack of Protection Plagues Burma's Rohingya Refugees in Bangladesh”, May 30, 2003.

⑦ Orantes-Hernandez v. Meese, (1988) 685 F Supp 1488 (US DCCa, Apr. 29, 1988).

⑧ K. Lawson, “Afghan Detainees to Be Offered $2000 Each to Go Home”, Canberra Times, May 24, 2002, at A—3.

⑨ A. Eggli, Mass Refugee Influx and the Limits of Public International Law (2001), at 247.

国海警舰只后还要凿沉难民船，并将海地难民直接交还给迫害他们的人。[①]美国从未停止在国际海域拦截并强制遣返海地和他国难民的做法。虽然美国如今也在拦截船上对难民进行简单的审查，[②] 但它仍然认为纵使这些难民已经进入其领海，它也没有义务保护那些被拦截的难民。[③] 澳大利亚使用的方法与美国如出一辙，同样是于难民抵达其领土之前在国际水域实施拦截，不过澳大利亚并未将难民直接遣返原籍国。例如，为了拦截一艘搭载 237 名（多数是伊拉克籍）难民、据信目的地为澳大利亚的印度尼西亚渔船，负责在坦帕和瑙鲁之间转运难民的澳大利亚曼努拉号运输舰居然可以中途停航。[④] 英国内政部长布朗奇坦承，皇家海军会前往地中海东部执行拦截非法偷渡者的任务。[⑤] 英国还在外国机场派驻移民官员筛查那些可能前往英国寻求庇护的旅客，将其作为在境外强化控制手段——以便有效地将这些人抵挡在国门之外。[⑥]

并非所有国家都会采用拦截难民的方法，更普遍的做法其实是推行相对隐蔽的禁入政策（ non-entrée policy）。[⑦] 实质上，这项措施的目的就是通过执行特定的法律规范，阻止难民将申请提交给庇护国当局。

禁入政策中的最经典措施就是对难民原籍国家的国民提出签证要求，对搭载无签证乘客的承运人实施惩罚。譬如，加拿大长期以来要求潜在的难民原籍国的国民在启程前往加拿大之前必须取得签证。[⑧] 由于寻求难民保护不能成为申请签证的理由，所以只有撒谎或伪造证件的人才能骗过

① Tang Thanh Trai Le, International Academy of Comparative Law National Report for the United States (1994), at 11.

② US President William Clinton, “Alien Smuggling”, Doc. PDD—9, June 18, 1993, at 1—2.

③ US Department of Justice, Office of Legal Counsel, “Memorandum for the Attorney General: Immigration Consequences of Undocumented Aliens’ Arrival in United States Territorial Waters”, Oct. 13, 1993, at 9, 14.

④ P. Barkham, “Migrants Step Ashore to Flowers and Fences”, Guardian, Sept. 20, 2001, at 17.

⑤ S. Milne, “Declaration of War on Asylum”, Guardian, May 23, 2002, at 18.

⑥ R. Prasad, “Airport Colour Bar”, Guardian, July 30, 2001, at 15.

⑦ J. Hathaway, “The Emerging Politics of Non-Entr é e”, (1992) 91 Refugees 40.

⑧ R. Girard, “Speaking Notes for an Address to the Conference on Refugee or Asylum A Choice for Canada”, unpublished paper, 1986, the Library of the Centre for Refugee Studies, York University, at 4.

承运人，而承运人的雇员实际上是在外国适用加拿大的法律。[①] 其实这些国家的大多数人都会被拒绝前往加拿大。新西兰采取的办法大致相同。1998 年开始对印度尼西亚公民提出签证要求时，新西兰移民部长说这样做的原因是“在过去 4 个月中仅印尼国民提出的难民申请就多达 300 多件。只有在取消印尼国民的免签待遇后，我们才能更好地应对寻求难民地位者面临的风险”。[②] 英国于 2003 年对津巴布韦公民提出签证要求时也表现得相当坦率：英国驻津巴布韦高级专员指出，签证要求“是为了减少在英国寻求庇护的津巴布韦人的数量”。[③] 欧盟的签证控制政策更加全面。在核心欧盟成员国达成的初步协议基础上，[④] 欧洲理事会现在要求所有成员国对 131 个国家的国民执行签证准入制度——这类难民的原籍国包括阿富汗、伊拉克、索马里和苏丹。[⑤] 作为阻止真正难民获得保护的一种方式，签证控制的效果非常明显。例如，当瑞典对波斯尼亚人提出签证要求之后，提出庇护申请的波斯尼亚人数量立刻从每周 2000 人减少为不足 200 人。[⑥] 加鲁姆（Kjaerum）说，1992—1998 年到欧洲寻求庇护的难民数量减少近 50%，这主要是签证及相关政策影响带来的结果。[⑦]

禁入政策的第二项措施就是由“第一抵达国”和“安全第三国”规则形成的驱逐机制。对于寻求进入欧洲的许多难民而言，“第一抵达国”和“安全第三国”规则一直以来就是他们难以逾越的法律屏障。[⑧] 譬如，这些规则从 90 年代初期正式确立以来，希腊便开始向土耳其、利比亚和

① E. Feller, “Carrier Sanctions and International Law”, (1989) 1(1), International Journal of Refugee Law 48.

② “Indonesian nationals require visas to enter New Zealand”, New Zealand Executive Government News Release, Oct. 21, 1998.

③ “UK tries to stop entry of Zimbabweans”, Daily News (Harare), Nov. 8, 2002.

④ J. Hathaway, “Harmonizing for Whom? The Devaluation of Refugee Protection in the Era of European Economic Integration”, (1993) 26(3), Cornell International Law Journal 719, at 722—728.

⑤ EC Reg. No. 539/2001 (Mar. 15, 2001). Council Directive 2001/55/EC (July 20, 2001), at Art. 8.3.

⑥ M. Eriksson, International Academy of Comparative Law National Report for Sweden (1994), at 19.

⑦ M. Kjaerum, “Refugee Protection Between State Interests and Human Rights: Where is Europe Heading?”, (2002) 24, Human Rights Quarterly 513, at 515.

⑧ S. Teloken, “The Domino Effect”, (1993) 94, Refugees 38, at 40.

苏丹遣送难民，再经由这些国家将难民遣返本国。[①] 挪威在明知难民可能被瑞典遣返塞尔维亚的情况下，还是将科索沃的阿尔巴尼亚难民移交给瑞典（他们向瑞典提出的庇护申请已经遭到拒绝）。[②]

“第一抵达国”规则的目的是对某些国家的难民保护责任进行协调统一的安排。有两项业已建立的法律制度——欧洲的《都柏林公约》和《都柏林条例》,[③] 以及美国和加拿大之间达成的初步协议[④]——规定由难民抵达的第一个伙伴国承担难民保护责任（不针对涉及事前获得批准或家庭团聚事项的难民保护）。其他缔约国家有权将难民立即移送至指定国家，而无需对保护申请是否属实进行任何审查。

越来越多的国家开始在国内法中采用“第一抵达国”规则。美国法律中也隐含了这项规则的变体，规定凡在另一庇护国得到“稳定安置”的难民，即便有理由相信他事实上不可能再返回该国，美国亦不得向其提供庇护。[⑤] 欠发达国家也常常利用“第一抵达国”规则。例如，如果到肯尼亚寻求庇护的人曾途经乌干达或坦桑尼亚，联合国难民署会告知其应返回这两个国家提出申请。[⑥] 反过来，乌干达官员也拒绝考虑曾经逗留坦桑尼亚的卢旺达难民提交的申请，即使坦桑尼亚威胁要将这些难民强制遣返卢旺达也于事无补。[⑦] 南非命令其边境官员阻拦或扣留那些经由安全邻国抵达南非的难民——该政策后来被高等法院裁决撤销。[⑧]

“第一抵达国”规则在本质上就是对“安全第三国”规则的特殊应用，“安全第三国”规则的内容是指，如果申请难民地位的人在抵达所在

① A. Skordas, “The New Refugee Legislation in Greece”, (1999) 11(4), International Journal of Refugee Law 678, at 681.

② T. Einarsen, International Academy of Comparative Law National Report for Norway (1994), at 23. G. Tjore, “Norwegian Refugee Policy”, (2002) 35, Migration 193, at 203.

③ Convention Determining the State Responsible for Examining Application for Asylum Lodged in One of the Member States of the European Communities, June 15, 1990, 30 ILM 425 (1991) (Dublin Convention), at Arts. 4—8; European Council Reg. EC 343/2003, Feb. 18, 2003 (Dublin Regulation).

④ Agreement between the Government of Canada and the Government of the United States Regarding Asylum Claims Made at Land Borders, Aug. 30, 2002, (2002) 79(37) Interpreter Releases 1446, at Art. 4.

⑤ Nasir v. Immigration and Naturalization Service, 30 Fed. Appx 812 (US CA9, Feb. 7, 2002).

⑥ (1999) 53 JRS Dispatches (July 16, 1999).

⑦ “Government No Longer Recognizes Rwanda Asylum-seekers”, Monitor (Kampala), Oct. 7, 2002.

⑧ “Department of Home Affairs Backs Down on Asylum Policy”, Business Day, May 10, 2001.

国之前途经了任何“安全”的国家，那就可以将其遣送至该“安全”国家。事实上，欧盟法也允许被指定承担难民申请审查责任的成员国将难民遣送回“安全第三国”，无论这些国家是不是欧盟国家，也不管这些国家是否受难民法的约束。只要确认目的地国家愿意考虑难民的申请，而且不让其面临迫害、酷刑或虐待的风险，或被推回，那么该国即符合“安全第三国”的资格。[①] 实际上，欧盟还支持所谓的“超级安全第三国”概念，即在不做任何风险评估的情况下便允许将难民遣返至同时受《难民公约》和《欧洲人权公约》约束的国家，前提是这些国家被认定为遵守公约条款，并且拥有正式的庇护程序。[②]

“安全第三国”规则的应用并不局限于那些正式加入协调机制的国家。虽然某些国家并未签署任何类似的协议，但它们还是单方面决定对牵涉“安全第三国”的难民申请不予考虑。比如，如果寻求保护的人可以被送往准许其入境的国家，而该国不存在因公约原因致其遭受迫害的可能，并且该国也不可能将其推回本国，那么澳大利亚便会拒绝审查其提出的难民申请。[③] 值得注意的是，澳大利亚的“安全第三国”规则与欧盟的有所不同，它并不要求遣送目的地国将申请者列入难民地位的甄别程序。目的地国也并不局限于申请者前往澳大利亚途中逗留过的国家。

禁入政策的第三种变体便是宣布整个国家或全部国民明显没有遭受任何风险，因而无需对难民地位问题进行慎重考虑。这一概念最早是由欧洲各国的移民部长在 20 世纪 90 年代初期提出的，[④] 后来便被用作排除特定国家的工具。譬如，瑞士将印度认定为“安全原籍国”，[⑤] 德国将罗马尼亚和塞内加尔认定为“安全原籍国”。[⑥] 法国将 13 个国家视为安全国家，

---

① Council Directive on Minimum Standards of Procedures in Member States for Granting and withdrawing Refugee Status, Doc. 8771/04, Asile 33 (Apr. 29, 2004) (EU Procedures Directive), at Art. 27.1.

② Council Directive on Minimum Standards of Procedures in Member States for Granting and withdrawing Refugee Status, Doc. 8771/04, Asile 33 (Apr. 29, 2004), at Art. 35A(2).

③ V872/00A v. Minister for Immigration and Multicultural Affairs, [2002] FCAFC 185 (Aus. TTC, June 18, 2002).

④ “Resolution on Manifestly Unfounded Applications for Asylum”, Ad Hoc Group on Immigration Doc. SN482 2/1/92 (WG1 1282), 1992.

⑤ W. Kalin, International Academy of Comparative Law National Report for Switzerland (1994), at 22.

⑥ R. Hofmann, International Academy of Comparative Law National Report for Germany (1994), at 5.

其中包括马里和加纳。英国适用“安全原籍国”原则的时间稍晚，但却把很多国家都列入了它的“白名单”——例如，孟加拉国、塞尔维亚、斯里兰卡和乌克兰。[①] 对于来自白名单国家的人提出的庇护申请，英国便会采取“快速通道”程序在10天内做出决定。[②]

欧盟已将安全原籍国规则变为成文法，并有明确的保障条款与之配合：[③] 庇护国家有权推定列入清单的所有国家的国民都不是难民，不过在简易程序中必须给予申请者反证该推定不成立的机会。[④] 由于欧盟法对承认欧盟公民的难民地位有着严格的限制，所以安全原籍国规则在欧盟成员国中的适用也多是采取心照不宣的方式。[⑤] 多数欧盟新成员国的公民在一定时间内还无法享有迁徙的自由，这导致在欧盟成员国内受到威胁的罗姆人很难在欧洲取得难民地位。[⑥] 然而，联合国难民署却建议欧盟国家以更加积极和协调的方式来对待“安全原籍国”概念。[⑦]

近年来，许多国家对禁入政策的倚重达到了前所未见的程度，有些国家甚至准备放弃自己的部分领土，以避免向身处该部分领土的人承担保护责任。一些国家将其机场的部分区域划定为所谓的“国际区”，宣称国内法和国际法都不适用于该区域，这是禁入政策中极为狡诈的一种伎俩。[⑧] 法国和其他某些国家利用这种手段，在对难民地位申请不做任何审查的情况下就驱逐申请者。澳大利亚政府的做法更具创意，它打算从自己划定的“移民区”中“切割”出3500多个岛屿。[⑨] 如此一来，抵达其中任何一个岛屿的难民——不仅包括东南亚船民前往的主要目的地，如圣诞岛，而且

---

① A. Travis, “Outcry as Asylum ‘White List’ Extended”, Guardian, June 18, 2003, at 7.

② A. Travis, “Tough Asylum Policy Hits Genuine Refugees”, Guardian, Aug. 29, 2003, at 11.

③ J. Henley, “Swedes Face Call for Asylum u-turn”, Guardian, June 21, 2001, at 14.

④ Council Directive on Minimum Standards of Procedures in Member States for Granting and withdrawing Refugee Status, Doc. 8771/04, Asile 33 (Apr. 29, 2004), at Art. 30.

⑤ Council Directive on Minimum Standards of Procedures in Member States for Granting and withdrawing Refugee Status, Doc. 8771/04, Asile 33 (Apr. 29, 2004), at Art. 2(c).

⑥ R. Prasad, “No place of refuge”, Guardian, Oct. 24, 2002, at 21.

⑦ UNHCR, Statement by Mr. Ruud Lubbers, UN High Commissioner for Refugees, at Informal Meeting of the European Union Justice and Home Affairs Council, Veria, March 28, 2003.

⑧ Z. Papassiopi-Passia, International Academy of Comparative Law National Report for Greece (1994), at 15—17.

⑨ Jean Pierre Fonteyne, “Skulduggery on the High Seas”, Canberra Times, Sept. 11, 2001, at A—9.

还包括距离澳大利亚大陆海岸线仅2公里的一个岛屿[①]——将无权要求依据澳大利亚的难民地位甄别制度来评估他们的申请。这些人将仿佛置身于国外的难民营中，任由澳大利亚决定是否让其入境，或这是将其移送到瑙鲁这样的伙伴国。[②] 尽管澳大利亚参议院坚持不懈地反对这项规定，并挫败了切割岛屿的立法企图，[③] 但是政府却拒绝放弃这一策略。[④]

尽管现在限制难民入境的策略已经是花样百出，但是今后可能还会出现更加武断的集体行为方式。例如，联合国难民署已经宣布要启动“公约附加”制度的磋商，寻找阻止难民向所属地区以外的其他国家进行二次迁徙的方法，希望以此来换取发达国家提供的安置机会和发展援助。[⑤] 英国政府提议建立“区域保护地”，凡在所属地区之外申请难民地位的人都将被送回该地，由国际社会出资和管理的机构负责安置。只有“最需要帮助”的人才能在所属地区之外的（发达）国家得到安置。[⑥] 按照这一总体目标，难民、庇护和移民政策的政府间磋商机构——包括欧盟核心成员国、澳大利亚、加拿大、新西兰、挪威、瑞士和美国在内的非正式组织——正在起草一份“有效保护”的建议，希望利用这种办法来降低难民向所属地区以外的国家进行二次和三次迁徙的需求，并提升难民所属地区各国保护真正难民的能力。

总之，大量的国家实践和政策都可能导致难民被庇护国拒之门外。无论是全面关闭边界，还是修筑阻挡入境的屏障，驻足一国当面却不得其门而入便是难民必须面对的现实。即便他们能够进入庇护国，个别官方机构的行为、大规模遣返政策、国家授意或者纵容的非国家工作人员的驱赶行为，仍可能导致他们被逐出庇护国。被难民地位甄别制度拒绝，或是现有制度无法准确判定其难民身份，也是导致难民被遣返的重要原因。难民还常常在“自愿”遣返的借口之下被强制遣送回国。各国政府

---

① K. Lawson, “Ruddock Flags Alternative Plan”, Canberra Times, June 18, 2002, at 3.

② F. Motta, “Between a Rock and a Hard Place: Australia's Mandatory Detention of Asylum Seekers” (2002) 20(3), Refuge 12 (Motta, “Rock”), at 17.

③ K. Lawson, “Ruddock Puts Excising Ploy to the Test”, Canberra Times, Dec. 12, 2002, at A—4.

④ K. Lawson, “Ruddock Puts Excising Ploy to the Test”, Canberra Times, Dec. 12, 2002, at A—4.

⑤ “Lubbers Proposes ‘Convention Plus’ Approach”, UNHCR Press Release, Sept. 13, 2002.

⑥ United Kingdom (Home Office), “A New Vision for Refugees”, Mar. 7, 2003.

还不断将手伸向国际区域，尤其是公海，以便驱逐那些意欲踏足该国领土的难民。禁入政策的手段不断翻新花样，利用法律作为抵挡难民的工具。其中包括对难民原籍国进行签证控制和制裁承运人的惯用手段；由“第一抵达国”和“安全第三国”规则形成的驱逐机制；全面拒绝来自安全原籍国的人申请难民保护；甚至为了阻止难民获得保护而将国家的部分领土划定为“国际区域”或“割离区”。我们有理由相信，将来难民可能会常态化地被遣送回所属地区进行地位审查，其中只有少数人能在所属地区以外国家得到重新安置的机会。

> 《难民公约》，第 33 条，禁止驱逐出境或送回（“推回”）
>
> （一）任何缔约国不得以任何方式将难民驱逐或送回（“推回”）致其生命或自由因为他的种族、宗教、国籍、参加某一社会团体或具有某种政治见解而受威胁的领土边界。
>
> （二）但如有正当理由认为难民足以危害所在国的安全，或者难民已被确定判决认为犯过特别严重罪行从而构成对该国社会的危险，则该难民不得要求本条规定的利益。

《难民公约》第 33 条是国际社会对难民进入和逗留庇护国的需求做出的最重要的反应。[①] 但是，不推回义务与获得庇护以避免迫害的权利之间至少存在两个方面的差异。[②]

第一，也是最重要的，不推回义务只禁止将难民“推回到迫害者手中”的那些措施；[③] 它并未规定缔约各国有接收难民的义务。[④] 它是一项用“否定语气”来表述的义务，[⑤] 对缔约各国管理非公民入境的普遍权力确实有

---

① Minister for Immigration and Multicultural Affairs v. Khawar, [2002] HCA 14 (Aus. HC, Apr. 11, 2002), per McHugh and Gummow JJ.

② 《世界人权宣言》，第 14 条（一）款；《公民及政治权利国际公约》，第 12 条（二）款。

③ 参见加拿大代表 Chance 的发言，UN Doc. E/AC.32/SR.21, Feb. 2, 1950, at 7。

④ E. Lauterpacht and D. Bethlehem, “The Scope and Content of the Principle of Non-Refoulement”, in E. Feller et al. eds., Refugee Protection in International Law 87 (Lauterpacht and Bethlehem, “Non-Refoulement”), at para. 76.

⑤ M38/2002 v. Minister for Immigration and Multicultural and Indigenous Affairs, [2003] FCAFC 131 (Aus. FFC, June 13, 2003).

所限制，但也并非完全否定。[①] 因此，只要遣返难民不会致其面临受迫害的风险，那么缔约各国就可以拒绝难民入境。[②] 即便难民的身份尚未得到任何其他国家的承认，缔约各国也应当履行这项义务。[③] 但是，当推回难民确有可能致使其以公约规定的原因而受到迫害时，那么公约第 33 条便成为要求缔约国接收难民的一项现实义务，因为在正常情况下只有接收难民才是避免不测后果的唯一办法。

不推回义务与庇护权利之间的第二个关键区别，实际上是源自公约第 33 条中暗含的接收难民义务。因为从不推回义务到入境权利的转化，这完全取决于遭受迫害的风险，如果风险已经消除，那么该条款并不会强制缔约一国准许难民入境逗留。所以说，“难民地位是一种临时身份，只要迫害的风险依然存在，那么该身份便继续有效”。[④] 澳大利亚高等法院认为：

> “庇护”这一术语在（难民）公约正文中并未曾出现；对于抵达缔约各国边境的难民，公约没有强制各国给予其庇护，或是在那些国家定居的权利。[⑤]

一 保护的受益者

最早禁止推回的条款出现在 1933 年《难民公约》中，只有“已经获准（在缔约一国）合法居住的难民”才能主张该项权利。[⑥] 1951 年《难民公约》关于不推回义务的草拟条款与 1933 年的先例相符，似乎也支持

① Minister for Immigration and Multicultural Affairs v. Khawar, [2002] HCA 14 (Aus. HC, Apr. 11, 2002), per McHugh and Gummow JJ.

② V872/00A v. Minister for Immigration and Multicultural Affairs, [2002] FCAFC 185 (Aus. FFC, June 18, 2002).

③ Rajendran v. Minister for Immigration and Multicultural Affairs, (1998) ALR 619 (Aus. FFC, Sept. 4, 1998).

④ R v. Secretary of State for the Home Department, ex parte Yogathas, [2002] UKHL 36 (UK HL, Oct. 17, 2002), per Lard Scott.

⑤ Minister for Immigration and Multicultural Affairs v. Khawar, [2002] HCA 14 (Aus. HC, Apr. 11, 2002), per McHugh and Gummow JJ.

⑥ 《难民公约》，第 3 条。

这一限制条件：[①] 只对取得庇护国入境许可的难民才明确禁止推回。委员会秘书长和法国拟定的公约草案中还包含了一项附加条款，该条款不以获准入境作为条件，规定“任何情况下都不得将难民推回其生命和自由受到威胁的本国边界或领土”。[②]

不过，世界以色列正教组织（Agudas Israel World Organization）提交的非正式草案借鉴了关于无国籍者及相关问题特设委员会的两份正式草案。[③] 正教组织提出的方案经过与会代表的修改，将面临迫害风险的不推回和不送回两个单独条款合并成适用于所有难民的一项条款，并且没有提及入境需要事先获得批准。[④] 这一观念上的重大转变并未引起众人的关注。[⑤] 由于公约起草者认为庇护国是否事先给予居住许可本来就是个毫不相干的问题，所以起草工作并未受到影响。[⑥] 对于大多数当代难民而言，保护所有难民免受推回风险的决定显然具有极其重要的意义，因为他们一般都是在未经批准的情况下便前往庇护国寻求保护，得到居住许可的人则更加罕见。由于发生了这种转变，所以希腊以科索沃难民未经许可入境而将其大量推回的做法便违反了公约第 33 条的规定。

作为相关问题，之前已经解释过为什么难民地位在已经得到缔约一国的正式评估的情况下，不推回义务仍然只具有暂时性。[⑦] 简单地说，由于公约难民地位取决于个人所处的现实境遇，而非官方对该境遇的正式审查，所以在地位评估之前给予难民权利的做法可能会导致真正的难民陷于非常不利的境地。难民是国际法上的权利主体，但是在繁琐的国内甄别程序期间，他们行使合法权利的机会却可能遭到剥夺。除非地位甄别程序的

① United Nations, “Proposal for a Draft Convention”, UN Doc. E/AC.32/2, Jan. 17, 1950, at 45 (draft Art. 24(1)); France, “Proposal for a Draft Convention”, UN Doc. E/AC.32/L.3, Jan. 17, 1950, at 9 (draft Art. 19(1)).

② United Nations, “Proposal for a Draft Convention”, UN Doc. E/AC.32/2, Jan. 17, 1950, at 45 (draft Art. 24(3)); France, “Proposal for a Draft Convention”, UN Doc. E/AC.32/L.3, Jan. 17, 1950, at 9 (draft Art. 19(3)).

③ UN Doc. E/AC.32/SR.20, Feb. 1, 1950, at 3.

④ UN Doc. E/AC.32/L.22, Feb. 1, 1950.

⑤ 参见加拿大代表 Chance 的发言，UN Doc. E/AC.32/SR.22, Feb. 2, 1950, at 22。

⑥ 参见 Schurch 和 Robinson 的发言，UN Doc. E/AC.32/SR.40, Aug. 22, 1950, at 32—33。

⑦ 参见原著 1.1 章节。

进展非常迅速，否则当事国可能无法善意地履行《难民公约》规定的义务。虽然（即便是暂时）享有公约权利只取决于是否满足相关的关联要求，但是主张不推回义务却并非在抵达一国境内后就一定能取得的权利，而难民地位的正式决定与取得该项权利之间并没有直接的因果关系。[①] 所以无论难民地位是否得到官方承认，该义务都必须得到履行。

现在还有一个更具争议性的问题，即依据公约第 33 条得到不推回义务保护的人是否就是《难民公约》第 1 条定义的难民。一方面，狭义的文本分析可能会让人误以为，并非所有的难民都应享有公约第 33 条规定的权利，因为该条款只禁止将难民送回至其“生命或自由”以公约原因而遭受威胁的地方。[②] 但是韦斯认为，《难民公约》的起草过程已经证明，给予不推回保护的目的绝不仅仅是为了一部分难民。[③] 提及“生命或自由”的目的是要概括公约第 1 条列举的那些导致难民地位的风险。[④]《难民公约》的起草过程不仅印证了这一观点，而且从中也找不出支持相反观点的证据，因而不能认为措辞上的这种选择是为了从根本上限制难民主张公约最基本权利的能力。[⑤]

劳特派特（Lauterpacht）和伯利恒（Bethlehem）最近提出了一个完全相反的论点，认为“公约第 33 条（一）款所指的威胁（可能）比单纯的迫害风险要宽泛得多……（包括）除迫害以外的其他事项也可能导致生命或自由受到威胁的后果”[⑥]。作为支持该论点的证据，他们特别指出了联合国难民署的机构权限日益扩大、《难民公约》所具有的人道主义目的、各地区的人权条约为反对推回提供了适用性更为广泛的保护模式。这些事实促使他们得出一个结论，即“应当确保对公约第 33 条（一）款所指

---

① 参见原著 1.1.1 章节。

② J. Hathaway and A. Cusick, “Refugee Rights Are Not Negotiable”, (2000) 14(2), Georgetown Immigration Law Journal 481.

③ P. Weis, The Refugee Convention, 1951: The Travaux Preparatoires Analysed with a Commentary by Dr. Paul Weis (1995), at 303, 341.

④ 参见原著 2.2.1 章节。

⑤ A. Grahl-Madsen, Commentary on the Refugee Convention 1951 (1963, 1997), p. 175.

⑥ E. Lauterpacht and D. Bethlehem, “The Scope and Content of the Principle of Non-Refoulement”, in E. Feller et al. eds., Refugee Protection in International Law 87, at para. 127.

的威胁做出广义理解”[①]，尤其是：

> “致其生命或自由受威胁”，必须结合难民或寻求庇护者的处境加以解释：（1）有正当理由畏惧遭到迫害；（2）面临酷刑、酷刑和其他残忍、不人道或有辱人格的待遇或处罚的实在风险；（3）生命、身体健康或人身自由受到其他威胁。[②]

我们把当今习惯国际法上是否存在更广泛的不推回义务的问题抛在了一边，[③] 也承认第（2）和第（3）点的威胁在任何情况下都符合对“迫害”风险的现代理解，[④] 但是这种分析作为法律问题却根本站不住脚。联合国难民署的机构授权范围的扩大，以及国际人权法上更具普遍性的不送回义务都不是决定《难民公约》第33条真实含义的因素。虽然为了解释模糊的同源语言可以参照对一般理论发展的理解，但是不能用难民法领域之外的理论演变来否定公约第33条（一）款所指的风险与依据公约第1条主张难民地位的权利之间所具有的关联。

英国上议院的戈福勋爵（Lord Goff）在Sivakumaran案的裁决中提出了一种中间立场——具体而言，即以公约原因而致其“生命或自由受威胁”者，公约第33条给予的不被推回的保障应延伸适用于以公约原因而面临“迫害”风险的情况：

> 我认为，参阅准备工作材料后可以看出，高级专员的顾问提出的观点实际上得到强化，即公约第33条不推回条款是为了适用于依照公约第1条被确定为难民的所有人。[⑤]

---

① E. Lauterpacht and D. Bethlehem, “The Scope and Content of the Principle of Non-Refoulement”, in E. Feller et al. eds., Refugee Protection in International Law 87, at para. 128—132.

② E. Lauterpacht and D. Bethlehem, “The Scope and Content of the Principle of Non-Refoulement”, in E. Feller et al. eds., Refugee Protection in International Law 87, at para. 133.

③ 参见原著2.1.6章节。

④ Minister for Immigration and Multicultural Affairs v. Khawar, [2002] HCA 14 (Aus. HC, Apr. 11, 2002), per Kirby J.

⑤ R v. Secretary of State for the Home Department, ex parte Sivakumaran, [1988] 1 All ER 193 (UK HL, Dec. 16, 1987), per Lord Goff at 202—203.

这种看法一直以来就受到澳大利亚审案实践的肯定，[①] 现在又得到了英国案例法的支持，[②] 新西兰也吸取了这一观点。[③] 该立场不仅牢固根植于公约起草者的真实意图，而且与公约本身的内部结构也是最为吻合的。相反，美国最高法院倾向于保守的观点，认为至少某些具有正当理由而畏惧迫害的人仍有可能面临被推回的命运，除非他们面临的风险特别严重——美国高等法院的解释显然与确保难民得到保护的公约基本宗旨背道而驰。同样令人担忧的是，自由主义的观点似乎要求《难民公约》的缔约各国去履行实际上是人权公约规定的义务——即使这些国家并不是这些国际条约的缔约国。此处探讨的关于公约第 33 条的中间立场，恰恰能确保所有难民免遭送回而再次面临导致难民地位的风险。这样的保护范围可谓恰到好处，不多也不少。

二　不推回义务的本质

如上所述，如果将公约第 1 条和第 33 条结合起来解读，[④] 那么公约第 33 条不推回义务的适用范围至少受到一项非常基本的限制。如果《难民公约》第 33 条规定的不推回义务只能由真正的难民来主张，那么尚未离开自己国家的人就不应该享有这项权利。这是因为公约第 1 条规定难民是“留在其本国之外”的人。[⑤] 所以对于禁止即将成为难民的人离开本国的那些措施，公约第 33 条并不具有约束作用。

在英国的欧盟罗姆人权利中心的案件中，各方曾对这个问题进行过深入的探讨。[⑥] 有观点认为，英国当局在布拉格机场执行入境预许可程序违反了公约第 33 条的规定。人们认为该制度“主要是为了拦截来自捷克共和国的寻求庇护者，其中绝大多数人都是吉普赛人（罗姆人），而且

① M38/2002 v. Minister for Immigration and Multicultural and Indigenous Affairs, [2003] FCAFC 131 (Aus. FFC, June 13, 2003).

② R v. Secretary of State for the Home Department, ex parte Adan, [1999] 1 AC 293 (UK HL, Apr. 2, 1998), at 306, 301, and 312.

③ Attorney General v. Zaoui, Dec. No. CA20/04 (NZ CA, Sept. 30, 2004), at para. 36.

④ 参见原著 2.1.1 章节。

⑤ 《难民公约》，第 1 条（一）款（乙）项。

⑥ R (European Roma Rights Centre and Others) v. Immigration Officer at Prague Airport, [2003] EWCA Civ 666 (Eng. CA, May 20, 2003).

该制度显然已经取得了很大的成效”。[①] 此外，还有人认为“对庇护国家来说，这种控制措施的目的就是要阻止（难民）前往（英国）”。[②] 关键问题在于“防止难民在英国提出庇护申请（不管是真是假）的做法是否有悖于英国在国际法，尤其是《难民公约》上应当承担的义务”。[③] 上诉法院并不认为该做法违反了国际法上的义务：

> 诚然，公约第 33 条不能直接约束在布拉格采取的行动……该条款只适用于难民，而难民被定义为必须是“留在本国之外”的人……另外，公约第 33 条禁止将难民“推回”到“边界”，不论“推回”的确切含义如何，它都不可能被理解为导致某人留在本国的行为，也不能认为此人已被推回到了边界。[④]

尽管上诉法院的结论清楚表明，不推回义务与庇护权利宽泛概念之间的差距给难民保护带来了极大的风险，但是该结论在法律上的确是无懈可击。[⑤] 实际上更加有效的法律手段是利用《公民及政治权利国际公约》第 12 条（二）款来控诉某些国家在难民原籍国实施的拦截行动，该条款规定，“人人有自由离开任何国家，包括其本国在内”。[⑥] 人权委员会认为：“离开国家的自由无需任何特定目的，也与个人选择在国外停留的期限无关。因此，这一权利包括赴国外旅行和永久移民。同样，个人决定目的地国的权利也受到法律的保障。”[⑦]

---

① R (European Roma Rights Centre and Others) v. Immigration Officer at Prague Airport, [2003] EWCA Civ 666 (Eng. CA, May 20, 2003), at para. 3.

② R (European Roma Rights Centre and Others) v. Immigration Officer at Prague Airport, [2003] EWCA Civ 666 (Eng. CA, May 20, 2003), at para. 1.

③ R (European Roma Rights Centre and Others) v. Immigration Officer at Prague Airport, [2003] EWCA Civ 666 (Eng. CA, May 20, 2003), at para. 18.

④ European Roma Rights Centre and Others v. Immigration Officer at Prague Airport, [2002] EWCA 1989 (Eng. HC, Oct. 8, 2002), at para. 34.

⑤ R v. Immigration Officer at Prague Airport et al., ex parte European Roma Rights Centre et al., [2004] UKHL 55 (UK HL, Dec. 9, 2004), at para. 19.

⑥ 《公民及政治权利国际公约》，第 12 条（二）款。

⑦ 联合国人权委员会，“General Comment No. 27: Freedom of movement” (1999), UN Doc HRI/GEN/1/Rev.7, May 12, 2004, p. 173, para. 8。

只有公约认可的合法事由才能对这项权利构成限制，[①] 并且在任何情况下都不得以歧视性的理由加以限制。[②] 所以凡出现与布拉格机场拦截案类似的情况——禁止前往国外寻求保护的做法不可能是剥夺个人离开国家的权利的合法事由，而且这种做法至少在实际操作中是以种族原因为依据的 [③]——那么难民原籍国的行为就肯定违反了公约的规定。事实上，难民原籍国以及与之共同管辖离境事务的外国当局应当就违反《公民及政治权利国际公约》第 12 条（二）款的行为承担共同责任。[④] 但是有一项基本事实并不会因此而发生变化，即在难民原籍国国内实施，但不包括全面禁止出关的限制离境措施不可能侵犯《难民公约》规定的权利，其中也包括为避免推回而取得保护的权利：

> 《难民公约》第 33 条……只涉及个人不能被送回什么地方，而与其打算逃离什么地方无关。《难民公约》原本也可以赋予个人入境他国的权利，以帮助其逃离本国，但是最终放弃了这种选项……
>
> 在理想的情况下，肯定应当有公约条款要求缔约各国帮助受迫害的少数人逃离本国……一方面，有的国家想尽办法要阻止寻求庇护者进入本国，另一方面，也有国家不顾一切地要将寻求庇护者送回本国……这两者之间的差别可以被说成是微不足道的。但是在我看来，这两种国家之间的差别却有着非常关键的意义，并且《难民公约》的文本及其确定其适用范围的各国政府当局均支持对两者进行区分。[⑤]

《难民公约》第 33 条也无法废止禁入政策的惯用措施：对难民原籍

---

① 《公民及政治权利国际公约》，第 12 条（三）款。

② 《公民及政治权利国际公约》，第 12 条。

③ R v. Immigration Officer at Prague Airport et al., ex parte European Roma Rights Centre et al., [2004] UKHL 55 (UK HL, Dec. 9, 2004), per Baroness Hale at para. 97.

④ 联合国人权委员会，“General Comment No. 31: The nature of the general legal obligation imposed on state parties to the Covenant” (2004), UN Doc HRI/GEN/1/Rev.7, May 12, 2004, p. 192, para. 10。

⑤ R (European Roma Rights Centre and Others) v. Immigration Officer at Prague Airport, [2003] EWCA Civ 666 (Eng. CA, May 20, 2003), at para. 37, 43.

国的公民进行签证控制，并通过制裁承运人来强制实施。[①] 航空公司和其他公共承运人普遍都会遵循难民原籍国推行的签证控制政策，否则将会遭到目的国的处罚或起诉。由于没有国家特意为寻求庇护而发出签证，所以旅行者如果老老实实地承认自己在抵达目的地后将要寻求庇护，那么他们在离境口岸就会遭到拒绝。通常情况下难民原籍国非常了解这样的做法，或者说只需稍加留意就能得知内情。[②]

与英国在布拉格机场进行的国内拦截行为不同，大多数签证制度——例如，包括加拿大、新西兰和欧盟法律要求的签证制度——都属于被动措施，并不需要当事国向潜在的难民原籍国派驻人员和机构。联合国难民署在英国法院提出，如果想要取消布拉格机场的拦截措施，同时又不破坏签证制度，那么可以考虑利用上述两种国家之间的区别。联合国难民署认为"'针对逃避迫害的寻求庇护者采取的主动拦截措施'与'签证控制和承运人制裁等被动管理制度'之间应当有所区别"。可是英国上诉法院却认为该区别缺乏法律依据：[③]

> 根据我的判断，这些批评实在是言之无物，而且在我看来，布拉格拦截措施给潜在寻求庇护者造成的问题似乎比签证制度的影响还要轻微，而非更加严重……
>
> ……国际法并不反对签证制度。但是当出现严重的人道主义危机时，让各个国家超越其国际义务的范围来施以援手，此种境界只可能是个人的良好愿望而已。当（律师）在预想新一轮大屠杀的惨景时，我认为这就是本法庭可以给出的唯一答案。简而言之，无论依据《难民公约》还是普遍国际法，签证制度显然都不违法。[④]

---

① UNHCR, "Interception of Asylum-Seekers and Refugees: The International Framework and Recommendations for a Comprehensive Approach", UN Doc. EC/50/SC/CRP.17, June 9, 2000 (UNHCR, "Interception"), at para.17.

② E. Feller, "Carrier Sanctions and International Law", (1989) 1(1), International Journal of Refugee Law 48.

③ R (European Roma Rights Centre and Others) v. Immigration Officer at Prague Airport, [2003] EWCA Civ 666 (Eng. CA, May 20, 2003), at para. 48.

④ R v. Immigration Officer at Prague Airport et al., ex parte European Roma Rights Centre et al., [2004] UKHL 55 (UK HL, Dec. 9, 2004), at para. 28.

法院的裁决意见完全正确，与国内拦截措施相比，在很多国家均已常态化推行的签证制度确实给难民造成了更严重的风险，因为国内拦截措施的选择性更强，而且采取拦截措施的现象并不普遍。[①] 法院的另一个观点也同样正确，即“根据目前的《难民公约》，缔约国没有抵制或是废除移民管控制度的义务，无论该项制度是要求签证还是预先许可”。[②]

正如上述国内拦截的案例，挑战签证制度最有效的法律手段就是援引《公民及政治权利国际公约》第 12 条，唯有利用该条款才可能让各国为阻挠在其治下民众前往国外寻求难民地位的恶劣行径承担责任。[③] 联合国人权委员会认为，至少在某些情况下，个人离开本国的权利以及在国际范围内的行动自由可能因为签证控制和制裁承运人制度的实施而遭到侵犯：

> 各国的实践充分说明，法律规定和行政措施常常对个人离境权利，尤其是离开本国的权利构成负面影响。因此，要求缔约各国对国民和外国人离境权利受到的法律和事实限制进行报告就变得非常重要，这样一来，委员会才可能针对相应法律和实践是否符合公约第 12 条（三）款（有关该权利的限制规定）的要求做出评估。对于搭载无许可文件的人员抵境的国际承运人，缔约各国在报告中还应写明对其采取的制裁措施，因为该措施也会对个人离开他国的权利造成影响。[④]

如果签证要求明显是为了防止遭受威胁的个人离境，那么这就极有可能违反了《公民及政治权利国际公约》第 12 条的规定；但是利用签证来管理非受迫性移民的合法性则是更值得关注的问题，因为这种做法实际上也会侵犯准难民的行动（迁徙）自由。

---

① R v. Uxbridge Magistrates Court, ex parte Adimi, [1999] 4 ALL ER 520 (Eng. HC, July 29, 1999), per Simon Brown L J.

② R (European Roma Rights Centre and Others) v. Immigration Officer at Prague Airport, [2003] EWCA Civ 666 (Eng. CA, May 20, 2003), at para. 49.

③ 参见原著 1.2.3 章节。

④ 联合国人权委员会，“General Comment No. 27: Freedom of movement” (1999), UN Doc HRI/GEN/1/Rev.7, May 12, 2004, p. 173, para. 10。

相对于采取国内拦截措施的国家，要证明实施签证制度的国家违反《公民及政治权利国际公约》第12条（二）款则更加困难，因为该国是否在离境口岸实施了任何形式的管辖（即便是共同管辖）都很难查明。虽然人权委员会长期以来要求缔约各国为其国家工作人员的域外行为承担责任，[①] 但是国际法院却认为该责任必须以管辖权作为基础，称“《公民及政治权利国际公约》适用于国家在其领土以外实施管辖的行为”：[②]

> 该《公民及政治权利国际公约》预备工作资料足以印证联合国人权委员会对公约第2条做出的解释。这些资料显示，公约起草者在斟酌措辞的时候并无意允许缔约各国在领土以外行使管辖权时可以逃避它们的责任。起草者只是希望阻止居住在国外的个人主张其原籍国（而非住所地国家）无法保障的权利。[③]

其实，只要缔约一国行使了“有效管辖”，就应该对域外行为承担责任。[④] 尽管这在每个案例中都属于事实层面的问题，但是很难简单地凭借在域外实施的政策就断定一国行使了域外管辖权，因为该政策执行者可能是他国领土内的第三方。[⑤]

对于将难民禁锢于原籍国的措施，不推回义务的确不是最理想的解决办法，否则公约第33条就应该算得上是妥帖的保障手段。按照通常的理解，不推回义务不仅禁止一国在其境内拒绝向难民提供保护，而且也不允许其在边境执行禁入政策。[⑥] 事实上，1933年《难民公约》——不推回

---

① Casariego v. Uruguay, UNHRC Comm. No. 56/1979, decided July 29, 1981, at paras. 10.1—10.3.

② Legal Consequences of the Construction of a Wall in the Occupied Palestinian Territory, (2004) ICJ Gen. List No. 131, decided July 9, 2004, at para. 111.

③ Legal Consequences of the Construction of a Wall in the Occupied Palestinian Territory, (2004) ICJ Gen. List No. 131, decided July 9, 2004, at para. 109.

④ Legal Consequences of the Construction of a Wall in the Occupied Palestinian Territory, (2004) ICJ Gen. List No. 131, decided July 9, 2004, at para. 110.

⑤ Legal Consequences of the Construction of a Wall in the Occupied Palestinian Territory, (2004) ICJ Gen. List No. 131, decided July 9, 2004, at paras. 110—111.

⑥ E. Lauterpacht and D. Bethlehem, “The Scope and Content of the Principle of Non-Refoulement”, in E. Feller et al. eds., Refugee Protection in *International Law* 87, at paras. 76—86.

义务的来源——早已将禁入明确规定为推回的一种形式。[①] 某些国家的警察被授予随意驱逐或是拒绝外国人入境（推回）的权力，这种处置程序与司法机关正式授权的驱逐令并不相同，所以针对不推回义务给出如此全面的定义正是为了应对警察掌握的巨大权力。[②] 公约起草者很清楚，随意的拒绝（推回）和经过正式批准的驱逐或遣返都可能损害难民免遭强制送回的权利。

须知，针对难民的驱逐和禁入措施在某些国家已经得到了法律的授权，而禁止推回的目的正是防止这些国家利用法律条款来破坏驱逐难民措施受到的普遍限制。[③] 如果实行推回政策的少数国家被要求取消这项制度，那么所有国家都应当承担类似的责任：难民将能取得进入他国领土的权利，而移送程序必须严格遵循驱逐或遣送难民的普遍规则。[④]

无国籍者及相关问题特设委员会明确达成了一项基本共识，即在正常情况下不允许采取强制性禁入或驱逐措施。

美国代表争辩称："无论是对请求入境的难民关闭边界，还是在他跨越边境后将其送回，抑或是在他获准在境内定居后将其驱逐，这些问题多多少少都有相同之处。不管是何种情况，不管难民是否取得合法地位，缔约各国都不得将其送回到生命和自由可能遭受威胁的国家。"[⑤]

"不推回"有多种英文翻译，如"承诺不送回"、"承诺不驱逐或送回"，[⑥] 但最终正式翻译为"承诺不驱逐或送回"，字面翻译传递了一个贯彻始终的意图，即缔约一国境内不得对难民采取禁入和驱逐措施。[⑦] 作为该正式文本的共同起草人，比利时代表在特设委员会上强调说，该义务已经扩大为"不驱逐或不以任何方式送回难民"的一项承诺，[⑧] 目的就是要确保该条款"能对驱逐、禁入或送回难民的各种措施产生约束作用"。[⑨]

---

① 1933 年《难民公约》，第 3 条。

② G. Goodwin-Gill, The Refugee in International Law (1996), at 117.

③ UN Doc. E/AC.32/SR.21, Feb. 2, 1950, at 5.

④ UN Doc. E/AC.32/SR.21, Feb. 2, 1950, at 7.

⑤ 参见美国代表 Henkin 的发言，UN Doc. E/AC.32/SR.20, Feb. 1, 1950, at 11—12。

⑥ UN Doc. E/AC.32/SR.20, Feb. 1, 1950, at 12.

⑦ UN Doc. E/AC.32/SR.22, Feb. 2, 1950, at 20.

⑧ UN Doc. E/AC.32/L.32, Feb. 9, 1950, at 12.

⑨ 参见比利时代表 Cuvelier 的发言，UN Doc. E/AC.32/SR.22, Feb. 2, 1950, at 20。

鉴于不推回义务所具有的全面性，在尼泊尔拒绝藏人入境、几内亚阻挡塞拉利昂难民、纳米比亚下令射杀途经安哥拉宽多库邦戈省唯一逃亡通道的任何人，以及在伊拉克难以为继的很多难民遭约旦禁止入境等具体事件中，难民权利被侵害的严重程度实际上与缔约一国在境内推回难民并无二致。

政府官员企图逼迫难民返回本国，这是违反不推回义务的最明显例证。得到正式批准的援助项目也可能为强制驱逐难民提供方便，赞比亚对刚果难民、伊朗对阿富汗难民，以及泰国对缅甸难民都使用过类似方法。这种做法很少引起外界关注，例如柬埔寨将蒙塔格纳德难民遣返越南、印度将泰米尔难民逐回战火纷飞的斯里兰卡、巴基斯坦警察驱逐穿越边境的无证阿富汗难民、委内瑞拉陆军巡逻队强迫哥伦比亚难民返回本国。在上述所有案例中，不推回义务都无一例外地遭到了直接违背。

如果一国政府不是通过其官员的行为，而是煽动非国家工作人员将难民赶回本国，那么该国政府照样不能推卸责任。由于各国政府应对其发起和支持的行为承担责任，所以肯尼亚总统莫伊煽动驱逐乌干达和其他国家的难民，以及几内亚总统孔戴鼓励国民为驱逐利比里亚和塞拉利昂难民而建立民兵组织的做法，都违反了公约第 33 条的规定。印度最高法院曾经指出，各国政府都有义务采取必要措施来防止第三方煽动或实施推回难民的行动。在学生治安维持会为了驱逐查克玛难民而对其实施经济封锁的案件中，印度最高法院向邦政府和中央政府下达了明确和全面的指令，要求其采取一切必要措施取缔学生发起的运动。[①]

违背不推回义务的主要方式是以阻止难民入境或遣返难民为意向的各种行为。但是缔约一国实施或者默许的很多行为也可能导致推回难民的后果。美国代表在公约起草过程中提出了自己的观点，认为“公约第 33 条的唯一目的就是要防止难民被强制遣返回其畏惧受到迫害和报复的国家”。[②] 这表明公约第 33 条规定的义务就是为了避免某种后果的发生（因遣返而再次面临遭迫害的风险），但是引发该后果的行为究竟如何则在所

---

① National Human Rights Commission v. State of Arunachal Pradesh, (1996) 83 AIR 1234 (India SC, Jan. 9, 1996), at para. 21.

② 参见美国代表 Henkin 的发言，UN Doc. E/AC.32/SR.22, Feb. 2, 1950, at 20。

不计。[①]

需要特别关注的是，难民被迫接受“自愿”遣返常常意味着事实上的推回。当难民在别无选择的情况下被迫离开时，这就是事实上的推回。譬如，当土耳其、卢旺达、乌干达和印度为诱导难民“自愿”遣返而扣留其食物、饮用水和其他基本生活资料时，它们已经违反了公约第33条的规定。巴基斯坦禁止外国援助机构向加洛宰难民营提供基本生活资料的行为，也是间接侵犯了难民的权利。马其顿拒绝为难民提供卫生设施的做法，实际上也足以起到将难民赶回科索沃的效果。坦桑尼亚强迫卢旺达难民返回本国的方法就是发布“自愿”遣返的截止日期，虽然该国就此与联合国难民署达成了协议，但这丝毫改变不了它侵犯难民基本权利的本质。正如美国法院指责美国当局使用威胁和欺骗手段迫使萨尔瓦多难民返回本国的做法，它说明表面正当合法但实则威逼利诱的行为，绝不可能具有真正的合法性。另一方面，当澳大利亚让阿富汗家庭在寻求庇护和领取现金补偿之间做出选择时，其行为还算不上对公约第33条的违反。但是，当澳大利亚当局宣布无论阿富汗难民接受现金补偿与否都将遭到遣返时，其行为就变成了敲诈，彻底粉碎了补偿换庇护计划仅存的一丁点儿自愿特征。

这类粗暴的做法固然会违反公约第33条，但是“任何管理外国人离境的司法或行政措施”也可能违反该条款。[②] 在奥地利和南非，难民保护责任是由边防人员或羁押所的官员来履行，而这些人根本无法忠实履行其职责，所以必然会出现上述问题。[③] 在明知难民可能会由于移民原因而遭到驱逐的情况下，如果仍然拒绝考虑难民地位申请，那么这种做法也会违反不推回义务。[④] 例如，当日本、马来西亚、纳米比亚、巴基斯坦、泰国和津巴布韦拒绝将难民纳入地位甄别程序时——并以非法逗留为由

---

① R v. Secretary of State for the Home Department, ex parte Yogathas, [2002] UKHL 36 (UK HL, Oct. 17, 2002), per Lard Hope at para. 47.

② G. Goodwin-Gill, The Refugee in International Law (1996), at 122.

③ Council Directive on minimum standards of procedures in Member States for granting and withdrawing refugee status, Doc. 8771/04, Asile 33 (Apr. 29, 2004), at Art. 35.

④ UNHCR Executive Committee Conclusion No. 6, “Non-Refoulement” (1977), www.unhcr.ch, at para. (c).

将其驱逐出境——它们的行为便已违反了不推回义务。[①] 欧洲常常禁止审查儿童的难民申请，澳大利亚甚至将这种做法奉为普遍规则，但这其实根本没有任何法律依据。英国上诉法院就此发表了完全相反的意见，指出保护难民——包括难民儿童——的义务应当优先于包括儿童监护法规在内的任何其他事项。[②] 难民地位申请被驳回时，即使没有适当的上诉或核准机制也不会必然导致违反公约第 33 条，但是鉴于不推回义务的效力持续至难民实际返回本国为止，[③] 这就要求难民保护制度具备在遣返难民之前对新的或未被确认的证据[④] 再次进行评估的能力。[⑤] 照此观点，英国不顾本国外交部的风险警示而执意驱离津巴布韦难民的做法就显得极不恰当。

如果一个国家为了拒绝确认难民抵境的事实而滥用法律策略，那么同样也会触犯公约第 33 条的规定。[⑥] 譬如，法国将其部分领土划定为“国际区域”，规定在该区域内可以行使管辖权但不必承担保护责任，这种做法甚至得到了欧洲人权法院的支持。[⑦] 同样道理，对于身处岛屿或他国领土的难民，由于澳大利亚国内法规定该区域要么属于“割离”领土，要么属于“外国”领土，所以该国政府拒绝考虑他们的难民地位。上述所有地方——包括其领海——显然都属于其领土的一部分。[⑧] 任何语言、任何国内法律都不能改变这一事实。因此，无论是拒绝考虑“国际区域”或“割离”领土内的人员的难民地位，还是拒绝考虑位于该国境内的人员的难民地位，这两种做法其实在国际法上并无分别。一旦直接或者间接拒绝处理难民的申请，并致使其被驱离而面临被迫害的风险，那就肯定违反了公约第 33 条。

---

① S. Murphy, “Contemporary Practice of the United States relating to International Law”, (2002) 96(3), American Journal of International Law 706.

② UNHCR, “Asylum Processes”, UN Doc. EC/GC/01/12, May 31, 2001, at para. 46.

③ R(Senkoy) v. Secretary of State for the Home Department, [2001] EWCA Civ 328 (Eng. CA, Mar. 2, 2001), at para. 15.

④ R v. Secretary of State for the Home Department, ex parte Nassir, The Times (Dec. 11, 1998) (Eng. CA, Nov. 23, 1998).

⑤ R(L) v. Secretary of State for the Home Department,[2003] EWCA Civ 25 (Eng. CA, Jan. 24, 2003), at para. 54.

⑥ G. Goodwin-Gill, The Refugee in International Law (1996), at 123.

⑦ Amuur v. France, 1996 ECHR 25 (ECHR, June 25, 1996), at para. 52.

⑧ 参见原著 1.1.2 章节。

除了创造“割离”概念和宣布建立“国际区域”之外，凡是在多边“协调统一协议”基础上推行“第一抵达国”及其相关规则的做法，也可能导致难民被推回的后果。这些协议限制了难民自主决定去往何处寻求保护的传统权利。[①] 在缔结协议的所有成员国中，只有其中一个国家会被指定为处理难民申请的责任国，而难民自身的特殊情况或意向则完全得不到任何考虑。

有趣的是，难民公约的起草者显然已经想到了这类措施带来的风险。在全权代表大会上，瑞典代表提出不推回义务的措辞还应当考虑一些案例，在这种情况下，“虽然难民被驱逐到其生命不会直接受到威胁的国家，但是他还有可能再被该国驱逐到致其身处险境的国家”。[②]

第一，其他与会国家都反对瑞典的意见，因为它们希望能自主决定是否将难民驱逐到没有迫害风险的国家，[③] 当然前提条件是要确保难民被驱逐到遵守《难民公约》的国家。[④]

第二，它们认为瑞典的修正案毫无必要，其原因在于“如果驱逐行为引发了难民被强制遣返本国的后续风险，那么将难民驱离到第三国同样会使其生命和自由受到威胁”。关键问题其实就在于能否预见到初次驱逐的最终后果。[⑤] 英国上议院对明确禁止间接推回做了一番精辟的解释：

> 假设A国是《难民公约》缔约国，邻国B是一个推行极权和高压统治的国家，B国的反政府人士逃亡到A国后常遭逮捕，A国会定期将这些人送交B国，A国的这种做法已是人尽皆知。在这种情况下，如果B国难民从A国前往缔约一国寻求庇护，假定他有畏惧迫害的正当理由，那么在我看来，将该难民送回A国直至遣返B国的做法就绝对背离了公约第33条的宗旨。一个是间接途径，另一个是直接

① UNHCR Executive Committee Conclusion Nos.5, “Refugees Without An Asylum Country” (1979), and 58, “Problem of Refugees and Asylum-Seekers Who Move in an Irregular Manner from a Country in Which They Had Already Found Protection” (1989), www.unhcr.ch.

② 参见瑞典代表 Petren 的发言，UN Doc. A/CONF.2/SR.16, July 11, 1951, at 4。

③ UN Doc. E/AC.32/SR.20, Feb. 1, 1950, at 13.

④ 参见法国代表 Rochefort 的发言，UN Doc. A/CONF.2/SR.16, July 11, 1951, at 10。

⑤ 参见法国代表 Rochefort 的发言，UN Doc. A/CONF.2/SR.16, July 11, 1951, at 4。

途径，但是两者都会导致公约禁止的后果，也就是说，该难民被送回“其生命或自由受到威胁的领土边界”。[①]

基于上述观点，虽然在《难民公约》中没有明确要求，[②] 但是推行所谓“第一抵达国”原则并不必然会违反公约。[③] 缔约各国拒绝向抵达其边境的所有人承担具体责任，而且坚持认为它们有权将难民继续送往不受迫害威胁的国家。[④] 尽管联合国难民署一度认为“应当尽量考虑寻求庇护者对庇护国家的选择”[⑤]，尤其是“不能仅仅因为难民可以向其他国家寻求庇护而拒绝难民提出的庇护请求”，[⑥] 但是多年来这一立场已渐趋软化。[⑦] 事实上，联合国难民署正在积极鼓励各国政府“考虑……缔结与《都柏林条约》类似的多边或双边协议”，声称“这种协议能增加可预测性，并可以解决单方面遣返难民的问题”。[⑧]

然而令人担心的是，缺乏灵活性的责任分担方式也存在风险，很可能损害集体保护制度和公约第 33 条规定的不推回义务。[⑨] 因为这类协议中规定伙伴国可以接收难民是构成驱离该难民的正当理由，所以各国政府向指定国家移送难民时不太可能考虑间接推回这一潜在的风险（尽管公约起草者认为缔约各国会有所顾忌）。虽然公约第 33 条并未要求缔约一国在向无迫害风险国家驱逐难民前应保障该难民的权益，但也断然不会认可在

① R v. Secretary of State for the Home Department, ex parte Yogathas, [1987] AC 514 (UK HL, Feb. 19, 1987).

② UNHCR, “Summary Conclusions on the Concept of ‘Effective Protection’ in the Context of Secondary Movements of Refugees and Asylum-Seekers”, Lisbon, Dec. 9—10, 2002, at para. 11, www.unhcr. ch.

③ R v. Secretary of State for the Home Department, ex parte Yogathas, [2002]UKHL 36 (UK HL, Oct. 17, 2002), per Lord Hope, at para. 22.

④ E. Lauterpacht and D. Bethlehem, “The Scope and Content of the Principle of Non-Refoulement”, in E. Feller et al. eds., Refugee Protection in International Law 87 (Lauterpacht and Bethlehem, “Non-Refoulement”), at para. 116.

⑤ UNHCR Executive Committee Conclusion No.15, “Refugees Without An Asylum Country” (1979), and para. (h) (iii), www.unhcr.ch.

⑥ UNHCR Executive Committee Conclusion No.15, “Refugees Without An Asylum Country” (1979), and para. (h) (iv), www.unhcr.ch.

⑦ UNHCR Executive Committee Conclusion No.58, “Problem of Refugees and Asylum-Seekers Who Move in an Irregular Manner from a Country in Which They Had Already Found Protection” (1989), www.unhcr.ch.

⑧ UNHCR, “Asylum Processes”, UN Doc. EC/GC/01/12, May 31, 2001, at para. 18.

⑨ E. Guild, “Asylum and Refugees in the EU: A Practitioner’s View of Developments”, European Information Service (Dec. 2000), at 215.

显然具有后续推回风险的情况下仍执意移送难民的做法。加拿大最高法院认为：

> 如果加拿大的参与成为剥夺难民权利的必要条件，如果难民权利遭剥夺是加拿大参与的必然结果，那么加拿大政府就不能以此事完全是他人所为来当作它逃避责任的借口……我们不要以为加拿大只是扮演了被动参与者的角色而自欺欺人。[①]

"第一抵达国"原则是建立责任分担制度的基础，而该制度的内在风险已经引起了法院的格外关注。法院相信，各国政府有权认为伙伴国愿意诚实履行难民保护职责，[②] 但移送国在面临伙伴国不愿提供法定保护的"真实风险"[③] 时，也有停止驱离难民的明确义务。这也可能是因为伙伴国自身就存在迫害难民的风险。如果伙伴国可能将难民驱离到存在推回风险的其他国家，那么移送国的行为便违反了公约第 33 条。在这种情况下，第一个移送难民的国家不能因为自己没有直接将难民驱离到存在风险的地方，就借此推卸违反公约第 33 条的责任：

> 如果一国将难民移送到他国，而他国政府又将其遣返至生命或自由受到威胁的领土，那么此种情形与该国直接推回难民的做法其实都违背了公约第 33 条。这就是公约第 33 条要达到的效果。[④]

第三，如果有理由相信伙伴国的法律与实践不能确保真正的公约难民得到承认，那么贯彻"第一抵达国"原则也会导致难民面临被推回的风险。所以，在向法国和德国驱离难民的问题上，英国上议院不完全赞

① Suresh v. Canada, [2002] 1 SCR 3 (Can. SC, Jan. 11, 2002).

② R v. Secretary of State for the Home Department, ex parte Yogathas, [2002]UKHL 36 (UK HL, Oct. 17, 2002).

③ R v. Secretary of State for the Home Department, ex parte Yogathas, [2002]UKHL 36 (UK HL, Oct. 17, 2002).

④ R v. Secretary of State for the Home Department, ex parte Adan and Aitseguer, [2001] 2WLR 143 (UK HL, Dec. 19, 2000), per Lord Hobhouse.

同《都柏林公约》的“第一抵达国”规则，认为这两国当时对难民概念的理解并未达到国际法的要求。[①] 尽管解释上的细微差异不至于引发间接推回的风险，[②] 但是缔约各国有责任——严格依照公约起草者的本意——对移送目的国的法律与实践进行“仔细的审查”，尽职地履行不推回义务。[③] 如果明知（或应当知道）“第一抵达国”或其他指定国家的难民地位甄别程序或是对公约难民概念的理解存在缺陷——这说明有引发推回的实际可能性——仍执意将难民移送该国，那么这就违背“以一切方式”避免推回难民的责任。即使签署了责任分担协议，或是移送目的地国也受到《难民公约》的约束，但是这也不成其为逃避责任的理由，欧洲人权法院明确指出：

> 在欧洲国家之间决定庇护申请的责任划分问题上，一个国家不能完全依赖《都柏林公约》设计的制度。当一些国家为了在特定领域寻求合作而建立国际组织，或是签署类似国际协议时，基本权利的保障可能会因此受到影响。如果缔约各国据此免除了各自应当承担的公约责任，那么这同公约的目的和宗旨就不相符合了。
>
> 法院注意到了联合国难民署的意见，虽然《都柏林公约》确立的宗旨值得赞赏，但是缔约各国在保护力度上的差异很可能使它的实际效果大打折扣。[④]

举例来说，依据两国间签署的合作协议，加拿大不能合法将所有难民强行移送美国。在某些案件中，美国法律无法确保难民免遭推回，其原因可能那些难民“仅仅”符合公约第 1 条规定的难民概念，但是却达不到公约第 33 条规定的“更高标准”；或是因为美国法律与《难民公约》第 1 条（六）款和第 33 条（二）款发生抵触；或是由于难民虽然面临迫害

---

① R v. Secretary of State for the Home Department, ex parte Adan and Aitseguer, [2001] 2WLR 143 (UK HL, Dec. 19, 2000), per Lord Steyn.

② R v. Secretary of State for the Home Department, ex parte Yogathas, [2002]UKHL 36 (UK HL, Oct. 17, 2002).

③ R v. Secretary of State for the Home Department, ex parte Yogathas, [2002]UKHL 36 (UK HL, Oct. 17, 2002), per Lord Hutton at para. 74.

④ R v. Secretary of State for the Home Department, ex parte Yogathas, [2002]UKHL 36 (UK HL, Oct. 17, 2002), per Lord Hutton.

的风险，即使缺乏明确的迫害动机（这种案件依据美国法律会遭到驳回），但将难民移送美国将令加拿大背负间接推回的责任。[①]

然而，当我们从简单的“第一抵达国”规则过渡到更加宽泛的“安全第三国”概念时，就必须采取更加审慎的态度。例如，只要难民途经的任何国家愿意考虑其难民申请，并避免其遭到迫害、酷刑、虐待和推回，欧盟庇护制度便允许“第一抵达国”或其他指定国家将庇护申请者移送到该国。再如，无论移送目的地国是否真会考虑难民的保护申请，澳大利亚都允许对难民采取移送措施，所以澳大利亚的做法实际上更加激进。

“安全第三国”概念至少提出了三个重要的问题。第一，向《难民公约》的非缔约国家移送难民是否合法？欧盟和澳大利亚都没有将其作为应用该规则的前提条件。第二，目的地国不迫害（或不虐待）或不推回难民是否就能满足要求？现在还没有任何一个“安全第三国”规则要求目的地国尊重公约规定的所有难民权利，包括在内部的行动自由、思想和良知的自由，以及获取基本生活资料的权利。第三，根据欧盟的“超级安全第三国”概念，该规则几乎取消了所有欧盟成员国国民申请难民地位的资格，难道政府在没有对个案情况进行审查的情况下就可以对安全状况得出普遍性的结论吗？

关于第一个问题，让我们回忆一下为什么瑞典代表就解决公约第 33 条中的间接推回问题提出的建议遭到公约起草者的反对，其中一个重要原因就是大家认为公约的缔约各国应当自由地分担难民保护责任。例如，法国代表指出：“瑞典的修正案没有包括拒绝给予庇护权利的国家……如果当事各国都是《难民公约》的缔约国，那就自然不会产生什么问题，因为难民不会被送回面临迫害风险的国家。”[②] 因此，我们在这里所做的假设是，无论责任如何划分，承担这些责任的都是受国际难民法约束的国家，而且目的地国必将会全面保障难民权利。

尽管公约起草者也做过相反的假设，但是将难民保护责任移交给国际难民法律体系以外的国家的规则（澳大利亚和欧盟执行的规则）并未

① J. Hathaway and A. Neve, “Fundamental Justice and the Deflection of Refugees from Canada”, (1997) 34(2), Osgoode Hall Law Journal 213.

② 参见法国代表 Rochefort 的发言，UN Doc. A/CONF.2/SR.16, July 11, 1951, at 10。

被法院判定为存在缺陷。例如，澳大利亚联邦法院就坦承，“没有必要规定……第三国必须是《难民公约》的缔约国”[①]。实际上法院早已指出，没有必要对一个国家是否受到国际难民法约束的过分计较：

> 即使当事第三国是公约缔约国，依然会存在无法给予有效保护的可能性……无论是国内宪法还是国际条约的要求，各个国家都难以始终如一地尊重人权，这就是当今时代必须面对的严峻现实。如果把国家是否属于公约缔约方的事实看作决定性因素，那么这无疑是对公约规定的误解，也是对公约宗旨的颠覆……事实上，相较于许多公约缔约国，某些非公约缔约国给予难民的保护似乎更好也更有效。[②]

这种观点与法院看待第二个问题的方式直接相关，即目的地国的“有效保护”究竟意味着什么。虽然公约难民有权立即主张少数核心权利，[③]并应当随时间推移而逐步享有《难民公约》第2—34条规定的一系列权利，[④]但是有关“安全第三国”资格的司法意见只能对该“安全第三国”会否尊重不推回义务进行评估，这一限制被法院看作“公约的生命线”。[⑤]

譬如，英国上议院曾经指出：

> 公约要实现一项非常重要但又非常简单和实际的目标，即防止申请者被送回将要或可能遭受迫害的地方。对法律的细化及完善都不得妨碍该目标的实现。除了极端情况以外，如果难民申请者在不同国家都可免遭迫害，那么对其在这些国家的生活条件进行比较将

① S115/00A v. Minister for Immigration and Multicultural Affairs, [2001] FCA 540 (Aus. FFC, May 10, 2001).

② Minister for Immigration and Multicultural Affairs v. Al—Sallal, Dec. No. BC9907140 (Aus. FFC, Oct. 29, 1999).

③ 参见原著 1.1.1 章节和 1.1.2 章节。

④ 参见原著 1.1 章节。

⑤ Minister for Immigration and Multicultural Affairs v. Al-Sallal, Dec. No. BC9907140 (Aus. FFC, Oct. 29, 1999).

是极不恰当的做法。[①]

鉴于目前确定的调查范围相当有限，所以在将难民送回“安全第三国”之前，即使法院不对个人的难民地位进行调查也不足为奇——如果在目的地国不存在遭受迫害或是被驱逐的风险，那么“当事人是否具有难民地位的问题也就不那么重要了”。[②]

对推回风险的调查从根本上来说是非常务实的做法：

> 关注焦点……是最终结果，而不是取得该结果的具体程序。实质问题就是第三国政府是否确定“不会”将难民送往不遵守《日内瓦公约》规定的其他国家或领土。所以从本质上讲，这是一个牵涉实践而非理论的问题。[③]

在完全注重实践的导向之下，法院坚持认为个人具备合法进入目的地国的法律能力[④]——而不仅仅是“取得相关国家的合法入境许可，并在其境内合法居住的实际能力”。[⑤] 然而在一般情况下，目的地国的难民保护水平并不在调查范围之内。[⑥]

试想贯彻“第一抵达国”原则时所遇到的相同问题——在评估直接迫害或推回的现实风险时，无论是对主观意愿还是法律或实践后果的思考都不足以准确识别真正的难民[⑦]——纵然难民申请者被送往不受国际难民法正式约束的国家，法院构想的有关“安全第三国”的极具务实性的

---

① R v. Secretary of State for the Home Department, ex parte Yogathas, [2002]UKHL 36 (UK HL, Oct. 17, 2002).

② Nguyen Tuan Cuong v. Director of Immigration, [1997] 1 WLR 68 (HK PC, Nov. 21, 1996).

③ R v. Secretary of State for the Home Department, ex parte Yogathas, [2002]UKHL 36 (UK HL, Oct. 17, 2002), per Lor d Hope.

④ V872/00A v. Minister for Immigration and Multicultural Affairs, [2002] FCAFC 185 (Aus. FFC, June 18, 2002).

⑤ Minister for Immigration and Multicultural Affairs v. Applicant “C”, [2001]FCA 1332 (Aus. FFC, Sept. 18, 2001).

⑥ Tharmalingam v. Minister for Immigration and Multicultural Affairs, Dec. No. BC9905456 (Aus. FFC, Aug. 26, 1999).

⑦ 参见原著 1.1.1 章节和 1.1.2 章节。

调查方式也必定能够有效防范违背公约第33条的情况出现。但是调查范围的局限产生了一个根本问题。即便目的地国既不迫害也不驱离难民，但是它将难民移送“安全第三国”，同样可能导致公约权利遭剥夺。

例如，根据澳大利亚的“太平洋解决方案”，从澳大利亚被移送至瑙鲁（非《难民公约》缔约国）的难民实际上失去了在澳大利亚这个公约缔约国的辖区（及其境内）[①] 取得的权利。[②] 这是一个非常现实的问题，因为来到瑙鲁的坦帕难民不仅没有从事建筑工作（无论该工作是否提供酬劳）的权利，而且还被迫居住在四周建有围栏、警卫随时看守的建筑内。他们在瑙鲁得到的保护实际上完全取决于政治上的考虑，而公约缔约国是不能采取这种方式的。

简单地说，既得权利遭到剥夺就是问题的焦点所在。第一，由于对目的地国是否“安全”的评估并不考虑除公约第33条以外的难民权利，所以适用“安全第三国”规则可能会导致公约保障的难民权利不断遭到剥夺的局面。第二，由于“安全第三国”并不局限于公约或议定书的缔约国，所以强迫难民前往这种国家的做法，实际上会造成难民在权利遭剥夺后无法寻求救济的后果。难民似乎更像是任由摆布的物品，而不是依照公约规定享有权利的被保护者。因为面临“安全第三国”移送程序的大多数难民其实已经处于缔约一国的管辖之下，并且因此取得了若干核心权利，其中包括因权益受到侵犯而寻求救济的权利，所以难民权利遭到剥夺的情况不仅真实存在，而且非常严重。

有一种观点认为，公约第32条的有限适用性给予了各国较大的自由度，这意味我们没有明确的法律依据去斥责剥夺难民权利的做法。如果在难民合法逗留于一国领土（包括其领水）之前按照“安全第三国”规则将其驱离，只要不存在可预见的直接或间接推回风险，那么移送难民至非缔约国就应当是《难民公约》允许的做法。另一种意见则认为，这种做法虽然在技术上具有合理性，但是与《难民公约》的目的和宗旨难以契合——这显然是帮助理解不推回义务的真实含义的关键因素。尤其是，虽然公约起草者没有将公约第33条规定成给予庇护的义务，但他们确实把入境前

① 参见原著1.1.3章节。

② P. Barkham, “Paradise Lost Awaits Asylum-seekers”, Guardian, Sept. 11, 2001, at 3.

未取得许可的难民[①]归入了公约第33条的保护范围，并且决定在个人获准进入难民地位甄别程序之前便给予其若干基本公约权利。[②] 最根本的一点在于，避免推回难民不是《难民公约》要求缔约各国承担的唯一义务——其效力范围远比这项义务宽泛，按照公约序言对宗旨的阐述，它是“通过一项新的协定来修正和综合过去关于难民地位的国际协定并扩大此项文件的范围及其所给予的保护”，以便“竭力保证难民可以最广泛地行使此项基本权利和自由”。[③] 如果对公约第33条的解释从实质上否定了难民主张其他所有公约权利的能力，那么该解释怎可能符合这些明确的公约宗旨？

在平衡各方意见的基础上，把难民在目的地国得到真正的“有效保护”作为缔约各国驱离难民的前置条件，这才算得上是对公约第33条的公正解释。在理想情况下，这意味着难民会被移送至《难民公约》或《难民议定书》的缔约国，因为这些国家会对他们的地位进行甄别，并且尊重所有相关公约和其他权利。然而，即使是在结合上下文的基础上对公约进行细致解读，我们也不敢说公约确实提出了如此之高的要求。另一方面，难民由于处于《难民公约》缔约一国的管辖[④]，或进入其领土[⑤]而取得公约权利，所以只要一国在实践中尊重这些权利以及其他国际法上的权利，那么该国就应当被认定为“安全第三国”，这种主张似乎也有合理之处；此外，还应当有司法或类似机制来帮助难民，促使所在国认真负责地落实上述权利。[⑥]

唯有如此理解“安全第三国”原则，各国才能继续享有分担难民保护责任的自由，当然其中也包括尚未受到难民法正式约束的国家。不过，它们不能因此就弱化保护责任的分担，更不能将贯彻该原则当作阻吓难民寻求保护的手段。即使难民被迫前往并非其主动选择的国家，其既得

---

① 参见原著2.1.1章节。

② 参见原著1.1.1章节和1.1.2章节。

③ 《难民公约》，序言，第2—3段。

④ 参见原著1.1.1章节。

⑤ 参见原著1.1.2章节。

⑥ 联合国人权委员会，“Concluding Observations: Sweden”, UN Doc. A/57/40, vol. I (2002) 57, at para. 79(12)(b)。

权利也不应遭到剥夺。这种解释方法遵循了法院的意见，即分析的重点应当切合实际并以结果为导向，不允许将难民置于违背公约基本准则的境地。这种方法不仅能有效检验“安全第三国”规则的具体应用，而且还为集体保护制度的合法适用设定了兼具原则性和务实性的基本标准，使之能符合英国、联合国难民署和政府间磋商机构提出的要求。

必须要探讨的最后一种禁入机制，就是将整个国家认定为“安全原籍国”——它基本上意味着来自这些国家的所有人都不会认定为公约难民。从原则上来说，该做法有悖于高度关注个体情况的公约要求；即使特定国家中的几乎所有人都不具备取得难民地位的资格，但对于的确是公约难民的少数人来说，该事实不应该成为阻止他们取得难民地位的障碍。认定“安全原籍国”是否合法应该进行评估，而评估的关键点就是要看来自那些国家的真正难民能否得到切实的保护。

必须明确的是，绝不能自动拒绝来自任何国家的全部难民申请——这种做法必然会导致部分难民被遗漏。[①] 有人主张只有遵守《难民公约》和其他人权条约的国家才能被认定为“安全原籍国”，但这种方法同样有失偏颇。让人感到遗憾的是，即使被看作民主楷模和人权卫士的国家——在某些时候和某些情况下——也会产生真正的公约难民。[②] 只要“安全原籍国”的概念阻碍了难民地位申请的实质性审查——这相当于欧盟“超级安全第三国”规则，该规则禁止接受欧盟成员国公民的难民申请——那么缔约各国就不可能切实履行公约第 33 条规定的义务。

然而更普遍的现象是，一国被认定为“安全”原籍国并未被当作禁止寻求保护的理由，而是成为要求申请者通过快速或简易程序主张难民地位的程序性因素，并且常常要求申请者对否定其难民地位的推论提出反证意见。[③] 英国上诉法院在一起案件的裁决中指出，只要允许举行“公正的听证”，允许获得律师的帮助，那么在遵守不推回义务的情况下便可以采用这样的程序。[④] 该程序可以从推定安全原籍国开始，但必须“认真考虑

① UNHCR, “Asylum Processes”, UN Doc. EC/GC/01/12, May 31, 2001, at para. 38.

② Roszkowski v. Special Adjudicator, [2001] EWCA Civ 650 (Eng. CA, May 9, 2001).

③ UNHCR, “Note on the Cessation Clauses”, UN Doc. EC/47/SC/CRP.30 (1997), at para. 7.

④ R(L) v. Secretary of State for the Home Department,[2003] EWCA Civ 25 (Eng. CA, Jan. 24, 2003), at paras. 30, 38.

个案的事实情况”。[①] 例如，必须给予申请者援引相关的专家医疗证据的权利。[②] 最关键的是，当个人诚信成为案件需要查清的核心问题时，那么在没有进行传统的难民地位调查的情况下，通常不应该做出拒绝承认难民地位的决定。[③]

尽管这类程序上的保障措施大大减少了违反不推回义务的风险，但原则上还是应该反对把存在迫害风险的国家认定为“安全原籍国”。譬如，由于大量巴基斯坦人被确认为真正的公约难民，尤其是考虑到该国的艾哈迈迪派信徒不断被剥夺公民权利的情况，所以法院认为英国将巴基斯坦认定为安全国家是“不理智”的决定。[④] 正如联合国难民署所说，需要考虑的因素“不仅是已经加入的国际条约和生效的国内立法，还应包括尊重人权和法治的实际水平、产生难民的状况、对人权条约的遵守，以及国内或国际组织在核实人权问题时该国提供合作的情况”。[⑤]

三　域外推回

之前的分析主要集中于不推回义务对位于一国边境或境内的难民产生的影响。可是，世界各国越来越倾向于在本国领土（包括领海）以外的地区展开行动，以迫使难民返回来源地或前往其他国家。拦截行动和相关策略实际上是拒绝向难民提供保护。但由于这些阻吓措施是以避免难民与接收国发生任何直接关联为前提条件，所以缔约一国采取拦截行动并导致难民被迫返回原籍国的做法是否违反了不推回义务还存在一定的疑问。

美国最高法院在Sale诉海地人接待中心委员会（Haitian Centers Council）案的判决中以多数意见采纳了这类行为不违反公约第33条的观

① R(L) v. Secretary of State for the Home Department,[2003] EWCA Civ 25 (Eng. CA, Jan. 24, 2003), at para. 45.

② R(L) v. Secretary of State for the Home Department,[2003] EWCA Civ 25 (Eng. CA, Jan. 24, 2003), at para. 49.

③ R(L) v. Secretary of State for the Home Department,[2003] EWCA Civ 25 (Eng. CA, Jan. 24, 2003), at para. 60.

④ R v. Secretary of State for the Home Department, ex parte Javed, [2001] EWCA Civ 789 (Eng. CA, May 17, 2001).

⑤ UNHCR, “Asylum Processes”, UN Doc. EC/GC/01/12, May 31, 2001, at para. 39.

点，[①] 该案对美国在国际水域拦截寻求保护的海地人并将其送回海地的政策提出了质疑。法院认为“公约第 33 条的文本和谈判过程……完全没有提及本条款可以适用于一国在边境以外地区采取的行动”。[②] 而且，有人指出欧洲最初对推回的理解——针对在一国边境或边境以内发生驱离行为——是参照公约第 33 条关于避免“送回”的义务，法院认为这是指“在边境采取的阻拦或驱离等防御行为，而非将某人移送至其本国或其他国家的行为……在《难民公约》的语境下，‘送回’的意思是‘逼退’，而不是‘恢复原状’”。[③] 对于公约第 33 条（一）款设定的主要责任，以及公约第 33 条（二）款关于国家有权对危害“所在国家”安全的个人取消不推回保护的规定，法院认为只有以领土概念为基础才能保证这两项条款的协调统一。在美国最高法院看来，所谓公约第 33 条（一）款适用于域外威慑行动的观点“将导致荒谬的结果：身处公海的外国危险分子可以主张第 33 条（一）款的权益，但居住于一国境内并遭该国驱逐的人却无法主张同样的权益”[④]。美国最高法院因此断定，禁止推回的目的仅仅是保护那些“已经踏入国境”的人的利益。[⑤]

这些争论其实没什么实质内容。最能迷惑人的地方可能就是对公约第 33 条（一）款需要与第 33 条（二）款保持一致的观点。既然只有当难民的逗留或行为可能直接或间接损害所在国根本利益时，包括致其领土或公民受到武装攻击，或是其民主制度面临被破坏的风险，[⑥] 所在国才能以国家安全为理由驱离难民，那么对尚未抵达或进入一国领土的难民采取驱离措施的做法实在让人难以理解。所以免除不推回义务是一项

① Sale, Acting Commissioner, Immigration and Naturalization Service, et al., Petitioners v. Haitian Centers Council, Inc., et al., 509 US 155 (US SC, Jan. 12, 1993).

② Sale, Acting Commissioner, Immigration and Naturalization Service, et al., Petitioners v. Haitian Centers Council, Inc., et al., 509 US 155 (US SC, Jan. 12, 1993), at 178.

③ Sale, Acting Commissioner, Immigration and Naturalization Service, et al., Petitioners v. Haitian Centers Council, Inc., et al., 509 US 155 (US SC, Jan. 12, 1993), at 182.

④ Sale, Acting Commissioner, Immigration and Naturalization Service, et al., Petitioners v. Haitian Centers Council, Inc., et al., 509 US 155 (US SC, Jan. 12, 1993), at 180.

⑤ Sale, Acting Commissioner, Immigration and Naturalization Service, et al., Petitioners v. Haitian Centers Council, Inc., et al., 509 US 155 (US SC, Jan. 12, 1993), at 187.

⑥ 参见原著 2.1.4 章节。

受到严格限制的特权，只有在面临明确而紧迫的风险时才能行使这项特权。但布莱克蒙法官在Sale案中提出了反对意见，他认为“所谓只有身处一国境内的难民才可能对‘所在’国家构成威胁，这种陈腐的观点说明不了任何问题”。[①]

公约起草者认为发生推回的地点只可能在一国边境或境内——所以没有断然禁止将难民送回受迫害之地的域外行动——这一事实仅仅反映了公约起草阶段的现实状况，因为当时还没有任何国家在其边境或领土以外的地方阻吓难民。特设委员会的美国代表后来对Sale案的裁决评论道：“那些国家已然答应绝不迫使任何人回到迫害者手中，域外的难民可以自由地向它们寻求帮助，但是它们现在却要抓捕难民并将其送回意欲逃离的国家，其出尔反尔的态度确实令人难以置信。”[②] 公约起草者根本无法预见，更谈不上支持美国在公海拦截并送回难民的做法。在不承担相应责任的情况下采取管辖难民的专门行动（例如强制他们登上美国舰只，并捣毁其船舶），这种积极威慑的政策在历史上绝无先例。

回头来看美国最高法院提出的极其简略的意见，因为一个国家无法“驱逐或送回”还未抵达其领土的人，所以只有“在边境采取的阻遏或驱离等防御行为”才需要遵守禁止“送回”的义务，而将这些人实际送回本国的行为则不受该义务的限制。这可能是最高法院在该案中提出的最虚伪的论点。“送回”一词不仅没有最高法院赋予的那层含义，[③] 而且从词义中剔除将难民实际交还给迫害者的解释方法——而非简单地抵制或驱离难民——实际上就是对公约规定义务最赤裸和最明显的违背，因为该义务明确禁止采取将难民“推回至其迫害者”的措施。[④]

更概括地说，美国最高法院的裁决显然没有考虑到起草者决定修改公约第33条的重要意义，该决定的目的就是规定不推回义务，以便禁止“以

---

① Sale, Acting Commissioner, Immigration and Naturalization Service, et al., Petitioners v. Haitian Centers Council, Inc., et al., 509 US 155 (US SC, Jan. 12, 1993), at 194.

② L. Henkin, “Notes from the President” (1993) 5, American Society of International Law Newsletter 1.

③ UNHCR, “Brief as Amicus Curiae”, filed Dec. 21, 1992 in McNary v. Haitian Centers Council Inc., Case No. 92—344, at 10, reprinted in (1994) 6(1) International Journal of Refugee Law 85.

④ 参见会议主席，加拿大代表Chance的发言，UN Doc. E/AC.32/SR.21, Feb. 2, 1950, at 7。

任何方式”让难民再度面临迫害的风险，[①] 包括“驱逐、拒绝入境或移送难民在内的各种方法”。[②] 美国最高法院更没有顾及《难民公约》的基本宗旨，即让面临严重风险的人享有逃离本国的权利——如果把公约第33条解读为只要难民尚未抵达缔约一国领土，缔约各国政府便有权强迫其返回本国，且概不承认其享有的权利，那么这显然就是从根本上否定公约的目的。[③] 联合国难民署针对Sale案中反映出的政策问题发表了重要观点：

> 美国政府对公约第33条的解释……对于已经逃离本国但尚未进入另一国领土的所有难民来说，相当于否定了他们受条约保障的最基本权利——不得送返的权利。按照美国政府的理解，难民能否得到最基本的保护并不取决于难民对保护的需求，而是要看难民有没有能力秘密潜入他国领土。[④]

也许最根本的问题在于，美国最高法院在分析中错误地认为，只有在一国领土以内才能适用国际法上的这些权利：可是某些公约权利明显不受领土或其他关联程度的限制——其中明显包括公约第33条规定的不推回义务。依据欧洲人权法院和国际法院的观点，只要一个国家在其领土以外的地方行使了有效或事实上的管辖，那么它就有义务尊重这些权利。这至少包括两种情形，即一国领事或其他国家工作人员管理海外国民；以及一国在其占领的外国领土，或是得到同意、邀请或默许在外国领土行使某些重要的公共权力。毫无疑问，美国军舰在国际水域采取的拦截行动就属于在境外行使事实上的管辖。

英国上诉法院也得出了相似的结论。泛美人权委员会[⑤]“猛烈抨击美

---

① 参见原著1.12章节。

② 参见比利时代表Cuvelier的发言，UN Doc. E/AC.32/SR.22, Feb. 2, 1950, at 20。

③ UNHCR, “Interception of Asylum-Seekers and Refugees: The International Framework and Recommendations for a Comprehensive Approach”, UN Doc. EC/50/SC/CRP.17, June 9, 2000 (UNHCR, “Interception”), at para. 23.

④ UNHCR, “Brief as Amicus Curiae”, filed Dec. 21, 1992 in McNary v. Haitian Centers Council Inc., Case No. 92—344, at 18, reprinted in (1994) 6(1) International Journal of Refugee Law 85.

⑤ Haitian Centre for Human Rights et al. v. United States, Case No. 10.675, Report No. 51/96, Inter-AmCHR Doc. OEA/Ser.L/V/II.95 Doc. 7 rev., at 550 (Inter-Am Comm HR, Mar. 13, 1997).

国最高法院做出的裁决”，[①] 英国上诉法院也认为 Sale 案的裁决“是个错误；是对正义的公然诋毁”。[②] 英国上诉法院总结道：“绝不能容忍将难民从公海送回原籍国的做法。”[③] 总之，美国最高法院从文本和历史角度对公约第 33 条进行狭义解读的观点无法令人信服。布莱克蒙法官在他的反对意见中总结说：

> 今天的多数意见……认为强制遣返海地难民的行为完全合法，所依据的理由是“送回”的意思并不是送回，而“美国境内”的反义词也不是美国境外……
>
> 公约……在很大程度上是对犹太裔难民在第二次世界大战中的遭遇做出的回应。当时国际社会的冷漠所导致的悲剧性后果已是人尽皆知。由此产生的推回禁令具有与人道主义宗旨一样的普遍性，尽管法院认为其无效并为之感到遗憾，但是该禁令在本案中的适用性是显而易见的。[④]

需要引起注意的是，对实施控制和行使公共权力——它是构成事实上的域外管辖的依据——的解释应当与公认的国家责任原则保持一致。依据这些规则，各国政府还要对“个人或团体遵照国家的指令，或受其指挥，或受其控制下采取的行动”，[⑤] 以及“国家承认和视作自己做出的行为”承担责任。[⑥] 只要满足上述条件，无论管辖行为的主体是承接政府合同的实体（如私营公司）还是国家官员，实施域外管辖的行为都具有相同性质。

---

① R (European Roma Rights Centre and Others) v. Immigration Officer at Prague Airport, [2003] EWCA Civ 666 (Eng. CA, May 20, 2003), at para. 34.

② R (European Roma Rights Centre and Others) v. Immigration Officer at Prague Airport, [2003] EWCA Civ 666 (Eng. CA, May 20, 2003), at para. 34.

③ R (European Roma Rights Centre and Others) v. Immigration Officer at Prague Airport, [2003] EWCA Civ 666 (Eng. CA, May 20, 2003), at para. 35.

④ Sale, Acting Commissioner, Immigration and Naturalization Service, et al., Petitioners v. Haitian Centers Council, Inc., et al., 509 US 155 (US SC, Jan. 12, 1993), at 207—208.

⑤ “Draft Articles on Responsibility of States for Internationally Wrongful Acts”, UN Doc. A/56/10, Ch. IV.E.1, adopted Nov. 2001 (International Law Commission, “Draft Articles”), at Art. 8.

⑥ “Draft Articles on Responsibility of States for Internationally Wrongful Acts”, UN Doc. A/56/10, Ch. IV.E.1, adopted Nov. 2001 (International Law Commission, “Draft Articles”), at Art. 11.

与当今的现实最具关联性的地方在于，“如果一国的机构交由他国支配，而该机构为行使他国的国家权力而采取行动”，那么他国应当对此承担国家责任。[①]

所以，如果中转国家的官员或是其他主管机关由于代表目的地国家实施签证控制而导致难民被（直接或间接）送回原籍国，那么这种构成违反不推回义务的行为，实际上就是代替目的地国家行使事实管辖的行为。如果中转国和目的国都是《难民公约》的缔约国，那么它们在这种情况下将因推回行为而承担连带责任。[②]

当然，这也不是说各国政府在所辖领土以外的地区拦截非公民的行为一定找不到合法的理由。譬如，《打击陆、海空偷运移民的补充议定书》[③]的缔约国在某些情况下就可以依据该条约行使拦截权：

> 如有正当理由怀疑某船只正在从事海上偷运移民的活动，且该船只没有国籍或是可以视作没有国籍，那么缔约国可以对该船只进行登临和搜查。如果找到能确认所怀疑事项的证据，那么缔约国就应当依据有关的本国法律和国际法采取适当措施。[④]

至少当涉事船只没有船旗国时，[⑤] 如果有正当理由怀疑其从事偷运移民的活动，那么便可推定《打击陆、海空偷运移民的补充议定书》的缔约国有权登临和搜查该船。不过这项授权绝不能与《难民公约》规定的义务

---

① “Draft Articles on Responsibility of States for Internationally Wrongful Acts”, UN Doc. A/56/10, Ch. IV.E.1, adopted Nov. 2001 (International Law Commission, “Draft Articles”), at Art. 6.

② G. Noll, “Visions of the Exceptional: Legal and Theoretical Issues Raised by Transit Processing Centers and Protection Zones”, (2003) 5(3), European Journal of Migration Law 303 (Noll, “Transit Processing”), at 326.

③ Protocol against the Smuggling of Migrants by Land, Sea and Air, Supplementing the United Nations Convention against Transnational Organized Crime, Annex III, 55 UNGaor Supp. (No. 49) at 65.

④ Protocol against the Smuggling of Migrants by Land, Sea and Air, Supplementing the United Nations Convention against Transnational Organized Crime, Annex III, 55 UNGaor Supp. (No. 49) at 65, Art. 8(7).

⑤ Protocol against the Smuggling of Migrants by Land, Sea and Air, Supplementing the United Nations Convention against Transnational Organized Crime, Annex III, 55 UNGaor Supp. (No. 49) at 65, Art. 8(2).

发生抵触，其中也包括不推回义务。[①] 在拦截国家的行为对船只及其人员的构成事实管辖的限度之内，该国必须尊重《难民公约》第 33 条的规定（以及船上人员在抵达缔约国领土之前已经取得的权利[②]）。这并不意味着实施拦截的国家必须批准船上的所有难民进入其领土，但是该缔约国一旦选择实施管辖，则不得做出违反难民保护责任的行为。[③]

四　个别例外

如果认定个人对接收国构成根本性的威胁，那么该国就无需遵守不推回义务。[④] 尤其是以国家安全原因，或者在难民犯有特别严重的罪行从而对该国社会构成危险的情况下，采取个别推回措施的做法就具有合法性。[⑤]

公约第 33 条（二）款规定一国拥有驱逐或送回危险难民的权力，而公约第 1 条（六）款（乙）项又规定难民保护不适用于逃犯，两者之间常常出现混淆的情况。[⑥] 某些国家认为自身太容易受大规模难民潮的影响，第 1 条（六）款（乙）项便是在这些国家的要求下写入公约的，[⑦] 设计该条款的目的就是要在许可入境之前利用相对较低的证明标准（"有重大理由足以认为"）来排除部分难民，[⑧] 而且无需通过正式审判来评估涉及的刑事指控。该方法的适用范围虽然非常狭窄，但却也十分便利——它只适用于有理由认为之前曾犯过严重的、应受法律审判的罪行的人。加拿大最高法院的巴思特罗什法官曾经有针对性地指出，必须承认公约第 1

---

① UNHCR, "Interception of Asylum-Seekers and Refugees: The International Framework and Recommendations for a Comprehensive Approach", UN Doc. EC/50/SC/CRP.17, June 9, 2000 (UNHCR, "Interception"), at para. 17.

② 参见原著 1.1.1 章节。

③ UNHCR Executive Committee Conclusion No.97, "Conclusion on Protection Safeguards in Interception Measures" (2003), at para. (a) (iv), www.unhcr.ch.

④ 《难民公约》，第 33 条（二）款。

⑤ E. Lauterpacht and D. Bethlehem, "The Scope and Content of the Principle of Non-Refoulement", in E. Feller et al. eds., Refugee Protection in International Law 87 (Lauterpacht and Bethlehem, "Non-Refoulement"), at para. 151—158.

⑥ Immigration and Refugee Board of Canada Decision No. T89—0245, Sept. 12, 1989.

⑦ 参见法国代表 Rochefort 的发言，UN Doc. A/CONF.2/SR.24, July 17, 1951, at 13。

⑧ A. Grahl-Madsen, The Status of Refugees in International Law (vol. I, 1966), at 289.

条（六）款（乙）项与第 33 条（二）款之间存在差别：

> 违反第 1 条（六）款规定的人会遭到公约保护制度的自动排除。他们不仅可能被送回曾经寻求过庇护的国家……且无需确认他们对该国的公共安全和国家安全构成威胁，而且其难民地位的申请也不会得到任何考虑。相对于公约第 33 条（二）款的保障程序而言，这种自动排除措施的实际影响更加深远。[①]

公约第 33 条（二）款采纳的是最早的[②]也是适用更广泛的定罪条款，它为缔约各国提供了驱逐或送回两类难民的理由。第一，无论是否提起犯罪指控，只要有正当理由认为某难民危害庇护国的安全，庇护国就有权推回该难民。第二，由于难民在庇护国或其他地方所犯的严重罪行而认定其对庇护国的社会安全构成威胁，无论其罪行是否还应受法律审判，公约第 33 条（二）款均允许庇护国驱离该难民。[③]

如果出现公约第 33 条（二）款规定的情况，庇护国甚至有权驱逐或送回那些面临严重迫害风险的难民。[④] 但是该条款在证明标准方面的要求比第 1 条（六）款更加严格。公约第 33 条（二）款中涉及犯罪的部分规定要求对特别严重的犯罪做出最终判决，而不仅仅是"有重大理由足以认为"某人是罪犯。而且所犯的罪行只是"严重"还不够，必须是"特别严重"。此外，还必须认定罪犯"对该国社会构成危险"。

唯有如此解释，公约第 1 条（六）款和第 33 条（二）款才能形成协调一致且符合逻辑的整体。如果可以依照公约第 1 条（六）款否定一人的难民地位，那么将其作为难民接收实际上就是在保护犯下严重罪行的罪犯。尽管这种措施看似严厉，但它却是能确保难民法不被逃犯所利用的唯一方

---

① Pushpanathan v. Minister of Citizenship and Immigration, 1998 Can. Sup. Ct. Lexis 29 (Can. SC, June 4, 1998), at para. 13.

② 参见荷兰代表 van Boetzelaer 的发言，UN Doc. A/CONF.2/SR.29, July 19, 1951, at 12。

③ I v. Belgium (Feb. 13, 1987), (1987) 46 Revue du droit des etrangers 200, summarized at (1989) 1(3) International Journal of Refugee Law 392.

④ P. Weis, "The Concept of the Refugee in International Law", (1960) 87, Journal du droit international 928, at 984.

法。[1] 因为普通罪行通常不会在犯罪地以外的国家被起诉，所以不排除普通罪犯的难民保护制度将会破坏打击犯罪的国际努力。

相反，如果问题的关键不是共谋规避刑事责任，而是保护所在国及其公民的核心利益，那就没有必要拒绝承认难民地位。所以公约第33条（二）款的作用并不是取消难民地位，而只是授权所在国拒绝承担个别的保护责任。[2] 由于涉事个人仍然是难民，因此还有权得到联合国难民署的援助，以及不会因其在境内逗留而致安全受到危害的其他缔约国的保护。加拿大最高法院对这一差别看得非常清楚：

> 公约第1条的目的就是要定义谁是难民。然后第1条（六）款规定了需要从该定义中特别排除的几类人。相反，公约第33条的目的不是要规定谁是或不是难民，而是在真正的难民对庇护国的国家安全或社会安全构成危险的情况下，允许将其推回本国……因此，无论难民危害庇护国的行为是发生在其申请提出之前还是之后，公约第1条（六）款的主要目的都不是保护庇护国的社会免遭危险难民的侵害；公约第33条才有这样的目的。[3]

可以依法推回的第一类人包括"有正当理由认为其对接收国的安全构成危险的人"。新西兰上诉法院的格莱斯布鲁克法官认为，"正当理由"这个概念要求"相关国家不得随意妄为和反复无常，而是必须专门就未来是否会面临风险的问题进行探讨，得出的结论必须有证据的支持"。[4] 虽然公约起草阶段的辩论没有得出国家安全的精准定义，但是有迹象表明全权代表大会上的各国代表团普遍对共产主义心怀戒备。[5] 根据早期的法律理论观点，在难民的逗留或行为确有可能直接或间接损害所在国的最基本利益的情况下，包括领土及公民受到武装袭击或民主制度有遭到破

① 参见原著2.1.6章节。

② Moses Allueke, Dec. No. 188981 (Fr. CE, Nov. 3, 1999).

③ Pushpanathan v. Minister of Citizenship and Immigration, 1998 Can. Sup. Ct. Lexis 29 (Can. SC, June 4, 1998), at para. 58.

④ Attorney General v. Zaoui, Dec. No. CA20/04 (NZ CA, Sept. 30, 2004), at para. 133.

⑤ 参见英国代表Hoare的发言，UN Doc. A/CONF.2/SR.16, July 11, 1951, at 8。

坏的风险时，援引国家安全作为理由就是恰当的做法。[①]

尽管现代观念对国家安全的认识已相当宽泛，但是这个概念在实践中仍可能出现错用的情况。例如，以维护国际关系的重要性为由，利用国家安全原因来排除难民的做法就很不恰当。[②] 由于难民的存在可能使财产或经济利益受到损害而认定其对国家安全构成威胁，这种主张在国际法上同样找不到任何依据。为阻止难民原籍国的国民逃离本国，而以国家安全为由拒绝提供保护的做法就更不靠谱。[③]

为了避免发生迫害难民者实施报复的风险，可否援引不推回义务中的国家安全例外，这个问题确实更加难以回答。美国移民上诉委员会早就明确指出了这类排除措施非法性：

> 移民法官并未发现庇护申请人有危害美国安全的意图。相反，法官认为申请人是参与暴力政治危机的知名人士，美国给予其庇护的决定……可能让美国与那场政治危机扯上关系，或导致美国成为暴力冲突的目标。如果我国收留他，外国的暴力对抗分子极有可能把我们的领土当作战场……
>
> 我们由此得出结论，移民法官的解释……存在缺陷。案例法规定只有当外国人本人构成危险时才能认为其对美国的安全构成危险……我们没发现任何权威意见支持移民法官的解释……即如果美国庇护一外国人士的决定可能导致他人暴力攻击美国以示报复，则可以恰当地认为该外国人士对美国的安全构成威胁。庇护的目的是保护因政治见解而深陷险境的个人。如果我们拒绝庇护的原因是反对该外国人士政治见解的第三方，为了报复庇护决定而考虑对美国（或该外国人士）实施暴力攻击，那么这一目的势必会受到严重冲击。[④]

---

① 参见原著 1.5.1 章节。E. Lauterpacht and D. Bethlehem, “The Scope and Content of the Principle of Non-Refoulement”, in E. Feller et al. eds., Refugee Protection in International Law 87 (Lauterpacht and Bethlehem, “Non-Refoulement”), at para. 165。

② Attorney General v. Zaoui, Dec. No. CA20/04 (NZ CA, Sept. 30, 2004), at para. 141.

③ In re DJ, 2003 BIA Lexis 3 (US AG, Apr. 17, 2003).

④ In re Anwar Haddam, 2000 BIA Lexis 20 (US BIA, Dec. 1, 2000).

虽然该观点的高度原则性立场显露无遗，但是它对国家安全概念的理解却过于偏狭。为了实现公约第33条（二）款的目标，是否真正存在报复的可能性才是应当考虑的问题；如果可能性确实存在，那么报复是否能对所在国最根本利益造成重大损害——例如对其领土及公民的武装攻击，或是破坏其民主制度。只有满足这些严格的标准，才能合法地援引国家安全理由作为不推回义务的例外，才可以要求难民离开所在国。但是，解释公约第33条时应当与第31条和第32条保持一致，以便让具有危险性的难民有机会去往不受迫害的国家，从而免于被送回本国。[①]

即便在涉及这般重大利益时，如果要援引不推回义务中的国家安全例外来推回个别难民，也必须对其构成的安全威胁进行细致评估。[②] 公约第33条（二）款“要求涉事者本人对国家安全构成危险”。这显然是说两者之间必须有某种程度的因果关系。[③] 所以加拿大最高法院坚持认为，不能单凭某个组织或其他派别的成员身份来推定一个人对国家安全构成威胁——而必须通过公正的法律程序来证明这种风险。[④] 实际上，这就是新西兰在第一次海湾战争期间断然拒绝保护穆斯林难民时暴露的主要问题。首先推定每个难民申请者都是可以合法推回的安全威胁，然后要求其提出相反的证据以自证清白，新西兰政府的做法明显是曲解了这种保护国家利益的例外手段。如果一国只要声称难民构成威胁就可以合乎逻辑地对该难民立案调查，[⑤] 那么这种方法显然应当受到一定的限制。[⑥]

除了国家安全以外的问题，如果“难民已被最终判决裁定为犯过特别严重罪行”，从而被认定构成“对该国社会的危险”，那么对这种情况也可以采取推回措施。对比《难民公约》第1条（六）款（乙）项，

---

① P. Weis, The Refugee Convention, 1951: The Travaux Preparatoires Analysed with a Commentary by Dr. Paul Weis (1995), at 303, 343.

② UNHCR, “Opening Statement of the UN High Commissioner for Refugees, Ruud Lubbers, at 53rd Session of the Executive Committee of the High Commissioner's Program”, Sept. 30, 2002.

③ Attorney General v. Zaoui, Dec. No. CA20/04 (NZ CA, Sept. 30, 2004), at para. 148.

④ Suresh v. Canada, [2002] 1 SCR 3 (Can. SC, Jan. 11, 2002) at para. 84.

⑤ Attorney General v. Zaoui, Dec. No. CA20/04 (NZ CA, Sept. 30, 2004), at para. 72; E. Lauterpacht and D. Bethlehem, “The Scope and Content of the Principle of Non-Refoulement”, in E. Feller et al. eds., Refugee Protection in International Law 87 (Lauterpacht and Bethlehem, “Non-Refoulement”), at para. 168.

⑥ Attorney General v. Zaoui, Dec. No. CA20/04 (NZ CA, Sept. 30, 2004), at para. 136.

该条款只是为了不让罪犯利用申请难民地位的方法来逃避起诉和刑罚，而公约第 33 条（二）款的犯罪排除规定则是让所在国有能力保护自身的社会安全，避免具有危险性的难民罪犯造成损害。[①] 然而，推回危险罪犯的权力却受到严格的限制。

第一，就罪行性质而言，依据公约第 33 条（二）款可以推回的罪行比公约第 1 条（六）款（乙）项规定的应予排除的罪行更加严重。公约第 1 条拒绝保护“在以难民身份进入避难国以前，曾在避难国以外犯过严重的非政治性罪行”的罪犯。[②] 此处所指的“严重”罪行通常被理解为针对人的暴力犯罪，如谋杀、强奸、猥亵儿童、伤害、纵火、走私毒品和武装抢劫。[③] 如果要将符合难民地位要求的人推回，首先有必要证明其罪行造成的损害——被直接表述为“特别”严重的罪行——明显更加严重，而且即使难民犯下严重罪行，也必须在全面考虑其所犯罪行的从轻和其他情节之后才能做出推回决定。[④]

例如，有一人在其公约难民地位被确认之前曾遭澳大利亚关押超过两年时间，为此澳大利亚联邦法院被促请调查公约第 33 条（二）款在该案中的适用是否恰当。由于长期拘押的原因，此人罹患了严重的偏执妄想症。获释以后，他曾在处于妄想状态下持刀前往友人家中，威胁要杀害友人。此后他又再次威胁友人性命，最终因一宗暴力入室和五宗威胁杀人而遭逮捕。他后来被判所有罪名成立，并处以入监服刑 3 年半。联邦法院在审查推回该难民的裁决时认为，此人所犯罪行不应被认定为“特别严重”，因为“上诉人的精神疾病是导致犯罪的原因。由于精神疾病的影响，上诉人的侵害对象是他认为的意欲谋害他的人，这一事实在法庭裁决中本应当予以考虑。法庭在处罚上诉人的罪行时需要考虑其精神疾病的因素，同样

---

① J. Hathaway and C. Harvey, “Framing Refugee Protection in the New World Disorder”, (2001) 34 (2), Cornell International Law Journal 257.

② 《难民公约》，第 1 条（六）款（乙）项。参见 J. Hathaway, The Law of Refugee Status, at 221—226; G. Goodwin-Gill, The Refugee in International Law, at 101—108; A. Grahl-Madsen, The Status of Refugees in International Law (vol.I, 1966), at 289—304。

③ A. Grahl-Madsen, The Status of Refugees in International Law (vol.I, 1966), at 97; J. Hathaway, The Law of Refugee Status, at 224; G. Goodwin-Gill, The Refugee in International Law, at 104—106.

④ Betkoshabeh v. Minister for Immigration and Multicultural Affairs, (1998) 157 ALR 95 (Aus. FC, July 29, 1998), at 102.

道理，法庭也要以相同的方式考虑精神疾病应当在何种程度上减轻上诉人的道德罪责”。作为一项普遍原则，上诉法院得出了如下结论：

> 在合理的解释中，尽管罪行性质在某些案件中已足以说明严重程度，但公约第33条（二）款不会仅凭罪行的性质来判定该罪行为属于特别严重或不太严重。这是因为如果不考虑犯罪情节的话，很多罪行便根本无从认定其是否属于特别严重。[①]

第二，如果有理由怀疑某人犯有公约第1条（六）款（乙）项所述罪行，虽然其难民地位会因此遭到拒绝，但是推回难民的决定只能在终审定罪之后才能做出。所以上诉权利在此时应当已经用尽或是超过诉讼时效，[②]在 这种严格的限制下，只有依据公认的一般法律规范被最终定罪的人才会面临推回的风险。

第三，也是最重要的一点，如果认为难民确实对向其提供保护的社会[③]构成了危险，[④]那么必须有罪行性质和其他犯罪情节来证明这一结论的正当性。由于危险性只取决于难民的犯罪性质，所以犯罪发生地究竟是在原籍国、中转国还是庇护国并不重要，[⑤]是否服刑或受到处罚也无关紧要。然而，与公约第1条（六）款（乙）项规定的难民地位排除措施不同的是，难民的犯罪记录本身不能作为推回的理由——但这似乎越来越成为美国的做法。[⑥]只有在庇护国的社会面临不可接受的危害风险且没有

---

① Betkoshabeh v. Minister for Immigration and Multicultural Affairs, (1998) 157 ALR 95 (Aus. FC, July 29, 1998), at 102.

② 参见英国代表 Hoare 的发言，UN Doc. A/CONF.2/SR.16, July 11, 1951, at 14; E. Lauterpacht and D. Bethlehem, “The Scope and Content of the Principle of Non-Refoulement”, in E. Feller et al. eds., Refugee Protection in International Law 87 (Lauterpacht and Bethlehem, “Non-Refoulement”), at para. 188。

③ 参见英国代表 Hoare 的发言，UN Doc. A/CONF.2/SR.16, July 11, 1951, at 16—17。

④ E. Lauterpacht and D. Bethlehem, “The Scope and Content of the Principle of Non-Refoulement”, in E. Feller et al. eds., Refugee Protection in International Law 87 (Lauterpacht and Bethlehem, “Non-Refoulement”), at para. 192.

⑤ 参见法国代表 Rochefort 和丹麦代表 Larsen 的发言，UN Doc. A/CONF.2/SR.35, July 25, 1951, at 24。

⑥ See decision of the US Attorney General overruling the US Board of Immigration Appeals in In re YL, 2002 BIA Lexis 4 (US AG, Mar. 5, 2002).

替代保护措施的情况下，[①] 才能将推回作为“最后手段”。[②] 在某些庇护国，具有危险性的难民还可以选择无限期监禁作为推回的替代措施，鉴于该措施既可以保护所在国，又能够使难民避免迫害风险，所以这种做法亦值得考虑。[③] 然而，《难民公约》最终同意在特别极端和确实例外的情况下，通常的人道主义考量必须让位于接收国的核心安全利益。[④] 因此，如若达到公约第 33 条（二）款的严格标准，且推定没有其他解决办法的情况下，庇护国可以驱离因犯有特别严重罪行而遭定罪，且对所在国社会构成危险的难民——即使将难民送回其原籍国是所剩的唯一选择。[⑤]

只允许缔约各国在这些明确而极端的案例中考虑推回措施，[⑥] 公约起草者便是通过这种限制为推回措施设计了充分考虑难民权利和社会安全的检验方法。如果证明难民对国家安全构成危险，或是难民犯有严重罪行以致对该国的社会安全构成危险，那么就不需要满足其他的相称性要求。显然，纯粹的个人风险永远不可能与接收国的核心安全利益遭受到威胁相提并论。由于公约第 33 条（二）款的目的是保护所在国及其社会的最根本利益，所以这种集体利益面临的明确风险抵消了难民援引不推回义务的权利。

然而大多数人却持相反的立场，[⑦] 这主要是受到了共同起草个别推回条款的英国代表的观点影响。[⑧] 英国强调允许缔约各国自行权衡相对风险的重要性，其实是为了针对有关限制缔约各国自由裁量权的一项建议做出回应，[⑨] 这算不上是支持相称性检验法的观点。事实上，英国代表支持法国共同起草人对个别推回条款的理由的解释：

---

① 参见瑞士代表 Schurch 的发言，UN Doc. E/AC.32/SR.40, Aug. 22, 1950, at 32。

② Attorney General v. Zaoui, Dec. No. CA20/04 (NZ CA, Sept. 30, 2004), at para. 139.

③ Kim Ho Ma v. Attorney General, 208 F 3d 951 (US CA9, Apr. 10, 2000).

④ 参见罗马教廷代表 Comte 的发言，UN Doc. A/CONF.2/SR.16, July 11, 1951, at 8。

⑤ Attorney General v. Zaoui, Dec. No. CA20/04 (NZ CA, Sept. 30, 2004), at para. 25, per Anderson J.

⑥ 参见会议主席，加拿大代表 Chance 的发言，UN Doc. E/AC.32/SR.20, Feb. 1, 1950, at 15。

⑦ N. Robinson, Convention relating to the Status of Refugees: Its History, Contents and Interpretation (1953), at 342.

⑧ 参见英国代表 Hoare 的发言，UN Doc. A/CONF.2/SR.16, July 11, 1951, at 8。

⑨ 参见罗马教廷代表 Comte 的发言，UN Doc. A/CONF.2/SR.16, July 11, 1951, at 7—8。

> 为了能够惩罚针对国家安全或对社会构成危险的行动，法国和英国代表团提交了一项条款修正案……庇护权取决于接收国对道德和人道主义的自主思考，不过它也受到某些基本的限制。对于难以控制的人以及可能导致有害问题频发的群体，一个国家不可能承担无条件的义务。这是道德和心理层面的问题，解决这个问题需要考虑公众舆论可能做出何种反应。[①]

建立和维护相对开放的难民保护制度要求接收国的基本安全利益得到强有力的保障，正是这一信念导致全权代表大会坚决反对特设委员会提出的无条件严格遵守不推回义务的建议。[②]

不管表面现象如何，在国家安全面临的风险、所在国社会受到的威胁与送回难民的后果之间必须进行“权衡”，但这种观点实际上在任何情况下都不利于相关难民的权益保障。这是因为在实践中某些形式的危害可能比国家安全或所在国社会面临的危险更加严重，甚至使后两者的重要性显得微不足道，从而支持对公约第33条（二）款适用范围的解读变得过于宽泛。例如，英国上诉法院认为公约第33条（二）款准许进行“权衡测试”，于是授权政府将相对轻微的问题也解释成国家安全或社会危险：

> 大臣认为，根据条款的直白措辞，可以将难民驱逐或送回到其生命或自由受到威胁的国家，没有必要权衡后果；即使对生命或自由的威胁远比国家安全面临的危险还要严重，也允许驱逐或送回难民……不管公约第33条的文字意思如何，我认为如果在被推回难民的生命面临现实威胁的情况下，只因为国家安全遭遇的轻微危险便允许驱逐或推回难民，这将是一种非常错误的做法。[③]

凡类似于“国家安全遭遇的轻微危险”的任何事项都可用以抵消难民的个别权益，这种见解着实令人感到忧虑。不推回义务因国家安全事

---

① 参见法国代表 Rochefort 的发言，UN Doc. A/CONF.2/SR.16, July 11, 1951, at 7。

② 参见会议主席，丹麦代表 Larsen 的发言，UN Doc. A/CONF.2/SR.16, July 11, 1951, at 13。

③ Secretary of State for the Home Department, ex parte Chahal, [1994] Imm AR 107 (Eng CA, Oct. 22, 1993), per Straughton LJ.

由而存在例外情形，但是这一裁决却表明，对“权衡测试”重要性的强调居然可以在不经意之间毫无根据地扩大例外情形的适用范围。与此相反，如果对国家安全和社会危险的概念进行更加仔细的限定，那么它们的重要性显然总会高于纯粹的个人风险，如此一来也就没有再进行权衡的必要。[①]

五　对难民潮的限定责任

除了依据公约第 33 条（二）款进行个别排除的可能性之外，广泛适用不推回义务的意图在起草公约的最后阶段[②]又受到了进一步限制，其目的是解决“难民潮”可能引发的公共秩序与国家安全问题。[③] 全权代表大会主席认为特设委员会给不推回义务制定的标准过于绝对。[④] 英国[⑤]和瑞士[⑥]代表在特设委员会提出，在核心国家安全利益需要的情况下，《难民公约》应当承认各国享有推回的传统特权。相反的，法国[⑦]和美国却宣称“条文中暗示……在某些情况下，也许是极度例外的情况下，被送回的难民可能会面对死亡或迫害的风险，这种做法极不可取”。[⑧] 后一种观点在特设委员会取得了多数代表的支持，因此导致草案条款丝毫没有提及在何种情况下有权推回的问题。[⑨]

在全权代表大会上，瑞士和荷兰再三强调一种习惯看法，那就是全面和绝对的不推回义务在面临难民潮的情况下根本难以为继。[⑩] 全权代表大会主席同意其观点，因此决定“大规模跨境迁徙或试图大规模迁徙的情

---

① Attorney General v. Zaoui, Dec. No. CA20/04 (NZ CA, Sept. 30, 2004), at para. 157.

② 参见瑞士代表 Zutter 的发言，UN Doc. A/CONF.2/SR.16, July 11, 1951, at 6; 参见法国代表 Rochefort 的发言，UN Doc. A/CONF.2/SR.16, July 11, 1951, at 6。

③ UNHCR Executive Committee Conclusion No. 100, “Conclusion on International Cooperation and Burden and Responsibility Sharing in Mass Influx Situations” (2004), www.unhcr.ch, at para. (a).

④ 参见丹麦代表 Larsen 的发言，UN Doc. A/CONF.2/SR.16, July 11, 1951, at 13。

⑤ 参见英国代表 Leslie Brass 爵士的发言，UN Doc. E/AC.32/SR.40, Aug. 22, 1950, at 30。

⑥ 参见瑞士代表 Schurch 的发言，UN Doc. E/AC.32/SR.40, Aug. 22, 1950, at 32。

⑦ 参见法国代表 Juvigny 的发言，UN Doc. E/AC.32/SR.40, Aug. 22, 1950, at 33。

⑧ 参见美国代表 Henkin 的发言，UN Doc. E/AC.32/SR.40, Aug. 22, 1950, at 31。

⑨ UN Doc. E/1850, Aug. 25, 1950, at 25.

⑩ 参见荷兰代表 van Boetzelaer 的发言，UN Doc. A/CONF.2/SR.35, July 25, 1951, at 21。

况不适用公约第 33 条”。[1] 为了确保不送回义务的“意思范围不超过”[2] 法语的对应表达，所以法语词“推回”紧接着“送回”一词被加入该条款的英文版本，不过大家一致同意该解释不适用于确实威胁到国家安全或公共秩序的难民潮。

这种立场确有一定的道理。在个人提出保护申请的情况下，缔约各国还有可能谨慎避免强制推回行为的发生。申请人可以获准进入缔约一国的领土，如果最终被判定为严重威胁国家安全或社会安全，再行驱离即可。但是让面临难民潮的国家如此细致地对上述风险挨个进行单独评估却很不现实。因此各国政府希望得到保证，让它们在极端例外的情况下有权采取强制推回措施，以保护它们最重要的国家利益。

有观点认为当国家面临难民潮的严重威胁时，不推回义务的适用范围应受到隐含的限制，可是该观点常常遭到各国的抵制。[3] 实际上，劳特派特和伯利恒早已否定了这一观点：

> 虽然在 1951 年公约的预备工作资料中有观点曾指出该原则不适用于难民潮的情况，但是该主张毫无法律依据。无论是公约正式文本还是后来的实践都不支持这一观点。[4]

从公约文本的层面来说，该立场忽略了在公约第 33 条的英文版中加入的“推回”这个法语词，其用意就是要确保该术语在传统大陆法中的解释（不适用于难民潮）能够得到正式承认。而且，虽然这些提案者反对将难民潮作为例外情形，但他们所援引的大多数“国家实践”其实根本就不成其为国家实践。[5]

不过，联合国难民署执委会的相关结论似乎也不承认难民潮是一种

---

① 参见丹麦代表 Larsen 的发言，UN Doc. A/CONF.2/SR.35, July 25, 1951, at 21。

② 参见英国代表 Hoare 的发言，UN Doc. A/CONF.2/SR.35, July 25, 1951, at 21。

③ G. Goodwin-Gill, The Refugee in International Law (1996), at 141.

④ E. Lauterpacht and D. Bethlehem, “The Scope and Content of the Principle of Non-Refoulement”, in E. Feller et al. eds., Refugee Protection in International Law 87 (Lauterpacht and Bethlehem, “Non-Refoulement”), at para. 103.

⑤ W. Kalin, “Towards a Concept of ‘Temporary Protection’: A Study Commissioned by the UNHRC Division of International Protection”, Nov. 12, 1996, at 13—14.

例外。最重要的是，执委会在第 22 号结论中指出，即使是在难民潮的情况下，“不推回这一基本原则——包括不得在边境拒绝难民——也必须严格遵守”。[①] 在缔约各国就解释《难民公约》达成的后续协议中，第 22 号结论也是指导解释工作的重要依据。但如果整体分析该结论的话，它所倡导的显然也不是我们经常听到的单方面责任。[②] 事实上，缔约各国（“至少暂时性的”）遵守不推回原则的义务，以及其他缔约国对接收国承担国际团结义务，两者之间存在一种相互平衡的关系：

> 难民潮可能使某些国家承受过重的负荷；由于这一问题的国际范围和性质，因此如果没有国际合作，就不能对此问题达成满意的解决。缔约各国应当根据其要求，在国际团结和负荷分担的框架下，采取一切必要措施向大规模接纳寻求庇护者的国家提供协助。[③]

这是直接借鉴《难民公约》序言提出的办法，本身就是具有解释作用的条约文本的一部分。结果在执行委员会第 22 号结论对不推回义务所做的解释中，只要有理由相信他国及时援助能够抵消难民潮给重要国家利益带来的风险，就不允许缔约各国拥有拒绝难民潮入境的权力。[④] 从公约起草者限制难民潮例外情形的适用范围的做法中，也可以得出大致相同的结论：在确有必要保护其最重要的国家利益的限度内，允许缔约各国在极特殊的情况下拒绝难民入境。[⑤]

最根本的问题在于，如果抵境难民潮的人数不会严重耗损接收国的

---

① UNHCR Executive Committee Conclusion No. 22, “Protection of Asylum-Seekers in Situations of Large-Scale Influx” (1981), www.unhcr.ch, at para. II (A)(2).

② E. Lauterpacht and D. Bethlehem, “The Scope and Content of the Principle of Non-Refoulement”, in E. Feller et al. eds., Refugee Protection in International Law 87 (Lauterpacht and Bethlehem, “Non-Refoulement”), at para. 105.

③ UNHCR Executive Committee Conclusion No. 22, “Protection of Asylum-Seekers in Situations of Large-Scale Influx” (1981), www.unhcr.ch, at para. IV (1).

④ UNHCR Executive Committee Conclusion No. 85, “Conclusion on International Protection” (1998), www.unhcr.ch, at para. (p).

⑤ UNHCR Executive Committee Conclusion No. 100, “Conclusion on International Cooperation and Burden and Responsibility Sharing in Mass Influx Situations” (2004), www.unhcr.ch, at preamble.

资源，并且能够依照公约第 33 条（二）款规定的个别例外情形来消除所面临的安全问题，那么接收国就不能利用所谓的隐含例外情形来逃避不推回义务。[①] 例如，美国拦截逃亡海地人的船只就违反了禁止推回的规则——这种做法显然不能理解为目的地国的状况太过严峻，或是相对于审查和接待资源而言难民数量过于庞大，以致对所有难民申请进行有序评估将导致接收国承受不可接受的风险。安全问题上的考虑应该在接收难民以后的威胁评估中进行。

即便在难民数量众多、目的地国局势危急的情况下，合法推回的例外性质也要求目的地国善意从事。只有在难民潮的情况下才有克减不推回义务的正当理由，因为这是国家唯一现实的选择，否则就会出现不堪重负、基本国家利益受损的后果。[②] 由于暂停推回保护是一项例外的措施，所以在实施中必须想方设法将其对难民人格尊严的伤害减至最低。虽然国家在特殊情况下承受的紧迫风险有时可以成为断然拒绝保护的理由，但是缔约各国推回难民的有限权力，不应当被理解为无条件许可其采取不必要的严苛手段。实际上，欧盟通过颁布临时保护指令率先做出了榜样，该指令在确保谨慎避免推回和切实尊重基本权利的同时，将面临难民潮的国家的甄别程序进行了简化处理。[③]

由于保护国家基本利益的责任要以侵害性尽可能低的方式来实现，所以泰国推回寻求庇护的越南人的政策缺乏正当理由。虽然每周到达的寻求庇护者数量超过了 500 人，但是泰国拒绝美国新建难民安置设施的做法实际上使自己沦落到了丧失行政管理能力的地步。[④] 将饱受饥渴折磨的绝望难民推回远海不仅残忍，而且其原因似乎也不是出于特殊的安全考虑，可能更多的是出于逃避难民保护责任的打算。[⑤] 无论是肯尼亚以类似

---

① 参见原著 2.1.4 章节。

② 参见委内瑞拉代表 Perez Perozo 的发言，UN Doc. E/AC.32/SR.20, Feb. 1, 1950, at 8。

③ W. Kalin, “Temporary Protection in the EC: Refugee Law, Human Rights, and the Temptations of Pragmatism”, (2001) 44 German Yearbook of International Law 221; and J. Hathaway, “What's in a Label”, (2003) 5, European Journal of Migration and Law 1 (Hathaway, “Label”).

④ A. Helton, “Asylum and Refugee Protection in Thailand”, (1989) 1(1), International Journal of Refugee Law 20, at 27.

⑤ A. Helton, “Asylum and Refugee Protection in Thailand”, (1989) 1(1), International Journal of Refugee Law 20, at 27.

私刑的方式驱离卢旺达人和乌干达人，还是几内亚用暴力方法“赶回”难民，其做法都找不到任何借口。南非沿国境线修建电网和英法在加莱口岸修建双层围栏的做法也应予以反对：这些具有永久性和无差别性的障碍设施在某种形式上等同于驱离难民，因此在解决安全问题时没有达到将权利侵害性降至最低的要求。前些年曾有一个案例，[①] 马其顿在 1999 年对科索沃的阿尔巴尼亚族难民关闭边境，与其说它是以必要性为前提的迫不得已的行为，还不如说是将其作为讨价还价的筹码，目的就是要更多地争取他国援助以应对难民潮。正如埃格利（Eggli）所总结的一样，马其顿是在“玩弄难民政治”，[②] 所以难以认定其行为是为了避免国家最基本利益遭受严重风险，并因此严格局限于必要的范围之内。

然而，更加引人注目的案例却涉及扎伊尔和坦桑尼亚在面临来自卢旺达和布隆迪的难民潮时关闭边境的合法性问题。成千上万的难民已导致两国不堪重压，而且在关闭边境时还有新的难民潮即将到来。至少扎伊尔一方还有正当理由认为难民入境可能给内部安全带来威胁，因为许多难民的确涉嫌严重的刑事犯罪。不过，停止过境的决定只是暂时性的决定，与此同时该国还在为保护难民寻求国际援助。虽然扎伊尔和坦桑尼亚局势危急，而且它们也是秉持善意据实采取推回措施，但是对遭到拒绝的难民来说，合理合法的决定并不能减轻他们的苦难。这属于国家在面临类似“囚徒困境”时的典型情况，但公约起草者在解决这种问题时其实更倾向于保护目的地国的民众。

很明显，当大规模难民潮危及重大利益时，以默认例外作为克减不推回义务的理由并不是非常令人满意的解决办法。之所以会令人感到失望，其原因不仅是难民得不到保护，也在于缔约各国只能用非常笨拙的手段来应付困顿的局面。联合国难民署说得很对：“鉴于各国应对大规模人口流动的方法不尽相同，所以很有必要进一步明确对难民潮的国际保护范围。”[③] 虽然难民署含蓄地指出“1951 年《难民公约》和 1967 年议定书的条款本

① M. Barutciski and A. Suhrke, “Lessons from the Kosovo Refugee Crisis: Innovations in Protection and Burden-Sharing”, (2001) 14(2), Journal of Refugee Studies 95.

② A. Eggli, Mass Refugee Influx and the Limits of Public International Law (2001), at 255.

③ UNHCR, “Protection of Refugees in Mass Influx Situations: Overall Protection Framework”, UN Doc. EC/GC/01/4, Feb. 19, 2001. (UNHCR, “Mass Influx”), at para. 1.

身并不排斥其适用于难民潮的情况”,[①] 但是该机构呼吁探讨“在1951年公约之外再立新规”的可能性，以确定在难民抵境确实危及接收国最基本利益时的难民法——尤其是不推回义务——适用方式。[②] 经过合理构思的议定书或协议应当对所有缔约国家产生约束力，以负荷和责任分担的形式帮助接纳难民潮的国家；同时，该协议也要让得到援助的接收国尊重所有难民权利和其他国际人权。[③] 在这样一项制度的影响下，那种极端情况下的论调会因接收国得到的帮助而被推翻，再也没有国家能够合法地援引难民潮作为推卸公约第33条不推回义务的例外理由。

六 不推回概念的扩大化？

没有充分的证据可以证明，避免推回难民的义务已经超越了《难民公约》第33条规定的范围，并达到普遍适用的程度。与此问题相关的类似观点还有，不推回义务也包括不在边境拒绝难民，以及该原则现在已经成为具有普遍约束力的习惯国际法。[④] 当然，这里已经没有必要再对上述发展论的第一个方面进行分析，因为从国内驱离难民以及在边境禁止难民入境，一直以来都是公约第33条不推回义务致力解决的两个问题。[⑤] 但是，有人宣称不推回义务已经不完全是传统法律，而是对所有国家都具有约束力的习惯法，这种论断显然需要引起重视。

在验证普遍人权法的新原则是否成立时，某些学者倾向于忽视习惯国际法的成立条件。具有普遍约束力的规范肯定不能单凭简单的宣告而成立，这需要有代表性的大部分国家通过行为来固化其对特定原则的承诺。无论在什么场合得到宣扬，也不管多么频繁的被引用，习惯法绝不会是简单的文字堆砌。只有通过国家的实践，令各国政府通过行为的媒介明确承认自身受到约束，才能使习惯得到培育和发展。很明显，不推回义

① UNHCR, “Protection of Refugees in Mass Influx Situations: Overall Protection Framework”, UN Doc. EC/GC/01/4, Feb. 19, 2001. (UNHCR, “Mass Influx”), at para. 17.

② UNHCR Executive Committee Conclusion No. 100, “Conclusion on International Cooperation and Burden and Responsibility Sharing in Mass Influx Situations” (2004), www.unhcr.ch.

③ UNHCR, “Protection of Refugees in Mass Influx Situations: Overall Protection Framework”, UN Doc. EC/GC/01/4, Feb. 19, 2001. (UNHCR, “Mass Influx”), at para. 8.

④ J. Hathaway, The Law of Refugee Status (1991), at 24—27.

⑤ 参见原著2.1.2章节。

务尚未达到这一标准。

的确，联合国难民署和其他机构在许多正式声明中委婉地指出，不推回是习惯国际法的一部分内容。[①] 最为重要的是，《难民公约》缔约各国在 2001 年正式承认“不推回原则，其适用性已经深植于习惯国际法”。[②]然而，由于亚洲和近东的大多数国家常常拒绝不推回义务的正式约束，所以该原则明显不具备习惯法所要求的法律确信。[③] 譬如，印度首席大法官早已承认，虽然该国有时为了避免驱离难民也会“出手”，但是“绝大多数情况都是采取临时指令的形式。临时指令并未推动法律的形成。它不是法律的一部分，也没有起到澄清该问题的作用”。[④]

然而最关键的问题在于，现在没有任何证据可以证明不推回原则即将取得世界各国的普遍尊重。与之相反的是，世界上多数地区的国家实践早已清楚地表明，被推回仍是大量难民必须面对的严峻现实。对于“不推回原则和难民权利遭到广泛侵害的现状”，联合国人权委员会曾表示“倍感沮丧”[⑤]。通过援引联合国难民署的制度立场与实践来逃避现实的做法，其问题的根源在于误以为国际机构的工作能催生具有普遍约束力的国际法。

宣称不推回义务具有习惯国际法地位的最新观点认为，除了 19 个国家以外，其他所有联合国成员国均已“加入体现不推回原则的各种条约”[⑥]——这表明，面对《难民公约》第 33 条、《禁止酷刑公约》第 3 条、

① “San Remo Declaration on the Principle of Non-Refoulement”, issued by the International Institute of Humanitarian Law in San Remo, Italy. 宣言明确指出：“1951 年《难民公约》第 33 条规定的不推回原则是习惯国际法的组成部分。”

② “Declaration of States Parties to the 1951 Convention and /or its 1967 Protocol relating to the Status of Refugees”, UN Doc. HCR/MMSP/2001/09, Dec. 13, 2001, at para. 4.

③ K. Hailbronner, “Nonrefoulement and ‘Humanitarian’ Refugees: Customary International Law or Wishful Legal Thinking?”, in D. Martin ed., The New Asylum Seekers: Refugee Law in the 1980s (1986), at 128—129.

④ J. S. Verma, “Inaugural Address”, in UNHCR and SAARCLAW, Seminar Report: Refugees in the SAARC Region: Building a Legal Framework (1997), at 13—18.

⑤ UN Commission on Human Rights, Res. 1997/75.

⑥ E. Lauterpacht and D. Bethlehem, “The Scope and Content of the Principle of Non-Refoulement”, in E. Feller et al. eds., Refugee Protection in International Law 87 (Lauterpacht and Bethlehem, “Non-Refoulement”), at para. 210.

《公民及权利国际公约》第6条和第7条，以及相关区域条约中的类似条款，这些国家至少同意接受其中一项条款的约束——因而“必须将不推回当作习惯国际法的一项原则”的结论是成立的。[①] 当以条约为基础的一项规范被当作义务和普遍实践而得到世界各国（尤其是非缔约国）的广泛接受时，相同的习惯国际法义务也就随之生成。[②] 但是没有理由可以断言，只因大多数国家已经接受了某种形式的不推回义务、在某些案例中或者某些情况下适用了不推回义务，所以就能够得出结论，认为所有国家——包括没有加入《难民公约》或《难民议定书》的45个国家——必须对难民承担不推回义务。

此外，由于各种类似不推回的义务在性质上千差万别，所以无法为形成共同的法律确信提供基础，更谈不上在实践中普遍地尊重这项规则。即使几乎所有国家都对某些人承担了一定形式的不推回义务，也不能就此推断“不推回这一习惯法原则在内容上与《难民公约》第33条的解释大致相同”。[③]

如果不断地夸大这项义务，称其已经成为习惯法的内容，其结果可能会事与愿违，最终无法将新的执行标准有效地嵌入明确而现实的责任体系中。例如，英国法院在应联合国难民署请求而提出的一份意见中指出，为了禁止各国阻碍准难民离开本国，应当认定不推回义务的范围已经超出了公约第33条的规定。联合国难民署非常坦率地表示，它对该观点的赞同立场“并非缘自对《难民公约》文本的遵从。还不如说，这是由于国际保护制度被理解为基于难民法、人权法和国际法一般原则的国际实践和观念……如同本案一般，当出现的问题并不能完全归入公约文本的范畴时，

---

① E. Lauterpacht and D. Bethlehem, “The Scope and Content of the Principle of Non-Refoulement”, in E. Feller et al. eds., Refugee Protection in International Law 87 (Lauterpacht and Bethlehem, “Non-Refoulement”), at para. 216.

② North Sea Continental Shelf Cases (Federal Republic of Germany/Denmark; Federal Republic of Germany/Netherlands), [1969] ICJ Rep 3, at para. 74.

③ E. Lauterpacht and D. Bethlehem, “The Scope and Content of the Principle of Non-Refoulement”, in E. Feller et al. eds., Refugee Protection in International Law 87 (Lauterpacht and Bethlehem, “Non-Refoulement”), at para. 218.

那么公约的宗旨和目的就应当发挥可靠的指引作用”。[1]

该观点遭到了上诉法院和上议院的明确反对。上诉法院引述并赞成国际法院的观点，即“虽然善意原则是‘涉及制定和履行法律义务的最根本的原则之一……但它本身并不构成义务的来源，不能认为其他义务失去了善意原则便无法存在’”。[2] 上议院坚持认为，尽管扩大不推回义务并使其超越公约第33条规定的范围，会给遭遇危险的人带来好处，但是没有充分的证据表明有相对一致的国家实践来确认相关习惯性规范的存在。[3] 澳大利亚高等法院在一起案件的裁决中表示认同英国上诉法院和上议院的观点：

> 同许多国际和国内法律文件一样，《难民公约》没必要不惜一切代价去追求它的主要目标。追求这种目标可以采取一种有限的方式，以此来适应各种不同的观点、部分达成目标的愿望，或是资源不足带来的限制……因此，只顾援引公约的人道主义目标而忽视公约本身对实现这些目标施加的限制，并据此偏离公约文本和语境实属错误的做法。[4]

不仅各国法院不愿意接受所谓该规则已发展成习惯法的主张，[5] 而且这种主张还存在着现实的风险，即如果法律思维在涉及不推回义务的范围时进行不切实际的遐想，那么就可能传递一种错误的信号，使人误以为习惯法实质上不过是华丽的说辞，从而导致约束力已获多数国家承认的那些规范的真正价值遭到忽视。毫无疑问，多部条约都规定有类似于不推回的

---

① R (European Roma Rights Centre and Others) v. Immigration Officer at Prague Airport, [2003] EWCA Civ 666 (Eng. CA, May 20, 2003), at para. 28; R v. Immigration Officer at Prague Airport et al., ex parte European Roma Rights Centre et al., [2004] UKHL 55 (UK HL, Dec. 9, 2004), at paras. 22—23.

② R v. Immigration Officer at Prague Airport et al., ex parte European Roma Rights Centre et al., [2004] UKHL 55 (UK HL, Dec. 9, 2004), at para. 19, 57—62.

③ R v. Immigration Officer at Prague Airport et al., ex parte European Roma Rights Centre et al., [2004] UKHL 55 (UK HL, Dec. 9, 2004), at para. 28.

④ Applicant “A” and Ano’r v. Minister for Immigration and Multicultural Affairs, (1997) 190 CLR 225 (Aus. HC, Feb. 24, 1997), per Dawson J.

⑤ Attorney General v. Zaoui, Dec. No. CA20/04 (NZ CA, Sept. 30, 2004), at para. 34—36.

义务，其中任何一项义务都有可能让很多难民受益；而且越来越多的国家开始在国内法中规定某种形式的不推回义务，[①] 这种趋势将来也许会为新的一般法律原则的出现创造一个契机。如果轻易断言不推回是一项普遍义务，完全符合公约第 33 条的规定，是所有难民都应享有的权利，是所有国家都须承担的义务，那么只能说这种观点有些言不由衷。

总体说来，通过善意解释《难民公约》的禁止推回条款，实际上可以解决难民入境和逗留庇护国的过程中产生的大多数问题。但是，公约第 33 条的保护范围有三处明显的空缺。第一，也是最重要的一点，不推回义务并不限制在难民原籍国实施的签证控制措施，也不禁止以阻吓迁徙为目的的国际协议。在难民实际离开本国之前，他们在法律上就无权主张禁止推回的保护，也不能取得任何难民权利。第二，具有难民身份，但是对接收国的国家安全构成威胁的个人，或是犯有特别严重的罪行从而对所在国社会构成危险的个人，由于符合公约第 33 条（二）款规定的直接例外情形，因此不能主张禁止推回的保护。第三，对于面临大规模难民潮的国家，如果难民的到来确实危及它保护本国最基本国家利益的能力，则不再受不推回义务的约束。

其中最后一个空缺——在大规模难民潮的情况下，不推回义务即出现默认例外——可以通过在国际范围内有效的负荷与责任分担机制得以弥补。单纯扩大不推回的概念是一种可以囊括难民潮情况的替代方案，但是难民目的地国便会因此付出沉重的代价。第二个问题也可以通过责任分担与负荷分担相结合的机制得到解决，或是将难民重新安置到其不构成安全威胁的国家，或是筹集资金给难民罪犯提供监禁或羁押条件，以此作为推回的替代方案。但是，最为棘手的问题是第一种困境。如果各国坚持认为其没有义务允许面临风险的人前往他国寻求庇护，[②] 那就很难从国际法的层面对准难民被禁锢于本国内的这种禁入问题做出有力的回应。《公民及政治权利国际公约》第 12 条（二）款规定的“人人有离开任何国家”的权利肯定有其真正的潜在价值。可是，如果难民保护义务一旦

① E. Lauterpacht and D. Bethlehem, “The Scope and Content of the Principle of Non-Refoulement”, in E. Feller et al. eds., Refugee Protection in International Law 87 (Lauterpacht and Bethlehem, “Non-Refoulement”), at Annex 2.2.

② A. Grahl-Madsen, Territorial Asylum (1980).

在发达国家引发政治和经济上的忧虑，那么用签证控制、承运人制裁，以及移民控制协议来排斥难民的倾向将会不断得到强化。作为一个实践性问题，唯有调整难民保护的目标和方式，才能有机会说服各国放弃威慑难民的工具。[①]

应当引起注意的是，国际难民法领域之外的条约取得的发展，反过来为《难民公约》的不推回义务提供了重要的支持，至少可以促成遭遇风险而又能够离开本国的人入境他国。[②] 例如，《禁止酷刑公约》第3条（一）款明确规定，如有充分理由认为任何人在另一个国家将有遭受酷刑的风险，那么禁止将该人驱逐、遣返或引渡至该国。[③]《公民及政治权利国际公约》第6条和第7条分别要求缔约各国不得任意剥夺任何人的生命，并要确保对任何人均不得加以酷刑或施以残忍的、不人道的或侮辱性的待遇或刑罚，它们同样也被人权委员会解读为禁止从一国境内驱离个人以致其遭遇其他风险：

> 公约第2条要求缔约各国尊重和保证在其领土内和受其管辖的所有人享有本公约所承认的权利，这又衍生出另一项义务，即如果有充分理由认为个人被移送的目的地国，或是其后续可能被移送前往的国家存在真实的风险，并可招致公约第6条和第7条言及的无法补救的损害，那么就不得从其领土内引渡、驱逐或驱离该人。应当让相关司法和行政机关认识到在这些问题上确保履行公约义务的必要性。[④]

除了阐明不得将任何人推回以致其人身安全面临风险的明确义务之

① J. Hathaway and A. Neve, "Making International Refugee Law Relevant Again: A Proposal for Collectivized and Solution-Oriented Protection" (1997) 10, Harvard Human Rights Journal 115; and J. Hathaway ed. Reconceiving International Refugee Law (1997).

② E. Lauterpacht and D. Bethlehem, "The Scope and Content of the Principle of Non-Refoulement", in E. Feller et al. eds., Refugee Protection in International Law 87 (Lauterpacht and Bethlehem, "Non-Refoulement"), at paras. 5—9, 220—253.

③ Khan v. Canada, UNCAT Comm. No. 15, UN DOC. CAT/C/13/D/15/1994, decided July 4, 1994, at 10.

④ UN Human Rights Committee, "General Comment No. 31: The nature of the general legal obligation imposed on states parties to the Covenant" (2004), UN Doc. HRI/GEN/1/Rev.7, May 12, 2004, at 192, para. 12.

外，还有观点认为如果个人面临大量人权受到特别严重的侵害风险时，《欧洲保护人权与基本自由公约》的缔约国则不得将其驱离。① 除了来源于国际人权法的不推回规则外，司法界的权威还认为在解释国际人权法时，凡为躲避本国内部武装冲突、防止自身安全遭受暴力和其他威胁的伤害而逃离的外国人，均应予禁止强制遣返。②

所以至少对部分难民而言，可以通过援引国际法的其他标准来补救《难民公约》第33条不推回保护不够充分的问题。各国法院也提出了某些更为恰当的观点，指出如果一国在《难民公约》之外还受到其他不推回义务的约束，那么该国就不可以再利用《难民公约》第33条的例外规定来推卸其法律责任。③

第二节 不因非法入境而遭任意拘禁和处罚的自由

对于许多难民来说，仅有能力进入或逗留庇护国并无多大用处。联合国难民署认为："通常情况下，无论在法律行为还是行政行为中，对入境的寻求庇护者与普通外国人并不会做必要的区分。在很多案例中，不做区分确实会导致寻求庇护者像非法移民一样因非法入境而受到惩罚和羁押。"④

在某些案例中，根本不会对难民采取任何特别保护措施。例如，泰国《移民法》对缺乏有效护照和签证的难民和其他非法移民不加区别，所以在没有部长指令的情况下，这些难民便会遭到逮捕和驱逐。⑤ 冈比亚指控来自塞内加尔的寻求庇护者，称其在没有居住许可的情况下非法入境，

① R (Ullah) v. Special Adjudicator; Do v. Secretary of State for the Home Department, [2004] UKHL 26 (UK HL, June 17, 2004).

② Orelien v. Canada, [1992] I FC 592 (CAN. FCA. Nov. 22, 1991); and In re Santos, Dec. No. A29—564—781 (US IC, Aug. 24, 1990).

③ Chahal v. United Kingdom, (1996) 23 EHRR 413 (ECHR, Nov. 15, 1996).

④ UNHCR, "Note on Accession to International Instruments and the Detention of Refugees and Asylum Seekers", UN Doc. EC/SCP/44, Aug. 19, 1986 (UNHCR, "Detention Note"), at para. 33.

⑤ Amnesty International, "Thailand: Burmese and Other Asylum-Seekers at Risk" (1994), at 3.

未经审判便将其驱逐出境。[①] 2001年，联合国难民署采取干预措施，禁止马拉维以未取得入境文件为由拒绝保护刚果民主共和国的难民。在肯尼亚，即使获得联合国难民署证明文件的难民也会遭到逮捕和羁押，除非他们有钱贿赂官员。[②] 难民被赞比亚官员当作“非法移民”遭到逮捕和羁押。津巴布韦以“违反移民法”为由逮捕来自卢旺达的难民，原因就是他们非法穿越边界。[③]

即便在具有专门难民立法的国家，在面临移民法与其规定不一致的情况时，这些法律也无法取得明确的优先效力。在保加利亚[④]和俄罗斯[⑤]，许多寻求庇护者实际上和其他外国人一样，也会因非法入境受到相同的处罚。南非警察在抓捕非法移民和犯罪嫌疑人的行动中，也会围捕和羁押寻求庇护者——其中包括许多持有效证明文件的人。[⑥] 对于持伪造身份文件申请保护的难民，新西兰法律允许对其提起控告；[⑦] 在英国，凡持伪造旅行文件的难民，即使其只是途经英国前往第三国，也会因此受到刑事处罚。[⑧]

对于未依刑法或移民法提起诉讼的难民，非法入境也会产生消极的影响。譬如，1996年《非法移民改革和移民责任法》规定，未持合法和有效移民文件前来美国的人将遭到迅速驱离。[⑨] 快速遣返程序的相关规定对未持有效文件入境者同样适用，但是这部分难民只能申请简易听证程序，以判定其是否“真正畏惧”在原籍国受到迫害。[⑩] 如果寻求庇护者的陈情在调查中得到认可，他们便能获准在难民地位甄别期间逗留美国，并且不

---

① Amnesty International, “The Gambia: Forcible Expulsion (Refoulement) of Senegalese Asylum Seekers” (1990), at 1.

② G. Verdirame, “Human Rights and Refugees: The Case of Kenya” (1999) 12 (1), Journal of Refugee Studies 54 (Verdirame, “Kenya”), at 59—61.

③ Daily News (Harare), Feb. 21, 2003.

④ F. Liebaut, Legal and Social Conditions for Asylum Seekers and Refugees in Central and Eastern European Countries (1999) (Liebaut, Conditions 1999), at 9, www.flygtning.dk.

⑤ US Committee for Refugees, World Refugee Survey 2002 (2002), at 238.

⑥ (2000) 84 JRS Dispatches (Dec. 18, 2000); (2000) 68 JRS Dispatches (Apr. 1, 2000).

⑦ R. Haines, International Academy of Comparative Law National Report for New Zealand (1994), at 49.

⑧ Amnesty International, “Cell Culture: The Detention and Imprisonment of Asylum Seekers in the United Kingdom” (1996), at 26—37.

⑨ Immigration and Nationality Act, 8 USCA § 1225(b)(1)(A)(I).

⑩ Immigration and Nationality Act, 8 USCA § 1225(b)(1)(B)(v).

会再因非法入境而被起诉。[①] 但是与持有效文件的难民不同，没有证件的寻求庇护者无权对快速遣返程序做出的决定提出上诉。[②] 英国曾于 2003 年提出过一项更加苛刻的建议：凡未持证件来到欧盟国家的难民，只能通过简易程序提出保护申请，该程序将由境外的审查机构负责，因此这些难民申请将不再纳入国内难民审查制度加以考虑。[③]

更严重的问题在于，一些国家规定了难民提出保护申请的期限。例如，墨西哥在 2000 年加入《难民公约》后立刻制定了一项法规，拒绝考虑难民抵达该国 15 日以后提出的保护申请。[④] 波兰建立了类似的制度，规定难民提出保护申请的期限只有 14 天，而且不承认因生命或健康遭遇风险，或是难民保护事由在入境以后才出现等例外情况。[⑤] 土耳其规定的申请期限是 5 天（后又延长至 10 天）——不过法院最终撤销了这些规定。[⑥]

难民未经批准进入庇护国的最常见后果就是遭到羁押，或是国内的行动自由被剥夺。[⑦] 印度从 2001 年 1 月开始羁押斯里兰卡难民，目的就是要阻吓不断涌入的难民潮。[⑧] 巴基斯坦难民因为“擅入”斯威士兰领土而被该国关入监狱。[⑨] 如果纳米比亚公民明知有非法入境的安哥拉难民而不检举，则可能遭到纳米比亚移民官员的起诉；一经发现，这些难民便会被强制转移到距其村庄和城镇数百公里的营地。[⑩] 缅甸难民的身份得到联合国难民署的承认之后可以在泰国逗留，但泰国政府要求他们必须在泰缅边境的难民营内居住——不仅不提供交通便利，而且难民到达营地后

---

① Immigration and Nationality Act, 8 USCA § 1225(b)(1)(A)(ii),b(1)(C).

② K. Musalo, “Report on the First Three Years of Implementation of Expedited Removal”, (2000) 15, Notre Dame Journal of Law, Ethics & Public Policy 1.

③ G. Noll, “Visions of the Exceptional: Legal and Theoretical Issues Raised by Transit Processing Centers and Protection Zones” (2003) 5(3), European Journal of Migration Law 303 (Noll, “Transit Processing”), at 330.

④ G. Kuhner, “Detention of Asylum Seekers in Mexico”, (2002) 20(3), Refuge 58, at 59.

⑤ (1998) 5/6 ECRE Documentation Service.

⑥ K. Kirisci, “UNHCR and Turkey: Nudging towards a Better Implementation of the 1951 Convention on the Status of Refugees” (2001), at 11—12.

⑦ UNHCR, “Note on International Protection”, UN Doc. A/AC.96/713, Aug. 15, 1988, at para. 21.

⑧ (2001) 85 JRS Dispatches (Jan. 17, 2001).

⑨ “Over 12 Pakistani refugees kept at Sidwashini Prison”, Times of Swaziland, Oct. 16, 2002.

⑩ “Nambibia Citizens Who Help Non-Citizens to be Dealt with Severely”, Nampa/MFAIB, Apr. 18, 2001.

还不能确保能被接纳入住。[①]

非法移民未遭起诉即可羁押，这是一般法律允许的操作方式，也是导致难民被羁押的主要原因。在比利时，自动羁押权的期限是2个月，[②]瑞士的羁押期限为3个月，[③]而奥地利的羁押期限更是长达6个月。[④]在马耳他，非洲难民经常连续数月被关押在条件恶劣的羁押所，无从知晓何时会被释放，更无法了解他们的庇护申请是否得到了考虑。[⑤]依照澳大利亚的法律，可对非法抵境的非公民实施无限期羁押，该规定也适用于难民：[⑥]只有非常年幼或年老者、酷刑受害者或有特殊医疗需求的人，以及关押期限超过6个月的人才可能（但不能保证）获得释放。[⑦]为了“确保他们在难民申请得到适当评估并被认定满足条件之后才获准进入澳大利亚社会”，羁押申请难民地位的人已经成为官方惯用的手段。[⑧]但有人认为其真实动机就是要对前往澳大利亚的难民和其他人形成威慑，从而在日益排外的选民中赢得支持。[⑨]

某些国家的难民羁押措施具有较强的针对性，但即便是在这类国家当中，羁押难民的现象也可能非常普遍。例如，从20世纪80年代初开始，美国羁押非法入境的寻求庇护者的情况变得越来越多。[⑩]尽管法律规定如果在预筛选过程中证实难民确有“可信的畏惧”即应予以释放，但是监管

---

① (2000) 67 JRS Dispatches (Mar. 15, 2000).

② F. Liebaut, Legal and Social Conditions for Asylum Seekers and Refugees in Central and Eastern European Countries (1999) (Liebaut, Conditions 1999), at 31—32.

③ European Council on Refugees and Exiles, Legal and Social Conditions for Asylum Seekers and Refugees in Central and Eastern European Countries, 2003 (2003) (ECRE, Conditions 2003).

④ European Council on Refugees and Exiles, Legal and Social Conditions for Asylum Seekers and Refugees in Central and Eastern European Countries, 2003 (2003) (ECRE, Conditions 2003), at 15.

⑤ (2003) 125 JRS Dispatches (Jan. 17, 2003).

⑥ F. Motta, “Between a Rock and a Hard Place: Australia's Mandatory Detention of Asylum Seekers” (2002) 20(3), Refuge 12 (Motta, “Rock”), at 16.

⑦ US Committee for Refugees, World Refugee Survey 2002 (2002), at 114.

⑧ “Response of the Australian Government to the Views of the [UN Human Rights] Committee in Communication No. 560/1993, A v. Australia”, June 25, 1998, at para. 5.

⑨ “Shame of Ruddock's gulags”, Canberra Times, June 12, 2000, at A—10.

⑩ M. Taylor, “The 1996 Immigration Act: The Detention Provisions”, (1997) 74(5), Interpreter Release 209.

和行政层面仍然非常倾向于在保护申请获得终局裁决之前继续关押难民。[①]美国还曾以国家安全问题作为理由，为常态化羁押来自33个国家和2个地区的难民进行辩解，当然这些难民中的大多数都是穆斯林。[②]

至少在2002年移民法的改革条款实施以前，[③]英国基于合理原因羁押寻求庇护者的做法还属于极个别现象。诸如秘密潜入、提供虚假身份证明，或是难民申请者与英国毫无个人关联等违反移民法的事项，都可能成为批准逮捕的理由。[④]英国没有最长羁押期限的规定，所以在拒绝或准许入境的决定做出之前，难民可能会一直处于被羁押的状态。[⑤]对于个人只能提出“简单庇护申请”的情况，也即是“可以快速做出决定”的案例，则可能要求对难民实施短期羁押。[⑥]这种情况下采取的羁押措施，其原因并不是担心难民逃跑，也不是为了保护所在国社会的安全，而是旨在“快速、高效地处理庇护申请，方便有资格的人入境英国，让没有资格的人尽快离开英国”。[⑦]

与之相反，其他国家的羁押措施则在实质上和程序上受到更多的限制。例如，根据意大利2002年移民法改革方案，对没有身份证明的非公民的羁押措施只能持续到其身份得到确认为止——通常只需要几小时或几天时间，但最长期限为20—30天。[⑧]在加拿大，难民和其他非法入境者只有在身份不明、被认定可能逃跑或是对公众构成威胁、被怀疑侵犯了基本人权，或是为完成甄别程序所必需的情况下才会遭到羁押。初裁的羁押

---

① Immigration and Nationality Act, s. 235 (b)(2)(A); Immigration and Nationality Act, s. 235.3(b)(4); Human Rights First, In Liberty's Shadow: US Detention of Asylum Seekers in the Era of Homeland Security (2004) (Human Rights First, Liberty's Shadow), at 2.

② Human Rights Watch, "US 'Operation Liberty Shield' Undermines Asylum Seekers' Rights", Mar. 27, 2003.

③ M. White and A. Travis, "Immigration debate", Guardian, Apr. 25, 2002, at 4.

④ UNHCR, Detention of Asylum Seekers in Europe (1995) (UNHCR, Detention in Europe), at 208—209.

⑤ F. Liebaut, Legal and Social Conditions for Asylum Seekers and Refugees in Central and Eastern European Countries (1999) (Liebaut, Conditions 1999), at 311.

⑥ UK Home Office Operational Enforcement Manual, Dec. 21, 2000, at para. 38.1.

⑦ R (Saadi) v. Secretary of State for the Home Department, [2002] UKHL 41 (UK HL, Oct. 31, 2002), at para. 18.

⑧ Lawyers' Committee for Human Rights, "Review of States' Procedures and Practices Relating to Detention of Asylum Seekers", Sept. 2002 (LCHR, "Detention Practices"), at 55—56.

决定必须在48小时内提交移民裁判员复审，如果做出延长羁押时间的决定，那么该决定须在7日后接受复审，而且此后每隔30天须进行一次复审。[①]

其他国家为了避免在监狱中关押难民，会将非法入境的难民送往能满足住宿和基本生活需要的接待中心。例如在丹麦，到接待中心居住可能是强制性的要求。[②] 根据德国法，按照联邦政府与地方政府达成的配额协议，所有难民申请者都会被分派到34个联邦接待中心。即使难民有亲人生活在德国，他们也必须到指定的接待中心居住，而且在地位甄别程序进行期间不得离开。[③] 从2000年4月开始，在爱尔兰，寻求难民地位的人不再拥有选择独立居住的权利，而是被分散到遍布全国的青年旅舍。[④] 在瑞士，所有难民在申请评估期间必须待在“登记中心”，但拥有合法居留权的少数人例外。诸如挪威等其他国家虽然不要求难民申请者到接待中心居住，但是拒绝向选择在别处居住的难民提供福利待遇。[⑤] 与之类似，如果在奥地利的难民放弃指派的住宿设施超过3天，那么奥地利政府就会取消其联邦医疗保障资格。[⑥] 与此不同的是，到达瑞典的大多数难民会在3个转运中心得到临时安置，并在此登记庇护申请，其基本生活需求也能得到满足；不过他们可以立即获得在外住宿的自由，而且无须因为利用公共援助而受到处罚。[⑦]

有些国家没有羁押所有寻求庇护者的相关法规，但是即使在这类国家当中，来自特定地区，或以特定方式进入庇护国的部分难民也有可能成为羁押对象。俄罗斯不允许寻求庇护者在其机场提出难民地位的申请，而且难民在被驱逐至原籍国之前会遭到无限期羁押。[⑧] 在法国港口、机场或

① Immigration and Nationality Act 2001, ss. 55—57.

② F. Liebaut, Legal and Social Conditions for Asylum Seekers and Refugees in Central and Eastern European Countries (1999) (Liebaut, Conditions 1999), at 46.

③ European Council on Refugees and Exiles, “Setting Limits” (2002) (ECRE, “Limits”), at 12—13.

④ European Council on Refugees and Exiles, Legal and Social Conditions for Asylum Seekers and Refugees in Central and Eastern European Countries, 2003 (2003) (ECRE, Conditions 2003).

⑤ F. Liebaut, Legal and Social Conditions for Asylum Seekers and Refugees in Central and Eastern European Countries (1999) (Liebaut, Conditions 1999), at 232.

⑥ European Council on Refugees and Exiles, Legal and Social Conditions for Asylum Seekers and Refugees in Central and Eastern European Countries, 2003 (2003) (ECRE, Conditions 2003), at 19.

⑦ European Council on Refugees and Exiles, “Setting Limits” (2002) (ECRE, “Limits”), at 28.

⑧ UNHCR, Detention of Asylum Seekers in Europe (1995) (UNHCR, Detention in Europe), at 177.

火车站等候区提出保护申请的寻求庇护者也会遭到羁押，不过关于其难民申请的理由是否明显不成立的决定做出以后，羁押措施即可解除。[①] 美国规定适用简易驱离程序（然后是羁押措施）的人员包括非法经由海路进入该国的人——这条规定显然是针对海地“船民”。[②]

寻求庇护者形成的“难民潮”是各个国家，尤其是欠发达国家下令羁押难民的最常见原因。[③] 乌干达在吉亚卡和马辛迪地区的封闭营地中分别囚禁卢旺达和苏丹难民，并且坚持隔离难民的政策。[④] 肯尼亚对待埃塞俄比亚和索马里难民的方法也是建立封闭营地，并采取强制和暴力手段将寻求庇护者送入营地。[⑤] 泰国对缅甸难民采取在封闭营地内实施羁押的严厉政策，据称在营地外被发现的难民会遭受法外滥刑的惩处。[⑥] 联合国难民署常常为建立和管理接收难民潮的临时控制区提供协助，[⑦] 例如 1996 年在坦桑尼亚建立的卢旺达和布隆迪难民控制区。[⑧] 最令人震惊的是，联合国难民署竟然共同参与了针对 1982 年以后到达香港的越南难民的羁押行动。在长达两年多时间中，那些寻求保护的人被关押在仿佛是监狱一样的设施中，等待联合国难民署对他们的难民申请做出决定。香港总督宣称：“此举应该会降低香港对难民的吸引力。当这个消息传回越南时，就会起到威慑作用……如果来到这里，迎接他们的只有封闭营地，我们迫切希望这些话能立刻传回越南。”[⑨]

关押难民的条件常常差到令人触目惊心。例如，香港青洲羁押中心

① US Committee for Refugees, World Refugee Survey 2002 (2002), at 212.

② Lutheran Immigration and Refugee Service, “Detained Asylum Seekers in Miami – Urgent Action”, May 16, 2002.

③ UNHCR, “Note on Accession to International Instruments and the Detention of Refugees and Asylum Seekers”, UN Doc. EC/SCP/44, Aug. 19, 1986 (UNHCR, “Detention Note”), at para. 39.

④ D. Lwanga, “Refugees in Detention: A Critique of the Limitations to Justice in Uganda”, paper presented at the 7th International Association for the Study of Force Migration Conference, Johannesburg, South Africa, Jan. 8—11, 2001.

⑤ Human Rights Watch, World Report 2003 (2003).

⑥ Amnesty International, “Thailand: Widespread Abuses in the Administration of Justice” (2002), at 2.

⑦ J. Hyndman and B. Nylund, “UNHCR and the Status of Prima Facie Refugees in Kenya”, (1998) 10(3), International Journal of Refugee Law 21, at 45—46.

⑧ S. van Hoyweghen, “Mobility, Territoriality and Sovereignty in Post-Colonial Tanzania” (2002) 21(1—2), Refugee Survey Quarterly 300, at 300.

⑨ Amnesty International, “Hong Kong: Arbitrary Detention of Vietnamese Asylum Seekers” (1994), at 1.

关押了多达2.5万人，每个分区安置2500人，一天24小时处于关闭状态，所有住户只能待在自己的小房间里。每栋营房至少住100人，每个人分到的空间只够躺下。三张床铺叠放在一起，家庭与家庭之间用布帘隔开。人员厕位的比率为50∶1（联合国难民署的建议比率为20∶1）。身着制服的卫兵在羁押中心巡逻。开关闸门的声音不时在营地中回荡。[①]

虽然这属于极端个案，但是被香港羁押的难民所面对的恶劣条件并非绝无仅有。[②] 譬如，韩国的难民羁押场所就缺乏取暖和其他必要的设施；羁押条件也不会受到司法或行政监督。[③] 西班牙将抵达加那利群岛的寻求庇护者羁押在"两处老旧且极度拥挤的机场设施中……在西班牙红十字会认为只适宜容纳50人的空间内，居然关押了超过500名移民"，西班牙为此在2002年受到了国际人权组织的猛烈抨击。[④] 2001年，墨西哥城在其难民羁押设施中关押的难民数量达到了设计容量的2—3倍。[⑤] 2001年11月，视察雅典羁押中心的人权调查员发现"一处关押着150人的地方……其设计容量实际上只是该数量的一半。在这个污秽不堪、蟑螂满地的羁押中心，大多数人已经被关押了数月时间；其中一名男子则被羁押了整整一年"。[⑥] 在美国，难民可能会被关押在监狱或私人保安公司的羁押设施中，其中甚至包括专门用于禁锢囚犯的机构。[⑦] 在澳大利亚，地处偏远的难民羁押营地条件之差，甚至遭到了议会两党委员会、国家监察专员，以及联合国核查人员的谴责。[⑧]

耶稣会难民服务机构在报告中指出：

---

① Lawyers' Committee for Human Rights, Uncertain Haven: Refugee Protection on the Fortieth Anniversary of the 1951 United Nations Refugee Convention (1991), at 13—14.

② "Final Report of the Special Rapporteur of the Rights of Non-Citizens: Addendum: Examples of Practice in Regard to Non-Citizens", UN Doc. E/CN.4/Sub.2/2003/23/Add.3, May 26, 2003, at para. 14.

③ US Committee for Refugees, World Refugee Survey 2002 (2002), at 137.

④ Human Rights Watch, "Spain: Migrants' Rights Violated on Canary Islands", Feb. 21, 2002.

⑤ US Committee for Refugees, World Refugee Survey 2002 (2002), at 273.

⑥ Human Rights Watch, "Appalling Detention Conditions for Foreigners in Greece Says Rights Group", press release issued Dec. 20, 2000.

⑦ Human Rights First, In Liberty's Shadow: US Detention of Asylum Seekers in the Era of Homeland Security (2004) (Human Rights First, Liberty's Shadow), at 35.

⑧ "Detention is the first stop for those seeking asylum", Toronto Star, May 27, 2001.

> 寻求庇护者的待遇远不如关在监狱中的囚犯。对外联系断绝，衣物不足，食物低于规定标准。麦拉的医疗和牙医诊疗服务也不达标。患有牙疾的人只有两个选择，要么拔牙，要么强忍病痛。对于病人提出的诊疗需求，通常给出的治疗建议就是多喝水。麦拉发生的绝食和自杀事件层出不穷。寻求庇护者普遍出现抑郁和焦虑的情绪。为了防止自杀和自残，所有的镜子都遭移除……麦拉是个令人感到悲哀的地方。①

尤其让人忧虑的问题是，儿童——包括成年的寻求庇护者及其未成年家属，还有难民儿童——并不能在羁押制度中得到豁免。例如，从2003年开始，澳大利亚已经羁押了300多名难民儿童，部分儿童的羁押时间超过3年。② 2002年，有人发现比利时政府当局在机场的封闭式“临时接待中心”扣押无人陪伴的未成年难民，在对他们的申请进行审查期间，这些未成年难民会被羁押数月时间。③ 英国为了取得羁押难民儿童的权利，甚至对《儿童权利公约》做出保留④——即便是针对犯罪的难民儿童，英国也要求地方政府只能将羁押当作“最后的手段”，因此上述保留态度与该国的总体方针之间存在明显的矛盾。⑤

除了直接针对难民的处罚措施之外，许多国家还对帮助难民寻求保护的个人及组织处以刑罚或其他制裁。凡将无证难民载运到庇护国的航空公司和其他普通承运人均会受到目的地国的制裁，这种做法现在非常普遍。⑥ 在澳大利亚，羁押难民申请者的开支最终可能会由载运他们的船主来承担。⑦ 根据加拿大法律，违反签证要求载运非公民的任何人或组织都将依照《移民及难民保护法》遭到起诉（虽然政府事实上很少起诉那些帮

① (2001) 86 JRS Dispatches (Feb. 3, 2001); (2003) 132 JRS Dispatches (May. 15, 2003).

② (2003) 126 JRS Dispatches (Feb. 13, 2003

③ (2002) 121 JRS Dispatches (Nov. 4, 2002).

④ L. Back et al., “Letter: Repellent views swamp the system”, Guardian, Apr. 25, 2002, at 21.

⑤ R. Scannell, “Letter: Plight of asylum children”, Guardian, Aug. 2. 2002, at 21.

⑥ Amnesty International, “Cell Culture: The Detention and Imprisonment of Asylum Seekers in the United Kingdom” (1996), at 26—37.

⑦ A. North and P. Decle, “Courts and Immigration Detention: ‘Once a Jolly Swagman Camped by a Billabong’”, (2002) 10(1), Australian Journal of Administrative Law 5.

助难民前往该国的人）。[①] 在涉及难民的问题上，某些欧洲国家至少在一定程度上放宽了这些规定。在比利时、法国和卢森堡，如果庇护申请获得批准，承运人即可免受处罚。在芬兰和德国，除非庇护申请最终被裁定为理由充分，否则承运人不能免受处罚。[②] 2003 年，爱尔兰司法部长拒绝免除因乘客寻求难民保护而对承运人开出的每人 3000 欧元的高额罚款。[③] 但是此后的改革方案鼓励欧盟国家——尽管仍有责任对承运人载运无证外国人前往欧洲的情况开出罚单——在乘客向欧洲提出保护申请的情况下放弃处罚承运人。[④]

《难民公约》，第 31 条，非法留在避难国的难民

（一）缔约各国对于直接来自生命或自由受到第一条所指威胁的领土未经许可而进入或逗留于该国领土的难民，不得因该难民的非法入境或逗留而加以刑罚（实际上应为“处罚”），但以该难民毫不迟延地自行投向当局说明其非法入境或逗留的正当原因者为限。

（二）缔约各国对上述难民的行动，不得加以除必要以外的限制，此项限制只能于难民在该国的地位正常化或难民获得另一国入境准许以前适用。缔约各国应给予上述难民一个合理的期间以及一切必要的便利，以便获得另一国入境的许可。

《公民及政治权利国际公约》，第 9 条（一）款

人人有权享有人身自由和安全。任何人不得加以任意逮捕或拘禁。除非依照法律所确定的根据和程序，任何人不得被剥夺自由。

《公民及政治权利国际公约》，第 10 条（一）款

所有被剥夺自由的人应给予人道及尊重其固有的人格尊严的待遇。

---

① Immigration and Refugee Protection Act 2001, at s. 117(1), s. 117(3), s. 121, s. 133.

② European Council on Refugees and Exiles, “Legislation on carriers’ liability”, ECRE Information Service Bulletin No. 2, June 1999.

③ Irish Times, Mar. 31, 2003, quoting Justice Minister McDowell.

④ EU Council Directive 2001/51/EC (June 28, 2001).

也许，1951年《难民公约》最为重要的创举就在于未经批准而前往缔约一国的难民得到了保护承诺。不推回义务第一次成为难民的权利，其中也包括那些未经许可便进入庇护国领土的人。[①] 无论进入庇护国的难民是否得到许可，所有难民都应受到免于推回的保护，该决定弥补了公约保护中最为显眼的一处漏洞，公约起草者当初规定禁止惩罚的义务正是为了弥补这一漏洞。[②] 既然现在连“非法”难民都不能以任何方式被推回到可能致其面临风险的地方，那么也可以援引公约第33条来撤销处罚难民的措施。[③]

举例来说，冈比亚、马拉维和泰国把难民当作非法入境者加以逮捕和驱逐，其行为构成了推回。通过机场入境的难民会遭到俄罗斯驱逐，墨西哥、波兰和土耳其拒绝考虑难民在抵达后超过一定期限提出的保护申请，这些其实都属于同样的情况。对于无有效证件或者途经其他安全国家的难民，如果法律规定对其适用简易的地位甄别程序——欧洲和美国法律都是如此规定——那么也会导致无法识别和保护真正难民的后果。只要这类行为令真正的难民（无论其地位是否得到承认）面临返回后遭受迫害的风险，那就肯定违反了不推回义务。[④]

即使强制难民返回并致其面临迫害风险的处罚措施遭到禁止，难民受到不公正待遇的风险也仍然存在，因为除了违反移民法或是无证入境之外，他们往往没有更多的选择。[⑤] 大法官西蒙·布劳恩在一起案件的裁决中指出：

> 恰恰相反，公约第31条存在的必要性并未消失。尽管缔约各国

① 参见原著2.1.1章节。

② United Nations, “Proposal for a Draft Convention”, UN Doc. E/AC.32/2, Jan. 17, 1950, at 46 (draft Art. 19(1)); France, “Proposal for a Draft Convention”, UN Doc. E/AC.32/L.3, Jan. 17, 1950, at 9 (draft Art. 19(3)).

③ UNHCR Executive Committee Conclusion No.15, “Refugees Without An Asylum Country” (1979), and para. (i) (iv), www.unhcr.ch.

④ 联合国难民署：《甄别难民地位的程序及准则手册》（1979年刊发，1992年修订），第28段。参见第2.1章节。

⑤ R v. Uxbridge Magistrates Court, ex parte Adimi, [1999] 4 all ER 520 (Eng. HC, July 29, 1999), per Simon Brown LJ, at 523.

> 按照公约规定必须向寻求庇护的任何难民提供避难所（只可将其移送到安全第三国），但是它们并无义务帮助其来到本国。准确地说，它们开始想方设法来阻止这种情况出现。所以签证要求以及承运人责任带来的最终结果就是，难民不用伪造文件就根本去不了庇护国家……
>
> 公约第31条的目的，就是要让那些在寻求庇护过程中合情合理触犯法律的难民得到豁免，这一点不言而喻。[①]

然而必须承认的是，以合理和必要原因触犯移民控制法的难民不应受到处罚，但这项原则是通过工具主义的方式来实现的。公约起草者非常清楚，如果对非法入境的难民不采取禁止处罚的保护措施，那么他们中的很多人将会选择“非法逗留”，而不是让政府当局知道他们的存在。公约起草者非常重视如何建立一套处理难民申请的有序制度，同时也意识到迫害和惩罚触犯移民法的行为将确定无疑地使许多非法难民受到威吓，导致其不敢寻求正常化的地位。委员会秘书长在背景研究资料中指出：

> 事实上，由于不能合法进入他国领土，所以有些难民常常选择秘密入境。他会选择非法逗留，避免与政府当局发生任何接触，然后一直生活在担心暴露和驱逐的恐惧之中。对于难民自身和他所在的国家而言，这种状态的坏处都是显而易见的。[②]

公约起草者认为：“难民为逃避迫害，秘密跨越边境以后尽快向该国政府当局提出申请，并被认定为真正的难民，唯有让这种难民免受处罚才符合庇护的本意。”[③] 公约第31条关注的根本问题就是让非法入境庇护国的难民免受处罚，但是规定却显得极其严苛：唯有毫不迟延地自

---

① R v. Uxbridge Magistrates Court, ex parte Adimi, [1999] 4 all ER 520 (Eng. HC, July 29, 1999), per Simon Brown LJ, at 523, 527.

② United Nations Department of Social Affairs, “A Study of Statelessness”, UN Doc. E/1112, Feb. 1, 1949, at 20.

③ United Nations, “Memorandum by the Secretary-General to the Ad Hoc Committee on Statelessness and Related Problems”, UN Doc. E/AC.32/2, Jan. 3, 1950, at 46.

行投向当局说明其非法入境或逗留的正当原因的难民，才能享有不受处罚的豁免。

一 保护的受益者

公约第31条规定的移民惩罚豁免措施并非针对所有难民。由于公约起草者本身的工具主义倾向，所以只有在合理时间期限以内、自行向庇护国官员说明情况，并且向当局证明其寻求保护构成违反移民法的正当理由的那些难民，才能取得免于处罚的待遇，不必为其非法入境或逗留行为承担责任。如果这三项条件中有任何一项得不到满足，那么难民就不能取得除推回以外的处罚豁免。①

因为难民只需要在庇护国实际逗留就能援引公约第31条的保护措施，所以凡是申请难民地位的人都应享有这项权利带来的临时便利，除非终局裁定确认他们不是公约难民：②

> 毫无疑问，公约第31条的适用对象不仅是最终被给以难民地位的人，还包括真诚申请庇护的那些人（推定难民）。③

实际上英国高等法院早已指出，缔约各国必须制定相应程序，以确保公约第31条的保护措施落实到位，即使是“可能被认定为难民的旅客，不论其是否实际申请庇护”，也都应当受此保护。④只有那些被认定不是难民的人才会因非法入境或逗留而遭到起诉。⑤

公约第31条提出第一个要求就是寻求庇护者必须“自行投向当局”。如上所述，该条款的目的就是要推动非法入境者向庇护国官员寻求合法地位。只有自行投向当局并展示出诚意的难民才能免受移民法的处罚。当然，

---

① 参见原著2.1.2章节。

② Attorney General v. E. [2000] 3 NZLR 257 (NZ CA, July 11, 2000, appeal to PC refused at [2000] 3 NZLR 637).

③ R v. Uxbridge Magistrates Court, ex parte Adimi, [1999] 4 all ER 520 (Eng. HC, July 29, 1999), per Simon Brown LJ, at 527.

④ R v. Uxbridge Magistrates Court, ex parte Adimi, [1999] 4 all ER 520 (Eng. HC, July 29, 1999), per Simon Brown LJ, at 533.

⑤ Jiao v. Refugee Status Appeals Authority, [2002] NZAR 845 (NZ HC, July 29, 2002).

难民在投向当局说明情况的过程中可能会出现搞错政府级别或主管部门的情况，但是这一错误不构成取消处罚豁免的理由。例如，纵然只有中央国家机关才有移民管理或难民保护的职权，但只要寻求庇护者向其所在城市的官员告知其情况，即可认为他已经履行了投向“当局”的义务。[①]

但是，如果个人被当局逮捕或羁押之后，为主张公约第 31 条的权利而提出难民地位申请的，则不能认为其已经履行了投向当局的义务，[②] 因为在此种情况下难民的行为并未反映其真正的自主意愿。[③] 不过，难民在正常寻求地位正常化之前便遭到的逮捕或羁押，应当作为本规则的例外情况加以对待。[④] 因为公约第 31 条的保护措施只要求难民“毫不迟延”地投向当局，所以由于难民入境即刻便遭当局逮捕而取消其豁免权利就显得毫无道理。

公约第31条中的第二项义务就是自行向当局报告时必须“毫不迟延”。虽然难民“在境内长期逗留”[⑤] 之后再投向当局的行为显然违背了这一要求，但是公约第 31 条并未要求难民在抵达庇护国之后立即提出难民地位申请。[⑥] 最关键的一点是，公约的措辞是要求对难民是否出于善意做出实事求是的评估。[⑦] 具体的标准可能根据不同的人而有所差异。譬如，如果难民有语言或文化方面的障碍，不清楚如何更好地寻求保护，或是曾经受到过伤害，或是不能立即公开自己对保护的需求，那么在这种情况下采取更加宽松标准的解释则会显得更加恰当。[⑧] 由于该条款的目的只是确保寻求庇护者“尽快”取得正常地位，[⑨] 所以不能凭借它来强行规定申请庇护

---

① 参见比利时代表 Herment 的发言，UN Doc. E/AC.32/SR.40, Aug. 22, 1950, at 6。

② 参见法国代表 Juvigny 的发言，UN Doc. E/AC.32/SR.40, Aug. 22, 1950, at 7。

③ 参见法国代表 Juvigny 的发言，UN Doc. E/AC.32/SR.40, Aug. 22, 1950, at 7; 参见加拿大代表 Winter 的发言，UN Doc. E/AC.32/SR.40, Aug. 22, 1950, at 7。

④ R v. Uxbridge Magistrates Court, ex parte Adimi, [1999] 4 all ER 520 (Eng. HC, July 29, 1999), per Simon Brown LJ, at 528—529.

⑤ 参见法国代表 Juvigny 的发言，UN Doc. E/AC.32/SR.40, Aug. 22, 1950, at 5。

⑥ R v. Uxbridge Magistrates Court, ex parte Adimi, [1999] 4 all ER 520 (Eng. HC, July 29, 1999), at 529.

⑦ 参见比利时代表 Herment 的发言，UN Doc. E/AC.32/SR.40, Aug. 22, 1950, at 4—6。

⑧ UNHCR, “Revised Guidelines on Applicable Criteria and Standards Relating to the Detention of Asylum Seekers”, Feb. 1999 (UNHCR, “Detention Guidelines”), at para. 4

⑨ United Nations, “Memorandum by the Secretary-General to the Ad Hoc Committee on Statelessness and Related Problems”, UN Doc. E/AC.32/2, Jan. 3, 1950, at 46.

的截止期限。[①] 因此，墨西哥和波兰对申请难民地位规定固定期限的做法不符合公约第 31 条的精神；事实上，正是因为土耳其的类似规定完全没有灵活性，所以才被裁定为违反了《欧洲人权公约》。[②]

这些国家规定的短暂期限（5—15 天）在实践中引发了特别突出的问题，就算是为免除移民法的惩罚措施而规定更加宽松的申请截止期限，但如果执行该期限的标准过于机械，同样也会发生违反公约第 31 条的后果。任何难民保护的申请期限在执行当中都必须具有一定的灵活性，以充分考虑相关申请者的特殊情况。[③]

缔约各国所承担的禁止处罚的义务，其对象只是"直接来自生命或自由受到第一条所指威胁的领土" 的难民，并且能够"说明非法进入或逗留于该国领土的正当理由"。只有受到某种形式的逼迫而非法进入庇护国的难民才能被免于移民处罚，这是"正当理由"要求的基本前提。[④] 公约起草者希望难民提供证据，以证明"他们是由于外界压力而被迫非法进入或再次进入特定国家"。[⑤] 显然，"难民躲避迫害的事实本身就是正当理由"，[⑥] 因为不可能要求难民在躲避迫害风险[⑦]之前先办好移民手续。[⑧] 然而正当理由并不局限于躲避迫害。例如，瑞士联邦法院认为，担心在瑞士边境遭到断然拒绝也可以是难民非法进入该国，进而主张公约第 31 条保护的正当理由。[⑨]

本条款中更具争议的一个问题就是"直接来自"的要求，对于在第一个避难国没能得到庇护而继续前往他国的难民，或是在寻求庇护前已经

---

① UNHCR Executive Committee Conclusion No.15, "Refugees Without An Asylum Country" (1979), and para. (i), www.unhcr.ch.

② Jabari v. Trukey, [2000] ECHR368 (ECHR, July 11, 2000).

③ Decision No. ASYL 1989/1, at 13 (Sw. FC. Dec. 14, 1988).

④ 参见会议主席，丹麦代表 Larsen 的发言，UN Doc. E/AC.32/SR.22, Feb. 2, 1950, at 25; 参见国际难民组织代表 Weis 的发言，UN Doc. E/AC.32/SR.23, Feb. 3, 1950, at 7; 参见加拿大代表 Winter 的发言，UN Doc. E/AC.32/SR.40, Aug. 22, 1950, at 5。

⑤ 参见法国代表 Juvigny 的发言，UN Doc. E/AC.32/SR.40, Aug. 22, 1950, at 6。

⑥ 参见英国代表 Hoare 的发言，UN Doc. A/CONF.2/SR.14, July 10, 1951, at 10。

⑦ 参见法国代表 Rochefort 的发言，UN Doc. A/CONF.2/SR.34, July 25, 1951, at 18。

⑧ R (Saadi) v. Secretary of State for the Home Department, [2002] UKHL 41 (UK HL, Oct. 31, 2002), at para. 21.

⑨ Dec. 6S.737/1998/bue, ASYL 99/2, at 21 (Sw. FC, Mar. 17, 1999).

在第三国生活了一段时间的难民来说，该要求对他们争取免于处罚的权利构成了障碍。关于第二次迁徙，有两种情况值得考虑：之所以难民选择继续迁徙，原因可能是最初的避难国取消了他们的居住权，或是他们在该国有遭受迫害的风险。[①]

公约起草者就此达成的共识是，进行二次迁徙的第一类难民——在第一个避难国未能寻得永久栖身之所的难民——如果他们希望进入另一个庇护国家而不受处罚，则必须遵守该国的移民法。与之相反，因面临迫害风险而不得不继续迁徙的那些难民，则有权主张公约第 31 条的保护。另一个更为普遍的问题是途经其他国家的难民是否有资格主张公约第 31 条的保护，与会者一致同意条款中“直接来自”的措辞并未授权缔约各国因难民在其他安全国家短暂停留而对其实施处罚。[②]

作为说明，我们应当了解该条款提出“直接来自”的要求乃是为了回应法国抛出的一个观点。法国认为，由于《难民公约》在庇护权利问题上的规定不甚明确，[③] 所以没有融入第一个避难国的难民也许会主张未经批准便可进入另一庇护国的权利。法国认为唯有躲避迫害风险的难民才能免于移民处罚，[④] 因此提出修正案将公约第 31 条的保护对象限定为“直接来自本国”的难民。[⑤] 虽然其他国家不认同法国关于《难民公约》暗含庇护权利的看法，[⑥] 但是它们却接受了公约第 31 条的保护通常只能由第一个避难国家提供的主张。[⑦]

联合国难民署在一份建议中也提出，未能在第一个避难国家寻得永久家园的难民也应当享有处罚豁免权，但是这份建议最终也未获采纳。[⑧]

---

① 参见联合国难民署代表 van Heuven Goedhart 的发言，UN Doc. A/CONF.2/SR.14, July 10, 1951, at 4—5。

② UNHCR, “Revised Guidelines on Applicable Criteria and Standards Relating to the Detention of Asylum Seekers”, Feb. 1999 (UNHCR, “Detention Guidelines”), at para. 4.

③ 参见法国代表 Colemar 的发言，UN Doc. A/CONF.2/SR.13, July 10, 1951, at 13。

④ 参见法国代表 Colemar 的发言，UN Doc. A/CONF.2/SR.13, July 10, 1951, at 13。

⑤ UN Doc. A/CONF.2/62.

⑥ 参见英国代表 Hoare 的发言，UN Doc. A/CONF.2/SR.13, July 10, 1951, at 14。

⑦ 参见意大利代表 Del Drago 的发言，UN Doc. A/CONF.2/SR.13, July 10, 1951, at 13; 参见德国代表 von Trutzschler 的发言，UN Doc. A/CONF.2/SR.14, July 10, 1951, at 7。

⑧ 参见联合国难民署代表 van Heuven Goedhart 的发言，UN Doc. A/CONF.2/SR.14, July 10, 1951, at 5。

全权代表大会在公约草案一读中通过的第31条，明确将受益难民限定为“甚至无法得到临时庇护”的难民。[①] 该决定与《难民公约》的总体思路是一致的，那就是不保证永久享有进入庇护国的权利，但是在风险存续期间可以给予保护。[②] 因此，已然获得临时保护的难民不能再以第一个避难国家违反法律义务为由进入另一国家。既然难民逃亡的紧迫性才是使其免受处罚的原因，那么对公约第31条做出如此限制也符合逻辑。如果难民无法融入第一个庇护国，但在该国并未真正遭遇迫害的风险，那么就不能认定其面临紧迫的风险。[③] 因此，该难民在寻求重新安置之前是能够而且应当遵守移民法规的。[④] 如果难民未经允许而进入另一国家的行为纯属个人选择，只要相应的处罚不会直接或间接导致其被推回有迫害风险的国家，那就没有不执行移民处罚措施的正当理由。[⑤]

对于只因为在第一个避难国未能找到永久居所而非法进入他国的难民，虽然他们无法得到公约第31条的保护，但是另外两类难民并不会因“直接来自”的措辞而被剥夺该条款规定的权利。第一，与会代表一致认为，即便难民途经或是被临时允许入境其他国家，也可被认定为“直接”来到庇护国。第二，大会决定二次迁徙者中的第二类人，即由于在庇护国面临被迫害的风险而被迫离开的那些人，也应当享有移民处罚的豁免权。

“对于在他国已经停留了一两个星期，并且有义务在该缔约国境内寻求庇护的难民”，比利时代表认为“直接来自”的规定不构成对其实施处罚的恰当理由。在中转国家停留一段时间的难民是否有权主张公约第31条的权利问题上，比利时代表的观点引发了各国代表的争论。[⑥] 他的同僚[⑦]在其劝说下也认为，“难民在途中经过的任何国家得到些许几日的庇护，不能成为取消公约第31条权利的理由”。[⑧] 结果，法国代表建议将“已

① 参见联合国难民署代表 van Heuven Goedhart 的发言，UN Doc. A/CONF.2/SR.14, July 10, 1951, at 13。

② J. Hathaway, “The Meaning of Repatriation”, (1997) 9(4), International Journal of Refugee Law 551.

③ 参见希腊代表 Philon 的发言，UN Doc. A/CONF.2/SR.14, July 10, 1951, at 12。

④ 参见法国代表 Colemar 的发言，UN Doc. A/CONF.2/SR.14, July 10, 1951, at 10。

⑤ 参见法国代表 Colemar 的发言，UN Doc. A/CONF.2/SR.13, July 10, 1951, at 14—15。

⑥ 参见比利时代表 Herment 的发言，UN Doc. A/CONF.2/SR.14, July 10, 1951, at 12。

⑦ 参见希腊代表 Philon 的发言，UN Doc. A/CONF.2/SR.14, July 10, 1951, at 12。

⑧ 参见比利时代表 Herment 的发言，UN Doc. A/CONF.2/SR.14, July 10, 1951, at 12。

经无法寻得”临时庇护的措辞从过去时态修改为现在时态：“甚至未能寻得临时庇护”。[①] 因此，只要难民在一个或多个其他国家的停留没有超过合理的短暂时间，就可以认定为“直接来自”。例如，虽然一名阿富汗寻求庇护者抵达瑞士之前在巴基斯坦停留了一个月，在意大利停留了两天，但是瑞士联邦法院仍然认定其是“直接”抵达瑞士。[②]

对于在其他国家停留过短暂时间但并未得到持久保护的难民，虽然比利时的修正案能确保其不受移民法规的处罚，但代表们也意识到措辞的修改可能会在无意之间引发其他的问题。正如英国代表所说，“甚至未能寻得临时庇护”这一新的措辞还可能被理解为“难民需要证明的事实不仅是其难民地位，而且还包括在提出过庇护申请的任何其他国家都无法得到保护。因此，关于他国提供难民保护的证伪责任将由难民自行承担”。[③] 英国支持联合国难民署提出的一项建议，即删除“甚至不能寻得临时庇护”的提法，[④] 如此才能“不让难民承担证明自身无法进入其他安全国家的责任。但是难民仍须给出非法入境或逗留的正当理由”。[⑤] 然而绝对不能固执地认为，难民自证无法从他国获得庇护是其免受移民处罚的前提条件。[⑥]

虽然难民曾在第三国的逗留并不代表其不是“直接来到”庇护国，但是为了评估难民是否为非法入境或逗留“给出了正当理由”，庇护国的政府当局仍然会对其逗留第三国的具体情况加以考虑。[⑦] 在与会代表的辩论中，有人认为说明正当理由的义务“要求难民解释其为何无法在邻近本国的国家中获得庇护”。[⑧] 因此，抵达庇护国之前在安全国家停留过一段时间的寻求庇护者，有义务对其不能或不愿在那些中转国家寻求难民地位的

① 参见比利时代表 Herment 的发言，UN Doc. A/CONF.2/SR.14, July 10, 1951, at 13。

② Dec. 6S.737/1998/bue, ASYL 99/2 (Sw. FC, Mar. 17, 1999).

③ UN Doc. A/CONF.2/SR.14, July 10, 1951, at 11.

④ UN Doc. A/CONF.2/SR.35, July 25, 1951, at 11—12.

⑤ 参见联合国难民署代表 van Heuven Goedhart 的发言，UN Doc. A/CONF.2/SR.35, July 25, 1951, at 12; A. Grahl-Madsen, Commentary on the Refugee Convention 1951 (1963, 1997), at 178—179。

⑥ 参见联合国难民署代表 van Heuven Goedhart 的发言，UN Doc. A/CONF.2/SR.35, July 25, 1951, at 10—11。

⑦ P. Weis, The Refugee Convention, 1951: The Travaux Preparatoires Analysed with a Commentary by Dr. Paul Weis (1995), at 302.

⑧ 参见丹麦代表 Larsen 的发言，UN Doc. A/CONF.2/SR.14, July 10, 1951, at 11。

原因做出解释。[①] 比如，中转国家不太安全、不尊重基本人权、文化和语言陌生，以及在当地没有或少有社会与家庭联系，这些都是各国法院承认的放弃在中转国寻求庇护的合理原因。[②] 但是，如果难民在缺乏这类恰当理由的情况下放弃在中途寻求切实保护的机会，那么庇护国就能合法地依据移民法规对其实施处罚，当然前提是这些处罚措施不会引发推回的风险。[③]

在安全第三国短暂停留的难民仍能主张公约第 31 条的权利，除了对该问题予以澄清之外，公约起草者还决定移民处罚的豁免对象不应局限于直接“来自本国”的难民。在庇护国面临迫害风险的难民其实与直接来自本国的难民一样，都不能安全静待移民手续履行完毕。正如直接来自本国的难民一般，逃亡的必要性显然优先于遵守移民法的义务，这才是合乎逻辑的观点。因此全权代表大会主席建议称，公约应当让任何“直接来自生命或自由受到威胁的领土的难民”免受处罚，[④] 这一主张被当作展示友好的修正案，一经提出便得到了法国的支持。[⑤] 事实上，没有任何国家反对将公约第 31 条的保护对象扩大至为躲避迫害风险而第二次逃亡的难民。[⑥] 不过，法国代表经过再三考虑后也表达了自己的担忧，即大会主席提议的措辞（“直接来自生命或自由受到威胁的国家”）可能会突破缔约各国按照《难民公约》1951 年 1 月 1 日截止日期来承担的有限义务。

如果难民第一次逃亡的原因发生在 1951 以后，那么该难民自然无法得到公约的保护。但是，我们根本无法预测有多少难民会为了躲避庇护国的迫害风险而在 1951 年之后再次迁徙。[⑦]

全权代表大会接下来的讨论就是为了在公约规定的时间限制范围内

---

① 参见英国、瑞士、澳大利亚和比利时代表的发言，UN Doc. A/CONF.2/SR.14, July 10, 1951, at 7—10。

② J. Hathaway, The Law of Refugee Status (1991), at 46—50; UNHCR Executive Committee Conclusion No.15, “Refugees Without An Asylum Country” (1979), and para. (h) (iii), www.unhcr.ch.

③ 参见比利时代表 Herment 的发言，UN Doc. A/CONF.2/SR.13, July 10, 1951, at 14。

④ 参见丹麦代表 Larsen 的发言，UN Doc. A/CONF.2/SR.13, July 10, 1951, at 15。

⑤ 参见法国代表 Colemar 的发言，UN Doc. A/CONF.2/SR.13, July 10, 1951, at 15; 参见联合国难民署代表 van Heuven Goedhart 的发言，UN Doc. A/CONF.2/SR.14, July 10, 1951, at 15。

⑥ 参见丹麦代表 Larsen 的发言，UN Doc. A/CONF.2/SR.35, July 25, 1951, at 13。

⑦ 参见法国代表 Rochefort 的发言，UN Doc. A/CONF.2/SR.35, July 25, 1951, at 14。

寻找一种方法，以使那些为躲避迫害而再次逃亡的难民免受处罚。法国代表认为这个目标可以通过选用“符合公约第 1 条的措辞”来实现。[①] 他赞成采用“直接来自生命或自由受到本公约第 1 条（一）款意涵之内的威胁的领土”，[②] 该措辞是依据一项大会决议拟定的，这项决议要求将公约第 31 条的保护对象限定于因 1951 年以前的事项而逃亡的人。[③] 公约最终采纳的文本正是为了实现这一目标。[④] 但是随着难民地位的截止日期 1951 年 1 月 1 日被《难民议定书》废除，原本在生命或自由受到威胁中增加“第 1 条所指”的限定性语句如今已经失去了意义。因为《难民议定书》要求缔约各国在适用公约难民的概念时不再参照原有的时间限制，[⑤] 所以凡是因庇护国存在迫害风险而非法入境或逗留另一国的难民，现在也有权主张移民处罚的豁免。[⑥]

不过该观点也得到了进一步的发展，从两位代表在全权大会上发表的意见中可以看出，“第 1 条所指”也会对公约第 31 条给予的保护产生了限制，其理由就在于它要求再次逃亡的难民证明逃离面临迫害风险的国家是出于“种族、宗教、国籍、属于某一社会群体（译者注：非社会团体，公约中文本在此有误）或具有某种政治见解的原因”，这意味着如果再次逃亡只是因为该国存在广义的迫害风险，那么就无法取得公约第 31 条给予的保护。[⑦] 可是，如果充分考虑当时的背景，那么更接近真实情况的评价应当是，大会上出现的这段插曲只是为了确保公约第 31 条的保护对象被限定于那些因需要保护而再次迁徙的人。[⑧] 来自有迫害风险的“领土”（而非“国家”）的难民这句话没有什么特殊的意义。法国代表没有解释他如

① 参见法国代表 Rochefort 的发言，UN Doc. A/CONF.2/SR.35, July 25, 1951, at 15—16。

② 参见法国代表 Rochefort 的发言，UN Doc. A/CONF.2/SR.35, July 25, 1951, at 17。

③ 参见英国代表 Hoare 的发言，UN Doc. A/CONF.2/SR.35, July 25, 1951, at 17; 参见法国代表 Rochefort 的发言，UN Doc. A/CONF.2/SR.35, July 25, 1951, at 17。

④ 参见英国代表 Hoare 的发言，UN Doc. A/CONF.2/SR.35, July 25, 1951, at 19; 参见法国代表 Rochefort 的发言，UN Doc. A/CONF.2/SR.35, July 25, 1951, at 19。

⑤ 《关于难民地位的议定书》，1967 年 1 月 31 日通过，1967 年 10 月 4 日生效（《难民议定书》），第 1 条（二）款。

⑥ P. Weis, The Refugee Convention, 1951: The Travaux Preparatoires Analysed with a Commentary by Dr. Paul Weis (1995), at 303.

⑦ 参见瑞典代表 Petren 的发言，UN Doc. A/CONF.2/SR.35, July 25, 1951, at 17。

⑧ 参见瑞典代表 Petren 的发言，UN Doc. A/CONF.2/SR.35, July 25, 1951, at 14—15。

此措辞的用意，不过看起来这可能是为了套用公约第33条中不推回义务的表述方式。[①]

最后一个问题是关于协助躲避迫害风险的难民非法进入庇护国的个人或组织是否有权援引公约第31条。特设委员会的瑞士代表对这项保护措施的重要性做出了如是评价：

> 瑞士联邦法律规定，只要协助难民的人有着光明正大的动机，那么就不应当对其进行处罚。对于帮助难民的志愿者组织而言，该条款具有一定的重要意义。公约第31条中没有包含这样的内容，瑞士代表认为该项遗漏应得到善意的解读。在国内法中，即便难民不会受到处罚，但是协助外国人非法穿越边界也极有可能单独构成犯罪。[②]

"难民组织不能因为帮助难民而遭受惩罚。那显然是其应尽的人道主义职责"，[③] 此乃国际社会达成的普遍共识。然而，瑞士提出的关于增加此项豁免权的公约修正案未能得到其他国家的支持。与会代表担心这种修正案可能会纵容某些机构去组织和推动难民非法入境（而非简单地满足其援助请求）。事实上，法国代表成功劝服了其他代表，令缔约各国可以自由决定是否对那些可能利用寻求庇护者的"法人团体"实施处罚。[④] 与会代表形成的最终共识是："在会议的记录摘要中提及该问题已属足够，并寄望于各国政府能关注和效仿瑞士联邦法律所做的宽松规定。"[⑤]

这段讨论可以充分证明，即使是对于完全出于人道主义目的而协助难民非法穿越边境的个人或机构，缔约各国也没有法律义务去免除相应的处罚措施。公约第31条明文规定，国家的责任仅限于避免对"难民"加

① 参见联合国难民署代表van Heuven Goedhart的发言，UN Doc. A/CONF.2/SR.14, July 10, 1951, at 5。

② 参见瑞士代表Schurch的发言，UN Doc. E/AC.32/SR.40, Aug. 22, 1950, at 8。

③ 参见法国代表Juvigny的发言，UN Doc. E/AC.32/SR.40, Aug. 22, 1950, at 9; 参见会议主席，丹麦代表Larsen的发言，UN Doc. E/AC.32/SR.40, Aug. 22, 1950, at 8—9。

④ 参见法国代表Juvigny的发言，UN Doc. E/AC.32/SR.40, Aug. 22, 1950, at 9。

⑤ 参见法国代表Juvigny的发言，UN Doc. E/AC.32/SR.40, Aug. 22, 1950, at 9; 参见美国代表Henkin的发言，UN Doc. E/AC.32/SR.40, Aug. 22, 1950, at 8; 参见丹麦代表Larsen的发言，UN Doc. E/AC.32/SR.40, Aug. 22, 1950, at 9。

以处罚。但是，如果因帮助公约第 31 条所允许的非法入境而对个人、组织或法人团体进行处罚，其在概念上表现出的不一致性的确是非常明显的。公约起草者不愿意修订第 31 条的真实原因是避免难民遭到利用，在意识到这个问题以后，庇护国家便应当对惩处无辜协助者的问题采取更加审慎的态度。①

澳大利亚要求承运人负担拘押难民的开销，爱尔兰则拒绝给予搭载难民的承运人以处罚豁免权，尽管这类政策对航空公司和其他承运人搭载难民的意愿产生了严重的负面影响，但是其处罚措施并未违反公约第 31 条的规定。加拿大也存在类似的情况，该国法律规定协助非法入境者（包括难民）进入该国领土的任何人都将遭到刑事追诉。然而在实践中，除了个别恶名昭彰的案例以外，加拿大并不愿意处罚那些帮助难民入境的个人，这种做法在很大程度上也符合公约起草者的期望。具有讽刺意味的是，部分欧洲国家——例如，比利时、芬兰、德国和卢森堡——采取的更趋正式的免除处罚措施，实际上却不太符合公约起草者的原意。公约起草者不同意修改公约第 31 条的真正原因，乃是惩罚那些“贩运”寻求庇护者的人蛇集团，② 所以当庇护申请被最终认定为合法或是具有充分理由时才做出取消对承运人的处罚措施的决定实在是毫无意义。③ 这种方式意味着承运人有责任准确评估乘客的难民地位，而且是在没有利用难民牟利的任何意图的情况下要求承运人承担责任。近年来欧盟推行的政策有所改变，要求各成员国在乘客提出难民保护的申请时应放弃制裁承运人的政策，这种做法显然更能体现公约第 31 条的宗旨。

总之，只要躲避迫害风险的难民在入境之后的合理期限内自动投向当局，便可以援引公约第 31 条，从而避免因非法入境或逗留受到处罚。难民必须说明非法入境或逗留的“正当理由”，如果躲避迫害风险是导致

① Secretary of State for the Home Department v. International Transport Roth GmbH, [2002] 1 CMLR 52 (Eng. CA, Feb. 22, 2002), at paras. 47, 53, per Simon Brown LJ.

② Convention against Transnational Organized Crime, Annex III, 55 UNGaor Supp. (No. 49) at 65, Art. 3.

③ G. Goodwin-Gill, “Article 31 of the 1951 Convention relating to the Status of Refugees: Non-Penalization, Detention, and Protection”, in E. Feller et al. eds., Refugee Protection in International Law 185 2003) (Goodwin-Gill, “Article 31”), at 219.

违反移民法的直接原因，那么这一要求便肯定能够得到满足。不过，迫害的风险不仅存在于难民的原籍国，也存在于以前曾向其提供保护的庇护国。如果难民途经一个或多个没有迫害风险的国家，或是在该国逗留了一段时间，那么他还需要提供未能在中转国家取得保护的合理解释。虽然这种逗留并不必然导致难民丧失公约第 31 条的权利，但合理的解释在此情况下是免除移民处罚的必要条件。由于《难民公约》只保护难民免受处罚，所以那些运送或协助难民非法进入庇护国的人不会得到免除一般行政或刑事处罚的待遇。不过公约起草者认为，如果协助难民非法进入庇护国的人并非以牟利为目的，或是出于恶意，那么各国政府便不应该对其采取处罚措施。

二 禁止处罚

《难民公约》的起草者没有就禁止处罚义务的实质内容进行深入的探讨。该义务所关注的核心问题是要确保逃离迫害的难民免受通常情况下违反庇护国移民管制法[①]时适用的制裁措施。[②] 例如，委员会秘书长在背景研究资料中指出，虽然各国普遍要求非公民提供有效的护照与签证才准予合法入境，但是难民却“很难满足合法入境的要求”。[③] 许多难民为了得到保护，需要秘密地穿越边界，个中的缘由也是显而易见的。对于无法提供有效的旅行证件或不能遵守一般移民法规的难民，如果其原因完全是为了躲避迫害的风险，那么就不应当“以非法入境的罪名”对其进行制裁。[④] 所以说，俄罗斯和保加利亚以非法入境为由对难民进行处罚，以及赞比亚

① G. Goodwin-Gill, “Article 31 of the 1951 Convention relating to the Status of Refugees: Non-Penalization, Detention, and Protection”, in E. Feller et al. eds., Refugee Protection in International Law 185 2003) (Goodwin-Gill, “Article 31”), at 196.

② 参见法国代表 Juvigny 的发言，UN Doc. E/AC.32/SR.40, Aug. 22, 1950, at 5; A. Grahl-Madsen, Commentary on the Refugee Convention 1951 (1963, 1997), p. 169。

③ United Nations, “Memorandum by the Secretary-General to the Ad Hoc Committee on Statelessness and Related Problems”, UN Doc. E/AC.32/2, Jan. 3, 1950, at 46.

④ 参见英国代表 Hoare 的发言，UN Doc. A/CONF.2/SR.13, July 10, 1951, at 14; 参见法国代表 Colemar 的发言，UN Doc. A/CONF.2/SR.13, July 10, 1951, at 13; 参见比利时代表 Herment 的发言，UN Doc. A/CONF.2/SR.13, July 10, 1951, at 14; 参见会议主席，丹麦代表 Larsen 的发言，UN Doc. A/CONF.2/SR.13, July 10, 1951, at 15; 参见联合国难民署代表 van Heuven Goedhart 的发言，UN Doc. A/CONF.2/SR.35, July 25, 1951, at 12。

和津巴布韦逮捕非法入境的难民的做法，都缺乏国际法上的依据。南非也不该利用其逮捕非法入境者的权力来处罚被抓获的难民。如果以非法入境为由处罚难民并不是官方的常规做法，例如肯尼亚目前的状况，那么政府便有责任确保其官员针对难民采取的行动绝不能以勒索财物或其他好处为目的。国际法不支持英国对使用伪造证件入境的难民提起刑事诉讼的政策。正如英国法院指出的那样，难民为寻求保护而被赋予违反移民管制法的权利，这意味着中转国家就此问题提起诉讼的正当性受到了严重的质疑。[①]

有趣的是，公约第 31 条并未要求缔约各国正式给予难民一般移民处罚措施的豁免权。实际上，公约甚至没有规定任何一项义务来限制缔约各国起诉难民违反移民法。[②] 即使在公约第 31 条最初的草拟稿中也已清楚载明，要求缔约各国不得对难民“实施”处罚。[③] 在最终的定稿中，唯一的义务就是不得“加以”处罚，[④] 这一点已经表述得非常清楚。其实，比利时代表在特设委员会上指出，特定难民是否享有移民处罚的豁免权应当交由法院来决定，这意味着缔约各国最初是享有提出指控的权力的。[⑤] 所以说，只要在认定寻求庇护者不是公约难民之前做出有罪判决，一国政府指控该寻求庇护者违反移民法，甚至就此提起公诉就都是符合法律规定的行为。[⑥] 鉴于此，新西兰在正常难民甄别程序结束之前允许对使用伪造旅行证件的寻求庇护者提起诉讼的做法并不违反公约第 31 条，当然前提是不

① R v. Uxbridge Magistrates Court, ex parte Adimi, [1999] 4 all ER 520 (Eng. HC, July 29, 1999), per Simon Brown LJ, at 534; G. Goodwin-Gill, “Article 31 of the 1951 Convention relating to the Status of Refugees: Non-Penalization, Detention, and Protection”, in E. Feller et al. eds., Refugee Protection in International Law 185 2003) (Goodwin-Gill, “Article 31”), at 216—217.

② G. Goodwin-Gill, “Article 31 of the 1951 Convention relating to the Status of Refugees: Non-Penalization, Detention, and Protection”, in E. Feller et al. eds., Refugee Protection in International Law 185 2003) (Goodwin-Gill, “Article 31”), at 533.

③ United Nations, “Memorandum by the Secretary-General to the Ad Hoc Committee on Statelessness and Related Problems”, UN Doc. E/AC.32/2, Jan. 3, 1950, at 45.

④ UN Doc. E/AC.32/L.25, Feb. 2, 1950.

⑤ 参见比利时代表 Herment 的发言，UN Doc. A/CONF.2/SR.13, July 10, 1951, at 10。

⑥ A. Grahl-Madsen, Commentary on the Refugee Convention 1951 (1963, 1997), p. 170; P. Weis, The Refugee Convention, 1951: The Travaux Preparatoires Analysed with a Commentary by Dr. Paul Weis (1995), at 303.

能在难民地位审查得出结论之前做出判决。[①]

如果以非法入境或逗留为由实施处罚，则可能导致难民地位甄别的程序权利遭到剥夺。譬如在美国，未持有效证件抵境的难民或其他人会被归入“快速遣返”程序，他们的正当程序权利将因此而显著减少，而且还没有上诉的权利。凡是能够说明有遭受迫害的“合理畏惧”的个人，原则上都不会被纳入“快速遣返”程序，但是实践中评估处罚豁免的程序却存在诸多的漏洞。[②] 因此，对于未持有效证件抵境的难民来说，其正当的程序权利实际上无法避免被严重克减的结局。[③] 2003 年，有关英国对未持有效旅行证件的所有难民适用简易离岸程序的建议显然引发了类似的担忧：相较于美国的制度，该程序是专门针对未持有效证件的难民。

不言而喻，对未持有效证件的难民适用简易程序，实质上就是以非法入境为由施以处罚。如果适用简易程序的原因不是基于庇护申请的理由不充分，[④] 而是为了制裁其入境的方式，那么这种程序显然就具有惩罚的性质。由于公约第 31 条的根本目的是让非法穿越边界的难民免受处罚，所以如果仅凭难民使用伪造证件入境或是违反移民管制法就取消其接受全面难民地位审查的法定权利，那么这种做法显然不具合法性。不过，与问题更加突出的美国规则相比，欧盟的新规则并非一无是处，如果对使用伪造证件的个人适用的简易程序[⑤]能够满足公正评估难民地位申请的一般程序性要求，[⑥] 那么违反公约第 31 条的情况也可以得到避免。事实上，即使是在欧洲更早的实践操作中，也只有那些拒不承认使用伪造证件入境的

---

① AHK v. Police, [2002] NZAR 351 (NZ HC, Dec. 11, 2001), at para. 12.

② Hastings College of the Law Center for Human Rights and International Justice, “Report on the Second Year of Implementation of Expedited Removal” (1999), at 120.

③ 参见原著 2.2.3 章节。

④ 联合国难民署执委会第 30 号结论，“The Problem of Manifestly Unfounded or Abusive Applications for Refugee Status or Asylum” (1983), at para. (d)。

⑤ Council Directive on minimum standards of procedures in Member States for granting and withdrawing refugee status, Doc. 8771/04, Asile 33 (Apr. 29, 2004) (EU Procedures Directive), at Art. 23(4)(d), (f).

⑥ Council Directive on minimum standards of procedures in Member States for granting and withdrawing refugee status, Doc. 8771/04, Asile 33 (Apr. 29, 2004) (EU Procedures Directive), at Art. 23(3).

人，以及利用伪造身份提起难民申请的人才会被适用简易程序。[①] 如此一来，抵境后故意或有预谋的欺骗当局才是受到处罚的实质原因，而非法入境或逗留则并非处罚的真正理由。[②]

有观点认为，公约第 31 条中的“处罚”概念应当局限于针对非法入境者施加的一般制裁措施，而不应当包括美国或英国采取的克减正当程序权利的做法。在草拟《难民公约》的那个特殊年代，尽管难民因非法入境或逗留可能面临的唯一处罚就是适用于所有非法入境者的常规移民处罚措施，但是我们有充分的理由认为公约第 31 条所指的处罚具有更广泛的外延（包括那些专门针对难民的处罚措施）。

的确，公约第 31 条的初稿支持对“处罚”概念作狭义解释。特设委员会秘书长针对该条款的措辞提出建议，呼吁各国不要对难民适用“针对未经许可而进入缔约各国领土的外国人施加的处罚”。[③] 显然，唯一纳入考虑范围的处罚就是针对非法入境采取的一般制裁措施。[④] 但与此同时，比利时和美国代表也在特设委员会第一次会议上联合提出了关于公约第 31 条的建议案。该建议首先要求各国“不得因非法入境或逗留而对难民加以处罚”，并确认各国有义务“从道德和现实的角度出发，给予非法入境的难民满足人格尊严的待遇”。[⑤] 虽然该建议中有关确保难民“过上尽可能正常的生活”[⑥] 的措辞因目标“过高”[⑦] 而未被采纳，但是比利时和美国的建议仍然对公约第 31 条的修改产生了微妙而又十分重要的影响。

特设委员会主席提议说：“该条款应当重新改写成：‘缔约各国承诺不对事前未经合法许可而入境或逗留的难民加以处罚’。”[⑧] 这种提法产生的效果不同于禁止特定处罚的条款初稿（“针对未经许可而进入缔约各国领土的外国人施加的处罚”），照此措辞，公约第 31 条则只会禁止加

① Resolution on Manifestly Unfounded Applications for Asylum, Doc. COM (2002) 326, at para. 9(a).

② Resolution on Manifestly Unfounded Applications for Asylum, Doc. COM (2002) 326, at para. 9(b) and (f).

③ United Nations, “Memorandum by the Secretary–General to the Ad Hoc Committee on Statelessness and Related Problems”, UN Doc. E/AC.32/2, Jan. 3, 1950, at 45.

④ 参见原著 2.2 章节。

⑤ UN Doc. E/AC.32/L.25, Feb. 2, 1950, at 1.

⑥ 参见国际难民组织代表 Weis 的发言，UN Doc. E/AC.32/SR.22, Feb. 2, 1950, at 25。

⑦ 参见会议主席，加拿大代表 Chance 的发言，UN Doc. E/AC.32/SR.22, Feb. 2, 1950, at 25。

⑧ 参见会议主席，加拿大代表 Chance 的发言，UN Doc. E/AC.32/SR.22, Feb. 2, 1950, at 25。

诸特定人群的“处罚”，具体而言，就是指“事前未经合法许可而入境或逗留的难民”。特设委员会采纳的条款文本规定如下：

> 缔约各国不得因难民非法入境或逗留而对其加以处罚。①

通过将“非法入境或逗留”调整为修饰从句，委员会主席建议中传递出的精神得以保留，而公约第 31 条的文本意涵也与秘书长的建议初稿有所不同。公约第 31 条的主旨并非是让难民免受特定种类的处罚，而是要在特定条件下禁止处罚措施的适用，即要让禁止处罚成为非法入境或逗留的必然结果。在该条款的法语版本中，对非法入境或逗留的引用同样也是为了界定处罚的原因或条件，并非意在解释处罚的实质内容。② 鉴于“处罚”的直接含义③ 就是指违反法律带来的损失，④ 所以公约第 31 条实际上是剥夺了各国政府以非法入境或逗留为由而惩罚难民的权力。英国最近一项行政决定所表达的要义与上述方法如出一辙：

> 在阿蒂米案中，刑事法院作出的判决就是《难民公约》第 31 条所指的处罚，这一点毫无疑问。民事处罚也属于公约第 31 条所指的处罚，政府律师对此并无异议，但他认为凡是处罚就应当涉及过去享有的权利遭到剥夺。而原告律师则认为，任何以非法入境为理由而降低其他人享有的待遇就是公约第 31 条所指的处罚，除非有出自行政管制方面的客观而正当的理由。我赞同原告律师的观点。于我而言，政府的做法其实是把形式凌驾于实质，使得缔约各国可以通过利用国内立法的形式来规避公约第 31 条的义务。⑤

关于该案的事实部分，法院在裁决中指出，除非成文法中有关“抵境”

① “Report of the Ad Hoc Committee on Statelessness and Related Problems”, UN Doc. E/1618, Feb. 17, 1950 (Ad Hoc Committee, “First Session Report”), at 7.

② 《难民公约》，第 31 条（一）款。

③ 《维也纳条约法公约》，第 31 条（一）款。

④ Concise Oxford Dictionary 1010, 1111 (9th edn, 1995).

⑤ UK Soc. Sec. Comm. Dec. No. CIS/4439/1998 (Nov. 25, 1999), at para. 16.

后寻求保护的规定被解释为满足基本移民管制要求后提出的保护申请，否则取消津贴福利的做法就应视作以非法入境为由施加的处罚，这显然违背了《难民公约》第 31 条的规定。[①]

尽管将许多做法均视作“处罚”的逻辑已经得到了广泛的理解，但是仍有人对广义的解读方式提出疑问，理由就是这种解释与同样具有权威性的公约第 31 条法语版本存在差异，法语版的第 31 条规定难民只享有“刑事处罚”的豁免——这似乎是将公约第 31 条的适用范围限制在较窄的范围，仅指刑法意义上的处罚。为了反驳这种解释，古德温·吉尔非常正确地指出了一个重要事实，即人权委员会早已拒绝对《公民及政治权利国际公约》禁止溯及既往的犯罪行为中的“处罚”概念作如此狭义的解读——虽然这是一个明显具有刑法倾向的条款。[②] 相反，人权委员会决定“关于‘处罚’是否应当作狭义或是广义的理解，及其意涵是否包括‘刑事’和‘行政’的各种处罚措施，必须综合参考其他因素来确定。除了文本的含义之外，尤其是条款的宗旨和目的也必须有所考量”。[③] 鉴于人权委员会的上述决定明确指出公约第 31 条并非要禁止特定类别的处罚，而是要禁止对特定人群施加的处罚，具体而言就是指“事前未经合法许可而入境或逗留的难民”，因此没有充分的依据来支持对“处罚”概念作出狭义解释。

三 驱逐

禁止以非法入境或逗留为由对难民加以处罚，这是公约第 31 条确立的一般规则，但是这项一般规则中存在两种例外情况。第一，公约第 31 条绝对没有限制缔约一国将未经许可的难民驱逐出境的权力。第二，如以下分析中将要谈及的，[④] 在非法入境的寻求庇护者的身份正常化之前，允许对其行动自由采取某些限制措施。

---

① UK Soc. Sec. Comm. Dec. No. CIS/4439/1998 (Nov. 25, 1999), at para. 18.

② G. Goodwin-Gill, “Article 31 of the 1951 Convention relating to the Status of Refugees: Non-Penalization, Detention, and Protection”, in E. Feller et al. eds., Refugee Protection in International Law 185 2003) (Goodwin-Gill, “Article 31”), at 194.

③ Van Duzen v. Canada, UNHRC Comm. No. 50/1979, decided Apr. 7, 1982, at para. 10.2. See also M. Nowak, UN Covenant on Civil and Political Rights (1993) (Nowak, ICCPR Commentary), at 278.

④ 参见原著 2.2.4 章节。

通常情况下禁止对难民采取处罚措施的庇护国，居然可以驱逐难民，这多少有些讽刺的意味。然而，公约起草者在这一问题上的立场却毫不含糊，[①] 哥伦比亚代表甚至建议通过修正案，正式废除给予难民领土庇护的任何义务。[②] 加拿大代表则抛出了令人信服的观点，指出修改条款文本毫无必要，因为"承认公约第31条并不会损害各国驱逐非法入境难民的权力，这是与会各国的一致意见"。[③] 加拿大代表还提出，他认为大会保持沉默便是支持他的观点，[④] 他的表态直接导致哥伦比亚代表撤回了修正案。[⑤] 荷兰代表也表示，考虑到加拿大代表的声明，他会将各国代表的沉默理解为默认加拿大政府对公约第 31 条的解释，为此他也将保持沉默。[⑥] 因此公约第 31 条将无法用来驳斥适用"第一抵达国"规则的做法，因为这种制度采取的处罚措施恰恰是驱逐到其他国家。

有关公约第 31 条并不排除驱逐难民的明确结论可能会造成某些潜在的颠覆性影响，但是两方面的关键因素能对这些影响产生制约作用。

第一，各国政府驱逐难民的所有权力都受到公约第 33 条不推回义务的限制。[⑦] 驱逐难民不得直接或间接地令其遭受迫害风险。

第二，与 1951 年的情况有所不同，如今许多国家的法律都或明或暗地允许逃避迫害的难民入境寻求保护。由于在这些国家逗留的寻求庇护者都是"合法逗留"，[⑧] 因此也得到公约第 32 条有关限制驱逐规定的保护。如下所述，这意味着缔约各国必须援引国家安全或公共秩序作为驱逐难民的理由，而且必须经由公正的程序才可以做出驱逐的决定。因此，在国内法允许难民入境寻求保护的情况下，纵使驱逐难民的做法不受公约第 31 条的约束，多半也会与公约第 32 条发生抵触。

---

① 参见奥地利代表 Fritzler 的发言，UN Doc. A/CONF.2/SR.13, July 10, 1951, at 12; 参见比利时代表 Herment 的发言，UN Doc. A/CONF.2/SR.13, July 10, 1951, at 14。

② 参见哥伦比亚代表 Giraldo-Jaramillo 的发言，UN Doc. A/CONF.2/SR.13, July 10, 1951, at 12。

③ 参见加拿大代表 Chance 的发言，UN Doc. A/CONF.2/SR.13, July 10, 1951, at 12—13。

④ 参见加拿大代表 Chance 的发言，UN Doc. A/CONF.2/SR.13, July 10, 1951, at 13。

⑤ 参见哥伦比亚代表 Giraldo-Jaramillo 的发言，UN Doc. A/CONF.2/SR.13, July 10, 1951, at 14。

⑥ 参见荷兰代表 van Boetzelaer 的发言，UN Doc. A/CONF.2/SR.14, July 10, 1951, at 8。

⑦ 参见原著 2.1 章节。

⑧ 参见原著 1.1.3 章节。

四　临时拘押和其他限制行动自由的措施

由于公约第 31 条保留的驱逐权力事实上受到第 33 条，以及第 32 条额外保障措施的限制，因此这一特权只会在极少数的情况下成为缔约各国的可用手段。[①] 所以禁止处罚义务的第二种也是更常见的例外情形，就是依据公约第 31 条（二）款对非法入境的难民实施拘押的权力。[②]

《难民公约》中有两项条款对难民在庇护国的行动自由做出了规定，第 31 条（二）款便是其中一项。第 26 条则确立了适用范围更加广泛的规则,但是该规则不允许对难民采取超出针对一般外国人的限制措施。一旦难民“合法进入”缔约一国的境内，就可享有公约第 26 条规定的行动自由权利。如果难民被正式纳入庇护国的难民地位甄别程序，或者以直接的抑或默认的方式被准予在该国境内暂时驻留，即可认为该难民是合法逗留。[③] 不过，公约起草者意识到各国政府可能要求保留更大的自由度，以便在“非法难民与接收国当局之间达成谅解之前”将其拘押起来。[④] 然而这只是一项临时性的权力。当非法难民的地位“正常化”或是其“取得另一国入境许可”之后，公约第 31 条（二）款便明确要求停止对其行动自由采取的特别限制。

对于无法在庇护国取得更加持久的地位，但已经申请前往他国的难民，公约第 31 条（二）款授权将拘押延长至其离境前往他国的那一刻。在丹麦代表的极力要求下，特设委员会对公约第 31 条（二）款的适用进行了调整，允许延长拘押时间，直至其“取得另一国入境许可”。较早的草拟条款为“直至可以就其进入另一国的合法许可做出决定为止”,[⑤] 这样的措辞可能会令人产生误解，让人以为一旦收到正式入境许可就必须将其释放。此处的担忧在于，在驱逐往他国之前释放难民很可能会让其得到逃

① 参见原著 2.2.3 章节。

② UNHCR, “Revised Guidelines on Applicable Criteria and Standards Relating to the Detention of Asylum Seekers”, Feb. 1999 (UNHCR, “Detention Guidelines”), at Guideline 1.

③ 参见原著 1.1.3 章节。

④ 参见法国代表 Rain 的发言，UN Doc. E/AC.32/SR.15, Jan. 27, 1950, at 15。

⑤ UN Doc. E/AC.32/L.26, Feb. 2, 1950, at 2.

匿的机会。[①] 从原则上来说，香港在按照《综合行动计划》向其他国家转移安置越南难民之前，对其采取拘押措施的决定是符合公约第31条(二)款的。但是，当香港采取的拘押措施不单单是实施海外安置难民的操作方法，而是作为一种明确的威慑机制时，拘押措施的合法性便走到了尽头。这是因为依据公约第31条（二）款取得的拘押难民的权力是一种特殊情形下的安排。基于这个原因，该条款只是为了达成海外安置的目标而授权采取“必要的”限制行动自由的措施。

针对希望留在庇护国但其难民地位申请尚未得到核实的难民，公约第31条(二)款规定的拘押权力应在何时终止的问题也存在较大的争议。单从全权代表大会的会议记录即可推断出结论，“在政府对相关文件完成审核后承认其为真正难民的那一刻”，[②] 就是终止特别拘押措施的时刻。按照这一理解，具有针对性的拘押措施可以被延长至非法入境者获得“永久安置”为止。[③] 可是从公约的整体语境来看，这种限制性的解释方法与起草者的真实意图，以及该条款的目的与宗旨之间存在明显的抵触。

瑞典代表要求对公约第31条（二）款进行修订，以满足国家安全利益的需要为名，提出把针对个别难民实施拘押的权力延长至其身份“正常化”之后，全权代表大会为此议题进行了深入探讨。[④] 瑞典代表认为，拘押处于难民地位甄别程序中的寻求庇护者在某些时候实属必要之举，然而将身份“正常化”作为拘押权力的截止时点将会限制这一必要措施。[⑤] 但是大会主席却回复道，公约第31条（二）款已经批准基于安全原因对行动自由采取限制措施，直至当局对寻求庇护者的难民地位申请做出决定为止。[⑥] 英国代表在大会上更加明确地指出：“在特设委员会采用‘难民在该国的地位正常化以前’的措辞中，瑞典代表看到了某些与其本意不符的内容。可以肯定的是，对特设委员会来说，这句话的意思是指庇护国接纳难民并允许其永久居留，而不仅仅是在做出最终决定前向难民签发一份载

① 参见丹麦代表 Larsen 的发言，UN Doc. E/AC.32/SR.24, Feb. 3, 1950, at 6。
② 参见丹麦代表 Larsen 的发言，UN Doc. A/CONF.2/SR.14, July 10, 1951, at 15。
③ 参见英国代表 Hoare 的发言，UN Doc. A/CONF.2/SR.14, July 10, 1951, at 16。
④ Proposal of Sweden, UN Doc. A/CONF.2/65.
⑤ 参见瑞典代表 Petren 的发言，UN Doc. A/CONF.2/SR.14, July 10, 1951, at 16。
⑥ 参见会议主席，丹麦代表 Larsen 的发言，UN Doc. A/CONF.2/SR.14, July 10, 1951, at 15。

明逗留期限的许可文件。”[①] 得到这样一番解释之后，瑞典代表主动收回了他的修正案。

但是，特设委员会的解释与全权代表大会给出的推论却截然相反，按照委员会对“正常化”的解释，寻求庇护者只需要向当局提出认定难民地位的申请即可。法国代表建议对“合法在其领土内的”难民的行动自由加以管制[②]（该建议后来成为公约第26条），作为回应，美国代表提出《难民公约》还应当拟定一项特别条款，让针对“未获正常许可而进入一国”[③]之难民的拘押权力受到约束［此后成为公约第31条（二）款］。面对不同的意见，英国代表开始询问“正常许可”究竟应当作何解释。[④] 法国代表则用详细介绍本国庇护制度的方式来回答英国代表的疑问，称该国庇护制度给予寻求庇护者以驻留法国的权利，虽然这项权利可以即时生效，但却是临时性的（而且有些时候还附带着地域性的限制）。[⑤] 此类庇护制度只能以循序渐进的方式给予难民各种权利，美国代表显然更关心如何最大化地发挥这些制度的难民保护作用，所以他坚持认为：“如果要实现公约的目标，就应当将所有面临这些限制措施的人视作获得正常许可进入的一国的人。”[⑥] 这一立场得到了法国代表的支持，他说：“持有居留许可的任何人都拥有正常的身份。同样道理，已经提出申请并被纳入审核程序的人，虽然没有居留许可，但实际上也拥有正常的身份。只有那些尚未提出申请，或是申请已经被驳回的人才能被看作是没有正常身份的人。”[⑦]

鉴于特设委员会的意见，公约第31条（二）款所说的地位“正常化”实际上并非建立在正式承认难民地位的基础之上。特设委员会在公约第31条（二）款中临时采用的措辞，的确允许将针对难民的拘押措施延长至难民地位的正式决定做出以后。[⑧] 但是紧接着第二天，大会主席便成功

① 参见英国代表 Hoare 的发言，UN Doc. A/CONF.2/SR.14, July 10, 1951, at 16。

② 参见法国代表 Rain 的发言，UN Doc. E/AC.32/SR.15, Jan. 27, 1950, at 17。

③ 参见美国代表 Henkin 的发言，UN Doc. E/AC.32/SR.15, Jan. 27, 1950, at 18。

④ 参见英国代表 Leslie Brass 的发言，UN Doc. E/AC.32/SR.15, Jan. 27, 1950, at 18。

⑤ 参见法国代表 Rain 的发言，UN Doc. E/AC.32/SR.15, Jan. 27, 1950, at 18。

⑥ 参见美国代表 Henkin 的发言，UN Doc. E/AC.32/SR.15, Jan. 27, 1950, at 20。

⑦ 参见法国代表 Rain 的发言，UN Doc. E/AC.32/SR.15, Jan. 27, 1950, at 18。

⑧ UN Doc. E/AC.32/L.25, Feb. 2, 1950, at 2; UN Doc. E/AC.32/L.26, Feb. 2, 1950, at 2.

地提出了第31条（二）款的修改意见，恢复了“正常化”的原始意涵。[①]即使是早前对该措辞深感不安的英国代表，后来也明确“接受了那种措辞方式”。[②]总而言之，公约起草过程中的历史记录确实过于模糊，无法得出“正常化”必须等同于正式承认难民地位这样一种结论。

与之相反，从公约第31条（二）款的目的和宗旨角度来看，只要难民满足了接收国的要求，让当局对其保护申请进行评估，那么其身份就实现了“正常化”。[③]公约第31条的基本目标是要鼓励难民遵守所在国的庇护法，而不是回避与当局的接触。[④]这一关键目标能否实现，将取决于寻求庇护者是否接受所在国的法律约束，而非其难民地位的申请是否得到了最终裁决。同样重要的一点在于，对公约第31条（二）款的解读应当避免与第26条的行动自由规则发生冲突。[⑤]只要难民“合法进入”庇护国，那么行动自由就是该难民固有的一般权利。关于难民一旦被纳入庇护程序之后即认为其“合法进入”该国（相对于“合法居留”），这个问题在先前已经作了解释。[⑥]庇护申请一旦正式提交，难民就可以向所在国主张在内部自由行动的一般权利。如果将身份的“正常化”等同于针对难民地位作出决定，那么两项条款就会发生抵触，这是因为，如此一来，终止公约第31条（二）款中限制措施的标准将明显高于第26条赋予行动自由权利的门槛。依据公约第26条，庇护程序一旦启动就应当终止拘押措施，而公约第31条（二）款则准许针对难民的拘押措施一直持续至当局就庇护申请作出裁决为止。

特设委员会对“正常化”所作的解释不仅可以轻松地化解这一矛盾，而且还能起到推进公约第31条目标实现的作用。具体而言，只要寻求庇护者履行了难民地位甄别程序的所有法定手续，即可认定其身份实现

① 参见会议主席，加拿大代表Chance的发言，UN Doc. E/AC.32/SR.24, Feb. 3, 1950, at 6。

② 参见英国代表Leslie Brass的发言，UN Doc. E/AC.32/SR.24, Feb. 3, 1950, at 6。

③ R (Saadi) v. Secretary of State for the Home Department, [2002] UKHL 41 (UK HL, Oct. 31, 2002), at para. 34.

④ 参见原著2.2章节。

⑤ 参见《维也纳公约》第31条（三）款（丙）项。

⑥ 参见原著1.1.3章节；“Report of the Style Committee”, UN Doc. A/CONF.2/102, July 24, 1951。

了“正常化”。[1] 依照这一方法，公约第 31 条（二）款与第 26 条便可以在规范难民拘押权的问题上产生各不相同而又互为补充的效果。公约起草人对第 31 条（二）款和第 26 条适用行动自由的具体情形进行了刻意而明确的区分。[2]

因此，按照国际难民法的规定，非法进入庇护国且没有满足公约第 31 条要求的难民，不能享有直接免于拘押的权利。一旦难民毫不迟延地自行投向当局，并说明其非法入境或逗留的原因是为了寻求保护，那么该难民的行动自由权利就应当受到公约第 31 条（二）款的保障。此时，难民的行动自由只受“必要”的限制。如下所述，此处规定拘押难民的这一临时性权力，仅仅是为了方便当局查证寻求庇护者的身份，以及确认其是否对庇护国的国家安全构成威胁等重要事项。

如果庇护国决定不驱逐难民，而是允许其在境内暂时停留（例如，在难民地位甄别程序进行期间），那么公约第 26 条就是限制其在国内行动自由的执行标准。当然，难民必须接受保护申请的所有必要调查，并且提交验证难民地位申请所需的一切文件或声明。一旦这些先决条件悉数得到满足，难民在接收国的逗留即被正常化，而对难民行动自由的限制也必须终止。由此说来，马耳他对非洲难民的超期拘押，以及斯威士兰对巴基斯坦“越境”难民的监禁都违反了公约第 31 条（二）款的规定。纳米比亚和泰国强迫难民长期在指定营地生活的做法更是缺乏法律依据。

重要之处在于，证明公约第 31 条（二）款具有合理性的两个关键理由，都无法用以支撑在难民地位甄别的终局决定作出之前采取的持续拘押措施。公约起草者最关心的问题是如何在除驱逐措施以外寻找应对大规模难民潮的有效手段。正如丹麦代表所说：

> 正在接收大量难民的国家不能想着如何迫使他们再次穿越边境，或是将其交还给施加迫害的政府当局手中。虽然这些难民常常被安置在难民营中，但是仍旧希望能确保他们得到更加正常和人道的生

---

① 联合国人权委员会，“General Comment No. 27: Freedom of movement” (1999), UN Doc HRI/GEN/1/Rev.7, May 12, 2004, p. 173, para. 4。

② 参见美国代表 Henkin 的发言，UN DOC. E/AC.32/SR.15, Jan. 27, 1950, at 18。

> 存条件，为了达到这个目的，应当制订某些简单的规则，使非法居住于一国境内的难民的待遇也能得到保障。[①]

所以公约第31条（二）款是专门为保护“在紧急情况下临时获准入境的难民”的权利而作出的规定。[②] 公约起草者承认“重大和突发难民潮”[③] 给庇护国在“经济和安全领域带来的切实危机”，[④] 为此公约第31条（二）款为各国政府提供了一个喘息的空间，让它们自行决定如何才能最有效地减低难民潮带来的风险。[⑤] 法国代表在特设委员会上解释道：

> 秘书处肯定还记得，在西班牙内战即将结束之时，大批西班牙难民逃往法国边界的情况。在让他们的身份正常化，并将其遣散到全国各地之前，最需要做的事情是迅速建起难民营，以满足他们的基本生活需求。将他们禁锢在难民营中显然是对行动自由的极大限制。但是在某些情况下，这可能是不得不采取的一种做法。[⑥]

因此当遭遇大规模难民潮的情况时，在未能找到更持久的解决办法之前，临时拘押难民的措施一般是不会遭到反对的。另一方面，一旦难民的逗留随着时间推移被合法化，那么即便是针对大规模难民潮而采取的拘押措施也不能继续维持。[⑦] 乌干达长期拘押卢旺达和苏丹难民的理由就存在这样的问题。当一国决定既不驱逐难民也不审核其公约难民地位时，如同乌干达一般，那么经过一段合理的时间之后，必须认为该国已经默认这些寻求庇护者对难民权利的主张，因此也推定其享有公约第26条规定的行动自由的权利。[⑧] 也不能将公约第31条（二）款被看作肯尼亚和泰国在应对难民潮时使用暴力手段强制拘押难民的法律依据。如下所述，即使在

---

① 参见丹麦代表 Larsen 的发言，UN Doc. E/AC.32/SR.15, Jan. 27, 1950, at 22。

② 参见国际难民组织代表 Weis 的发言，UN Doc. E/AC.32/SR.22, Feb. 2, 1950, at 3。

③ 参见丹麦代表 Larsen 的发言，UN Doc. A/CONF.2/SR.14, July 10, 1951, at 16。

④ 参见比利时代表 Herment 的发言，UN Doc. E/AC.32/SR.40, Aug. 22, 1950, at 4。

⑤ A. Grahl-Madsen, The Status of Refugees in International Law (vol. II, 1972), at 419。

⑥ 参见法国代表 Rain 的发言，UN Doc. E/AC.32/SR.15, Jan. 27, 1950, at 14。

⑦ 参见原著 1.1.3 章节。

⑧ 参见原著 1.1.3 章节。

面临大规模难民潮的时候，对行动自由采取的限制也仅限于"必要"的措施，而且不能违反国际人权法的其他规范。为执行拘押措施而使用暴力的做法完全经不起以上两项标准的检验。

除了使各国政府有能力应付难民潮，公约第 31 条（二）款的第二个目标就是要让所在国争取充足的时间，以便在释放非法入境的寻求庇护者之前，完成对其身份和处境的基本调查工作。瑞典和希腊代表在全权代表大会上宣称，让各国政府确认非法入境者不会对其国家安全构成威胁具有极其重要的意义。[①] 法国代表则对调查非法入境难民的身份显得更为关注。他认为应当允许各国政府拘押寻求庇护者，"至少有几天时间来获取他们的相关信息。法国政府在这一问题上的目标，就是要让当局能够对身份完全不明，且与其他国家毫无关联的人实施短暂的拘押"。[②] 英国代表也有同样的看法，认为公约第 31 条（二）款应当被理解为授权"对入境难民作背景情况调查时采取必要的临时拘押措施"。[③] 为此，大会主席总结说："法国代表的观点得到了普遍认同，即每个国家完全有权对难民秘密穿越边界的个案展开调查，并确认其是否满足必要的入境条件。"[④]

以上的探讨和交流说明，在庇护国政府对寻求庇护者的身份和背景进行基本调查的问题上，公约第 31 条（二）款所批准的"临时"拘押权仅能持续"数天"。[⑤] 如果任何拘押措施要超过数天的期限，那么就必须满足公约第 26 条的要求，按照该条款的规定，对难民的拘押必须是在同样情况下也适用于一般外国人的限制措施。[⑥] 因为公约第 31 条（二）款批准的临时拘押措施只是对入境者身份和背景进行初步调查的必要辅助手段，所以不能将其作为实施惩罚性拘押以阻吓其他难民的正当理由，例如印度

---

① 参见瑞典代表 Petren 和希腊代表 Philon 的发言，UN Doc. A/CONF.2/SR.14, July 10, 1951, at 15—16。

② 参见法国代表 Rochefort 的发言，UN Doc. A/CONF.2/SR.35, July 25, 1951, at 11。

③ 参见英国代表 Hoare 的发言，UN Doc. A/CONF.2/SR.35, July 25, 1951, at 12。

④ 参见会议主席，丹麦代表 Larsen 的发言，UN Doc. A/CONF.2/SR.35, July 25, 1951, at 13。

⑤ UNHCR, "Revised Guidelines on Applicable Criteria and Standards Relating to the Detention of Asylum Seekers", Feb. 1999 (UNHCR, "Detention Guidelines").

⑥ UNHCR, "Revised Guidelines on Applicable Criteria and Standards Relating to the Detention of Asylum Seekers", Feb. 1999 (UNHCR, "Detention Guidelines"), at Guideline 3(ii).

在 2001 年对斯里兰卡难民采取的类似做法。[①] 但是，美国司法部长显然对禁止利用拘押措施当作威慑机制的难民法规则不屑一顾，因为这正是他常态化拘押海地船民的理由之一：

> 我们担心释放外国人可能会刺激更多的海地移民飘洋过海，从而导致国家和国土安全资源的枯竭……
>
> 鼓励这种大规模的非法移民行为不符合本国的移民政策……虽然快速遣返政策可以降低海地移民在遣返前即被释放的几率，但是该政策难以完全避免将来的移民通过合法的以及法律以外的手段成功达到目的，也不能阻吓由此而生的其他海上移民行为。[②]

奥地利、比利时和瑞士等国出现的问题则有所不同，它们依据适用于所有非法入境者的法律，对非法入境的难民采取 2—6 个月的拘押措施。由于实施这种拘押的法律依据并非专门针对难民的法律，所以有人认为关押难民长达数月时间的做法也符合公约第 26 条的规定，因为其他外国人在同样情况下也会遭到拘押。然而更恰当的观点应该是，在综合考虑公约第 31 条（二）款和第 26 条的情况下，各国政府只有在具备正当理由的情况下才能做出拘押非法入境的寻求庇护者的决定。毕竟，公约第 31 条的根本目的是要确保难民不会因非法入境而遭受其他非法入境外国人面临的处罚。结合公约第 26 条一并解读可以看出，如果对于在接收国合法逗留的难民的行动自由采取更加严格的限制措施，那么这种做法显然不是公约起草者的初衷。针对没有非法入境或非法逗留情形的外国人，其行动自由仍会受到所在国家的某些限制，将这类限制措施加诸难民确实不会产生问题。但是按照公约第 31 条（二）款，除了以验证身份和背景信息为目的而采取最低限度的拘押措施之外，禁止对非法入境难民的行动自由进行其他的限制。所以该规定应当被解读为禁止各国政府依据一般法规对非法入境的难民实施长期拘押。

---

① UNHCR, "Revised Guidelines on Applicable Criteria and Standards Relating to the Detention of Asylum Seekers", Feb. 1999 (UNHCR, "Detention Guidelines"), at Guideline 3(iv).

② In re DJ, 2003 BIA Lexis 3 (US AG, Apr. 17, 2003).

公约第32条（二）款规定，临时拘押权力必须是在“必要”的情况下才能行使，但是奥地利、比利时和瑞士法律所支持的拘押非法入境者的固有特权，毫无疑问与该规定发生了直接抵触。根据秘书长提交的条款初稿，一国有权“在其认为必要时”采取这种措施。[①] 最终定稿的措辞允许对行动自由采取“必要”的限制，这反映了比利时与美国联合提案所表达的意见，即允许各国临时采取“必要的警察措施以约束其在境内的居住和行动”。[②] 全权代表大会主席特别强调，对临时拘押权进行广泛而有目的性的理解极端重要，“通过增加‘除必要以外的’这句话……特设委员会的目的是要将安全和各种特殊情况纳入考虑范围，例如重大和突发难民潮，以及有必要限制行动自由的其他原因”。[③]

因此，联合国难民署执委会指出：

> 考虑到可能引发的困难，通常情况下应当避免采取拘押措施。如果确有必要，也只有在具备法定事由时才能采取拘押措施，例如验证身份、确认提出难民地位或庇护申请的原因、涉及难民或寻求庇护者损毁旅行或身份证件、使用伪造文件以图误导庇护国当局，[④] 或是为了保护国家安全或公共秩序时。[⑤]

任何形式的拘押措施都需要正当理由，这是国际人权法牢固树立的一个基本观念。依据《公民及政治权利国际公约》第9条（一）款，任何人——包括受到移民管制的个人[⑥]——不得被剥夺自由，“除非依照法律

---

① United Nations, “Memorandum by the Secretary-General to the Ad Hoc Committee on Statelessness and Related Problems”, UN Doc. E/AC.32/2, Jan. 3, 1950, at 45.

② UN Doc. E/AC.32/L.25, Feb. 2, 1950, at 2.

③ 参见会议主席，丹麦代表 Larsen 的发言，UN Doc. A/CONF.2/SR.14, July 10, 1951, at 16。

④ UNHCR, “Revised Guidelines on Applicable Criteria and Standards Relating to the Detention of Asylum Seekers”, Feb. 1999 (UNHCR, “Detention Guidelines”), at Guideline 3(iii).

⑤ UNHCR Executive Committee Conclusion No. 44, “Detention of Refugees and Asylum-Seekers” (1986), and para. (b), www.unhcr.ch.

⑥ UN Human Rights Committee, “General Comment No. 8: Right to liberty and security of persons” (1982), UN Doc. HRI/GEN/1/Rev.7, May 12, 2004, at 130, at para. 1.

所确定的根据和程序”。[①] 关于在拘押难民申请者的情形下如何解读这项公约义务，澳大利亚联邦法院认为，该义务在此时不仅意味着拘押措施必须得到法律授权，而且还必须尊重申请者的相关权利，即“在‘不相称’或不公平的个案情况下不受拘押的权利”。[②] 联合国人权委员会更加明确地指出：“如果所在国无法提出适当的理由，则不能对难民地位申请者采取超出合理期限的拘押措施。譬如，非法入境的事实说明有进行调查的必要，而与个人相关的其他因素也可以构成拘押一段时间的理由，例如申请者有逃匿的可能，或者是拒不合作。”[③] 即使具备这些理由，[④] 仍必须保证受到拘押的个人能够“向法院提起诉讼，以便法院能就拘押的合法性立即作出裁决，并在出现非法拘押的情况下立即下令释放”。[⑤]

关于临时拘押应当被证明为确属“必要”措施的主张，实际上是要求缔约一国为此提出“适当的理由”。对于以国家安全为由寻求广泛拘押权力的做法，上述要求形成了一种非常有效的制衡机制。[⑥] 美国司法部长除了将拘押措施作为阻吓海地人的一种方法，还把国家安全当作推行常态化拘押赴美寻求保护的海地人政策的正当理由：

> 国防部也被卷入遏止海外移民的行动中，它宣称海地的大规模移民需求“将会极大地消耗正被用于别处或支持其他军事行动的宝贵资源”……
>
> 移民归化局作出的声明也证实，在对背景信息、参加社会团体，

① 《公民及政治权利国际公约》，第9条（一）款；UNHCR, “Revised Guidelines on Applicable Criteria and Standards Relating to the Detention of Asylum Seekers”, Feb. 1999 (UNHCR, “Detention Guidelines”), at Guideline 3; M. Nowak, UN Covenant on Civil and Political Rights (1993), at 171。

② Minister for Immigration and Multicultural and Indigenous Affairs v. Al Masri, (2003) 197 ALR 241 (Aus. FFC, Apr. 15, 2003).

③ A v. Australia, UNHRC Comm. No. 560/1993, UN Doc. CCPR/C/59/D/560/1993, decided April 30, 1997, at para. 9.4.

④ Bakhtiyari v. Australia, UNHRC Comm. No. 1069/2002, UN Doc. CCPR/C/79/D/1069/2002, decided on Oct. 29, 2003.

⑤ 《公民及政治权利国际公约》，第9条（四）款。A v. Australia, UNHRC Comm. No. 560/1993, UN Doc. CCPR/C/59/D/560/1993, decided April 30, 1997, at para. 9.5。

⑥ UNHCR, “Revised Guidelines on Applicable Criteria and Standards Relating to the Detention of Asylum Seekers”, Feb. 1999 (UNHCR, “Detention Guidelines”).

以及个人目的不作充分调查与核实的情况下，释放没有证件的海地人将引发国家安全问题。[①]

此处所表达的第一种担忧与通常意义上对国家安全风险的理解之间只有一种非常模糊的关联，因此不可能满足公约第31条（二）款或是国际人权法确立的必要性标准；实际上，美国从未打算就针对所有海地人的常态化拘押措施及其所引发的国家安全问题之间的相称性问题做出说明。当然，第二种观点——对难民申请者带来的安全风险进行调查的必要性——的确属于公约第31条（二）款认可的应当采取临时拘押措施的原因。尽管可以把对特定个人的必要调查作为采取拘押措施的正当理由，但是这难以说明为何需要对来自特定国家的所有人都实施常态化拘押。[②] 美国以维护国家安全为由，决定拘押来自主要穆斯林国家和地区的所有难民申请者，这一做法的打击面不仅过于广泛，而且还可能违反了禁止歧视的义务。

新西兰最高法院发出了一个非常恰当的警告：

> 《难民公约》第31条（二）款要求缔约各国对某些难民的行动自由不要采取除必要以外的限制措施。该条款……明显认为被拘押的个人应当有权质疑对其采取的拘押措施。司法部副部长宣称国家安全可以作为实施拘押的一项理由。尽管这一观点的正确性毋庸置疑，但是这类理由必须在个案中进行逐一检验。不能把安全笼统地当作对此类案件做例外处理的借口。[③]

纵使具体调查的重要性得到了承认，但是对行动自由进行“必要”限制的含义仍有可能难以辨析。如上所述，联合国难民署的传统做法就是只承认某些理由达到必要标准——具体而言，就是身份识别、申请原因、

① In re DJ, 2003 BIA Lexis 3 (US AG, Apr. 17, 2003).

② UNHCR, “Revised Guidelines on Applicable Criteria and Standards Relating to the Detention of Asylum Seekers”, Feb. 1999 (UNHCR, “Detention Guidelines”), at Guideline 3.

③ Zaoui v. Attorney General, Dec. SC CIV 13/2004 (NZ SC, Nov. 25, 2004), at para. 44.

毁损证件、国家安全，或是公共秩序。[①] 在新西兰难民委员会诉司法部长一案的裁决中，新西兰高等法院在对公约第 31 条的要求进行深入分析的基础上，对联合国难民署的方法表示赞同。[②] 然而上诉法院的两位法官却认为，在对拘押措施的必要性进行评估时应当采取更加灵活与开放的方法。[③] 麦格拉斯法官在案件推理部分中指出，公约第 31 条（二）款显然不能被当作自动拘押措施的正当理由。[④] 他同样明确地提出，[⑤] "断不可允许使威慑成为拘押措施的目的"。但他坚持认为，绝不能对采取临时拘押措施的理由做出死板的限定，而应当"让缔约各国适当地行使自由裁量权"。[⑥] 确定拘押理由需要一定的灵活度，这一观点得到了格莱斯布鲁克法官的认同。他在裁决意见中提出，在决定对难民的行动自由采取"必要的"临时限制措施时，应当考虑"限制措施的程度及其原因"：[⑦]

> 言下之意……就是应当更加自由地适用那些强度弱于拘押的行动自由限制措施……根据行动自由限制措施的性质差异，必要性标准也可以有所不同……
>
> 申请者行动自由受到的限制越大，对拘押理由的审查就应当越严格……如果要让拘押成为限制行动自由的必要措施……那么联合国难民署有关国际保护的第 3 号指导意见中讨论列举的因素似乎都要求难民申请者自身存在一定的"过错"（例如，申请者不愿意配

① UNHCR, "Revised Guidelines on Applicable Criteria and Standards Relating to the Detention of Asylum Seekers", Feb. 1999 (UNHCR, "Detention Guidelines"), at Guideline 3.

② Refugee Council of New Zealand et al. and "D" v. Attorney General, [2002] NZAR 717 (NZ HC, May 31, 2002).

③ Attorney General v. Refugee Council of New Zealand Inc., [2003] 2NZLR 577 (NZ CA, Apr. 16, 2003), at para. 28.

④ Attorney General v. Refugee Council of New Zealand Inc., [2003] 2NZLR 577 (NZ CA, Apr. 16, 2003), at para. 97.

⑤ Attorney General v. Refugee Council of New Zealand Inc., [2003] 2NZLR 577 (NZ CA, Apr. 16, 2003), at para. 101.

⑥ Attorney General v. Refugee Council of New Zealand Inc., [2003] 2NZLR 577 (NZ CA, Apr. 16, 2003), at para. 102.

⑦ Attorney General v. Refugee Council of New Zealand Inc., [2003] 2NZLR 577 (NZ CA, Apr. 16, 2003), at para. 257.

合当局查证其个人身份、申请者的刑事犯罪前科可能会威胁国家安全或公共秩序)。[①]

这个评估体系对于判断拘押或其他限制行动自由措施的必要性非常有用。实际上，它能够敦促各国优先考虑除拘押以外的行动自由限制措施，因为采取此类强度较弱的手段将更容易找到正当的理由。[②] 因为限制居住地或是向当局报告行踪的要求显然不可能被当作常规手段，[③] 所以将拘押视作最终的手段，只在难民申请者缺乏诚信，或是给予难民申请者的自由可能带来某种风险的情况下才能采用，这才是有利于妥善处理该问题的良好出发点。[④] 这种观念不仅可以推动各国政府尊重难民自由行动的推定权利，还为其广泛适用各种限制措施提供了灵活的制度空间，使其不再拘泥于限定的少数理由。[⑤]

除非确实需要采取拘押措施，否则各国应当尽量适用强度更低的行动自由限制措施，[⑥] 这是完全符合公约起草者意图的一项义务。比如，国际难民组织的代表就认为，条款对“必要”措施的引述“意味着，不应当对难民适用严苛的限制手段，而应当尽最大限度允许其在难民营之外自由行动，并且尽可能使其过上正常的生活”。[⑦] 联合国难民署关于拘押措施的指导意见进一步扩展了这个观点，指出“如果监督机制能被用作拘押措施的可行替代方法……那就应当优先采用监督机制，除非有证据显示替代方

① Attorney General v. Refugee Council of New Zealand Inc., [2003] 2NZLR 577 (NZ CA, Apr. 16, 2003), at paras. 265, 275.

② E v. Attorney General, [2000] NZAR 354 (NZ HC, Nov. 29, 1999).

③ Attorney General v. Refugee Council of New Zealand Inc., [2003] 2NZLR 577 (NZ CA, Apr. 16, 2003), at para. 259.

④ Jalloh v. Netherlands, UNHRC Comm. No. 794/1998, UN Doc. CCPR/C/74/D/794/1998, decided Mar. 26, 2003, at para. 8.2.

⑤ Attorney General v. Refugee Council of New Zealand Inc., [2003] 2NZLR 577 (NZ CA, Apr. 16, 2003), at para. 259.

⑥ A. Grahl-Madsen, Commentary on the Refugee Convention 1951 (1963, 1997), p. 182.

⑦ 参见国际难民组织代表 Weis 的发言，UN Doc. E/AC.32/SR.22, Feb. 2, 1950, at 24—25。

法在个案中不会发生实际效果”。① 现有的替代方法包括监督机制、提供保证人或担保人、保释，以及要求难民在指定区域或是开放式接待中心居住。② 各国在追求合法的调查目的时，有义务确保只对难民的行动自由造成最低限度的损害，但无论是澳大利亚（正式的）和美国（事实上的）拘押难民的做法，还是香港、泰国、乌干达和肯尼亚将难民送入封闭式难民营的措施，都与该项义务背道而驰。在一名阿富汗妇女及其五名子女遭到任意拘禁的案件中，人权委员会明确支持将损害控制到最低限度的这项义务：

> 关于巴赫蒂亚里夫人及其子女的问题，委员会了解到巴赫蒂亚里夫人已经被移民拘留中心收押了两年十个月，并且还将继续遭到关押，而在家事法院指令释放其子女以前，他们已经被收押了两年八个月。委员会认为，该缔约国为调查身份和其他事项而将其收押，但无论当时有怎样的正当理由，都不足以对如此长时间的拘押措施做出合理解释。
>
> 针对巴赫蒂亚里的特殊家庭构成情况，该缔约国无法证明其他强度更低的限制措施难以达到促使其遵守该国移民政策的效果，例如，这些措施包括就外出活动向当局报告的义务、提供保证人，以及适应其家庭特殊情况而提出的其他条件。因此，对巴赫蒂亚里夫人及其子女的长期拘押缺乏正当的理由，构成了违反《公民及政治权利国际公约》第9条（一）款的任意拘禁。③

然而，在选择各种行动自由限制措施以作为对寻求难民地位者实施拘押的替代方法之前，也有必要进行审慎的斟酌。④ 公约第31条（二）款的约束力不仅是针对拘押措施，也包括侵犯难民行动自由的所有措施。因

① UNHCR, “Revised Guidelines on Applicable Criteria and Standards Relating to the Detention of Asylum Seekers”, Feb. 1999 (UNHCR, “Detention Guidelines”), at Guideline 3.

② UNHCR, “Revised Guidelines on Applicable Criteria and Standards Relating to the Detention of Asylum Seekers”, Feb. 1999 (UNHCR, “Detention Guidelines”), at Guideline 4.

③ Bakhtiyari v. Australia, UNHRC Comm. No. 1069/2002, UN Doc. CCPR/C/79/D/1069/2002, decided on Oct. 29, 2003, at para. 9.3.

④ UNHCR, “Note on International Protection”, UN Doc. A/AC.96/713, Aug. 15, 1988, at para. 21.

此，如果缺乏公约第 31 条（二）款所认可的正当理由，那即便是除拘押以外的行动自由限制措施也不能动用。还有一点也同样重要，即专门针对难民的行动自由限制措施只能是临时性的。如果使限制措施具有必要性的正当理由一旦消失，那么该限制措施也必须立即终止——例如，当大规模难民潮的应对措施已经落实到位时，或是针对难民身份和入境原因的先期调查已经结束时，限制措施便应予取消。任何其他的或者持续性的限制措施必须是普遍适用于所在国非公民的措施，而不能专门针对非法入境者或逗留者。所以，如果要求寻求庇护者长时间住在接待中心或青年旅舍，如同在丹麦、德国和爱尔兰的非常普遍的现象，那么这种做法就违反了公约第 31 条（二）款的规定。

如果难民申请者打算放弃国家福利，奥地利和挪威两国则允许其不在接待中心居住，对于这类做法又当如何看待呢？实质上，这种政策与公约第 31 条（二）款提及的行动自由限制措施关系不大，而更像是对享受公共福利的资格加以限制。这种限制在大多数情况下具有合法性，除非它牵涉到获取基本生活条件的资格遭到剥夺，[①] 因为只有当难民获准在庇护国长期逗留时，该国才有义务让难民享受社会救济制度提供的福利（无论当局是否就难民地位、给予永久居留权，或是建立住所等问题做出正式宣告）。将在接待中心居住作为享受公共福利的前提条件，而不管难民是否接受，这种决定实际上就是对获取福利的资格进行限制。因此，该政策并不存在对难民的行动自由是否构成必要限制的问题。

然而，一旦难民长期逗留庇护国，包括在庇护国得到临时保护，那么该国就有责任在获取社会救济方面给予其国民待遇。[②] 在这种情况下，如果缔约一国拒绝向在接待中心居住的难民提供生活福利，那么其行为显然剥夺了难民的行动（迁徙）自由（因为难民面临的选择其实是要么失去这项权利，要么失去那项权利）。所以，该国应当按照《难民公约》第 26 条以及《公民及政治权利国际公约》第 9 条的要求就其政策的正当性给出解释。

另一个真正值得关注的问题是，如果采取临时拘押措施是以确保难

① 参见原著 2.4 章节。

② 参见原著 1.1.4 章节。

民地位评估工作的效率为目的，能否就此判定该措施具有“必要性”。虽然在联合国难民署认可的临时拘押的事由“清单”中没有这一项，① 但是各国法院普遍认为公约第 31 条允许以重要的行政事由而采取短期拘押措施。② 例如，英国上议院在萨迪（Saadi）案 ③ 中对拘押难民申请者的合法性进行了探讨，指出为了使难民申请得到快速处理，可以对“直接庇护申请”者采取 7—10 天的拘押措施。法官们对两方面因素进行了认真思考，即不断增加的难民申请量要求加快审理速度，④ 以及拘押的影响（例如，包括获得法律咨询服务），⑤ 而后在此基础上做出了拘押数日乃必要措施的裁决：

> 有一个非常具有说服力的观点……如果没有证据显示(申请者)会逃跑，那么从严格意义上说就不能认定为促使其遵守地位甄别制度而采取的拘押措施具有必要性。不过，这种观点忽略了一个现实因素——在短时间内需要处理大量的难民申请。如果申请者不能及时到场，或是根本就不出现，那么不仅所有个案都将受到干扰和延宕，而且整个甄别制度都将受到影响。如果拘押中心的条件不如预期中满意，那也许还能成为质疑的理由，但是在我看来，加快申请处理速度的需求已经为适当条件下采取短期拘押的必要性提供了正当理由。⑥

所以，与新西兰上诉法院的格莱斯布鲁克（Glazebrook）法官的态度

---

① UNHCR, “Revised Guidelines on Applicable Criteria and Standards Relating to the Detention of Asylum Seekers”, Feb. 1999 (UNHCR, “Detention Guidelines”), at Guideline 3.

② Refugee Council of New Zealand et al. and “D” v. Attorney General, [2002] NZAR 717 (NZ HC, May 31, 2002).

③ R (Saadi) v. Secretary of State for the Home Department, [2002] UKHL 41 (UK HL, Oct. 31, 2002).

④ R (Saadi) v. Secretary of State for the Home Department, [2002] UKHL 41 (UK HL, Oct. 31, 2002), at para. 10.

⑤ R (Saadi) v. Secretary of State for the Home Department, [2002] UKHL 41 (UK HL, Oct. 31, 2002), at para. 17.

⑥ R (Saadi) v. Secretary of State for the Home Department, [2002] UKHL 41 (UK HL, Oct. 31, 2002), at para. 24.

类似，上议院在必要性的问题上采取了相对灵活的认定方法，即对拘押的原因和限制措施的性质都给予同等程度的重视。该判决传递了一个明确信息，即如果拘押并非短暂和期限固定的措施，或者拘押的条件并不以权利保障为重，那么就不能认定对行动自由的限制措施具有必要性。总的说来，这应当是对“必要性”概念的公正解释，在释放非法入境的寻求庇护者之前，让所在国有时间对其身份和背景进行基本调查，这完全符合公约起草者的初衷。

采用灵活的方法来评估行动自由限制措施的必要性，这不失为明智之举。但是在某些情况下，要为拘押措施找到正当理由的确非常困难。尤其是在拘押儿童的问题上，只能将其作为“不得已的最后手段”。[①] 如果缔约各国意图对极易受到伤害的人采取拘押措施，如无人陪伴的老人、酷刑受害者、精神病患者或者残障人士，那么它们就应当承担更加严格的责任。[②] 因此，澳大利亚和比利时拘押难民儿童的惯常做法不可能满足公约第31条（二）款或是《公民及政治权利国际公约》的要求。瑞士对“合法居留”的儿童免除拘押措施的做法也不够严谨，因为国际人权法要求必须不加任何歧视地保障个人不被剥夺自由的权利。[③] 虽然英国对《儿童权利公约》的保留使其拘押难民儿童的行为免予承担公约责任，但是在拘押措施的必要性问题上，它仍然受到《难民公约》和《公民及政治权利国际公约》的约束。[④]

更广泛地讲，因为通常的拘押制度——例如奥地利、比利时和瑞士——普遍适用于所有非法入境的非公民（无须各国提出明确的拘押理由），所以它们没有顾及《难民公约》第31条（二）款以及《公民及政治权利公约》第9条（一）款的要求，即临时拘押必须确有“必要”。与之相反，英国的拘押制度则要求政府当局对调查身份或入境原因的必要

① UNHCR, “Revised Guidelines on Applicable Criteria and Standards Relating to the Detention of Asylum Seekers”, Feb. 1999 (UNHCR, “Detention Guidelines”), at Guideline 6.

② UNHCR, “Revised Guidelines on Applicable Criteria and Standards Relating to the Detention of Asylum Seekers”, Feb. 1999 (UNHCR, “Detention Guidelines”), at Guideline 7.

③ 《儿童权利公约》，第2条（一）款。

④ Bakhtiyari v. Australia, UNHRC Comm. No. 1069/2002, UN Doc. CCPR/C/79/D/1069/2002, decided on Oct. 29, 2003, at para. 9.5, 9.7.

性承担举证责任；但该制度的缺点在于拘押并未被严格地看作临时措施。[①]意大利的拘押制度似乎更加符合公约第 31 条（二）款和《公民及政治权利国际公约》的规定，原因在于拘押的适用不仅受到严格的限制，而且显然是临时措施；即便在这种相对较好的制度中，也没有要求对拘押措施进行定期司法复核，不过这一重要的保障机制在加拿大和法国的相关制度则有所体现。[②]

虽然《难民公约》没有给拘押条件设立标准，但是《公民及政治权利国际公约》第 10 条明确要求，对所有被拘押者 "应给予人道及尊重其固有的人格尊严的待遇"。这项责任及于"依该国法律规章被剥夺自由"的任何人。[③]《公民及政治权利国际公约》第 10 条要求缔约各国遵循更高的待遇标准，而非仅仅避免出现第 7 条所禁止的"残忍和不人道"待遇。[④]例如，人权委员会就认为，如果不顾专家的医疗建议而对个人采取拘押措施，就违背《公民及政治权利国际公约》第 10 条的规定。[⑤] 此外，如果被拘押者被迫在狭小囚室的地面上睡觉，而且得不到医疗护理或家人的探视，[⑥] 抑或是每日只有 5 分钟可供清理个人卫生、5 分钟用于户外锻炼，[⑦]那么这种做法同样违反了《公民及政治权利国际公约》第 10 条。例如，难民在希腊、香港、墨西哥和西班牙加那利群岛经受的恶劣、长期而拥挤的拘押条件，显然违背了缔约各国担负的公约义务。由于被拘押者的待遇完全取决于所在国，所以自然应该对拘押条件给以密切的关注。鉴于官方的拘押决定极易给当事者造成伤害，因此对拘押措施负有责任的当事国应

① UN Doc. E/CN.4/1999/63/Add.4.

② Canada v. Thanabalasingham, [2004] FCA 4 (Can. FCA, Jan. 9, 2004), at para. 16.

③ UN Human Rights Committee, "General Comment No. 21: Humane treatment of persons deprived of their liberty" (1992), UN Doc. HRI/GEN/1/Rev.7, May 12, 2004, at 153, para. 2.

④ M. Nowak, UN Covenant on Civil and Political Rights (1993) (Nowak, ICCPR Commentary), at 186—187.

⑤ Madafferi v. Australia, UNHRC Comm. No. 1011/2001, UN Doc. CCPR/C/81/D/1011/2001, decided July 26, 2004, at para. 9.3.

⑥ Luyeye v. Zaire, UNHRC Comm. No. 90/1981, decided July 21, 1983.

⑦ Parkanyi v. Hungary, UNHRC Comm. No. 410/1990, UN Doc. CCPR/C41/D/410/1990, decided Mar. 22, 1991.

当对被拘押者承担照管的“积极义务”。[①] 尤其需要注意的是，选择拘押个人的当事国不得将资源不足作为忽略《公民及政治权利国际公约》第 10 条设定标准的理由。[②] 无论出于何种原因，如果缔约一国政府难以确保被剥夺自由的个人获得人道及尊重其固有人格尊严的待遇，那么该国政府就不能合法地下达拘押指令。

为了使保护被拘押者的积极义务得到履行，联合国难民署的执委会决定，“在可能的情况下，不得将难民和寻求庇护者与普通罪犯拘押在一起，也不得将其置于人身安全面临威胁的地方”[③]——该标准令美国在普通监狱拘押难民的做法受到质疑，因为难民与罪犯在这些监狱中只能共用某些设施。[④] 执委会的结论还指出，“难民和寻求庇护者的拘押条件必须满足人性化的要求”。[⑤] 联合国难民署关于拘押寻求庇护者的指导意见规定了一系列涉及临时拘押的特别标准，[⑥] 这些标准大多来自符合《公民及政治权利国际公约》第 10 条（一）款的法学观点，[⑦] 以及《联合国保护所有遭受任何形式拘留或监禁的人的原则》。[⑧] 合并起来看，这些标准要求被拘押的难民享有一定权利，包括与拘押设施之外的人保持定期接触的权利，[⑨] 咨询法律顾问的权利，[⑩] 获得基本医疗和其他生活必需条件的权利

---

① UN Human Rights Committee, “General Comment No. 21: Humane Treatment of Persons Deprived of Their Liberty” (1992), UN Doc. HRI/GEN/1/Rev.7, May 12, 2004, at 153, para. 3.

② UN Human Rights Committee, “General Comment No. 21: Humane Treatment of Persons Deprived of Their Liberty” (1992), UN Doc. HRI/GEN/1/Rev.7, May 12, 2004, at 153, para. 4.

③ UNHCR Executive Committee Conclusion No. 44, “Detention of Refugees and Asylum-Seekers” (1986), and para. (f), www.unhcr.ch.

④ 《公民及政治权利国际公约》，第 10 条（二）款（甲）项。

⑤ UNHCR Executive Committee Conclusion No. 44, “Detention of Refugees and Asylum-Seekers” (1986), and para. (f), www.unhcr.ch.

⑥ UNHCR, “Revised Guidelines on Applicable Criteria and Standards Relating to the Detention of Asylum Seekers”, Feb. 1999 (UNHCR, “Detention Guidelines”), at Guideline 10.

⑦ UN Human Rights Committee, “General Comment No. 21: Humane treatment of persons deprived of their liberty” (1992), UN Doc. HRI/GEN/1/Rev.7, May 12, 2004, at 153, para. 2; M. Nowak, UN Covenant on Civil and Political Rights (1993) (Nowak, ICCPR Commentary), at 188—189.

⑧ “Question of Arbitrary Detention”, UNCHR Res. 1997/50, UN Doc. E/CN.4/1997/50 (1997), at para. 4.

⑨ UNHCR, “Revised Guidelines on Applicable Criteria and Standards Relating to the Detention of Asylum Seekers”, Feb. 1999 (UNHCR, “Detention Guidelines”), at Guideline 10 (iv).

⑩ UNHCR, “Revised Guidelines on Applicable Criteria and Standards Relating to the Detention of Asylum Seekers”, Feb. 1999 (UNHCR, “Detention Guidelines”), at Guideline 10 (iv).

（例如，韩国不向难民拘押设施供暖的做法就违反了这一标准），[①] 锻炼身体和娱乐的权利，[②] 享有宗教自由的权利，[③] 获得教育、文化和信息的权利，[④] 确保家庭成员得到援助的权利。[⑤] 当然，在解释这些基本的定性标准时必须适当考虑儿童、妇女以及其他在拘押中容易受到伤害的人的特殊需要。[⑥]

① UNHCR, "Revised Guidelines on Applicable Criteria and Standards Relating to the Detention of Asylum Seekers", Feb. 1999 (UNHCR, "Detention Guidelines"), at Guideline 10 (ix).

② UNHCR, "Revised Guidelines on Applicable Criteria and Standards Relating to the Detention of Asylum Seekers", Feb. 1999 (UNHCR, "Detention Guidelines"), at Guideline 10 (vi).

③ UNHCR, "Revised Guidelines on Applicable Criteria and Standards Relating to the Detention of Asylum Seekers", Feb. 1999 (UNHCR, "Detention Guidelines"), at Guideline 10 (viii).

④ UN Detention Principles, at Principle No. 28.

⑤ UN Detention Principles, at Principle No. 31.

⑥ UNHCR, "Revised Guidelines on Applicable Criteria and Standards Relating to the Detention of Asylum Seekers", Feb. 1999 (UNHCR, "Detention Guidelines"), at Guideline 6, 7, and 8.

第三章

合法居留的难民之权利

只有当难民在缔约一国“合法居留”时，他们才能享有许多重要的权利，包括以工资受偿的就业和从事自由职业的权利、结社的自由、取得住房的权利、取得福利的权利、享有劳动和社会保障法规保护的权利、取得知识产权的权利，以及取得旅行证件的权利。

如前所述，当难民在某一国家的逗留事实上已经成为一种持续的状态时，即可算作合法居留（经常居住）。① 这可能是由于其难民地位已经得到了正式承认，并因此而获得庇护。但是，当难民得到所谓“临时保护”制度或是其他长期保护制度的庇佑时，也应视作合法居留。只要难民得到官方的批准，并在缔约一国持续逗留，那就是合法居留于所在国；合法居留并不要求难民地位得到正式承认、取得永久居留权，或是建立居所。② 另一方面，如果难民正在等待地位甄别程序的结果，则不能主张合法居留者所享有的权利，因为这些人于所在国的逗留完全是临时性的，与公约为长时间逗留于缔约一国的人保留权利以使其融入当地社会的初衷不相符合。

在大多数欠发达国家，难民进入其国内就业市场的权利要么被彻底剥夺，要么就受到极大的限制。所在国家常常会担心，承认难民的工作权将导致本国公民的薪资水平降低，进而使难民与所在国的关系变得紧张。联合国难民署认为：

① 参见原著 1.1.4 章节。

② 《难民公约》，第 34 条。

> 大量寻求庇护者的到来，以及将其部分或全部作为难民予以安置，即便这只是权益之举，也将给所在国带来严重的负担。贫穷国家的承受能力尤其薄弱，经济困难、高失业率、不断降低的生活水平，以及住房和土地的短缺，都会极大地削弱当地人民帮助难民的能力，以及政府承受难民负担的意愿……在这种情况下，国际义务与国家责任之间存在着难以调和的矛盾，因此许多国家在就业等方面选择优先保障本国公民，而非包含难民在内的外国人。[①]

例如，难民在柬埔寨无法得到工作许可，“使他们的生活比非法移民好不了多少”。[②] 坦桑尼亚急于阻止来自布隆迪的胡图族难民融入当地社会，因此对他们下达了工作禁令。[③] 赞比亚采取的手段只是略有不同，向申请工作许可的难民收取高昂的费用，远远超出几乎所有人的承受能力。[④] 移民官员为这项政策给出的理由是：“为了控制城镇犯罪问题，赞比亚政府决定‘推回’部分难民，因为这些犯罪大多是因为‘外国人’而起。”[⑤]

然而在某些情况下，阻止难民就业的禁令可能没什么实际效果。尽管毛里塔尼亚不允许难民就业，但是该国行政管理机构匮乏，因此难民实际上可以在非传统经济领域找到工作。[⑥] 某些贫困国家的确允许难民工作，但是难民通常只享有其他非公民的同等待遇。例如，津巴布韦国内法规定难民“在以工资受偿的就业方面，有权主张通常情况下非津巴布韦公民享有的同等权利，并受到相同的限制”。[⑦]

不过，在欠发达国家中也存在允许难民就业的例外情况。南非的司法干预保障了难民的工作权，即使在等待难民地位甄别结果的人也有权工

---

① 《难民议定书》，第 11 条。

② “Cambodia: Precarious Position of Refugees” (2002) 114, JRS Dispatches (June 28, 2002).

③ J. Atill, “UN refugee work in crisis as world ignores Burundi”, Guardian, Feb. 14, 2001, at 18.

④ “Imagine asking a person working as a store attendant or vegetable vendor … to pay K250,000”: Daily Mail of Zambia, June 16, 2000.

⑤ “Imagine asking a person working as a store attendant or vegetable vendor … to pay K250,000”: Daily Mail of Zambia, June 16, 2000, quoting Zambian immigration department spokesperson Danny Lungu.

⑥ C. Lindstrom, “Urban Refugees in Mauritania”, (2003) 17, Forced Migration Review 46.

⑦ Zimbabwe Refugees Act (Law No. 13, 1983), at s. 12(3).

作。[①] 巴基斯坦允许阿富汗难民就业，使87%以上的阿富汗难民家庭至少拥有一名可以赚取收入的成员。[②] 西非国家经济共同体的成员国政府达成协议，允许来自本地区的难民在受到保护的同时享有就业权利。[③] 但即便如此，现实与承诺之间总还有些差距。例如，毛里塔尼亚难民在塞内加尔始终得不到承认，因此只能依靠粮食援助勉强生存。[④] 而科特迪瓦的利比里亚难民一旦离开指定的居住地去寻找工作，其获得粮食援助的权利便会立即遭到剥夺。[⑤]

某些国家虽然坚持对难民的工作权进行严格限制，但也采取切实措施让难民参与经济生活。在哥斯达黎加，1984年以前难民是没有工作权利的，此后的法律修正案只允许难民从事雇佣劳动，而且有严格的限制条件。[⑥] 由于该权利受到限制，所以难民实际上只能依靠国际援助从事一些个体经营，主要是生产皮货和服装的作坊。[⑦] 其他难民都被安置在靠近大型农业种植园的地区，因此他们可以靠雇佣劳动谋得生计，同时也为当地农产企业提供急需的劳动力。[⑧]

可是，当重新安置于难民营或规划定居点成为获得工作或参与经济活动的附加条件时，许多难民会拒绝接受这类限制，转而选择自行寻找安置地，特别是在靠近其原籍国边境的乡村地区。[⑨] 由于自行安置的难民常常与其邻里具有共同的种族背景，而且居住地的经济和地理

---

① Watchenuka Case, Dec. No. 1486/02 (SA Cape Prov. Div., Nov. 18, 2002).

② N. Ahmad, International Academy of Comparative Law National Report for Pakistan (1994), at 6—7.

③ LCHR, African Exodus, at 108.

④ LCHR, African Exodus, at 108; US Committee for Refugees, World Refugees Survey 2003 (2003), at 88.

⑤ LCHR, African Exodus, at 108; US Committee for Refugees, World Refugees Survey 2003 (2003), at 66.

⑥ T. Basok, Keeping Heads Above Water: Salvadorean Refugees in Costa Rica (1993) (Basok, Heads Above Water), at 35—36, 61.

⑦ T. Basok, Keeping Heads Above Water: Salvadorean Refugees in Costa Rica (1993) (Basok, Heads Above Water), at 66—67, 74—84; G. Monge, "Survey indicates refugee profile, integration in Costa Rica", UNHCR Behind the Headlines, Oct. 31, 2002.

⑧ T. Kuhlman, "Organized Versus Spontaneous Settlement of Refugees in Africa", in H. Adelman and J. Sorenson eds., African Refugees: Development Aid and Repatriation 117 (1994) (Kuhlman, "Organized Versus Spontaneous"), at 128—129.

⑨ T. Kuhlman, "Organized Versus Spontaneous Settlement of Refugees in Africa", in H. Adelman and J. Sorenson eds., African Refugees: Development Aid and Repatriation 117 (1994) (Kuhlman, "Organized Versus Spontaneous"), at 124.

环境也与本国相似，因此他们在融入当地经济的过程中拥有一定的优势条件。[①] 由于他们游离于所在国的法律制度之外，常常因害怕被发现而不向所在国政府或者国际机构登记，所以他们无法得到食物或其他形式的难民援助。[②] 法律地位的不确定性常常令其难以自食其力，尤其欠缺进行长远经济规划的能力。例如，在赞比亚的安哥拉难民起初以典卖自己的财物、充当零散农业雇工，以及慈善救济来维持生计。当这些人在赞比亚生活了 3 年以后，仍有超过 80% 的人需要他人接济。[③] 而且布鲁克斯认为，“只要其身份得不到落实，他们与当地居民的关系便会持续紧张下去。毕竟，如果个人的境遇随时可能出现重大变故，那么他确实难以投入太多的精力从事劳动”。[④]

在南方自行安置的难民为了在城市找到工作，反对当局限制他们的行动（迁徙）自由，不过他们常常发现其逗留的非法性意味着自己只能顺从雇主的任意摆布，而且必须接受比本地人低得多的酬劳。[⑤] 即使难民已经得到合法的就业许可，但他们因为语言障碍和文化差异仍然很难找到工作。[⑥] 对于在城镇就业的难民来说，他们虽然需要具备较高的工作技能，

---

① E. Brooks, “The Social Consequences of the Legal Dilemma of Refugees in Zambia”, paper presented to the Silver Jubilee Conference of the African Studies Association of the United Kingdom, Sept. 1988 (Brooks, “Refugees in Zambia”), at 4; T. Kuhlman, “Organized Versus Spontaneous Settlement of Refugees in Africa”, in H. Adelman and J. Sorenson eds., African Refugees: Development Aid and Repatriation 117 (1994) (Kuhlman, “Organized Versus Spontaneous”), at 135.

② E. Brooks, “The Social Consequences of the Legal Dilemma of Refugees in Zambia”, paper presented to the Silver Jubilee Conference of the African Studies Association of the United Kingdom, Sept. 1988 (Brooks, “Refugees in Zambia”), at 2.

③ H. Williams, “Self-Settled Refugees in North-Western Zambia: Shifting Norms of Assistance from Social Networks”, in M. Hopkins and N. Donnely eds., Selected Papers on Refugee Issues II (1993), at 145.

④ E. Brooks, “The Social Consequences of the Legal Dilemma of Refugees in Zambia”, paper presented to the Silver Jubilee Conference of the African Studies Association of the United Kingdom, Sept. 1988 (Brooks, “Refugees in Zambia”), at 6.

⑤ G. Kibreab, “Refugees in the Sudan: Unresolved Issues”, in H. Adelman and J. Sorenson eds., African Refugees: Development Aid and Repatriation 58 (1994) (Kibreab, “Sudan”); . Kuhlman, “Organized Versus Spontaneous Settlement of Refugees in Africa”, in H. Adelman and J. Sorenson eds., African Refugees: Development Aid and Repatriation 117 (1994) (Kuhlman, “Organized Versus Spontaneous”), at 133.

⑥ A. Karadawi, “The Problem of Urban Refugees in Sudan”, in J. Rogge ed., Refugees: A Third World Dilemma 124 (1987) (Karadawi, “Urban Refugees in Sudan”).

但是仍普遍集中于非正规的行业。[①]

对于已得到正式承认的难民，多数发达国家对其工作权几乎不做限制。欧盟已经规定“成员国应当批准难民地位的附带福利包括工作权……难民地位一经授予……即可从事受职业和公共服务法规管辖的活动”。[②] 虽然欧盟国家普遍允许难民享有完整的就业机会，但是包括法国[③]、德国[④]、意大利[⑤]和英国[⑥]在内的许多国家仍会禁止正在接受难民地位甄别的人享有就业权利。爱尔兰的相关政策似乎令各方都感到不满：

> 尽管有工商界和劳工领袖，以及失业者联合会的大力呼吁，但是爱尔兰政府还是拒绝寻求庇护者参与蓬勃发展的经济生活。他们在等待聆讯期间只能领取失业津贴，而这个漫长的过程可能会超过1年时间，导致其被指责为骗取救济。[⑦]

虽然有这样的担忧，但欧盟成员国仍同意各自设定禁止庇护申请者进入劳动力市场的期限。[⑧] 不过在正常情况下，如果无法在1年之内对难民申请做出最终决定，那么所设的限制即会自行解除。但是即使在这一问题上，欧盟仍允许各国在就业方面给予欧盟和欧洲经济区公民，以

---

① J. El Bushra, “Case Studies of Educational Needs Among Refugees II: Eritrean and Ethiopian Refugees in the Sudan”, unpublished manuscript, Mar. 1985, at 22; A. Karadawi, “The Problem of Urban Refugees in Sudan”, in J. Rogge ed., Refugees: A Third World Dilemma 124 (1987), at 126.

② Council Directive on minimum standards for the qualification and status of third country nationals or stateless person as refugees or as persons who otherwise need international protection and the content of the protection granted, Doc. 2004/83/EC (Apr. 29, 2004) (EU Qualification Directive), at Art. 26(1).

③ “Asylum seekers are not allowed to work, although significant numbers work illegally, particularly once their allowance has expired”: European Council on Refugees and Exiles, “Setting Limits” (2002) (ECRE, “Limits”), at 36.

④ J. Hooper, “Welcome to Britain: Fortress Germany”, Guardian, May 23, 2001, at 8.

⑤ J. Smith, “Europe Bids Immigrants Unwelcome”, Washington Post, July 23, 2000, at A—01.

⑥ C. Cottell, “Asylum seekers: Would you Flee the Land of Your Birth for This?”, Guardian, Oct. 27, 2001, at 22.

⑦ R. Carroll, “Dublin curbs Romanian Immigration”, Guardian, Aug. 5, 1998, at 4.

⑧ “UK asylum-seekers’ right to work withdrawn”, (2002) 117, JRS Dispatches (Aug. 29, 2002).

及合法居住的第三国公民优先待遇[①]——多年以来希腊一直坚持这样的处理方式。[②]

同样的，得到“临时保护”的难民并不一定享有工作权利。尽管许多国家——包括澳大利亚、比利时、芬兰、意大利、挪威、瑞典、英国和美国——已经给予受临时保护者工作权，[③] 但其他发达国家却没有这么慷慨。瑞士和荷兰在给予工作许可之前通常会强加6个月的等待期；[④] 而法国对90年代后期入境的科索沃阿尔巴尼亚难民也适用了类似的规定。[⑤] 在德国和丹麦等国，只受临时保护的难民则受到了更加苛刻的限制。在丹麦，获得临时保护身份的难民得不到工作许可，除了职业介绍所和其他媒体发布3个月以上，且没有丹麦居民或持工作许可者应征的工作之外，他们不得接受其他的就业机会。[⑥] 与之类似的是，受德国临时保护的波斯尼亚难民也可以在三个月等待期之后得到就业机会，但前提条件是劳动力市场评估要确认没有“优先从业者”，即德国或欧盟公民，或是具有永居权或工作许可的非公民申请该工作。[⑦] 工作许可往往局限于某个公司的特殊工种，而且有效期只有1年，期满之后必须重新进行评估。这种规定导致在德国的波斯尼亚人失业率畸高，而不受“优先从业者”规定限制的非技

---

① Council Directive laying down minimum standards for the reception of asylum-seekers, Doc. 2003/9/EC (Jan. 27, 2003) (EU Reception Directive), at Art. 11.

② A. Skordas, “The Regularization of Illegal Immigrants in Greece”, in P. deBruycker ed., Regularization of Illegal Immigrants in the European Union 343 (2000), at 381.

③ Intergovernmental Consultations on Asylum, Refugee and Migration Policies in Europe. North America and Australia, Report on Temporary Protection in States in Europe, North America and Australia (1995) (IGC, Temporary Protection), at 8.

④ I ntergovernmental Consultations on Asylum, Refugee and Migration Policies in Europe. North America and Australia, Report on Temporary Protection in States in Europe, North America and Australia (1995) (IGC, Temporary Protection), at 153, 210.

⑤ B. Philippe, “L’ embarras des authorites”, Le Monde, Apr. 9, 1999.

⑥ Intergovernmental Consultations on Asylum, Refugee and Migration Policies in Europe. North America and Australia, Report on Temporary Protection in States in Europe, North America and Australia (1995) (IGC, Temporary Protection), at 78, 82; and F. Liebaut ed., Legal and Social Conditions for Asylum Seekers in Western European Countries (2000) (Liebaut, Conditions 2000), at 63.

⑦ Intergovernmental Consultations on Asylum, Refugee and Migration Policies in Europe. North America and Australia, Report on Temporary Protection in States in Europe, North America and Australia (1995) (IGC, Temporary Protection), at 116.

术类工作又出现了普遍的“就业不足”现象。[①]

临时保护制度是寻求公约难民地位的替代方案，为了解决受该制度保护的难民面临的实际问题，欧洲议会建议给予“持续逗留”的难民就业权。[②] 该主张已经得到了欧盟法律的采纳，规定从2001年开始“应准许受临时保护者参与就业或从事自营职业”。[③] 然而，“对于欧盟公民以及《欧洲经济区协议》缔约国公民，以及合法居住且领取失业救济金的第三国公民”，可以给予优先照顾。[④]

难民在发达国家即便不会遭遇就业方面的法律障碍，也常常面临寻找工作的现实困难。有些障碍可能就是专门针对难民的，荷兰难民委员会的一项研究显示：估计有40%的难民正在找工作。两相对比，2000年荷兰人口的失业率大约为3%，而移民的失业率则为12%左右。难民的受教育水平实际上与荷兰人相当，而且许多难民在原籍国有工作经验。那么他们的失业率为什么会这样高呢？

有多方面原因导致这一结果。难民进入劳动力市场时的年龄相对较大，而且他们的工作经验与荷兰劳动力市场的需求并不匹配。漫长的庇护申请程序迫使寻求庇护者长时间无所事事。当最终取得就业许可时，他们与劳动力市场之间的差距已经非常大了。难民没有家人、朋友、邻居和熟人帮助，而这种关系网在现实中有助于他们寻找就业机会。雇主与难民相互之间并不熟悉，很难了解他们的能力和人品。[⑤]

文化和语言差异、本地失业状况，以及歧视，都可能使难民就业的

---

① A. Bullesbach, “War and Civil War Refugees in Germany: The Example of Refugees from Bosnia–Hercegovina”, May 1995 (Bullesbach, “Civil War Refugees”), at 54—60.

② Parliamentary Assembly of the Council of Europe, “Temporary Protection of Persons Forced to Flee Their Country”, Rec. 1348 (1997), at para. 9.

③ Council Directive on minimum standards for giving protection in the event of a mass influx of displaced persons and on the measures promoting a balance of efforts between Member States in receiving such persons and bearing the consequences thereof, Doc. 2001/55/EC (July 20, 2001) (EU Temporary Protection Directive), at Art. 12.

④ Council Directive on minimum standards for giving protection in the event of a mass influx of displaced persons and on the measures promoting a balance of efforts between Member States in receiving such persons and bearing the consequences thereof, Doc. 2001/55/EC (July 20, 2001) (EU Temporary Protection Directive), at Art. 17(1).

⑤ Dutch Refugee Council, “Living in Freedom: Work”, www.vluchtelingenwerk.nl.

成功率降低。[①] 在西班牙，“如同其他西方国家一样，对移民的种族歧视在他们寻找就业机会的每一个环节都司空见惯”。[②] 瑞典的劳动力市场统计数据显示，伊朗、伊拉克和非洲难民的失业率高于东欧和拉美难民的失业率，这揭示了“隐性歧视”的存在。虽然瑞典采取措施打击针对劳动者的歧视现象，但问题是“瑞典的法规并未在反对民族歧视问题上为求职者和雇员提供充分保护，而且将来发生歧视的风险会越来越高”。[③]

作为回应，许多发达国家开展了帮助难民适应本地劳动力市场的专项工作。荷兰和英国已经会同本国雇主共同制定了就业计划，法国和西班牙则向难民推介自营项目，许多其他国家还为难民提供培训。美国对难民的早期就业非常重视，政府与志愿组织达成协议，要求难民必须接受一切合理的工作机会，如此才有资格继续受到资助。[④]

一 以工资受偿的雇佣

《难民公约》第 17 条，以工资受偿的雇佣

（一）缔约各国对合法在其领土内居留的难民，就从事工作以换取工资的权利方面，应给以在同样情况下一个外国国民所享有的最惠国待遇。

（二）无论如何，对外国人施加的限制措施或者为了保护国内劳动力市场而对雇佣外国人施加限制的措施，均不得适用于在本公约对有关缔约国生效之日已免除此项措施的难民，亦不适用于具备下列条件之一的难民：

（甲）已在该国居住满 3 年；

（乙）其配偶具有居住国的国籍，但如难民已与其配偶离异（应

① H. Lambert, Seeking Asylum: Comparative Law and Practice in Selected European Countries (1995) (Lambert, Seeking Asylum), at 171.

② C. Sole and S. Parella, “The labour Market and Racial Discrimination in Spain”, (2003) 29(1), Journal of Ethnic and Migration Studies 121, at 122.

③ M. Eriksson, International Academy of Comparative Law National Report for Sweden (1994), at 39.

④ Tang Thanh Trai Le, International Academy of Comparative Law National Report for the United States (1994), at 33 and Annex, at 2—3.

为抛弃配偶)，则不得援引本项规定的利益;

(丙)其子女一人或数人具有居住国的国籍。

(三)关于以工资受偿的雇佣问题，缔约各国对于使一切难民的权利相同于本国国民的权利方面，应给予同情的考虑，特别是对根据招工计划或移民入境办法进入其领土的难民的此项权利。

《经济、社会、文化权利国际公约》第6条

(一)本公约缔约各国承认工作权，包括人人应有机会凭其自由选择和接受的工作来谋生的权利，并将采取适当步骤来保障这一权利。

(二)本公约缔约各国为充分实现这一权利而采取的步骤应包括技术的和职业的指导和训练，以及在保障个人基本政治和经济自由的条件下达到稳定的经济、社会和文化的发展和充分的生产就业的计划、政策和技术。

即便按照国际人权法的一般标准，也难以认定非公民享有任何有意义的权利，以使其能获得以工资受偿的就业机会。[①]《经济、社会、文化权利国际公约》第6条已就此做出了概括规定，并确认不得违背个人意愿而迫使其接受特定工作是“人人”享有的权利。但是除了涉及残酷剥削的极端个案之外，包括经济、社会和文化权利委员会在内的条约监督机构一般很少对以公民身份为由而剥夺工作权的事件进行谴责。[②]克雷文将这种畏缩的反应归咎为国家实践的强大影响力，称“如果要强制其取消对外国人就业限制的条款，那么各国不太可能接受这样的约束”。[③]

更重要的是，除了《经济、社会、文化权利国际公约》第6条的核

① M. Craven, The International Covenant on Economic, Social and Cultural Rights: A Perspective on its Development (1995) (Craven, ICESCR Commentary), at 203.

② M. Craven, The International Covenant on Economic, Social and Cultural Rights: A Perspective on its Development (1995) (Craven, ICESCR Commentary), at 173.

③ M. Craven, The International Covenant on Economic, Social and Cultural Rights: A Perspective on its Development (1995) (Craven, ICESCR Commentary), at 174.

心内容[①]——通常被理解为禁止无正当理由的剥夺工作权，以及不受强迫劳动的权利[②]——该条款要求缔约各国承担的义务是逐步和不加歧视地兑现上述权利，但并不追求立竿见影的成效。更确切地说，毋庸置疑，除核心内容以外的工作权主要是一项“经济权利”，也就是说欠发达国家——世界上绝大多数难民的栖身之地——“可以自行决定在多大程度上保障非本国国民的工作权”。有人认为从《经济、社会、文化权利国际公约》第 2 条（三）款可以推定发达国家有义务给予非公民以工作权，不过这种具有开创性的观点仍缺乏说服力：虽然某些国家对该解释方法采取保留态度，但无论是国家实践还是条约监督机构的调查都不支持对该条款做如是解读。[③]

实际上，难民可以将《经济、社会、文化权利国际公约》当作禁止任意解雇（但失业公民相对于外国人享有优先就业权不可能被视作任意解雇）和强迫劳动（包括遭受严重剥削的情况）[④] 的保障依据。坦桑尼亚的就业限制显然是针对胡图族难民，这违反了《联合国宪章》有关禁止种族歧视的规定，因而构成“不正当剥夺工作权”，侵犯了《经济、社会、文化权利国际公约》第 6 条中不可克减的核心权利。美国要求难民必须接受“一切现有的工作机会”，如此方能保留继续获得救济金的资格，由于救济金直接关系到难民能否得到生活必需品，所以美国的这种政策实际上是在非法地强迫劳动。因为在这种情况下难民根本没有选择的余地——要么接受现有工作的薪酬，要么就放弃获得生活必需品的来源——无从对现有的工作进行有意义的“自由选择和接受”。除了这种极端情况以外，《经济、社会、文化权利国际公约》对难民而言不太可能具有多大的价值。

鉴于《经济、社会、文化权利国际公约》对工作权的轻描淡写，《难民公约》对工作权的保护范围确实给人留下了深刻的印象。尤其值得关注

① M. Craven, The International Covenant on Economic, Social and Cultural Rights: A Perspective on its Development (1995) (Craven, ICESCR Commentary), at 174.

② M. Craven, The International Covenant on Economic, Social and Cultural Rights: A Perspective on its Development (1995) (Craven, ICESCR Commentary), at 205.

③ M. Craven, The International Covenant on Economic, Social and Cultural Rights: A Perspective on its Development (1995) (Craven, ICESCR Commentary), at 213—214.

④ M. Craven, The International Covenant on Economic, Social and Cultural Rights: A Perspective on its Development (1995) (Craven, ICESCR Commentary), at 213—214.

的是，《难民公约》第17条所规定的并非逐步实施的义务：要求一经满足，允许难民就业的责任就必须立即得到履行。更重要的是，公约第17条的约束力及于所有缔约国，无论其经济发展水平如何。因此，即便欠发达国家援引《经济、社会、文化权利国际公约》第2条（三）款来证明其禁止非公民就业的做法并未违反公约义务，但是针对难民的类似政策仍有可能违反《难民公约》的规定。只有6个欠发达国家——博茨瓦纳、布隆迪、埃塞俄比亚、伊朗、巴布亚新几内亚和塞拉利昂——对《难民公约》第17条做出保留，这意味着它们可以推行普遍政策以全面禁止难民从事以工资受偿的工作。对于大多数欠发达的缔约国家来说，包括某些禁止难民享有工作权的国家——例如，柬埔寨、科特迪瓦、毛里塔尼亚和塞内加尔——《经济、社会、文化权利国际公约》第2条（三）款中禁止难民工作的权力事实上已经被《难民公约》第17条所抵消。

这一结果符合《难民公约》起草者们的初衷，因为他们决意向难民提供优于一般国家实践的保障力度，使其不必如同其他非公民一般常常被剥夺工作的权利。[①] 公约起草者们早已明确指出，公约第17条要求缔约各国应当在就业机会方面给予难民最惠国待遇，而早前的难民公约未曾做出相同的规定。正如美国代表所言："公约此项条款要求所有国家对现行法律进行修改，但是仅凭这样的规定还不足以说服它们。如果所有国内法仍然维持不变，那么订立公约还有什么意义？"[②]

这并不是说公约第17条是出自天真而幼稚的想法。但现在的情况是，各国政府非常警惕允许难民在就业市场上与本国公民展开竞争所带来的政治和其他风险。比如，奥地利代表坚持认为，"每个国家都有义务为本国公民做优先考虑"。[③] 虽然在经济高速发展时期让难民进入国内劳动力市场是一种合理的思路，[④] 但是当所在国家面临国内失业率高企的困境时，这种思路便行不通了。[⑤] 意大利政府的解释是：

① 参见美国代表Henkin的发言，UN Doc. E/AC.32/SR.13, Jan. 26, 1950, at 3。

② 参见美国代表Henkin的发言，UN Doc. E/AC.32/SR.37, Aug. 16, 1950, at 15; 参见国际难民组织代表Weis的发言，UN Doc. E/AC.32/SR.37, Aug. 16, 1950, at 16。

③ 参见奥地利代表Fritzer的发言，UN Doc. A/CONF.2/SR.9, July 6, 1951, at 8。

④ 参见瑞士代表Schurch的发言，UN Doc. A/CONF.2/SR.9, July 6, 1951, at 6。

⑤ 参见法国代表Juvigny的发言，UN Doc. E/AC.32/SR.37, Aug. 16, 1950, at 14。

> 像意大利这样的国家，人口密集而且失业率很高，其边境和亚德里亚海沿岸又毗邻产生大量难民的地区，所以绝对不可能考虑对外国难民的就业问题许下承诺，这只会让困难重重的意大利经济雪上加霜。①

法国和比利时代表也担心，在难民工作权方面采取宽松的处理方法“将遭到所在国家工会的反对，而这实际上可能对难民产生适得其反的作用”。② 美国劳工联合会的观察员已经明确指出，让劳动者“捍卫自身权利，抵制外国竞争”具有重要意义。③ 因此，联合会强烈要求“保护国内劳动力市场的法规对难民权利加以限制”。④

当时的普遍情况是，各国政府正从第二次世界大战的灾难中逐步得到恢复，非常担忧允许难民加入就业大军会损害各自的经济复苏计划。英国的处境其实是当时许多欧洲国家面临的典型情况。虽然莱斯利·布兰斯爵士强调称，英国早已允许难民就业，而且“给予难民的优厚待遇并没有让英国工人深陷困境”。⑤ 但是他同时也指明了情势的显著变化：

> 战争已经彻底改变了英国的经济状况，英国承受的战争创伤以及几年来以战争为导向的生产模式导致了当前的严重经济困难。为了挽救这一危局，英国在征得企业主和工会代表的同意后，为了全体民众的共同福祉，不得不采取计划经济模式。例如，英国对本国雇佣劳动者采取了一定的限制措施。⑥

在其他国家，直接对非本国劳动力进行规范管理也成为重建国民经

① 参见意大利代表 Del Drago 的发言，UN Doc. A/CONF.2/SR.9, July 6, 1951, at 9; United Nations, “Compilation of the Comments of Governments and Specialized Agencies on the Report of the Ad Hoc Committee on Statelessness and Related Problems”, UN Doc. E/AC.32/L.40, Aug. 10, 1950 (United Nations, “Compilation of Comments”), at 14。

② 参见法国代表 Rain 的发言，UN Doc. E/AC.32/SR.13, Jan. 26, 1950, at 4。

③ 参见美国劳工联合国代表 Stolz 的发言，UN Doc. E/AC.32/SR.13, Jan. 26, 1950, at 12。

④ 参见美国劳工联合国代表 Stolz 的发言，UN Doc. E/AC.32/SR.13, Jan. 26, 1950, at 12。

⑤ 参见英国代表 Leslie Brass 的发言，UN Doc. E/AC.32/SR.13, Jan. 26, 1950, at 5。

⑥ 参见丹麦代表 Larsen 的发言，UN Doc. E/AC.32/SR.13, Jan. 26, 1950, at 6—7。

济的重要策略。例如，法国颁行法律，“授权对每个就业部门雇佣外国人的数量设置最高比例”，[①] 而瑞典“由于国内原因建立的外国人就业许可制度在当时也无法彻底废止”。[②]

诸如此类的担忧要么轻易地导致保护难民工作权的努力付诸东流，要么只能换来最低限度的保护承诺。不过，最终的结果却出乎人们的意料。最初，公约起草者决定放弃秘书长提议的公约草案，因为该草案规定难民抵达所在国后 3 年内完全不享有工作权，而且期限届满之后也只能主张免除对非公民就业的一般限制。[③] 相反，起草者选取了法国代表提出的建议，[④] 该建议案对难民工作权的表述持肯定态度，而且语气也强硬得多。一旦难民“正常居留于”缔约一国，那么在从事工作以换取工资的权利方面，就有权主张“外国国民所享有的最惠国待遇”。[⑤] 这种方案的差别至关重要——法国的建议案不仅在给以工作权的关联度基础上做出了更加灵活的规定，而且在权利内容的规定上也达到了很高的标准，也就是“最惠国外国人”享有的同等工作权利。[⑥] 尽管公约起草者对国内失业率以及计划经济的要求也存在重重顾虑，但是他们在决定公约第 17 条的具体内容时却坚持了这两项基本原则。

这一富于勇气的立场究竟说明了什么？从根本上来说，公约起草者已经清楚地意识到，对于难民的自强自立而言，没有什么权利比工作权更加重要。[⑦] 正如美国代表所言，“没有工作权的其他所有权利都毫无意义。没有工作权的难民永远都不可能融入他所在的国家”。[⑧] 因此为保障工作权而确立高标准会更有意义，但不打算让难民进入国内劳动力市场的缔约国

① 参见法国代表 Juvigny 的发言，UN Doc. E/AC.32/SR.37, Aug. 16, 1950, at 13。

② 参见瑞典代表 Petren 的发言，UN Doc. A/CONF.2/SR.9, July 6, 1951, at 6。

③ United Nations, “Memorandum by the Secretary–General to the Ad Hoc Committee on Statelessness and Related Problems”, UN Doc. E/AC.32/2, Jan. 3, 1950, at 34.

④ 特设委员会主席，法国代表 Chance 支持采纳法国的草案，UN Doc. E/AC.32/SR.13, Jan. 26, 1950, at 2。

⑤ France, “Proposal for a Draft Convention”, UN Doc. E/AC.32/L.3, Jan. 17, 1950, p. 6.

⑥ 参见原著 1.3.1 章节。

⑦ Minister of Home Affairs v. Watchenuka, (2004) 1 All SA 21 (SA SCA, Nov. 28, 2003), at para. 27.

⑧ 参见美国代表 Henkin 的发言，UN Doc. E/AC.32/SR.37, Aug. 16, 1950, at 12. M. Craven, The International Covenant on Economic, Social and Cultural Rights: A Perspective on its Development (1995) (Craven, ICESCR Commentary), at 194。

则会被迫对公约做出保留。① 特设委员会主席解释道：

> 当然，我们已经意识到这些条款对某些国家来说是超越了它们的能力，会因难以接受而不得不予以保留，但是这种方案从长远来看可能会取得更好的效果，甚至对那些在签署公约时认为自己没有能力给予规定待遇的国家，也能产生积极的影响。过去也曾有过类似的情况出现，难民以及关心难民的公众对适用最低标准的国家发出呼吁，要求其采取别国通行的更高标准，这种举动会促使它们逐步改进自己的政策。②

明知有些国家会提出保留而仍然设定相对较高的标准，这一策略得到了全权代表大会主席的肯定：

> 大会既可以将追求至善至真作为目标，也可以把达成最低水准的共识当作目的。如果选取后者，那么坚持最严苛限制条件的国家将会主宰公约草案的最终结果。如果以前者为指引，那么许多国家就可能提出保留。这两种解决方案似乎都不尽理想，因此他呼吁与会代表寻求中庸之道，在可能的情况下通过身体力行来鼓励其他国家尽可能地撤销保留。如果大会以这样的思路展开工作，他相信一定能够写出一部公正而有效的公约。③

这一策略体现了公约起草者的远见卓识。④ 尽管许多国家对公约第 17 条提出了保留，但是超过 80% 的缔约国无条件地接受了这一条款。⑤ 大多数保留经过了更加严格细致的推敲⑥——只有 8 个国家（奥地利、博茨瓦纳、

① 参见会议主席，丹麦代表 Larsen 和比利时代表 Herment 的发言，UN Doc. E/AC.32/SR.37, Aug. 16, 1950, at 17。

② 参见会议主席，丹麦代表 Larsen 的发言，UN Doc. E/AC.32/SR.37, Aug. 16, 1950, at 11—12。

③ 参见会议主席，丹麦代表 Larsen 的发言，UN Doc. A/CONF.2/SR.9, July 6, 1951, at 14。

④ 参见美国代表 Henkin 的发言，UN Doc. E/AC.32/SR.13, Jan. 26, 1950, at 8. P. Weis, The Refugee Convention, 1951: The Travaux Preparatoires Analysed with a Commentary by Dr. Paul Weis (1995), p. 149。

⑤ 参见法国代表 Juvigny 的发言，UN Doc. E/AC.32/SR.37, Aug. 16, 1950, at 14。

⑥ 参见美国代表 Henkin 的发言，UN Doc. E/AC.32/SR.37, Aug. 16, 1950, at 15。

布隆迪、埃塞俄比亚、伊朗、拉托维亚、巴布亚新几内亚和塞拉利昂）对该条款提出了全面保留。同样重要的是，原本对公约第17条只是部分接受的7个国家——澳大利亚、巴西、丹麦、希腊、意大利、马耳他和瑞士——后来或是撤销了保留，或是将保留范围大幅缩小，① 而这正是公约起草者所期盼的结局。由于批准公约之后便不能再提出新的保留，② 所以采纳高标准的决定，实际上就是在普遍意义上为任何非公民群体的工作权提供了最强有力的保障。

就实质意义而言，对比之前任何一个难民公约的相关条款，公约第17条（一）款中准许难民工作的义务“更具绝对性”。③ 虽然公约起草者没有对“以工资受偿的雇佣”范围做进一步说明，但是结合该表述的字面含义以及自营职业和自由职业是公约谈及的仅有的另两种工作形式，格拉尔·梅森推断：

> 毫无疑问，“以工资受偿的雇佣”应当作最广义的解释，也即是包括除自营职业或自由职业以外的所有类型的工作。它包括工厂劳工、农场工人、公司职员、销售人员、家政服务人员和其他以工资而非收费或利润为报酬的工作。侍者、销售人员和其他以小费、佣金或提成作为部分报酬的工作似乎也应当包括在内；进行区分的关键之处在于他们是否有雇主，而且不是自由职业者。④

由于这一概念的范围比较宽泛，因此某些欠发达国家只允许难民在农场充当雇佣劳动者的做法显然违背公约第17条。缔约一国也不能像赞比亚对待安哥拉难民那样间接限制难民求职的权利，例如要求难民缴纳高

---

① 参见缔约各国的保留及声明，www.unhcr.ch。

② 《难民公约》，第42条（一）款。参见会议主席，丹麦代表Larsen的发言，UN Doc. A/CONF.2/SR.9, July 6, 1951, at 13。

③ N. Robinson, Convention relating to the Status of Refugees: Its History, Contents and Interpretation (1953), p. 114.

④ A. Grahl-Madsen, Commentary on the Refugee Convention 1951 (1963, 1997), p. 70. See also N. Robinson, Convention relating to the Status of Refugees: Its History, Contents and Interpretation (1953), p. 114; P. Weis, The Refugee Convention, 1951: The Travaux Preparatoires Analysed with a Commentary by Dr. Paul Weis (1995), at 147.

昂的注册费后才能合法地接洽雇主。

难民不仅有工作的权利，而且还有求职和接受任何“以工资受偿的雇佣”要约的权利。这并不是说难民有权挑选他们喜欢的工作类型。正如克雷文对《经济、社会、文化权利国际公约》第6条的背景所做的解释：

> 理论上，自由选择工作的概念就是为了确保每位劳动者得到在适合岗位上发挥其工作技能的最大机会。但是，绝对的个人选择与劳动者在就业市场上能够得到有限的工作岗位之间可能存在矛盾。也即是说，让国家为每个求职者创造完全满足其意向的工作机会是不切实际的想法。①

因此，尽管难民在语言、文化或其他方面遇到的障碍使其在国内劳动力市场的竞争力受到了影响，但这一事实并不能说明《难民公约》遭到了违反。② 不过，为了与此类侵犯工作权的现象进行抗争，难民在某些情况下仍可以援引非歧视义务，尤其是缔约各国有“公平而有效地保护所有人免遭任何歧视”的责任。

评价享有工作权的标准，即“应给以一个外国的国民在同样情况下所享有的最惠国待遇”，较之过去的条约具有尤其重要的进步意义。可以确定的是，不是所有国家都认为应当给予难民最惠国待遇。奥地利争辩称：“对相对少数的人适用最惠国条款是基本规则。奥地利已经接收了成千上万的难民，如果将他们自动纳入最惠国条款的适用对象，那今后奥地利将再也不能缔结这样的协议。”③ 另一方面，南斯拉夫的态度则完全相反，而且更加激进，它提倡采用国民待遇标准，原因是“大多数国家的难民数量都低于失业者数量。除非在求职方面给予难民本国国民的同等待遇，否则

---

① M. Craven, The International Covenant on Economic, Social and Cultural Rights: A Perspective on its Development (1995) (Craven, ICESCR Commentary), at 217—218.

② 《经济、社会、文化权利国际公约》，第6条（二）款。

③ United Nations, “Compilation of the Comments of Governments and Specialized Agencies on the Report of the Ad Hoc Committee on Statelessness and Related Problems”, UN Doc. E/AC.32/L.40, Aug. 10, 1950 (United Nations, “Compilation of Comments”), at 43.

他们将难以找到工作”。[①]

所有这些极端的观点都遭到了否定。尽管法国对南斯拉夫代表团展现出的“自由主义”大加赞赏，[②] 但是各国几乎一致认为，要求接收国在工作机会方面对难民和本国公民给以同等对待的意见不切实际。[③] 因此，加拿大“建议南斯拉夫代表不要强推自己的修正案；否则大会很可能会陷入无休止的争论当中”。[④] 甚至联合国难民署都极力反对南斯拉夫代表提出的慷慨方案，坚持认为“某些国家将会因此对整项条款提出保留”。[⑤]

可与此同时，有代表提出最起码应当给予难民以最惠国待遇，否则公约第 17 条将毫无意义，并且该观点得到了异乎寻常的大力支持。[⑥] 比利时代表提出质疑，最惠国待遇的标准是否过于慷慨。作为回应，法国代表态度强硬地指出，给予难民的待遇绝不能低于这个标准：

> 在享有“以工资受偿的雇佣”的权利方面，给予难民最惠国待遇而非一般外国人待遇，这是合法而且必要的选择。因为在争取公约一般规则的例外待遇中，难民得不到本国政府的支持，也不能奢望本国政府的干预。所以法国唯愿忠实坚守联合国为难民谋福利的精神：此举的目的，就是要让难民享有各国政府竞相为本国国民争取的利益。[⑦]

最终，那些原本对高标准感到不满的国家也被说服，只针对各自国家的情况对该条款做出了必要的保留。例如，比利时“认为工作权是给予难民的一项基本权利，尽管比利时的失业者数量庞大，但仍然接受了第 17 条”。[⑧]

---

① 参见南斯拉夫代表 Makiedo 的发言，UN Doc. A/CONF.2/SR.9, July 6, 1951, at 15。

② 参见法国代表 Rochefort 的发言，UN Doc. A/CONF.2/SR.9, July 6, 1951, at 10。

③ 参见联邦德国代表 von Trutzschler 的发言，UN Doc. A/CONF.2/SR.9, July 6, 1951, at 14。

④ 参见加拿大代表 Chance 的发言，UN Doc. A/CONF.2/SR.9, July 6, 1951, at 8。

⑤ 参见联合国难民署代表 van Heuven Goedhart 的发言，UN Doc. A/CONF.2/SR.9, July 6, 1951, at 1。

⑥ 参见美国代表 Henkin 的发言，UN Doc. E/AC.32/SR.13, Jan. 26, 1950, at 3。

⑦ 参见法国代表 Rain 的发言，UN Doc. E/AC.32/SR.13, Jan. 26, 1950, at 2—3。

⑧ 参见比利时代表 Herment 的发言，UN Doc. E/AC.32/SR.37, Aug. 16, 1950, at 16. 参见挪威代表 Anker 的发言，UN Doc. A/CONF.2/SR.9, July 6, 1951, at 13。

公约的起草历史无可争议地表明，最惠国标准是为了确保难民在求职时能享有高于一般外国人的待遇，即与所在国具有地区经济或关税联盟，或是其他特殊合作关系的国家的国民取得的待遇。格拉尔·梅森认为，如果一个国家缔结一项国际协议、通过一部法律或建立一种制度，使某外国国民在以工资受偿的雇佣方面得以享受特别优惠的待遇，那么难民也应有权获得同等待遇。只要这两国都是国际法所承认的国家，它们之间是否存在特殊关系并不重要。[①]

在公约起草期间，为了保护特殊的地区合作关系免受公约第 17 条影响，比利时、挪威和瑞典都提出了保留意向，这也说明大会在该问题上达成了共识。[②] 很多国家确实为了规避责任而提出保留，以免让难民取得伙伴国公民所享有的工作权：6 个国家只给予难民一般外国人享有的同等就业权利，[③] 另外还有 18 个国家只承认一般标准，拒绝难民享有与特殊关税、经济或政治联盟挂钩的工作福利。[④]

丹麦和德国决定，只有当相关工作没有本国国民或其他欧盟公民应征时，才让得到“临时保护”的波斯尼亚和其他国家难民享有工作权利，这种做法明显不符合公约第 17 条（一）款的要求。加入公约的欧盟成员国——除奥地利和拉托维亚（对公约第 17 条予以全面保留）、比利时、卢森堡和荷兰（对该条款提出部分保留[⑤]）之外——必须让合法居留于境内的难民享有欧盟成员国公民的同等工作权。尽管这一要求并不会影响正在等待地位甄别结果的难民（多数属于合法逗留，而不是合法居留），但它却能决定持续逗留的难民——包括已被承认的难民和得到临时保护的

① A. Grahl-Madsen, Commentary on the Refugee Convention 1951 (1963, 1997), p. 70. N. Robinson, Convention relating to the Status of Refugees: Its History, Contents and Interpretation (1953), p. 109—110. P. Weis, The Refugee Convention, 1951: The Travaux Preparatoires Analysed with a Commentary by Dr. Paul Weis (1995), p. 129—130.

② 参见丹麦代表 Larsen 的发言，UN Doc. E/AC.32/SR.37, Aug. 16, 1950, at 16. 参见挪威代表 Anker 的发言，UN Doc. E/AC.32/SR.37, Aug. 16, 1950, at 6。

③ 这 6 个国家是冰岛、列支敦士登、马拉维、赞比亚和津巴布韦：参见缔约各国的保留及声明，www.unhcr.ch。

④ 这些国家是安哥拉、比利时、巴西、布隆迪、佛得角、丹麦、芬兰、伊朗、拉托维亚、卢森堡、摩尔多瓦、荷兰、挪威、葡萄牙、西班牙、瑞典、乌干达和委内瑞拉：参见缔约各国的保留及声明，www.unhcr.ch。

⑤ 参见缔约各国的保留及声明，www.unhcr.ch。

人——究竟应当享有何种权利。虽然欧盟的（难民）资格认定法令对已获承认的难民提供了如是待遇，[①] 但是该条款却规定受临时保护的难民不享有同等工作权，即欧盟和欧洲经济区的国民，以及合法居留的第三国公民所享有的待遇均优先于受临时保护的难民，这种规定显然违反了《难民公约》。难民一旦获准合法居留，就必须给予其等同，而非低于最惠国公民的待遇。

因为有关工作权的待遇标准不是单纯的最惠国待遇，而应视作“在同样情况下一个外国国民所享有的最惠国待遇”，所以在行使工作权利方面，难民与享有最惠国待遇的非公民都必须满足行使工作权的一般要求，除非难民由于自身特殊情况而无法满足这些要求。[②] 例如，这种措辞意味着如果难民接受重新安置项目，作为受益者（不论是难民还是移民）同意在某一时间段内从事特定职业，以换取优先安置、交通协助或类似移民福利的待遇，[③] 那么其拒绝遵守重新安置项目的条件便不再具有合法性。[④]［不过，公约起草者确实通过第 17 条（三）款表明了他们的期望，即通过移民渠道入境的难民在完成分派的工作之后，可以在全面享有就业机会的问题上得到国民待遇。[⑤]］公约第 17 条（一）款利用“在同样情况下”这一措辞解除了某些国家的顾虑，即难民应当申请工作许可，或者是满足非公民就业时应当达到的一般行政要求。[⑥] 如此规定就是为了避免类似于赞比亚出现的状况，当地政府对申请工作许可的难民征收高昂的费用，实际上就是禁止所有难民享有工作权。公约第 6 条对难民免除其无法满足的要求，该规定应适用于这种情形，[⑦] 意即为了消除难民在获取就业许可时面临的

① Council Directive on minimum standards for the qualification and status of third country nationals or stateless person as refugees or as persons who otherwise need international protection and the content of the protection granted, Doc. 2004/83/EC (Apr. 29, 2004) (EU Qualification Directive), at Art. 26(1).

② 参见原著 1.2.3 章节。

③ 参见澳大利亚代表 Shaw 的发言，UN Doc. A/CONF.2/SR.9, July 6, 1951, at 11。

④ 参见国际难民组织代表 Weis 的发言，UN Doc. E/AC.32/SR.13, Jan. 26, 1950, at 3—4。

⑤ 参见国际难民组织代表 Weis 的发言，UN Doc. E/AC.32/SR.13, Jan. 26, 1950, at 9—10。

⑥ M. Craven, The International Covenant on Economic, Social and Cultural Rights: A Perspective on its Development (1995) (Craven, ICESCR Commentary), at 213.

⑦ 参见原著 1.2.3 章节。

不利因素，必须给予其充分的行政豁免。[①]

在广泛的求职权利问题上，只有“合法居留”于所在国家的难民才有权主张非公民的最惠国待遇。大会一度达成共识，认为较低的关联程度，即“合法逗留”于缔约一国，也足以让难民享有工作权。[②] 但是，为了在翻译中保持法语概念“经常居住”[③] 与英文概念“合法居留”的对应关系，最终的条款文本要求难民在主张公约第 17 条（一）款的权利之前，必须证明其在缔约一国处于事实上的长期居住状态（不论是否拥有居所，也不管是否取得永久居留权）。因此，全权代表大会主席非常准确地总结道，仅在一国短暂逗留的难民，“其取得的以工资受偿的雇佣权利不应超越其他外国人”。[④]

这一关联程度（合法居留）对解决当下的个别问题具有更加重要的意义。某些人为了取得所在国的就业机会——哪怕是短暂的就业机会——而提出毫无根据的难民申请，对于这种行为应当采取措施加以阻吓。英国上诉法院已经指出，杜绝经济移民也是移民政策的目的之一——如果仅仅因为某些人提出了庇护申请便取消对工作权的限制措施，那么此举将会令这项政策遭受损害。[⑤]

因为以工资受偿的雇佣并不是提出难民地位申请后便可以立即享有的权利，所以诸如法国、德国、爱尔兰、英国和意大利等国不允许正在接受难民地位甄别（假设该程序不存在过度迟延的情况[⑥]）的难民享有工作权的做法并不违反《难民公约》的规定。对于受临时保护的难民，其工作权的取得会被推迟数月时间（现已废止，欧盟国家有义务立即准许难民进

① 参见原著 2.1.2 章节。

② “Report of the Ad Hoc Committee on Statelessness and Related Problems”, UN Doc. E/1618, Feb. 17, 1950 (Ad Hoc Committee, “First Session Report”), at Annex I.

③ 参见比利时代表 Cuvelier 的发言，UN Doc. E/AC.32/SR.13, Jan. 26, 1950, at 10。

④ 参见丹麦代表 Larsen 的发言，UN Doc. A/CONF.2/SR.9, July 6, 1951, at 14。

⑤ Secretary of State for the Home Department v. Jammeh, [1999] Imm AR 1 (Eng. CA, July 30, 1998).

⑥ 参见原著 1.1.4 章节。

入劳动力市场[①]），这是包括法国、荷兰和瑞士在内的某些欧洲国家的传统做法，不过公约第 17 条不能成为反对该做法的理由。虽然受到临时保护的人也应被视作"合法居留"于所在国，[②] 但是合法"居留"（相对于合法逗留）的概念总被理解为从无居留许可的个人被准予在一国逗留期限（通常为 3—6 个月）的最后一天起算。[③] 只要难民在事实上的长期逗留（不论所在国如何界定）开始以后能取得工作权，那么即可认为公约第 17 条的要求得到了满足。[④]

不过在某些情况下，即使难民未在缔约一国合法居留，也可以要求取消许多国家对非公民就业设置的关键限制措施。实际上，某些国家对最惠国公民的工作权也进行了严格的限制，因此对于合法居留于这些国家的难民而言，取得限制措施的豁免才有真正的价值。依据公约第 17 条（二）款，对面临下述四种情况的难民——不论其是否"合法居留"于所在国——均不得采取"以保护国内劳动力市场为目的的限制措施"。

概括说来，援引公约第 17 条（二）款的理由就是"难民已经与一国建立了某种联系"[⑤]。第一种同时也是最为直接的情况，就是公约第 17 条（二）款明确规定的，在公约生效前已经享有所在国劳动限制措施豁免待遇的难民，可继续得到豁免。[⑥] 第二种情况具有更重要的当代意义，"居住"于所在国已满 3 年的难民，[⑦] 即使无法证明其是合法居留，亦有权享有劳动力市场限制措施的豁免待遇。因为公约中的"居住"一词实际上指的是持续逗留，而非建立居所这样的法律概念，[⑧] 所以自提出难民地位申请之

① Council Directive on minimum standards for giving protection in the event of a mass influx of displaced persons and on the measures promoting a balance of efforts between Member States in receiving such persons and bearing the consequences thereof, Doc. 2001/55/EC (July 20, 2001) (EU Temporary Protection Directive), at Art. 12.

② 参见原著 1.1.4 章节。

③ 参见原著 1.1.4 章节。

④ 参见原著 1.1.4 章节。

⑤ 参见美国代表 Henkin 的发言，UN Doc. E/AC.32/SR.37, Aug. 16, 1950, at 12。

⑥ N. Robinson, Convention relating to the Status of Refugees: Its History, Contents and Interpretation (1953), p. 115.

⑦ 参见国际难民组织代表 Weis 的发言，UN Doc. E/AC.32/SR.13, Jan. 26, 1950, at 3。

⑧ P. Weis, The Refugee Convention, 1951: The Travaux Preparatoires Analysed with a Commentary by Dr. Paul Weis (1995), at pp. 182—183.

日起在接收国停留的时间都应计入这个为时3年的期限。公约第17条(二)款如此规定，实际上为难民提供了重要的保障：尽管它提供的保护可能比不上公约第17条（一）款给予合法居留难民的最惠国待遇，但是难民至少能自动并且尽早地取得公约第17条（二）款规定的权利，[①] 进而在一定程度上减少因地位评估程序迟延而造成的困难。欧盟最近颁布法令，允许等待地位甄别程序结果的难民在1年后享有工作权，表明欧盟兑现了对公约第17条（二）款（甲）项的承诺，而且履行该义务的时间也早于《难民公约》的要求。[②]

公约第17条（二）款（乙）、（丙）项引发了重大争议。按照（乙）项的规定，针对同所在国公民结成婚姻关系的难民，劳动力市场的就业限制措施将立刻予以免除。有代表认为对这种情况不应立即给予豁免，除非该难民能够通过婚姻关系取得所在国的国籍，但是这种观点几乎无人支持。[③] 与之相反，主流观点认为婚姻本身足以成为得到豁免的实际依据，因为它清楚表明了难民"在该国建立了某种根基，至于依照该国《国籍法》凭何种依据取得的根基则无关紧要"。[④] 公约第17条（二）款（乙）项中的唯一限制在于，与具有公民身份的配偶解除婚姻将导致难民失去本条款规定的权利。有代表力促大会认可取消公约第17条（二）款（乙）项权利的另一种情形，即难民配偶虽未解除婚姻关系，但是拒不承担家庭责任。[⑤] 然而准确界定相关情况的难度似乎迫使公约起草者放弃了这一建议。[⑥] 所以，难民即便事实上并未与其配偶同居，也可以取得公约第17条（二）款（乙）项规定的权利。[⑦] 实际上各国代表一致认为，既然对该条款的解释不应当导致具有公民身份的配偶丧失在婚姻关系破裂以后取得法定赡养费的权利，[⑧] 那么接受格拉尔·梅森的观点便顺理成章，即与配偶分居(但

① 参见原著1.1章节。

② Council Directive laying down minimum standards for the reception of asylum-seekers, Doc. 2003/9/EC (Jan. 27, 2003) (EU Reception Directive), at Art. 11.

③ 参见中国代表Hsiu Cha的发言，UN Doc. E/AC.32/SR.13, Jan. 26, 1950, at 8。

④ 参见美国代表Henkin的发言，UN Doc. E/AC.32/SR.37, Aug. 16, 1950, at 13。

⑤ 参见比利时代表Herment的发言，UN Doc. A/CONF.2/SR.9, July 6, 1951, at 17—18。

⑥ 参见英国代表Hoare的发言，UN Doc. A/CONF.2/SR.9, July 6, 1951, at 17。

⑦ 参见法国代表Rochefort的发言，UN Doc. A/CONF.2/SR.9, July 6, 1951, at 16。

⑧ 参见英国代表Hoare的发言，UN Doc. A/CONF.2/SR.9, July 6, 1951, at 17。

尚未离婚）的难民也能享有公约第 17 条（二）款（乙）项规定的权利。[①]他认为，在理解离异（抛弃配偶）这个概念的时候，应当关注“难民及其配偶之间是否还存在共同利益，例如难民是否在赡养自己的配偶”。[②]只有当不存在共同利益的时候，才能取消公约第 17 条（二）款（乙）项提供的豁免待遇。

最后，公约第 17 条（二）款（丙）项允许子女为所在国公民的父母也享有劳动力市场就业限制的豁免待遇。对该条款最大的反对声音[③]来自英国，理由是在以出生地主义国籍确定原则的某些国家，该条款将会导致“任意歧视”的结果。[④]由于在这类国家中出生的难民子女可以自动取得公民身份,而相同父母在抵达所在国之前生育的子女则不能取得公民身份，所以（丙）项规定“是在偏袒难民抵达后生育的子女”。[⑤]但是美国（同样也是奉行出生地主义的国家）代表却反对这种观点，认为既然公民身份能帮助难民家庭中的部分成员与所在国形成更稳固的关系，那么给予优惠待遇就应当看作是符合逻辑的做法。[⑥]于是乎,英国代表转而提出了另一种(同时也是更加坦率的）观点，称其担心难民可能故意让孩子的出生时间与其抵达英国的时间重合，以此来利用第 17 条（二）款（丙）项的规定，从而以间接方式即刻取得工作权。[⑦]丹麦籍的大会主席情绪激动地指出，他不明白“那究竟是公约草案还是出生地主义引发的问题”，[⑧]并建议这种问题按道理来说应当通过提出保留的方式加以解决[⑨]（英国代表最终接受了这一观点）。但是美国代表仍然非常坚决地捍卫了这一具有原则性的逻辑，即允许子女为公民的难民父母免受劳动力市场限制措施的影响：“此项规定的随意性并不像看起来那么可怕。让本国公民的母亲正当享有某种维持

① A. Grahl-Madsen, Commentary on the Refugee Convention 1951 (1963, 1997), p. 73.

② A. Grahl-Madsen, Commentary on the Refugee Convention 1951 (1963, 1997), p. 73.

③ 参见中国代表 Hsiu Cha 的发言，UN Doc. E/AC.32/SR.13, Jan. 26, 1950, at 8。

④ 参见英国代表 Leslie Brass 的发言，UN Doc. E/AC.32/SR.13, Jan. 26, 1950, at 6。

⑤ 参见英国代表 Leslie Brass 的发言，UN Doc. E/AC.32/SR.13, Jan. 26, 1950, at 6。

⑥ 参见美国代表 Henkin 的发言，UN Doc. E/AC.32/SR.37, Aug. 16, 1950, at 13。

⑦ 参见英国代表 Leslie Brass 的发言，UN Doc. E/AC.32/SR.37, Aug. 16, 1950, at 15。

⑧ 参见会议主席，丹麦代表 Larsen 的发言，UN Doc. E/AC.32/SR.37, Aug. 16, 1950, at 15。

⑨ 参见会议主席，丹麦代表 Larsen 的发言，UN Doc. E/AC.32/SR.37, Aug. 16, 1950, at 16。

生计的权利，这显然符合国家的利益。”[①] 英国代表旨在废除（丙）项规定的提议就此遭到了特设委员会的否决。[②]

虽然英国在全权代表大会上再次表达了自己的担忧，[③] 但（丙）项规定还是得以保留。大会主席提出的一项建议进一步澄清该条款的适用范围，他认为“鉴于《世界人权宣言》第25条（二）款之规定，公约第17条（二）款（丙）项应同样适用于婚生子女和非婚生子女”。[④] 虽然以色列代表认为在没有修正案做出特别说明的情况下，只有婚生子女的父母才能享有公约第17条（二）款（丙）项的权利，[⑤] 但是大多数代表却认可法国提出的意见，即“该项条款的现有措辞是令人满意的。很难对该问题做出更加明确的规定”。[⑥] 由于“子女”的一般含义并不局限于已婚配偶的后代，所以法国的意见显然是正确的。

当难民具备这些条件中的一项时——本人已经在庇护国的逗留至少3年以上，或其配偶或子女拥有所在国的国籍——“对外国人施加的限制措施或者为了保护国内劳动力市场而对雇佣外国人施加限制的措施”则应禁止对其适用，不论该难民是否是在缔约一国合法居留。[⑦] 无论限制措施是针对非公民还是雇主，给以难民豁免待遇的义务都应履行。[⑧] 法国通过举例的方式指出，依据公约第17条（二）款的规定，不能根据特定领域的劳动力市场条件而对所有难民执行限制工作权的制度。[⑨] 也许最明确的是，如果难民享有公约第17条（二）款的权利，那么“没有本国国民应征的工作岗位才能雇佣外国人的条款”绝不能对其适用。[⑩] 与之相反，欧盟新颁布的《接收指令》既没有考虑应允许配偶和所在国未成年公民的父母即

① 参见美国代表 Henkin 的发言，UN Doc. E/AC.32/SR.37, Aug. 16, 1950, at 17。

② 参见美国代表 Henkin 的发言，UN Doc. E/AC.32/SR.37, Aug. 16, 1950, at 19。

③ 参见英国代表 Hoare 的发言，UN Doc. A/CONF.2/SR.9, July 6, 1951, at 5。

④ 参见会议主席，丹麦代表 Larsen 的发言，UN Doc. A/CONF.2/SR.9, July 6, 1951, at 15。

⑤ 参见以色列代表 Robinson 的发言，UN Doc. A/CONF.2/SR.9, July 6, 1951, at 15。

⑥ 参见法国代表 Rochefort 的发言，UN Doc. A/CONF.2/SR.9, July 6, 1951, at 15。

⑦ A. Grahl-Madsen, Commentary on the Refugee Convention 1951 (1963, 1997), p. 73.

⑧ N. Robinson, Convention relating to the Status of Refugees: Its History, Contents and Interpretation (1953), p. 115.

⑨ 参见法国代表 Juvigny 的发言，UN Doc. E/AC.32/SR.37, Aug. 16, 1950, at 13—14。

⑩ P. Weis, The Refugee Convention, 1951: The Travaux Preparatoires Analysed with a Commentary by Dr. Paul Weis (1995), at 148.

刻取得工作权的公约义务，也不担保这类难民免受一般就业政策的限制，即规定难民申请者享有的工作权弱于欧洲公民和合法居留的第三国公民的政策。[①]

另一方面，与第 17 条（一）款的情况一样，针对信守重新安置协议条款的义务，第 17 条（二）款也没有提供救济措施；[②] 对于所在国国民都必须遵守的限制措施，若想让难民免受其约束，那么该条款就显得更加苍白无力了。[③] 此外，对于不以保护本国劳动者为目的的限制措施，难民也无法得到豁免。法国代表坚持认为："限制措施其实是保护劳动力市场的相关法律和规章导致的后果。它只是为了保护本国劳动者免受外国的竞争。这一点毋庸置疑。"[④] 格拉尔·梅森赞同这一观点，认为公约第 17 条（二）款"只是针对保护本国劳动力市场的限制措施。出于其他考虑的某些限制措施则不受影响，比如，基于国家安全原因而禁止国防工业雇佣外国人"。[⑤]

公约第 17 条最后一项要求缔约各国的政府"在以工资受偿的雇佣问题上，对于使一切难民的权利相同于本国国民的权利方面，应给予同情的考虑"。正如文本所明确表述的那样，第 17 条（三）款并未将实现该目标作为强制性义务。[⑥] 尽管它要求"给予同情的考虑"，但是难民最终能否取得完整的工作权仍未可知。[⑦]

某些难民是通过移民项目或签署劳工合同的渠道入境的，当他们履行了合同义务之后，其权利也应得到适当保护，这才是当初制定第 17 条（三）款的首要目的，不过该条款的适用范围却不局限于此。从第 17 条引发的争议可以看出，第（三）款似乎非常认同劳动就业对难民重建生活

---

① Council Directive laying down minimum standards for the reception of asylum-seekers, Doc. 2003/9/EC (Jan. 27, 2003) (EU Reception Directive), at Art. 11.

② 参见美国代表 Henkin 的发言，UN Doc. E/AC.32/SR.37, Aug. 16, 1950, at 13. P. Weis, The Refugee Convention, 1951: The Travaux Preparatoires Analysed with a Commentary by Dr. Paul Weis (1995), at 148。

③ 参见英国代表 Leslie Brass 的发言，UN Doc. E/AC.32/SR.13, Jan. 26, 1950, at 5. 参见国际难民组织代表 Weis 的发言，UN Doc. E/AC.32/SR.13, Jan. 26, 1950, at 11。

④ 参见法国代表 Rain 的发言，UN Doc. E/AC.32/SR.13, Jan. 26, 1950, at 11。

⑤ A. Grahl-Madsen, Commentary on the Refugee Convention 1951 (1963, 1997), p. 73。

⑥ 参见荷兰代表 van Boetzelaer 的发言，UN Doc. A/CONF.2/SR.9, July 6, 1951, at 15。

⑦ 参见美国代表 Henkin 的发言，UN Doc. E/AC.32/SR.13, Jan. 26, 1950, at 5。

的核心作用，[①] 可是令人感到遗憾的是，因为缔约各国受制于各自国内的困难局面，所以无法全然应允难民的工作权利。重要的问题在于，公约起草者在定义难民工作权时之所以会有所保留，其原因并非没有这方面的需求与价值，这只是因为缔约各国在不牺牲重大国家利益的情况下的确无法为难民付出更多。公约第 17 条（三）款也表示，如果条件允许，各国政府也愿意允许难民更快和更完整地享有全部就业机会。[②]

二 公平的工作条件

《难民公约》第 24 条 劳动立法和社会安全（译者注：应视为“社会保障”）

（一）缔约各国对合法居留在其领土内的难民，就下列各事项，应给以本国国民所享有的同样待遇：

（甲）报酬，包括家庭津贴——如此种津贴构成报酬一部分的话、工作时间、加班办法、假日工资、对带回家去工作的限制、雇佣最低年龄、学徒和训练，女工和童工、享受共同交涉的利益，如果这些事项由法律或规章规定，或者受行政当局管制的话；

《经济、社会、文化权利国际公约》第 7 条

本公约缔约各国承认人人有权享受公正和良好的工作条件，特别要保证：

（甲）最低限度给予所有工人以下列报酬：

（1）公平的工资和同值工作同酬而没有任何歧视，特别是保证妇女享受不差于男子所享受的工作条件，并享受同工同酬；

（2）保证他们自己和他们的家庭得有符合本公约规定的过得去的生活。

（乙）安全和卫生的工作条件；

① UNHCR Executive Committee Conclusion No. 50, “General Conclusion on International Protection” (1988), www.unhcr.ch, at para. (j).

② UNHCR Executive Committee Conclusion No. 50, “General Conclusion on International Protection” (1988), www.unhcr.ch, at para. (k).

（丙）人人在其行业中有适当的提级的同等机会，除资历和能力的考虑外，不受其他考虑的限制；

（丁）休息、闲暇和工作时间的合理限制，定期给薪休假以及公共假日报酬。

难民享有公平就业条件的权利是1951年《难民公约》的一项创举。此前的难民条约从未对这项权利提供保障，而且法国政府在1951年公约的草案中也没有提出相应的建议。秘书长很可能是在受到当时正处于起草过程中的《世界人权宣言》第23条和第24条启发的情况下，才做出促进保障这项权利的决定。而国际劳工组织的实践工作则为《世界人权宣言》的相关规定奠定了坚实基础。[①] 秘书长在陈述有关《难民公约》第24条的建议时指出，保障这项权利既有原则性[②]，也有务实性的理由：

同等对待外国和本国劳动者不仅能满足平等原则的要求，而且也符合本国劳动者的利益，尽管他们可能担心廉价的外国劳工更具竞争优势。[③]

按照这种思路，他建议难民——起码在他们“合法居留”于所在国时[④]——不仅有权主张等同于普通甚至最惠国外国人的工作条件，而且还可以享有与庇护国公民相同水准的保障。

---

① K. Kallstrom, “Article 23”, in A. Eide et.al. eds., The Universal Declaration of Human Rights: A Commentary 373 (1992); and G. Melander, “Article 24”, in A. Eide et.al. eds., The Universal Declaration of Human Rights: A Commentary 379 (1992).

② M. Craven, The International Covenant on Economic, Social and Cultural Rights: A Perspective on its Development (1995) (Craven, ICESCR Commentary), at 226.

③ United Nations, “Memorandum by the Secretary-General to the Ad Hoc Committee on Statelessness and Related Problems”, UN Doc. E/AC.32/2, Jan. 3, 1950, at 37.

④ United Nations, “Memorandum by the Secretary-General to the Ad Hoc Committee on Statelessness and Related Problems”, UN Doc. E/AC.32/2, Jan. 3, 1950, at 37; “Report of the Ad Hoc Committee on Statelessness and Related Problems”, UN Doc. E/1618, Feb. 17, 1950 (Ad Hoc Committee, “First Session Report”), at Annex I.

尽管公约第 24 条（一）款（甲）项保留了同等对待难民和公民的承诺，但实质上秘书长建议的适用范围却遭到了缩减，被降低到与国际劳工组织起草的《移民就业公约》相同的保障水平。[①] 比利时代表正是主持通过《移民就业公约》的大会主席，他认为该公约是“专家们经过长期和细心研究取得的成果。他们的愿望就是让保障国民的法规也适用于外国劳动者和难民”。[②] 因为并非所有《难民公约》缔约国都是国际劳工组织的成员，所以“在公约草案中复制国际劳工组织公约的条款可以避免遗漏，在起草过程只需稍加修改便能使其适用于难民”。[③]

可是，正如丹麦代表所担忧的一样，照搬国际劳工组织的方法意味着秘书长提议的某些保障措施将无法实现。[④] 第一，秘书长建议各国政府把“所有适用于国民的劳动法规”所保障的福利都给予难民，[⑤] 然而公约第 24 条（一）款（甲）项只是依照国际劳工组织的方法提出了一个有限——尽管相当广泛——的保障清单。第二，更确切地说，建议中提及的可使难民受惠的两种标准，并未包括在国际劳工组织的保障清单中，因此也未能纳入《难民公约》中。这些只是“就业保障”和针对“职业健康和安全”的标准。[⑥] 虽然许多国家现在也根据《经济、社会、文化权利国际公约》第 7 条对难民的权利给以保障，但是依靠劳务移民计划得到重新安置的难民便会失去在就业保障方面主张国民待遇的权利。虽然闭口不提此项权利是为了方便私下协议的执行，但这倒是与采纳国际劳工组织做法的决定保持了一致：只要“这些事项由法律或规章约束或者受行政当局管制”，那么公约便会明确给予条款所例举的各种劳动保障。第 24 条（一）款（甲）项规定的这部分内容已经清楚表明，必须给予难民的劳动保障只涉及公共

① 《移民就业公约》，1949 年 7 月 1 日通过，1952 年 1 月 22 日生效，第 6 条。

② 参见比利时代表 Cuvelier 的发言，UN Doc. E/AC.32/SR.13, Jan. 26, 1950, at 5。

③ 参见国际劳工组织代表 Metall 的发言，UN Doc. E/AC.32/SR.13, Jan. 26, 1950, at 6。

④ 参见丹麦代表 Larsen 的发言，UN Doc. E/AC.32/SR.13, Jan. 26, 1950, at 5。

⑤ United Nations, “Memorandum by the Secretary-General to the Ad Hoc Committee on Statelessness and Related Problems”, UN Doc. E/AC.32/2, Jan. 3, 1950, at 37.

⑥ United Nations, “Memorandum by the Secretary-General to the Ad Hoc Committee on Statelessness and Related Problems”, UN Doc. E/AC.32/2, Jan. 3, 1950, at 37.

领域。[①] 约定并取得特殊形式的劳动保障只能通过雇主与雇员之间的私下协议来完成，并不存在必须给予难民国民同等权利的义务。[②]

而且，在根据难民的特殊情况来“调整”国际劳工组织公约的过程中，公约起草者至少在两方面放弃了全面照搬国际劳工组织公约的做法。第一，国际劳工组织公约要求在员工“住宿”问题上给予迁徙劳工国民待遇。[③]比利时代表在特设委员会上提议，为了《难民公约》的目的应当删除这项劳动保障的义务，[④] 英国代表尤其赞同该项动议，他认为：“由于住房短缺的问题本已非常突出，而且这是一个必须按照需求来决定处理方案的问题，所以在住房问题上很难保证难民得到完全平等的待遇。人们还认为，某些国民应当在住房问题上得到一定程度的照顾，例如退役军人。”[⑤] 因此公约起草者拒绝给予难民任何特殊的住房权利，这即是说他们只能按照《难民公约》第13条和第21条规定的一般外国人同等待遇来主张住房权利。[⑥]

迁徙劳工在“加入工会和享有集体交涉带来的权益方面”享有与国民同等的权利，这正是难民权益受保障程度弱于国际劳工组织公约的第二个方面。公约第24条第一部分将其作为关注的焦点，这与公约第15条保障难民结社权利（包括工会）的较低待遇标准（视作最惠国国民）产生了明显的矛盾。如果遵循国际劳工组织将难民视同国民的先例，那么法国则担心难民可能也有权成立和领导工会：

> 如果公约条款准许难民参与组织和管理包括法国国民和外国人在内的工会，或是完全由外国人组成的工会，那么法国政府是断然不能接受的。法国政府打算给予难民最惠国待遇，但是却不准备让

---

① M. Craven, The International Covenant on Economic, Social and Cultural Rights: A Perspective on its Development (1995) (Craven, ICESCR Commentary), at 10.

② 参见比利时代表 Cuvelier 的发言，UN Doc. E/AC.32/SR.13, Jan. 26, 1950, at 5。

③ 参见法国代表 Rain 的发言，UN Doc. E/AC.32/SR.13, Jan. 26, 1950, at 9。

④ 参见比利时代表 Cuvelier 的发言，UN Doc. E/AC.32/SR.13, Jan. 26, 1950, at 8。

⑤ 参见英国代表 Leslie Brass 的发言，UN Doc. E/AC.32/SR.13, Jan. 26, 1950, at 8. 参见中国代表 Hsiu Cha 的发言，UN Doc. E/AC.32/SR.13, Jan. 26, 1950, at 9—10。

⑥ 参见会议主席，丹麦代表 Larsen 的发言，UN Doc. E/AC.32/SR.38, Aug. 17, 1950, at 9。

他们享有与本国国民平等的待遇。[①]

然而国际劳工组织的观察员却坚持认为，该组织的公约实际上只是论及“工会的成员资格；公约并不涉及在组织和参与工会管理方面给予平等待遇的问题”。[②] 尽管如此，某些国家仍明确反对让难民在加入工会的问题上享有与公民平等的权利。因此各国达成共识，尽管第 24 条（一）款（甲）项为了让难民享有共同交涉（集体谈判）取得的权益而将其视同国民，[③] 但是加入和参与工会事务的权利仍需遵照公约第 15 条的普遍原则来执行。

将国际劳工组织公约作为先例加以借鉴的做法，确实为难民劳动者争得了某些重要的权益，即使与后来通过的《经济、社会、文化权利国际公约》中类似条款相比，其积极意义也不容抹杀。无论是秘书长就《难民公约》草案提出的建议，还是《经济、社会、文化权利国际公约》第 7 条均未要求将难民视同国民，以使其享有加班办法、家庭办公限制规定、最低就业年龄、学徒和培训机会、青年劳动者管理规定所赋予的权益——公约第 24 条（一）款（甲）项已经对所有这些问题都做出了相应规定。

比较起来，公约第 24 条（一）款（甲）项的核心保障措施在《经济、社会、文化权利国际公约》第 7 条的类似义务中有所体现。就它们在劳动保障方面的重合部分，难民劳动者显然可以要求大多数已加入两个公约的发达国家履行双重责任。因为欠发达国家只承担逐步实施的义务，而且贫困国家获准禁止非公民享有经济权利，所以《经济、社会、文化权利国际公约》规定的义务会遭到规避。当这种情况发生时，《难民公约》第 24 条（一）款（甲）项——具有约束力且适用于所有缔约国——则成为难民主张劳动保障的重要依据。

第一，《难民公约》第 24 条（一）款（甲）项要求在“薪酬以及作为部分薪酬的家庭津贴”法规面前，应给予难民公民的待遇。《经济、社会、文化权利国际公约》规定的平行权利则更加明确，要求各国政府承诺制定最新薪酬标准——足以支付“其本人及家人的体面生活”，至少达到《经

① 参见法国代表 Juvigny 的发言，UN Doc. E/AC.32/SR.38, Aug. 17, 1950, at 10。

② 参见国际劳工组织代表 Oblath 的发言，UN Doc. E/AC.32/SR.38, Aug. 17, 1950, at 10。

③ 参见美国代表 Henkin 的发言，UN Doc. E/AC.32/SR.14, Jan. 26, 1950, at 8。

济、社会、文化权利国际公约》第 11 条所保障的水准；[1] 并且在任何情况下都要保证“公平的工资和同值工作同酬而没有任何歧视”。保证同工同酬的要求顺乎逻辑地引进了可比价值理论，[2] 并且没有留下任何自由裁量的空间，以免难民通过援引非歧视的一般责任来捍卫自身权利的举动遭受挫败。[3]

第二，《难民公约》要求在“工作时间和带薪休假”方面给予难民劳动者国民待遇。《经济、社会、文化权利国际公约》进一步要求，工作时间要受到“合理限制”。监督委员会至少有一名成员认为，每周工作 54 小时达不到该限制所隐含的标准。[4]《经济、社会、文化权利国际公约》还要求对工作的约束应包括“休息与闲暇”，一位专家对规定该项责任表达了如下看法：

> “休息”一词是为了确保工作活动真正得以停止，让个人有机会恢复体力。另一方面，“闲暇”则应使个人能够培养自己的心智和兴趣。[5]

更特别的地方在于，《经济、社会、文化权利国际公约》还规定所有劳动者应得到“定期带薪休假”和“公共假日的报酬”。[6]

《难民公约》和《经济、社会、文化权利国际公约》的第三处重合区域就是“妇女的工作”。虽然《难民公约》起草者可能想到了传统上对妇女工作时间和条件有所限制的法规，以使其能够担负家庭和其他方面的

---

① M. Craven, The International Covenant on Economic, Social and Cultural Rights: A Perspective on its Development (1995) (Craven, ICESCR Commentary), at 235.

② M. Craven, The International Covenant on Economic, Social and Cultural Rights: A Perspective on its Development (1995) (Craven, ICESCR Commentary), at 237.

③ M. Craven, The International Covenant on Economic, Social and Cultural Rights: A Perspective on its Development (1995) (Craven, ICESCR Commentary), at 238.

④ M. Craven, The International Covenant on Economic, Social and Cultural Rights: A Perspective on its Development (1995) (Craven, ICESCR Commentary), at 245.

⑤ G. Melander, “Article 24”, in A. Eide et.al. eds., The Universal Declaration of Human Rights: A Commentary 380 (1992).

⑥ 《经济、社会、文化权利国际公约》，第 7 条（四）项。

责任，但是在当前的情况下难民必须要依靠《经济、社会、文化权利国际公约》的实施，如此才能“确保女性得到不逊于男性的工作条件，以及同工同酬”。重要的地方在于，监督委员会尤其关注迁徙妇女的困境，并坚定地认为在工作场所促进性别平等一定能使她们受益良多。[①]

《经济、社会、文化权利国际公约》第7条从三个方面对劳动给予的保障，这在《难民公约》中是前所未有的。第一，公约保证“每个人在工作中享有升职”的均等机会，除资历和工作能力外不设其他条件。经济、社会和文化权利委员会认为，第7条（丙）款规定缔约各国有义务在公共领域制定客观的升职条件，并且立法打击私营领域里有关升职的歧视现象。[②] 依据本条款，不得因难民劳动者的难民地位而在升职问题上做出有利于所在国公民的决定。

当大会决定遵循国际劳工组织的先例后，秘书长在《难民公约》第24条建议草案中提出的难民保障方式便遭到了废弃。具有讽刺意味的是，《经济、社会、文化权利国际公约》要求缔约各国向难民提供的恰恰是第二种劳动保障，具体而言即享有“安全和卫生的工作条件”。虽然《经济、社会、文化权利国际公约》第7条（乙）款的起草过程清楚表明，缔约各国有责任保护劳动者免受“有害健康”的劳动条件的威胁，[③] 但是经济、社会和文化权利委员会事实上只要求缔约各国证明其保护措施适用于各类劳动者，并且在提高劳动者的健康和安全标准方面也在逐步取得进展。[④]

第三，《经济、社会、文化权利国际公约》实际上重新肯定了秘书长最初为《难民公约》建议的劳动保障模式，也就是说条款所列的权利只是为履行向劳动者提供“公正和良好工作条件”的一般义务而应当兑现的责任。因为《经济、社会、文化权利国际公约》第7条是“人人”适用，所以缔约各国有义务承认其保障标准适用于其管辖之下的所有劳动者，其

① M. Craven, The International Covenant on Economic, Social and Cultural Rights: A Perspective on its Development (1995) (Craven, ICESCR Commentary), at 240.

② M. Craven, The International Covenant on Economic, Social and Cultural Rights: A Perspective on its Development (1995) (Craven, ICESCR Commentary), at 243—244.

③ M. Craven, The International Covenant on Economic, Social and Cultural Rights: A Perspective on its Development (1995) (Craven, ICESCR Commentary), at 230.

④ M. Craven, The International Covenant on Economic, Social and Cultural Rights: A Perspective on its Development (1995) (Craven, ICESCR Commentary), at 142.

中也包括难民。

总之，至少对同时加入《难民公约》和《经济、社会、文化权利国际公约》两项公约的发达国家而言，公平工作条件的保障范围可以看作是不同国际规范相互融合的结果——汇集了二者的成果，因为两个公约规定的权利有所不同。最重要的一点在于，《经济、社会、文化权利国际公约》规定的义务具有普遍性，这意味着承认“人人有权享受公正和良好的工作条件”就等于难民可以在公共领域主张一切旨在保障劳动公平的权益，无论《难民公约》第 24 条（一）款（甲）项是否专门提到过这样的保障种类。尽管《难民公约》第 24 条（一）款（甲）项与此后订立的《经济、社会、文化权利国际公约》第 7 条之间存在明显的重合，但是两方面原因决定了《难民公约》给予的保障才具有真正的重要性。

第一，在某些方面，《难民公约》对劳动公平的实质保障范围比《经济、社会、文化权利国际公约》宽泛，凡是与加班办法、家庭办公限制规定、最低就业年龄、学徒和培训机会、青年劳动者有关的规则和条例规定的权利，以及共同交涉取得的权益，都被纳入了《难民公约》的保障范围。因此即便是在发达国家，《难民公约》第 24 条（一）款（甲）项为难民提供的权益也超越了国际人权法一般规则的保障范围。

第二，同时也是最重要的一点，依照《经济、社会、文化权利国际公约》第 2 条（三）款，欠发达国家在正常情况下可以选择拒绝非公民享有该公约规定的经济权利，但如果《难民公约》中也规定了同样的权利，那么欠发达国家便会失去这种自由裁量的权力。因此，《难民公约》第 24 条（一）款（甲）项在公共领域的劳动保障方面给以难民等同于所在国公民的公平待遇——无论该国的经济状况如何，这对于生活在发达国家之外的大部分难民来讲至关重要。由于《难民公约》重申了《经济、社会、文化权利国际公约》要求的三项非常紧要的劳动保障措施（涉及薪酬、工作时间与节假日，以及妇女就业），所以就两个公约的重合部分而言，《难民公约》的效力实际上高于《经济、社会、文化权利国际公约》第 2 条（三）款。

三　社会保障

《难民公约》第 24 条 劳动立法

（一）缔约各国对合法居留在其领土内的难民，就下列各事项，应给以本国国民所享有的同样待遇：

（乙）社会安全（应为社会保障）（关于雇佣中所受损害、职业病、生育、疾病、残废、年老、死亡、失业、家庭负担或根据国家法律或规章包括在社会安全计划之内的任何其他事故的法律规定），但受以下规定的限制：

（1）对维持既得权利和正在取得的权利可能作出适当安排；

（2）居住地国的法律或规章可能对全部由公共基金支付利益金或利益金的一部分或对不符合于为发给正常退职金所规定资助条件的人发给津贴，制订特别安排。

（二）难民由于雇佣中所受损害或职业病死亡而获得的补偿权利，不因受益人居住地在缔约国领土以外而受影响。

（三）缔约各国之间所缔结或在将来可能缔结的协定，凡涉及社会安全既得权利或正在取得的权利，缔约各国应以此项协定所产生的利益给予难民，但以符合对有关协定各签字国国民适用的条件者为限。

（四）缔约各国对以缔约国和非缔约国之间随时可能生效的类似协定所产生的利益尽量给予难民一事，将予以同情的考虑。

《经济、社会、文化权利国际公约》第9条

本公约缔约各国承认人人有权享受社会保障，包括社会保险。

虽然《难民公约》的权利结构建立在一个假设的基础之上，即合法居留于庇护国的难民将会通过工作维持生计，但公约起草者也合乎逻辑地预想到了另一种可能，即难民也会像公民一样在某些时候因不可控因素的影响而无法自食其力。《难民公约》的大多数缔约国已经建立了社会保障制度，主要由劳动者本人和雇主共同缴纳保障金来维持制度运转，对因各种原因而无法工作的人给予补偿。[①] 但是难民并不一定总能从这些社会保

① M. Scheinin, "The Right to Social Security", in A. Eide et al. eds., Economic, Social and Cultural Rights: A Textbook 159 (1995) (Scheinin, "Social Security"), at 159.

障制度中受益。

以瑞士为例，在老年人、孤寡者和孤儿的保险问题上，难民可以享受一般外国人的待遇。如果他们从事任何可以带来收益的活动，那就必须购买保险，不过他们只有在缴纳保险 10 年以上才能领取保障金，而且保障金的数额也只有瑞士国民的 2/3。此外，他们无权申请临时保障金。[①]

许多其他国家的情况更糟，非公民在很多情况下根本没有享受社会保障的权利，除非所在国和非公民的原籍国之间达成了相关协议。[②] 如果所在国与难民的原籍国未能达成协议，那么受伤或失能的难民劳动者也许会因此丧失生活来源。鉴于缔约各国普遍承诺为难民提供补偿，以缓解他们因被迫离开本国而面临的困难，而且难民的福利不应受制于其被迫逃离的国家也是缔约各国的共识，因此秘书长[③]和法国政府[④]针对社会保障提出的条款草案都建议，合法居留于缔约一国的难民应视同于所在国公民加以对待。虽然各国社会保障制度向难民兑现权益的具体机制可能不尽相同，[⑤] 但是上述基本原则在公约起草过程中却从未受到过质疑。[⑥]

如同劳动公平的保障一样，特设委员会的成员再次参照国际劳工组织的《移民就业公约》的先例来制定《难民公约》的社会保障规范。[⑦] 公约第 24 条（一）款（乙）项的实际适用范围实际上相当宽泛，对于“劳动伤害、职业病、生育、疾病、失能（译者注：不是“残”）、年老、死亡、失业、家庭负担，或根据国家法律或规章包括在社会保障计划之内的任何其他事故”，均运用法律手段来提供援助。换句话说，“社会保障”的概念包括一切以缴纳保障金为基础，旨在补偿无法继续工作的劳动者的

---

① 参见瑞士代表 Schurch 的发言，UN Doc. E/AC.32/SR.38, Aug. 17, 1950, at 11。

② United Nations, “Memorandum by the Secretary–General to the Ad Hoc Committee on Statelessness and Related Problems”, UN Doc. E/AC.32/2, Jan. 3, 1950, at 38.

③ United Nations, “Memorandum by the Secretary–General to the Ad Hoc Committee on Statelessness and Related Problems”, UN Doc. E/AC.32/2, Jan. 3, 1950, at 37—38.

④ France, “Proposal for a Draft Convention”, UN Doc. E/AC.32/L.3, Jan. 17, 1950, at 7.

⑤ 参见丹麦代表 Larsen 的发言，UN Doc. A/CONF.2/SR.10, July 6, 1951, at 19. 参见英国代表 Hoare 的发言，UN Doc. A/CONF.2/SR.10, July 6, 1951, at 19。

⑥ 参见瑞士 Zutter 的发言，UN Doc. A/CONF.2/SR.10, July 6, 1951, at 20。

⑦ 参见英国代表 Leslie Brass 的发言，UN Doc. E/AC.32/SR.134 Jan. 26, 1950, at 7. 参见比利时代表 Cuvelier 的发言，UN Doc. E/AC.32/SR.13, Jan. 26, 1950, at 7。

制度设计。正如国际劳工组织的干预所表明的那样，由于“当今的立法和条约并不对工伤事故和社会保障进行区分，而且事实上也很难分别对两者进行探讨”，所以再没有其他什么制度配得上这一名称。① 此后的交流进一步确认，向劳动伤害提供赔偿的所有制度——无论是唤作“社会保障”还是其他名称——都要接受公约第24条（一）款（乙）项条款的约束。②

只有一种社会保障形式在公约起草者中引发了激烈的争论，那就是在“失能”情况下的保障金支付问题。国际劳工组织公约中使用的术语是“伤残”，国际劳动组织指其意思是“终身残疾，而‘失能’还包括暂时失能的情况”。③ 尽管国际劳工组织请求在《难民公约》中采用意涵更窄的术语（“伤残”），但是公约起草者愿意让缔约各国对难民承担更加全面的责任：

> 改用“失能”一词的原因在于，“伤残”（Invadility）在英语中与健康状况完全无关。而“失能”在意涵上比“伤残”要宽泛得多，美国代表认为国际劳工局的反对毫无理由。④

与会代表因此达成一致，认为在失能情况下提供更加广泛的社会保障——包括对永久或暂时失去劳动能力者给予补偿的项目——应当是最权威的观点。⑤

为了使难民享有各种形式的社会保障，公约第24条（一）款（乙）项不仅要求将难民视同公民，⑥ 而且还规定了一项专门扶助难民的责任，甚至连本国国民都无法享有。但是有几位代表却表示，其国内法律和规

---

① 参见国际劳工组织代表Metall的发言，UN Doc. E/AC.32/SR.13, Jan. 26, 1950, at 6。

② 参见比利时代表Cuvelier的发言，UN Doc. E/AC.32/SR.24, Feb. 3, 1950, at 3. “Report of the Ad Hoc Committee on Statelessness and Related Problems”, UN Doc. E/1618, Feb. 17, 1950 (Ad Hoc Committee, “First Session Report”), at Annex II。

③ “Comments submitted by the Director-General of the International Labour Office on the Draft Convention relating to the Status of Refugees”, UN Doc. E/AC.32/7, Aug. 15, 1950, at 3.

④ 参见美国代表Henkin的发言，UN Doc. E/AC.32/SR.38, Aug. 17, 1950, at 9。

⑤ 参见加拿大代表Winter的发言，UN Doc. E/AC.32/SR.38, Aug. 17, 1950, at 15。

⑥ “Thousands of Refugees Face Loss of US Benefits”, Seattle Post-Intelligencer, Nov. 12, 2003. 参见缔约各国的保留及声明，www.unhcr.ch。

章一般禁止向非居民发放社会保障遗属抚恤金。全权代表大会主席指出：“丹麦人如果在国外居住，则不允许领取养老金，所以难民的死亡抚恤金不可能支付给其在国外居住的遗属。”[①] 英国、德国和挪威也有类似的法律规定。[②] 虽然这一规范得到了普遍的适用，但是国际难民组织却认为，拒绝向非居民的配偶及子女支付社会保障金的做法会对难民劳动者的遗属造成严重影响：

> 当难民发生致命事故时，在国外居住的受益人遇到的困难也会增加。由于那些受益人不是事故发生地国家的常住居民，所以他们无法得到抚恤金。[③]

因此，“由于难民的家属常常为了寻找生计而天各一方，对于他们来说，取消居住条件的限制非常重要”。[④]

公约第 24 条（二）款明确规定了应予支付的绝对义务，无论所在国法律如何规定，难民劳动者因工伤或职业病死亡而获得的补偿，不管其遗属居住于难民所在国还是其他国家，都应如数支付。[⑤] 重要的是，曾经担忧该条款与本国社会保障法并不匹配的那些国家均未执意反对，而是同意在该问题上采取保留态度。[⑥]

结果，公约第 24 条（二）款的规定超越了国民待遇。即使国民的亲属因定居国外而无法取得抚恤金，难民的遗属仍有权获得抚恤金，而且准

---

① 参见丹麦代表 Larsen 的发言，UN Doc. A/CONF.2/SR.10, July 6, 1951, at 21。

② 参见英国代表 Hoare、联邦德国代表 von Trutzschler 的发言，UN Doc. A/CONF.2/SR.10, July 6, 1951, at 21—22。

③ 参见国际难民组织代表 Weis 的发言，UN Doc. E/AC.32/SR.14, Jan. 26, 1950, at 6。

④ United Nations, “Compilation of the Comments of Governments and Specialized Agencies on the Report of the Ad Hoc Committee on Statelessness and Related Problems”, UN Doc. E/AC.32/L.40, Aug. 10, 1950 (United Nations, “Compilation of Comments”), at 49.

⑤ P. Weis, The Refugee Convention, 1951: The Travaux Preparatoires Analysed with a Commentary by Dr. Paul Weis (1995), at 192.

⑥ 事实上，德国并未提出相关保留。丹麦和挪威最初对第 24 条（二）款做出保留，但随后撤销。除英国以外（继续予以保留），新西兰和波兰也对第 24 条（二）款提出保留。参见缔约各国的保留及声明，www.unhcr.ch。

其将这些钱款转汇国外。[1]

公约的规范至少通过这种方式，在社会保障问题上对症考虑了难民所处的特殊困境。

除了在这一点上享受超国民待遇之外，难民只能得到与所在国公民同等的社会保障。可即便是这种普遍原则，也在一定程度上受到公约第24条（一）款（乙）项的（1）、（2）段，以及公约第24条（三）、（四）款的减损。订立这些规范的原因在于缔约各国普遍认为，如果个人向多个国家的社会保障系统缴存保障金，那么某些救济金（如养老补助金或退休金）就应当由这些国家的政府共同分担。国际劳工组织的代表解释道："为了让从一国迁居他国的劳动者能够同时享有两国的保险赔偿金，相关两国政府常常会达成一项协议，彼此同意按照劳动者在本国的工作时间来支付保险赔偿金。"[2] 几乎所有的难民都会面临同样的情况，他们通常已在原籍国工作过一段时间，其余工作经历则是在一个或多个庇护国。但因为他们的难民地位使然，所以伙伴国家可能不愿意分摊庇护国支付的社会保障福利金。

最明显的事实在于，难民与原籍国之间的关系已不复存在，这意味着无法保证原籍国主动分担难民的社会保障金。[3] 而且另一个比较普遍的现象是，难民曾经工作过的中转国或第一庇护国也不愿意承担难民的社会保障福利金。[4] 面对这两种情况，公约起草者认为除非在公约第24条中做出明文规定，否则庇护国将被要求向难民全额支付社会保障福利金，却无法得到难民有权主张社会保障福利的他国政府的补偿。格拉尔·梅森解释道，导致此种困局的原因在于：

> 根据公约第24条（一）款（乙）项的规定，难民应当在其合法居留的国家取得社会保障的国民待遇。这就是说，即使国民在外国居住了大半生，而只在本国生活了很短时间，也有权主张社会保障

---

① A. Grahl-Madsen, Commentary on the Refugee Convention 1951 (1963, 1997), p. 96—97.

② 参见国际劳工组织代表 Metall 的发言，UN Doc. E/AC.32/SR.14, Jan. 26, 1950, at 11。

③ 参见国际劳工组织代表 Metall 的发言，UN Doc. E/AC.32/SR.14, Jan. 26, 1950, at 11. 参见比利时代表 Cuvelier 的发言，UN Doc. E/AC.32/SR.14, Jan. 26, 1950, at 12。

④ 参见美国劳工联合会代表 Stolz 的发言，UN Doc. E/AC.32/SR.14, Jan. 26, 1950, at 12。

> 制度的全部权益。而外国人如果想要取得享受社会保障的资格，则必须在该国居住，并且在相当长一段时间内向社会保障系统缴存保障金。难民应当视同前者加以对待。[①]

公约第24条(一)款(乙)项的(1)、(2)段，以及公约第24条(三)、(四)款的根本目的，在于界定难民按照公民待遇享有社会福利金的一般权利范围，授权缔约各国扣减一个或多个其他国家原则上应当分担的社会保障福利金数额。比利时代表在特设委员会上用简明的实例对最终采纳的方法进行了说明：

> 他借用了一个在法国的波兰矿工的案例。如果该矿工在波兰工作了10年，而后在法国工作了20年，依照两国间现有的双边协议，波兰将向他支付1/3的退休金，而法国则要支付另外2/3。然而，如果该矿工成为难民，那么就不太可能要求波兰分担本国通常应当支付的份额。因此该矿工在法国将只能得到其原本应当支付的退休金总额的2/3。[②]

虽然用以阐明该原则的条款文本写得比较拗口，但它却把是否应当将社会保障福利金各部分看作一个整体的问题讲得非常透彻。

第一，依循比利时代表刚才举的例子，在充分考虑于所在国的工作时间和/或工作期间缴存的社会保障金等相关因素后，难民按照所在国一般规范应享有的社会保障福利金是绝对不允许取消的。由于有代表郑重承诺，“即使没有双边协议，难民既得权利也将得到保障”，[③]所以针对公约第24条（一）款（乙）项，旨在确保难民依所在国法律应当享有的社会保障福利金部分的修正案被撤销。[④]

第二，难民原则上应当享受任何现有双边协议或其他安排规定的福

① A. Grahl-Madsen, Commentary on the Refugee Convention 1951 (1963, 1997), at 94.

② 参见比利时代表 Cuvelier 的发言，UN Doc. E/AC.32/SR.24, Feb. 3, 1950, at 4。

③ 参见美国代表 Henkin 的发言，UN Doc. E/AC.32/SR.14, Jan. 26, 1950, at 12。

④ 参见美国劳工联合会代表 Stolz 的发言，UN Doc. E/AC.32/SR.24, Feb. 3, 1950, at 4。

利，借以保障他们的“既得权利和正在取得的权利”，[①] 这一观念是公约第 24 条（一）款（乙）项的（1）段成立的前提。比利时代表解释称：“假设法国和波兰之间在保险业领域有密切的合作，那么在法国居住的波兰籍矿工通常可以获得在两国累计的保险金。”[②] 然而，公约第 24 条（一）款（乙）项的（1）段属于限制性条款，它已经清楚地表明，如果没有类似安排的存在，那么就不能要求难民所在国支付该难民未在其领土内工作或未缴纳相应社保费的那部分保险金。正如罗宾逊所写的那样，对于这些从外国取得的权益，“要么可以忽略不计，要么只予以部分承认”。[③]

由国家赞助的某些特别项目专门为本国公民“补贴”社会保障金，各国政府可以合法地禁止难民享有这些项目带来权益。[④] 不过政府禁止难民享受额外福利的权力必须满足一定的限制条件，即额外福利必须由国家资金全额支付，绝不能挤占劳动者或雇主缴纳的社保费。从公约第 24 条（一）款（乙）项的（2）段可以明白无误地解读出这一限制条件，它与奥地利代表的一项未获通过的建议密切相关，该建议提出难民不得享有“完全或部分由公共资金”负担的特殊项目带来的福利。[⑤] 虽然公约起草者对各国向其公民给予特别资助的权力表示认同，但是他们担心如果允许缔约各国禁止难民享有部分以劳动者和雇主缴存社保费来资助的特别补贴项目，那么“难民将会丧失从其缴存社保费中衍生出来的某些权益”。[⑥] 法国政府坚持认为：

> 雇主和劳动者缴存的社保费可能不足以维持社会保障体系的收支平衡；在这种情况下，常常需要国家援助制度的介入来恢复社保

① N. Robinson, Convention relating to the Status of Refugees: Its History, Contents and Interpretation (1953), p. 126.

② 参见比利时代表 Cuvelier 的发言，UN Doc. E/AC.32/SR.24, Feb. 3, 1950, at 12。

③ N. Robinson, Convention relating to the Status of Refugees: Its History, Contents and Interpretation (1953), p. 126. A. Grahl-Madsen, Commentary on the Refugee Convention 1951 (1963, 1997), at 94.

④ A. Grahl-Madsen, Commentary on the Refugee Convention 1951 (1963, 1997), at 96.

⑤ United Nations, “Compilation of the Comments of Governments and Specialized Agencies on the Report of the Ad Hoc Committee on Statelessness and Related Problems”, UN Doc. E/AC.32/L.40, Aug. 10, 1950 (United Nations, “Compilation of Comments”), at 48.

⑥ 参见国际劳工组织代表 Oblath 的发言，UN Doc. E/AC.32/SR.38, Aug. 17, 1950, at 17。

> 体系的财政稳定。如果奥地利的建议得到采纳，那么在社会保障系统是部分由国家出资，但主要是由参保人缴存社保费来支撑的一些国家，参加社保的难民劳动者全面享有社保福利的权利就可能受到侵害，也就是说，他们已经缴存的社保费所对应的全部福利待遇会遭到扣减。[①]

因为奥地利建议的方法被认为可能导致难民劳动者被剥夺“其本人和雇主缴存社保费所换取的福利待遇”，[②]所以当特别资助项目是全部或部分由缴存社保费来偿付时，公约第24条（一）款（乙）项的（2）段则不允许缔约各国禁止难民享有这类特别资助项目带来的福利。

公约第24条（三）款还提供了一项非常重要的保障，即如果《难民公约》缔约国之间达成任何有关社会保障的协议与安排，那么难民可自动取得该协议和安排所规定的福利金。其实按照特设委员会的原意，公约第24条（三）款的规定还应当更加宽容一些，即允许难民主张所在国加入的任一国际协议所规定的福利金。[③]然而让人担心的是，如果对社会保障责任做如此宽泛的规定，那么当伙伴国家拒绝分摊福利金的成本时，这就相当于是强制一个缔约国单独支付本应由多国共同分摊的福利保障金。只有在给付难民社会保障金的问题上适用成本分担原则，并且为其提供充分而切实的保证时，各国政府才会愿意为全面保障难民权益做出承诺——很显然，只有《难民公约》的缔约国才会在这方面受到约束。英国代表在全权代表大会上解释说：

> 关于转移社会保障权益的协议应当平等适用于难民和国民的原则，他毫无疑义，但是该条款不应当允许出现这种可能性，即当《难民公约》缔约国和非缔约国之间达成双边协议时，要求前者对来自后者的难民给以本国国民享有的同等待遇。此种单方面责任对《难民公约》的缔约国而言构成了不公平的负担，在非缔约国不予合作的情况下，这一责任的可行性值得怀疑。他认为草案的本意是说，

① 参见法国代表 Juvigny 的发言，UN Doc. E/AC.32/SR.38, Aug. 17, 1950, at 17—18。

② 参见英国代表 Leslie Brass 的发言，UN Doc. E/AC.32/SR.38, Aug. 17, 1950, at 18。

③ “Report of the Ad Hoc Committee on Refugees and Stateless Persons, Second Session”, UN Doc. E/1850, Aug. 25, 1950 (Ad Hoc Committee, “Second Session Report”), at 22.

> 如果缔约各国之间达成协议，那么协议就应自动适用于来自两国的难民。[①]

于是公约第 24 条（三）款做出了修订，对各国依照国家间协议来保护难民社保权益的法律责任进行了限定，规定只须在《难民公约》缔约国之间达成的此类协议下承担上述法律责任。[②] 该条款打消了公约起草者对一种特殊情况的担忧，具体而言，即难民在最终定居在缔约一国之前，拥有在一个或多个庇护国工作的经历：[③]

> 以法国和比利时之间的社会保障协议为例，假设没有附加议定书来确认协议规定的福利可以惠及难民，再假设法国和比利时现在都已批准了《难民公约》草案，尽管没有特别协议做如是规定，但是从法国到比利时的难民将取得比利时国民享有的社保权益，反之亦然。
>
> 如此一来，如果难民的居住国或惯常居住国是《难民公约》缔约国，或者是就国民既得权利或正在取得的权利达成双边协议的国家，只要这类难民也能达到本国国民为享有该权益而必须具备的条件，那么这些难民便可以取得该国国民享有的社保权益。[④]

此外，难民不仅有权享有缔约各国之间业已存在的社会保障安排带来的福利，而且还可以取得将来订立的类似协议所提供的权益。[⑤] 由于“公约第 24 条（三）款的目的是要在没有相关特别条款存在情况下，依据事实本身来给予难民以此类福利待遇”，所以无须为了让难民享有权利而采

---

① 参见英国代表 Hoare 的发言，UN Doc. A/CONF.2/SR.10, July 6, 1951, at 22。

② A. Grahl–Madsen, Commentary on the Refugee Convention 1951 (1963, 1997), at 97.

③ N. Robinson, Convention relating to the Status of Refugees: Its History, Contents and Interpretation (1953), at 127.

④ 参见以色列代表 Robinson 的发言，UN Doc. A/CONF.2/SR.11, July 9, 1951, at 5。

⑤ 参见比利时 Herment 的发言，UN Doc. A/CONF.2/SR.11, July 9, 1951, at 11。

取特别措施。[①]

但是如果福利保障金应当与包括难民原籍国在内的非《难民公约》缔约国进行分摊时，那么缔约各国则不愿意承担相同的法律责任。各国政府在这种情况下只会原则上同意，[②] 尽量向难民提供相关社会保障协议规定的权益。因此，公约第24条（四）款的规定便是要应对个人面临的一类情况：

> 个人在原籍国积累了一定社会保障权益，但当他迁移到与该国已达成社会保障金协议的其他国家之后，便放弃了本国的保护并成为难民。至于依据双边协议取得的契约权利应当在什么情况下予以取消，则只能由缔约双方按照协议的文本与精神加以确定。然而，不能禁止庇护上述难民的国家按照自主意愿向其本不承担契约责任的个人给以权益。公约第24条（四）款的目的就是要提供这样一种例外的安排。不过它的规定只是采用了建议的形式，不具备第24条（三）款那样的约束力。[③]

与特设委员会的建议截然不同，公约第24条（四）款的适用范围并不局限于同难民原籍国之间达成的协议，[④] 而是包括了难民所在国与任何“非《难民公约》缔约国”之间达成的协议。该条款与特设委员会建议的另一处显著差异在于，其规定针对的是处境相似的所有难民，而非只注重个案。[⑤]

总的来说，在取得全部社会保障权益的问题上，让合法居留于缔约一国的难民享有所在国公民的同等待遇是一项必须遵守的普遍原则。为了确保非公民的亲属能够取得社会保障遗属抚恤金，难民在必要情况下还

---

① 参见以色列代表Robinson的发言，UN Doc. A/CONF.2/SR.11, July 9, 1951, at 7. P. Weis, The Refugee Convention, 1951: The Travaux Preparatoires Analysed with a Commentary by Dr. Paul Weis (1995), at 192—193。

② 参见美国代表Henkin的发言，UN Doc. E/AC.32/SR.38, Aug. 17, 1950, at 9。

③ 参见以色列代表Robinson的发言，UN Doc. A/CONF.2/SR.11, July 9, 1951, at 6。

④ “Report of the Ad Hoc Committee on Refugees and Stateless Persons, Second Session”, UN Doc. E/1850, Aug. 25, 1950 (Ad Hoc Committee, “Second Session Report”), at 22.

⑤ 参见以色列代表Robinson的发言，UN Doc. A/CONF.2/SR.11, July 9, 1951, at 8—9。

可以享有超国民的待遇。在社会保障方面，当难民应得的部分社会保障金该由另一国分担时，其主张国民待遇的权利也会受到严格限制。针对分别在两个国家工作并缴存社保费的人，如果两国政府没有就分担社会保障责任达成协议，那么难民便只能取得所在国按本国法规应当支付的社会保障金。

另一方面，如果难民所在国与难民有权主张社会保障权益的其他国家之间达成了成本分摊协议，那么原则上该难民就可以取得两国应支付社会保障金的总和。但是，如果另一国拒绝承担其应当支付的社会保障金份额，那么所在国只须对其依据国内法应当支付的那部分社会保障金承担责任。在类似情况下，即使所在国公民可以在国内社会保障金之外从政府获取额外“补贴”，难民也只能取得所在国应当支付的那部分社会保障金——尽管这有违公约第 24 条设定的难民应当享有国民待遇的基本原则。

签署社会保障责任分担协议的国家一旦违约，难民就可能面临社会保障金被削减的后果。只有一种情况可以避免这种后果，即达成分担协议的另一个国家也是《难民公约》的缔约国。如果是这样的话，所在国政府必须向难民支付全额的社会保障金，其中包括另一个国家违反分担协议而未向难民支付的那部分社会保障金。然后，难民所在国政府可以根据《难民公约》第 24 条的规定，即缔约国有责任给予难民社会保障协议带来的权益，要求违约国政府予以赔偿。但是，如果违约国不是《难民公约》的缔约国（因而在法律上不能要求其将难民纳入社会保障合作协议的受益对象），那么难民所在国就不用承担补足社会保障金差额的法律责任。对于身陷此种困境的难民，虽然公约第 24 条（四）款鼓励缔约各国竭尽所能地提供帮助，但是并未提出强制要求。

结　语

难民权利可行性的挑战

尽管本书篇幅较长，但它不过是为了探索如何以最佳方式来保障难民在国际法上享有的人权而做的初步尝试。对于难民权利制度基本规范结构的应用所做的阐释与解读，完全是建立在迄今尚未得到公认的一项推论的基础之上——具体而言，即选择成为《难民公约》缔约国的各国政府实际上将公约规定的权利视作可以强制执行的对象，而且接受公约的约束便意味着它们有义务遵循以权利为导向的框架对非自愿移民实施管理。当然，所有这些推论有时也会受到质疑。

作为一个严格的法律问题，尤其是在结合《公民及政治权利国际公约》第 14 条共同进行解读时，《难民公约》第 16 条和第 25 条要求缔约各国秉持善意来兑现公约所保障的各项权利，这一点是毋庸置疑的。当各国政府未能在实践中履行这一责任时，诉诸法院或法庭的国内法律救济措施常常会迫使它们遵守国际法的规定。[①] 但因为司法监督既不是触手可得，也不一定完全有效，所以并非各国自愿给予的难民权利实际上面临着遭到剥夺的风险。由于《难民公约》没有建立以常态化督促各国政府遵守国际人权条约为目标的监督机制，[②] 因此难民权利制度的实际效用可能受到了严重损害。

第二个更加普遍的担忧在于，无论公约起草者的意图如何，如今难

① I. Brownlie, Principles of Public International Law (2003), at 47—48; M. Shaw, International law (2003), at 151—160.

② P. Alston and J. Crawford eds., The Future of UN Human Rights Treaty Monitoring (2000).

民保护的性质、范围和地缘政治背景与1951年的历史现实相比，已经发生了翻天覆地的变化，所以难以再将其当作国际社会应对非自愿移民的基本标准。由于发达国家阻止准难民入境的能力逐渐增强、决心愈发坚定，[①]而且大约80%的难民现在都寄身于欠发达国家，因此《难民公约》的公正性正饱受怀疑。尽管它为难民保护提供了途径，但是在调和各国的难民保护责任及其困难的国内状况方面却无能为力。

尽管详尽分析缔约各国遭遇的各种困扰已经超出了本书探讨的主题，但是笔者仍然希望在结语部分说明难民权利制度所面临的最紧迫的政治和经济挑战，因为这些挑战已经严重妨碍了缔约各国充分履行对难民的责任。所有问题都有各自的答案，不过这些答案的取得显然不能单纯依靠法律。

一 可执行性的挑战

本书对《难民公约》权利的执行已经进行过非常细致的探讨。简而言之，1951年《难民公约》的起草者拒绝赋予国际监督机构——即现在的联合国难民署——以敦促缔约各国执行难民权利的一般权力。联合国难民署所肩负的只是“监督公约条款实施”的一般责任。[②] 在缔约国愿意接受的限度之内，联合国难民署当然可以向难民提供直接的帮助，使他们在庇护国的权利得以实现。但是在公约设计的分散执行架构之下，各国政府才是确保难民取得公约规定待遇的责任主体。

在实践中，虽然联合国难民署的权威受到了来自外部的限制，但毫无疑问的是，它在促进世界各国尊重难民权利方面发挥了至关重要的作用。总的来说，本书各处列举了难民署在标准制定方面所做的许多工作，这对于公约义务的落实可谓不可或缺。联合国难民署还不断地参与到促进难民权利的实际工作当中。联合国难民署在监督公约实施的过程中，通过强调缔约各国应当承担的相关国家责任，如缔约各国有义务与联合国难民署保持合作，尤其是就确保难民权利的立法和具体措施向难民署进行报

① 参见原著2.1.3章节。

② 《难民公约》，第35条。《联合国难民署章程》，第8条（二）款。

告，[①] 成功说服了大多数国家允许其进驻、会见并向难民提供法律服务，而且一般情况下能够就难民待遇问题约见主管官员。[②] 在资源和基础设施非常匮乏、难以保障难民福利待遇的国家，联合国难民署甚至会获准直接担当替代保护者的角色，这相当于国联在订立《保护少数民族条约》时期发挥的作用。

但是联合国难民署所扮演的关键角色，仍不足以成为确保缔约各国忠实履行公约义务的透明制度。尽管联合国难民署派驻实地的官员会就所在国遵守公约的情况向总部提交秘密报告，但它并不要求缔约各国将其记录交予公众或合议审查。因此，国际社会尚未建立起要求缔约各国开展陈情对话的论坛，而这几乎是其他所有人权条约为监督执行情况而采取的标准操作方式。[③] 虽然其他联合国机构已经开创了依靠较小法律权力来创设个人申诉制度的先例，[④] 但是联合国难民署却从未尝试过建立一套帮助难民对不尊重公约权利情况提起抗告的正式制度。尽管公约第 35 条关于联合国难民署权力的规定具有普遍性，但是该机构对难民权利展开的监管大体上仍限于标准制定以及与缔约各国的私下交涉。[⑤]

这恰好符合《难民公约》和联合国难民署《规约》起草者对难民署的功能定位。原则上，更直接的执法角色应当由缔约各国来共同承担。任何缔约国都可以就违反公约的事项对其他缔约国表达关切，而且在多数情况下还可以将与违约国之间的争端提交国际法院。[⑥] 实际上，缔约国也曾对侵犯公约权利的情况提出过正式抗议，其中包括针对部分国家在 70 年代对越南船民奉行推回政策表示不满。然而缔约各国对于将争端提交国际法院的做法普遍表现得比较冷漠，抑或是担忧双方利益受到损害，这意味着严重侵犯公约权利的行为很少能得到直接纠正。目前还没有任何国家依

---

① 《难民公约》，第 35 条（一）款。

② W. Kalin, "Supervising the 1951 Convention relating to the Status of Refugees: Article 35 and Beyond", in E. Feller et al. eds., Refugee Protection in International Law 613 (2003), at 623—624.

③ L. Sohn, "Human Rights: Their Implementation and Supervision by the United Nations", in T. Meron ed., Human Rights in International Law: Legal and Policy Issues 369 (1984), at 373—379.

④ H. Steiner and P. Alston, International Human Rights in Context (2000) (Steiner and Alston, Rights in Context), at 374—420.

⑤ 《难民公约》，第 41 条（三）项。

⑥ 《难民公约》，第 38 条。

据《难民公约》第38条的规定向国际法院提出控告。[①]

那么问题由此而生：在主要的人权条约中，为什么唯独《难民公约》尚未建立独立常设机制，在独立专家监督机构主持下，通过定期审查缔约各国提交的报告以及听取权利遭侵害者的申诉，以此来推动对缔约各国的责任追诉？[②]

《难民公约》未能建立独立监督机制至多是历史错位导致的结果。《难民公约》是继《防止及惩治灭绝种族罪公约》（以下称《灭绝种族罪公约》）之后，联合国通过的第二部重要的人权条约。值得注意的是，《灭绝种族罪公约》与《难民公约》一样，也没有外部监督机制。因此在某种程度上，《难民公约》缺乏独立监督机制只是如实反映了20世纪40年代末到50年代初的历史现实，对于那个时代而言，国家之间对人权状况进行相互监督还是一个全新的观念，被认为是具有潜在威胁性的做法，因而无法得到各国的认同。20世纪60年代中期，随着《人权公约》和一系列专门条约逐步订立，为国家间相互监督人权条约实施情况而设立独立机制成为通行的做法。无论从历史角度给出的解释是否精准，它都不足以成为《难民公约》继续拒绝遵循当今通行做法以及放弃设置独立监督机制的正当理由。

《难民公约》依旧不设立国家间的相互监督机制也许还有另外一个原因，那就是联合国难民署的机构监督功能可以满足外部监督的所有要求。难民法是国际人权法中可以要求单独设立国际机构监督其实施情况的唯一部门法。而联合国的其他人权条约可以借助联合国人权事务高级专员的权力来支持条约监督机构。[③] 因为难民事务高级专员本身就是制度性的难民法监督人，所以额外建立新的监督机制可能会被看作是多余之举。

尽管联合国难民署对监督《难民公约》的执行做出了重要贡献，但是至少有三方面理由可以证明，让联合国难民署单独承担条约监督责任并

---

① S. Leckie, “The Intern-State Complaint Procedure in International Human Rights Law: Hopeful Prospects or Wishful Thinking?”, (1988) 10, Human Rights Quarterly 249.

② J. Crawford, “The UN Human Rights Treaty System: A System in Crisis?”, in P. Alston and J. Crawford eds., The Future of UN Human Rights Treaty Monitoring 1 (2000), at 1—2. H. Steiner and P. Alston, International Human Rights in Context (2000) (Steiner and Alston, Rights in Context), at 738—739.

③ M. Schmidt, “Servicing and Financing Human Rights Supervisory Bodies”, in P. Alston and J. Crawford eds., The Future of UN Human Rights Treaty Monitoring 481 (2000).

不明智。第一，联合国难民署的角色在20世纪90年代发生了根本性的转变，由难民权利的监护人变成了一个主要以提供直接服务的救援机构。[①]简单地说，联合国难民署不再回避难民保护的具体工作。在当今世界的许多重大难民危机中，联合国难民署——在法律上和实践中——就是向难民提供保护的主要途径。在行使传统监督职权的同时，因为联合国难民署还有进行自我监管的责任，所以它常常陷入进退维谷的道德困境。

第二，《难民公约》缺乏国家间的相互监督机制，相当于鼓励缔约各国回避有意义的问责制度，但这恰恰是维系国际人权体系的根基之所在。因为缔约各国几乎不承担确保其他国家履行国际难民法义务的直接责任，所以它们自然没有劝导、诱使，甚至羞辱伙伴国家的动力——然而这种做法对国际人权事业的成功却发挥了重要的作用。把全部责任都推给联合国难民署显然是件非常容易的事情。然而联合国难民署根本无法对缔约各国施加有效的压力。[②]毕竟，联合国难民署只是一个预算十分有限的机构，全靠极少数大国自愿捐款，并且这其中也没有任何一个国家打算授权难民署建立一套强大的国际难民保护制度。虽然这些国家可以为难民救济和人道主义援助慷慨解囊，但是它们也常常逃避责任，或是对联合国难民署强调保护原则的呼吁充耳不闻。无论是现在还是将来，联合国难民署在政治和财政上都会受到制度设计的局限，因此它不可能坚定不移地为关注难民保护发出应有的强大声音。

最后，也许令人感到讽刺的是，为《难民公约》建立专家监督机制的第三个原因，居然是为了促进联合国难民署履行保护难民的基本职责。作为一个具有现实性的问题，难民署在实地开展难民保护工作时经常需要为挽救生命而做出妥协，甚至是采取权宜之计。在某些极端险恶的情况下，联合国难民署会为难民寻求“伤害最小的选择”，因此除了对违反公约的行为睁只眼闭只眼，难民署在监督规范执行的问题上已无计可施——这显

① J. Hathaway, “New Directions to Avoid Hard Problems: The Distortion of the Palliative Role Refugee Protection”, (1995) 8(3), Journal of Refugee Studies 288; G. Goodwin-Gill, “Refugee Identity and Protection’s Fading Prospects”, in F. Nicholson and P. Twomey eds., Refugee Rights and Realities: Evolving International Concepts and Regimes 220 (1999); and M. Barutciski, “A Critical View on UNHCR’s Mandate Dilemmas”, (2002) 14(2/3), International Journal of Refugee Law 365.

② G. Loescher, The UNHCR and World Politics: A Perilous Path (2001).

然是一种非常棘手、时常令人感到沮丧的困境。就此而言，让一个更加具有灵活度与操作性的国际机构，与一个专门依据国际法从事批评实践的专家监督小组相结合，这样也许能为难民的权益和福利提供更好的保障。当然，这并不意味着应当重新考虑联合国难民署在监督公约实施方面的法律权威；它在标准制定以及相关法律工作方面的确具有特别重要的实际价值。但是在其他人权条约上积累的经验显示，确实有必要建立一套能以直接和透明方式与各国政府和难民进行接触的补充监督机制，以便在具体个案中保证公约权利的落实。

虽然没有为《难民公约》建立专门的监督机制，但国际社会以批评方式开展的间接监督也强化了国内救济在兑现难民权利上的中心作用。根据其他人权条约建立的国际和地区组织会对各国履约报告进行定期审议，在这些报告中援引公约规定的难民权利有着特殊的价值，即通过形成权威意见的方式来指导国家实践。① 考虑到这些人权条约和《难民公约》在规范结构方面存在明显的重合，因此在针对难民面临的特殊情况时，监督机构可以适当地参照难民的特定权利来解释人权条约的一般规范。例如，对于既是《经济、社会、文化权利国际公约》又是《难民公约》缔约国的国家而言，在执行《经济、社会、文化权利国际公约》的教育权并在基础教育方面给予难民国民待遇的问题上，经济、社会和文化权利委员会完全有理由就该国不遵循《难民公约》义务的做法提出质询。同样的，人权委员会在监督缔约国依照《公民及政治权利国际公约》确保个人自由与安全的义务履行情况时，也可以参考《难民公约》关于拘押措施一般只在难民地位正常化之前适用的要求。

地区人权法律制度建立的个人申诉程序为难民权利的兑现提供了更加直接的机会，而且这类机会在联合国人权条约的推动之下还在不断增加。《公民及政治权利国际公约》、《消除一切形式种族歧视国际公约》、《禁止酷刑公约》以及《消除对妇女一切形式歧视公约》确立的申诉机制，

① UN Committee on the Elimination of Racial Discrimination, "General Recommendation No. XXII: Refugees and displaced persons" (1996), UN Doc. HRI/Gen/1/Rev.7, May 12, 2004, at 214. A. Clapham, "UN Human Rights Reporting Procedures: An NGO Perspective", in P. Alston and J. Crawford eds., The Future of UN Human Rights Treaty Monitoring 175 (2000).

完全按照与国民平等的条件对缔约各国管辖之下的难民和其他个人开放,[①]为倾听和满足个人诉求提供了一个具有实际意义的场所。虽然向这些机构提起的申诉必须涉及相关条约规定的权利，但是裁判机构为了更好地阐释一般权利，必定会对难民所处的特殊境遇以及难民的特定权利善加考虑。因此，虽然现在仍未就建立独立的《难民公约》监督机构达成协议，但是在国际范围内实现难民权利的可能性依然存在。

二　政治意愿的挑战

就算缔约各国最终同意就《难民公约》的执行情况建立独立监督机制，但是仍然有更加严峻的挑战需要克服。正如本书列举的实证证据所反映的那样，如今的现实情况是世界上许多国家正在放弃履行向难民提供保护的法律责任。[②] 虽然各国仍继续表达其援助难民的意愿，借此彰显政治主张或人道主义情怀，但是许多国家为了避免承担对非自愿移民的法律责任，似乎开始采取某种防御性的策略。面对政治格局的变化，在难民保护问题上摆脱法律范式对提高操作上的灵活性大有裨益。可是对难民而言，国际难民法日渐微弱的作用说明他们得到的保护正在遭到削弱，甚至会最终化为泡影。难民保护责任给很多贫困国家带来了难以承受的负担，并且迫使它们采取了违背本国基本价值观的一些做法。

在直面这样的阻力时，我们必须清醒地认识到，没有任何国际监督机构（或国际组织）有权要求各国政府以损害本国根本利益为代价来兑现难民权利。因此，真正的挑战在于如何设计一套合理的公约权利执行制度，使缔约各国有空间来处理自己的优先关切，最起码不能让难民保护责任与它们的根本利益相互对立。只有当执行制度具备这样的性质，各国政府才会愿意恪守明确的公约义务；只有当遵守公约成为一种常态，监督机制才可能对违反公约的行为发挥有效和可靠的抑制作用。

---

① 《公民及政治权利国际公约》第一任择议定书，1966 年 12 月 16 日通过，1976 年 3 月 23 日生效，第 1 条。《消除一切形式种族歧视国际公约》，1965 年 12 月 21 日通过，1969 年 1 月 4 日生效，第 14 条。《禁止酷刑公约》，1984 年 12 月 10 日通过，1987 年 1 月 26 日生效，第 22 条。《消除对妇女一切形式歧视公约》任择议定书，1999 年 10 月 6 日通过，2000 年 12 月 22 日生效。

② J. Hathaway and A. Neve, "Making International Refugee Law Relevant Again: A Proposal for Collectivized and Solution-Oriented Protection", (1997) 10, Harvard Human Rights Journal 115.

必须明确的是，现在的目标应当是对国际难民法，包括难民权利制度的执行机制进行重新思考——而不是对《难民公约》本身展开新一轮谈判。赞同后一种做法的人很可能对公约保护制度的性质与功能存在误解。与普通国际公法一样，难民法的目的并不是要剥夺国家的权威，也不是限制它们在操作上的灵活性。相反，它是为了让各国政府能更加有效地处理国际问题，进而使它们更好地把握复杂问题、遏制冲突、彰显正义和避免灾难。[①] 针对无法避免的非自愿移民问题，为各国提供一种政治上和社会上都可行的方法来强化边境管控，这才是制定国际难民法的出发点[②]——如今，实现这一目标已经成为前所未有的紧迫命题。事实上，许多国家已经对难民法失去了兴趣，原因在于人们并不认为各国政府能够单独应对非自愿移民问题，或是为了追求效率就可以牺牲难民的权益。难民法律制度本身缺乏平衡机制似乎已经成为各方的普遍共识，这导致难民接收国的合法利益遭到严重忽视。

第一，某些国家越发认为，对难民保护做出明确承诺就相当于放弃移民管控权力。它们将难民保护看作移民制度失控的“后门”，与官方按照经济或其他标准制定准入政策的做法存在抵触，并且对国家安全和其他相关事项的负面影响越来越大。第二，无论是准许难民入境的义务还是接受难民的实际成本，都没有做到在各国之间进行公平分配。人们清楚地意识到，难民前往的那些国家——主要是经常深陷经济或政治泥沼的贫穷国家——现在独立承担着法律责任，为难民提供近似于无限期的保护。简而言之，人们对保护难民的法律义务的认识可以总结为，它既不符合多数国家的利益，也不是经过公平划分的集体责任。结果自然可想而知，各国都在想尽办法推诿责任。

要打消这些顾虑并非没有办法。首先需要明确地认识到，履行难民保护责任与各国管理移民事务的权力并不矛盾。难民法律制度不是移民制度，它只是特定情况下的人权救济手段。当导致难民逃亡的暴力或其他侵犯人权的行为消失时，难民地位也将随之终止。同样重要的是，对所

① R. Falk, Revitalizing International Law (1993), at 91—93.

② J. Hathaway, “A Reconsideration of the Underlying Premise of Refugee Law”, (1990) 31(1), Harvard International Law Journal 129.

在国构成威胁的严重刑事罪犯，以及危及国家安全的人都没有获得保护的权利。[①]

各国的地理位置或边界管控能力不是划分难民保护责任的根据。与之相反，各国政府一致认为，国际社会的团结与负荷分担对难民保护制度的有效运转非常重要。到现在为止，虽然各国的集体努力仍未制度化，而且也不够充分，但是它们为改革目前单方面和无差别的国家责任体系提供了经验基础。[②] 不同国家对难民保护做出贡献的能力存在差异，承认这一现实尤为重要。某些国家最适合在风险爆发期间为难民提供人身保护。另一些国家可以动员起来为可靠的资金来源和重新安置的机会提供保障。其他国家则可以对个别难民的保护和接收提供资金支持。通过精心设计一套共同但有区别的责任制度，呼吁各国按照各自的能力和实力做出贡献，如此即可最大化的利用各方资源来保护难民。

总之，各国政府有义务按照《难民公约》和其他国际法核心规范规定的权利保障责任来应对非自愿移民，它们表达的所有正当关切都不能成为质疑这套制度公正性的理由。

如今，各国政府开始越发频繁地就难民法律制度改革问题展开严肃的探讨。[③] 各国政府在纪念《难民公约》缔结50周年仪式上做出郑重承诺，再次激发了各界对难民法的操作灵活性，[④] 以及难民保护制度中责任与负荷分担价值体系的研究兴趣。[⑤] 贫穷国家很乐意见到发达国家的政府有所醒悟，意识到必须采取切实措施保证责任与负荷的分担，以此改变在一事一议的基础上给予慈善援助的现状。富裕和强大的国家对联合国难民署以及其他国家的立场转变也感到满意，因为它们关于难民保护责任不能被解

---

① 参见原著2.1.4章节。

② J. Hathaway ed., Reconceiving International Refugee Law (1997).

③ J. Hathaway, "Review Essay: N. Nathwani, Rethinking Refugee Law", (2004) 98(3), American Journal of International Law 616.

④ "Declaration of States Parties to the 1951 Convention and /or its 1967 Protocol relating to the Status of Refugees", UN Doc. HCR/MMSP/2001/09, Dec. 13, 2001, incorporated in Executive Committee of the High Commissioner's Program, "Agenda for Protection", UN Doc. EC/52/SC/CRP.9/Rev.1, June 26, 2002, at Part II, Operative Paragraphs, para. 9.

⑤ Executive Committee of the High Commissioner's Program, "Agenda for Protection", UN Doc. EC/52/SC/CRP.9/Rev.1, June 26, 2002, at Part II, Operative Paragraphs, para. 12.

释为对所有入境难民承担持续义务的要求即将得到后者的默认。但各国在对话探讨中可能忽略了一个核心问题，那就是难民法相关机制的改革，不仅是为了解决缔约各国面临的困难，同时也是为了改善难民自身的处境。因此，单纯增加操作上的灵活度，或者是设计责任和负荷分担机制并不足以解决根本问题。如果这些改革方案只是为了减轻各国政府的负担，或是说明国际机构为各国优先紧急事务而让步的重要性，那么我们将会丧失促进难民人格尊严得到尊重的难得机遇。

真正的挑战，其实是要在推动各国政府利益得到尊重的同时，确保向难民切实兑现人权的强大决心能够顺利推动改革进程。这些目标之间不仅没有必然的矛盾，而且相反，它们实际上还能够相互促进。通过对公约的难民权利体系进行分析与梳理，本书构建了难民权利的一套基本框架，为解决难民法的价值所遭遇的信任危机奠定了基础。

附件1

关于难民地位的公约（1951）

按照联合国大会一九五〇年十二月十四日第429(V)号决议
召开的联合国难民和无国籍人地位全权代表会议
于一九五一年七月二十八日通过
生效：按照第四十三条的规定，于一九五四年四月二十二日生效。

序　言

缔约各方：

考虑到联合国宪章和联合国大会于一九四八年十二月十日通过的世界人权宣言确认人人享有基本权利和自由不受歧视的原则；

考虑到联合国在各种场合表示过它对难民的深切关怀，并且竭力保证难民可以最广泛地行使此项基本权利和自由；

考虑到通过一项新的协定来修正和综合过去关于难民地位的国际协定并扩大此项文件的范围及其所给予的保护是符合愿望的；

考虑到庇护权的给予可能使某些国家负荷过分的重担，并且考虑到联合国已经认识到这一问题的国际范围和性质，因此，如果没有国际合作，就不能对此问题达成满意的解决；

表示希望凡认识到难民问题的社会和人道性质的一切国家，将尽一切努力不使这一问题成为国家之间紧张的原因；

注意到联合国难民事务高级专员对于规定保护难民的国际公约负有监督的任务，并认识到为处理这一问题所采取措施的有效协调，将依赖于各国和高级专员的合作；

兹议定如下：

第一章 一般规定

第一条

“难民”一词的定义

（一）本公约所用“难民”一词适用于下列任何人：

（甲）根据一九二六年五月十二日和一九二八年六月三十日的协议，或根据一九三三年十月二十八日和一九三八年二月十日的公约，以及一九三九年九月十四日的议定书，或国际难民组织约章被认为难民的人；

国际难民组织在其执行职务期间所作关于不合格的决定，不妨碍对符合于本款（乙）项条件的人给予难民的地位。

（乙）由于一九五一年一月一日以前发生的事情并因有正当理由畏惧由于种族、宗教、国籍、属于某一社会团体或具有某种政治见解的原因留在其本国之外，并且由于此项畏惧而不能或不愿受该国保护的人；或者不具有国籍并由于上述事情留在他以前经常居住国家以外而现在不能或者由于上述畏惧不愿返回该国的人。

对于具有不止一国国籍的人，“本国”一词是指他有国籍的每一国家。如果没有实在可以发生畏惧的正当理由而不受他国籍所属国家之一的保护时，不得认其缺乏本国的保护。

（二）

（甲）本公约第一条（一）款所用“一九五一年一月一日以前发生的事情”一语，应了解为：（子）“一九五一年一月一日以前在欧洲发生的事情”；或者（丑）“一九五一年一月一日以前在欧洲或其他地方发生的事情”；缔约各国应于签字、批准或加入时声明为了承担本公约的义务，这一用语应作何解释。

（乙）已经采取上述（子）解释的任何缔约国，可以随时向联合国秘书长提出通知，采取（丑）解释以扩大其义务。

（三）如有下列各项情况，本公约应停止适宜于上述（甲）款所列的任何人：

（甲）该人已自动接受其本国的保护；或者

(乙)该人于丧失国籍后，又自动重新取得国籍；或者

(丙)该人已取得新的国籍，并享受其新国籍国家的保护；或者

(丁)该人已在过去由于畏受迫害而离去或躲开的国家内自动定居下来；或者

(戊)该人由于被认为是难民所依据的情况不复存在而不能继续拒绝受其本国的保护；

但本项不适用于本条(一)款(甲)项所列的难民，如果他可以援引由于过去曾受迫害的重大理由以拒绝受其本国的保护；

(己)该人本无国籍，由于被认为是难民所依据的情况不复存在而可以回到其以前经常居住的国家内；

但本项不适用于本条(一)款(甲)项所列的难民，如果他可以援引由于过去曾受迫害的重大理由以拒绝受其以前经常居住国家的保护。

(四)本公约不适用于目前从联合国难民事务高级专员以外的联合国机关或机构获得保护或援助的人。

当上述保护或援助由于任何原因停止而这些人的地位还没有根据联合国大会所通过的有关决议明确解决时，他们应在事实上享受本公约的利益。

(五)本公约不适用于被其居住地国家主管当局认为具有附着于该国国籍的权利和义务的人。

(六)本公约规定不适用于存在着重大理由足以认为有下列情事的任何人：

(甲)该人犯了国际文件中已作出规定的破坏和平罪、战争罪或危害人类罪；

(乙)该人在以难民身份进入避难国以前，曾在避难国以外犯过严重的非政治性罪行；

(丙)该人曾有违反联合国宗旨和原则的行为并经认为有罪。

第二条

一般义务

一切难民对其所在国负有责任，此项责任特别要求他们遵守该国的法律和规章以及为维护公共秩序而采取的措施。

第三条

不受歧视

缔约各国应对难民不分种族、宗教或国籍，适用本公约的规定。

第四条

宗教

缔约各国对在其领土内的难民，关于举行宗教仪式的自由以及对其子女施加宗教教育的自由方面，应至少给予其本国国民所获得的待遇。

第五条

与本公约无关的权利

本公约任何规定不得认为妨碍一个缔约国并非由于本公约而给予难民的权利和利益。

第六条

“在同样情况下”一词的意义

本公约所用“在同样情况下”一词意味着凡是个别的人如果不是难民为了享受有关的权利所必需具备的任何要件（包括关于旅居或居住的期间和条件的要件），但按照要件的性质，难民不可能具备者，则不在此例。

第七条

相互条件的免除

（一）除本公约载有更有利的规定外，缔约国应给予难民一般外国人所获得的待遇。

（二）一切难民在居住期满三年以后，应在缔约各国领土内享受立法上相互条件的免除。

（三）缔约各国应继续给予难民在本公约对该国生效之日他们无需在相互条件下已经有权享受的权利和利益。

（四）缔约各国对无需在相互条件下给予难民根据第（二）、（三）两款他们有权享受以外的权利和利益，以及对不具备第(二)、(三)两款所规定条件的难民亦免除相互条件的可能性，应给予有利的考虑。

(五)第(二)、(三)两款的规定对本公约第十三、十八、十九、二十一和二十二条所指权利和利益，以及本公约并未规定的权利和利益，均予适用。

第八条

特殊措施的免除

关于对一外国国民的人身、财产或利益所得采取的特殊措施，缔约各国不得对形式上为该外国国民的难民仅仅因其所属国籍而对其适用此项措施。缔约各国如根据其国内法不能适用本条所表示的一般原则，应在适当情况下，对此项难民给予免除的优惠。

第九条

临时措施

本公约的任何规定并不妨碍一缔约国在战时或其他严重和特殊情况下对个别的人在该缔约国断定该人确为难民以前，并且认为有必要为了国家安全的利益应对该人继续采取措施时，对他临时采取该国所认为对其国家安全是迫切需要的措施。

第十条

继续居住

(一)难民如在第二次世界大战时被强制放逐并移至缔约一国的领土并在其内居住，这种强制留居的时期应被认为在该领土内合法居住期间以内。

(二)难民如在第二次世界大战时被强制逐出缔约一国的领土，而在本公约生效之日以前返回该国准备定居，则在强制放逐以前和以后的居住时期，为了符合于继续居住这一要求的任何目的，应被认为是一个未经中断的期间。

第十一条

避难海员

对于在悬挂缔约一国国旗的船上正常服务的难民，该国对于他们在其领土内定居以及发给他们旅行证件或者暂时接纳他们到该国领土内，特别是为了便利他们在另一国家定居的目的，均应给予同情的考虑。

第二章　法律上地位

第十二条

个人身份

(一) 难民的个人身份，应受其住所地国家的法律支配，如无住所，则受其居住地国家的法律支配。

(二) 难民以前由于个人身份而取得的权利，特别是关于婚姻的权利，应受到缔约一国的尊重，如必要时应遵守该国法律所要求的仪式，但以如果他不是难民该有关的权利亦被该国法律承认者为限。

第十三条

动产和不动产

缔约各国在动产和不动产的取得及与此有关的其他权利，以及关于动产和不动产的租赁和其他契约方面，应给予难民尽可能优惠的待遇，无论如何，此项待遇不得低于在同样情况下给予一般外国人的待遇。

第十四条

艺术权利和工业财产

关于工业财产的保护，例如对发明、设计或模型、商标、商号名称，以及对文学、艺术和科学作品的权利，难民在其经常居住的国家内，应给以该国国民所享有的同样保护。他在任何其他缔约国领土内，应给以他经常居住国家的国民所享有的同样保护。

第十五条

结社的权利

关于非政治性和非营利性的社团以及同业公会组织，缔约各国对合法居留在其领土内的难民，应给以一个外国的国民在同样情况下所享有的最惠国待遇。

第十六条

向法院申诉的权利

（一）难民有权自由向所有缔约各国领土内的法院申诉。

（二）难民在其经常居住的缔约国内，就向法院申诉的事项，包括诉讼救助和免予提供诉讼担保在内，应享有与本国国民相同的待遇。

（三）难民在其经常居住的国家以外的其他国家内，就第（二）款所述事项，应给以他经常居住国家的国民所享有的待遇。

第三章　有利可图的职业活动

第十七条

以工资受偿的雇佣

（一）缔约各国对合法在其领土内居留的难民，就从事工作以换取工资的权利方面，应给以在同样情况下一个外国国民所享有的最惠国待遇。

（二）无论如何，对外国人施加的限制措施或者为了保护国内劳动力市场而对雇佣外国人施加限制的措施，均不得适用于在本公约对有关缔约国生效之日已免除此项措施的难民，亦不适用于具备下列条件之一的难民：

（甲）已在该国居住满三年；

（乙）其配偶具有居住国的国籍，但如难民已与其配偶离异，则不得援引本项规定的利益；

（丙）其子女一人或数人具有居住国的国籍。

（三）关于以工资受偿的雇佣问题，缔约各国对于使一切难民的权利相同于本国国民的权利方面，应给予同情的考虑，特别是对根据招工计划或移民入境办法进入其领土的难民的此项权利。

第十八条

自营职业

缔约各国对合法在其领土内的难民，就其自己经营农业、工业、手工业、商业以及设立工商业公司方面，应给以尽可能优惠的待遇，无论如何，此项待遇不得低于一般外国人在同样情况下所享有的待遇。

第十九条

自由职业

(一) 缔约各国对合法居留于其领土内的难民，凡持有该国主管当局所承认的文凭并愿意从事自由职业者，应给以尽可能优惠的待遇，无论如何，此项待遇不得低于一般外国人在同样情况下所享有的待遇。

(二) 缔约各国对在其本土以外而由其负责国际关系的领土内的难民，应在符合其法律和宪法的情况下，尽极大努力使这些难民定居下来。

第四章　福利

第二十条

定额供应

如果存在着定额供应制度，而这一制度是适用于一般居民并调整着缺销产品的总分配，难民应给以本国国民所享有的同样待遇。

第二十一条

房屋

缔约各国对合法居留于其领土内的难民，就房屋问题方面，如果该问题是由法律或规章调整或者受公共当局管制，应给以尽可能优惠的待遇，无论如何，此项待遇不得低于一般外国人在同样情况下所享有的待遇。

第二十二条

公共教育

(一)缔约各国应给予难民凡本国国民在初等教育方面所享有的同样待遇。

(二)缔约各国就初等教育以外的教育，特别是就获得研究学术的机会，承认外国学校的证书、文凭和学位，减免学费，以及发给奖学金方面，应对难民给以尽可能优惠的待遇，无论如何，此项待遇不得低于一般外国人在同样情况下所享有的待遇。

第二十三条

公共救济

缔约各国对合法居住在其领土内的难民，就公共救济和援助方面，应给以凡其本国国民所享有的同样待遇。

第二十四条

劳动立法和社会安全

(一)缔约各国对合法居留在其领土内的难民，就下列各事项，应给以本国国民所享有的同样待遇：

(甲)报酬，包括家庭津贴——如此种津贴构成报酬一部分的话、工作时间、加班办法、假日工资、对带回家去工作的限制、雇佣最低年龄、学徒和训练，女工和童工、享受共同交涉的利益，如果这些事项由法律或规章规定，或者受行政当局管制的话；

(乙)社会安全(关于雇佣中所受损害、职业病、生育、疾病、残疾、年老、死亡、失业、家庭负担或根据国家法律或规章包括在社会安全计划之内的任何其他事故的法律规定)，但受以下规定的限制：

(1)对维持既得权利和正在取得的权利可能作出适当安排；

(2)居住地国的法律或规章可能对全部由公共基金支付利益金或利益金的一部分或对不符合于为发给正常退职金所规定资助条件的人发给津贴，制订特别安排。

（二）难民由于雇佣中所受损害或职业病死亡而获得的补偿权利，不因受益人居住地在缔约国领土以外而受影响。

（三）缔约各国之间所缔结或在将来可能缔结的协定，凡涉及社会安全既得权利或正在取得的权利，缔约各国应以此项协定所产生的利益给予难民，但以符合对有关协定各签字国国民适用的条件者为限。

（四）缔约各国对以缔约国和非缔约国之间随时可能生效的类似协定所产生的利益尽量给予难民一事，将予以同情的考虑。

第五章　行政措施

第二十五条

行政协助

（一）如果难民行使一项权利时正常地需要一个对他不能援助的外国当局的协助，则难民居住地的缔约国应安排由该国自己当局或由一个国际当局给予此项协助。

（二）第一款所述当局应将正常地应由难民的本国当局或通过其本国当局给予外国人的文件或证明书给予难民，或者使这种文件或证明书在其监督下给予难民。

（三）如此发给的文件或证书应代替由难民的本国当局或通过其本国当局发给难民的正式文件，并应在没有相反证据的情况下给予证明的效力。

（四）除对贫苦的人可能给予特殊的待遇外，对上述服务可以征收费用，但此项费用应有限度，并应相当于为类似服务向本国国民征收的费用。

（五）本条各项规定对第二十七条和第二十八条并不妨碍。

第二十六条

行动自由

缔约各国对合法在其领土内的难民，应给予选择其居住地和在其领土内自由行动的权利，但应受对一般外国人在同样情况下适用的规章的限制。

第二十七条

身份证件

缔约各国对在其领土内不持有有效旅行证件的任何难民，应发给身份证件。

第二十八条

旅行证件

(一) 缔约各国对合法在其领土内居留的难民，除因国家安全或公共秩序的重大原因应另作考虑外，应发给旅行证件，以凭在其领土以外旅行。本公约附件的规定应适用于上述证件。缔约各国可以发给在其领土内的任何其他难民上述旅行证件。缔约各国特别对于在其领土内而不能向其合法居住地国家取得旅行证件的难民发给上述旅行证件一事，应给予同情的考虑。

(二) 根据以前国际协定由此项协定缔约各方发给难民的旅行证件，缔约各方应予承认，并应当作根据本条发给的旅行证件同样看待。

第二十九条

财政征收

(一) 缔约各国不得对难民征收其向本国国民在类似情况下征收以外的或较高于向其本国国民在类似情况下征收的任何种类捐税或费用。

(二) 前款规定并不妨碍对难民适用关于向外国人发给行政文件包括旅行证件在内的法律和规章。

第三十条

资产的移转

(一) 缔约国应在符合于其法律和规章的情况下，准许难民将其携入该国领土内的资产，移转到难民为重新定居目的而已被准许入境的另一国家。

(二) 如果难民申请移转不论在何地方的并在另一国家重新定居所需

要的财产，而且该另一国家已准其入境，则缔约国对其申请应给予同情的考虑。

第三十一条

非法留在避难国的难民

（一）缔约各国对于直接来自生命或自由受到第一条所指威胁的领土未经许可而进入或逗留于该国领土的难民，不得因该难民的非法入境或逗留而加以刑罚，但以该难民毫不迟延地自行投向当局说明其非法入境或逗留的正当原因者为限。

（二）缔约各国对上述难民的行动，不得加以除必要以外的限制，此项限制只能于难民在该国的地位正常化或难民获得另一国入境准许以前适用。缔约各国应给予上述难民一个合理的期间以及一切必要的便利，以便获得另一国入境的许可。

第三十二条

驱逐出境

（一）缔约各国除因国家安全或公共秩序理由外，不得将合法在其领土内的难民驱逐出境。

（二）驱逐难民出境只能以按照合法程序作出的判决为根据。除因国家安全的重大理由要求另作考虑外，应准许难民提出有利于其自己的证据，向主管当局或向由主管当局特别指定的人员申诉或者为此目的委托代表向上述当局或人员申诉。

（三）缔约各国应给予上述难民一个合理的期间，以便取得合法进入另一国家的许可。缔约各国保留在这期间内适用它们所认为必要的内部措施的权利。

第三十三条

禁止驱逐出境或送回（“推回”）

（一）任何缔约国不得以任何方式将难民驱逐或送回（“推回”）至其生命或自由因为他的种族、宗教、国籍、参加某一社会团体或具有某种政治见解而受威胁的领土边界。

(二) 但如有正当理由认为难民足以危害所在国的安全，或者难民已被确定判决认为犯过特别严重罪行从而构成对该国社会的危险，则该难民不得要求本条规定的利益。

第三十四条

入籍

缔约各国应尽可能便利难民的入籍和同化。它们应特别尽力加速办理入籍程序，并尽可能减低此项程序的费用。

第六章　执行和过渡规定

第三十五条

国家当局同联合国的合作

(一) 缔约各国保证同联合国难民事务高级专员办事处或继承该办事处的联合国任何其他机关在其执行职务时进行合作，并应特别使其在监督适用本公约规定而行使职务时获得便利。

(二) 为了使高级专员办事处或继承该办事处的联合国任何其他机关向联合国主管机关作出报告，缔约各国保证于此项机关请求时，向它们在适当形式下提供关于下列事项的情报和统计资料：

(甲) 难民的情况，

(乙) 本公约的执行，以及

(丙) 现行有效或日后可能生效的涉及难民的法律、规章和法令。

第三十六条

关于国内立法的情报

缔约各国应向联合国秘书长送交它们可能采用为保证执行本公约的法律和规章。

第三十七条

对以前公约的关系

在不妨碍本公约第二十八条第二款的情况下，本公约在缔约各国之间代替一九二二年七月五日、一九二四年五月三十一日、一九二六年五月十二日、一九二八年六月三十日以及一九三五年七月三十日的协议，一九三三年十月二十八日和一九三八年二月十日的公约，一九三九年九月十四日议定书和一九四六年十月十五日的协定。

第七章　最后条款

第三十八条

争端的解决

本公约缔约国间关于公约解释或执行的争端，如不能以其他方法解决，应依争端任何一方当事国的请求，提交国际法院。

第三十九条

签字、批准和加入

（一）本公约应于一九五一年七月二十八日在日内瓦开放签字，此后交存联合国秘书长。本公约将自一九五一年七月二十八日至八月三十一日止在联合国驻欧办事处开放签字，并将自一九五一年九月十七日至一九五二年十二月三十一日止在联合国总部重新开放签字。

（二）本公约将对联合国所有会员国，并对应邀出席难民和无国籍人地位全权代表会议或由联合国大会致送签字邀请的任何其他国家开放签字。本公约应经批准，批准书应交存联合国秘书长。

（三）本公约将自一九五一年七月二十八日起对本条（二）款所指国家开放任凭加入。加入经向联合国秘书长交存加入书后生效。

第四十条

领土适用条款

（一）任何一国得于签字、批准或加入时声明本公约将适用于由其负责国际关系的一切或任何领土。此项声明将于公约对该有关国家生效时发生效力。

（二）此后任何时候，这种适用于领土的任何声明应用通知书送达联合国秘书长，并将从联合国秘书长收到此项通知书之日后第九十天起或者从公约对该国生效之日起发生效力，以发生在后之日期为准。

（三）关于在签字、批准或加入时本公约不适用的领土，各有关国家应考虑采取必要步骤的可能，以便将本公约扩大适用到此项领土，但以此项领土的政府因宪法上需要已同意者为限。

第四十一条

联邦条款

对于联邦或非单一政体的国家，应适用下述规定：

（一）就本公约中属于联邦立法当局的立法管辖范围内的条款而言，联邦政府的义务应在此限度内与非联邦国家的缔约国相同。

（二）关于本公约中属于邦、省或县的立法管辖范围内的条款，如根据联邦的宪法制度，此项邦、省或县不一定要采取立法行动的话，联邦政府应尽早将此项条款附具赞同的建议，提请此项邦、省或县的主管当局注意。

（三）作为本公约缔约国的联邦国家，如经联合国秘书长转达任何其他缔约国的请求时，应就联邦及其构成各单位有关本公约任何个别规定的法律和实践，提供一项声明，说明此项规定已经立法或其他行动予以实现的程度。

第四十二条

保留

（一）任何国家在签字、批准或加入时，可以对公约第一、三、四、十六（一）、三十三以及三十六至四十六（包括首尾两条在内）各条以外的规定作出保留。

（二）依本条第（一）款作出保留的任何国家可以随时通知联合国秘书长撤回保留。

第四十三条

生效

(一) 本公约于第六件批准书或加入书交存之日后第九十天生效。

(二) 对于在第六件批准书或加入书交存后批准或加入本公约的各国，本公约将于该国交存其批准书或加入书之日后第九十天生效。

第四十四条

退出

(一) 任何缔约国可以随时通知联合国秘书长退出本公约。

(二) 上述退出将于联合国秘书长收到退出通知之日起一年后对该有关缔约国生效。

(三) 依第四十条作出声明或通知的任何国家可以在此以后随时通知联合国秘书长，声明公约将于秘书长收到通知之日后一年停止扩大适用于此项领土。

第四十五条

修改

(一) 任何缔约国可以随时通知联合国秘书长，请求修改本公约。

(二) 联合国大会应建议对于上述请求所应采取的步骤，如果有这种步骤的话。

第四十六条

联合国秘书长的通知

联合国秘书长应将下列事项通知联合国所有会员国以及第三十九条所述非会员国：

(一) 根据第一条 (二) 款所作声明和通知；

(二) 根据第三十九条签字、批准和加入；

(三) 根据第四十条所作声明和通知；

(四) 根据第四十二条声明保留和撤回；

(五)根据第四十三条本公约生效的日期；

(六)根据第四十四条声明退出和通知；

(七)根据第四十五条请求修改。

下列签署人经正式授权各自代表本国政府在本公约签字，以昭信守。

一九五一年七月二十八日订于日内瓦，计一份，其英文本和法文本有同等效力，应交存于联合国档案库，其经证明为真实无误的副本应交给联合国所有会员国以及第三十九条所述非会员国。

附件 2

关于难民地位的议定书（1967）

这个议定书经联合国经济及社会理事会在一九六六年十一月十八日第 1186 (XLI) 号决议里赞同地加以注意，并经联合国大会在一九六六年十二月十六日第 2198(XXI) 号决议里加以注意。联合国大会在该项决议里要求秘书长将这个议定书的文本转递给该议定书第五条所述各国，以便它们能加入议定书。

生效：按照第八条的规定，于一九六七年十月四日生效。

本议定书缔约各国：

考虑到一九五一年七月二十八日订于日内瓦的关于难民地位的公约(以下简称“公约”)仅适用于由于一九五一年一月一日以前发生的事情而变成难民的人；

考虑到自通过公约以来，发生了新的难民情况，因此，有关的难民可能不属于公约的范围；

考虑到公约定义范围内的一切难民应享有同等的地位而不论一九五一年一月一日这个期限，是合乎愿望的；

兹议定如下：

第一条

一般规定

一、本议定书缔约各国承担对符合下述定义的难民适用公约第二至三十四(包括首尾两条在内)各条的规定。

二、为本议定书的目的，除关于本条第三款的适用外，“难民”一词是指公约第一条定义范围内的任何人，但该第一条(一)款(乙)项内“由于一九五一年一月一日以前发生的事情并……”等字和“……由于上述事情”等字视同已经删去。

三、本议定书应由各缔约国执行，不受任何地理上的限制，但已成为公约缔约国的国家按公约第一条(二)款(甲)项(子)目所作的现有声明，除已按公约第一条(二)款(乙)项予以扩大者外，亦应在本议定书下适用。

第二条

各国当局同联合国的合作

一、本议定书缔约各国保证同联合国难民事务高级专员办事处或继承该办事处的联合国任何其他机关在其执行职务时进行合作，并应特别使其在监督适用本议定书规定而行使职务时获得便利。

二、为了使高级专员办事处或继承该办事处的联合国任何其他机关向联合国主管机关作出报告，本议定书缔约各国保证于此项机关请求时，向它们在适当形式下提供关于下列事项的情报和统计资料：

(甲)难民的情况，

(乙)本议定书的执行，以及

(丙)现行有效或日后可能生效的涉及难民的法律、规章和法令。

第三条

关于国内立法的情报

本议定书缔约各国应向联合国秘书长送交它们可能采用为保证执行本议定书的法律和规章。

第四条

争端的解决

本议定书缔约国间关于议定书解释或执行的争端，如不能以其他方法解决，应依争端任何一方当事国的请求，提交国际法院。

第五条

加入

本议定书应对公约全体缔约国、联合国任何其他会员国、任何专门机构成员和由联合国大会致送加入邀请的国家开放任凭加入。加入经向联合国秘书长交存加入书后生效。

第六条

联邦条款

对于联邦或非单一政体的国家，应适用下述规定：

(一) 就公约内应按本议定书第一条第一款实施而属于联邦立法当局的立法管辖范围内的条款而言，联邦政府的义务应在此限度内与非联邦国家的缔约国相同；

(二) 关于公约内应按本议定书第一条第一款实施而属于邦、省或县的立法管辖范围内的条款，如根据联邦的宪法制度，此项邦、省或县不一定要采取立法行动的话，联邦政府应尽早将此项条款附具赞同的建议，提请此项邦、省或县的主管当局注意；

(三) 作为本议定书缔约国的联邦国家，如经联合国秘书长转达任何其他缔约国的请求时，应就联邦及其构成各单位有关公约任何个别规定的法律和实践，提供一项声明，说明此项规定已经立法或其他行动予以实现的程度。

第七条

保留和声明

(一) 任何国家在加入时，可以对本议定书第四条及对按照本议定书第一条实施公约第一、三、四、十六(一)及三十三各条以外的规定作出保留，但就公约缔约国而言，按照本条规定作出的保留，不得推及于公约所适用的难民。

(二) 公约缔约国按照公约第四十二条作出的保留，除非已经撤回，应对其在本议定书下所负的义务适用。

(三) 按照本条第一款作出保留的任何国家可以随时通知联合国秘书长撤回保留。

(四) 加入本议定书的公约缔约国按照公约第四十条第一、二款作出的声明，应视为对本议定书适用，除非有关缔约国在加入时向联合国秘书长作出相反的通知。关于公约第四十条第二、三款及第四十四条第三款，本议定书应视为准用其规定。

第八条

生效

(一) 本议定书于第六件加入书交存之日生效。

(二) 对于在第六件加入书交存后加入本议定书的各国，本议定书将于该国交存其加入书之日生效。

第九条

退出

(一) 本议定书任何缔约国可以随时通知联合国秘书长退出本议定书。

(二) 上述退出将于联合国秘书长收到退出通知之日起一年后对该有关缔约国生效。

第十条

联合国秘书长的通知

联合国秘书长应将本议定书生效的日期、加入的国家、对本议定书的保留和撤回保留、退出本议定书的国家以及有关的声明和通知书通知上述第五条所述各国。

第十一条

交存联合国秘书处档案库

本议定书的中文本、英文本、法文本、俄文本和西班牙文本都具有同等效力，其经联合国大会主席及联合国秘书长签字的正本应交存于联合国秘书处档案库。秘书长应将本议定书的正式副本转递给联合国全体会员国及上述第五条所述的其他国家。

附件 3

世界人权宣言（1948）

序　言

鉴于对人类家庭所有成员的固有尊严及其平等的和不移的权利的承认，乃是世界自由、正义与和平的基础，

鉴于对人权的无视和侮蔑已发展为野蛮暴行，这些暴行玷污了人类的良心，而一个人人享有言论和信仰自由并免予恐惧和匮乏的世界的来临，已被宣布为普通人民的最高愿望，

鉴于为使人类不致迫不得已铤而走险对暴政和压迫进行反叛，有必要使人权受法治的保护，

鉴于有必要促进各国间友好关系的发展，

鉴于各联合国国家的人民已在联合国宪章中重申他们对基本人权、人格尊严和价值以及男女平等权利的信念，并决心促成较大自由中的社会进步和生活水平的改善，

鉴于各会员国业已誓愿同联合国合作以促进对人权和基本自由的普遍尊重和遵行，

鉴于对这些权利和自由的普遍了解对于这个誓愿的充分实现具有很大的重要性，

因此现在，

大会，发布这一世界人权宣言，作为所有人民和所有国家努力实现的共同标准，以期每一个人和社会机构经常铭念本宣言，努力通过教诲和

教育促进对权利和自由的尊重，并通过国家的和国际的渐进措施，使这些权利和自由在各会员国本身人民及在其管辖下领土的人民中得到普遍和有效的承认和遵行。

第一条

人人生而自由，在尊严和权利上一律平等。他们赋有理性和良心，并应以兄弟关系的精神相对待。

第二条

人人有资格享有本宣言所载的一切权利和自由，不分种族、肤色、性别、语言、宗教、政治或其他见解、国籍或社会出身、财产、出生或其他身份等任何区别。

并且不得因一人所属的国家或领土的政治的、行政的或者国际的地位之不同而有所区别，无论该领土是独立领土、托管领土、非自治领土或者处于其他任何主权受限制的情况之下。

第三条

人人有权享有生命、自由和人身安全。

第四条

任何人不得使为奴隶或奴役；一切形式的奴隶制度和奴隶买卖，均应予以禁止。

第五条

任何人不得加以酷刑，或施以残忍的、不人道的或侮辱性的待遇或刑罚。

第六条

人人在任何地方有权被承认在法律前的人格。

第七条

法律之前人人平等，并有权享受法律的平等保护，不受任何歧视。人人有权享受平等保护，以免受违反本宣言的任何歧视行为以及煽动这种歧视的任何行为之害。

第八条

任何人当宪法或法律所赋予他的基本权利遭受侵害时，有权由合格的国家法庭对这种侵害行为作有效的补救。

第九条

任何人不得加以任意逮捕、拘禁或放逐。

第十条

人人完全平等地有权由一个独立而无偏倚的法庭进行公正的和公开的审讯，以确定他的权利和义务并判定对他提出的任何刑事指控。

第十一条

（一）凡受刑事控告者，在未经获得辩护上所需的一切保证的公开审判而依法证实有罪以前，有权被视为无罪。

（二）任何人的任何行为或不行为，在其发生时依国家法或国际法均不构成刑事罪者，不得被判为犯有刑事罪。刑罚不得重于犯罪时适用的法律规定。

第十二条

任何人的私生活、家庭、住宅和通信不得任意干涉，他的荣誉和名誉不得加以攻击。人人有权享受法律保护，以免受这种干涉或攻击。

第十三条

（一）人人在各国境内有权自由迁徙和居住。

（二）人人有权离开任何国家，包括其本国在内，并有权返回他的国家。

第十四条

（一）人人有权在其他国家寻求和享受庇护以避免迫害。

（二）在真正由于非政治性的罪行或违背联合国的宗旨和原则的行为而被起诉的情况下，不得援用此种权利。

第十五条

（一）人人有权享有国籍。

（二）任何人的国籍不得任意剥夺，亦不得否认其改变国籍的权利。

第十六条

（一）成年男女，不受种族、国籍或宗教的任何限制有权婚嫁和成立家庭。他们在婚姻方面，在结婚期间和在解除婚约时，应有平等的权利。

（二）只有经男女双方的自由和完全的同意，才能缔婚。

（三）家庭是天然的和基本的社会单元，并应受社会和国家的保护。

第十七条

（一）人人得有单独的财产所有权以及同他人合有的所有权。

（二）任何人的财产不得任意剥夺。

第十八条

人人有思想、良心和宗教自由的权利；此项权利包括改变他的宗教或信仰的自由，以及单独或集体、公开或秘密地以教义、实践、礼拜和戒律表示他的宗教或信仰的自由。

第十九条

人人有权享有主张和发表意见的自由；此项权利包括持有主张而不受干涉的自由，和通过任何媒介和不论国界寻求、接受和传递消息和思想的自由。

第二十条

（一）人人有权享有和平集会和结社的自由。

（二）任何人不得迫使隶属于某一团体。

第二十一条

（一）人人有直接或通过自由选择的代表参与治理本国的权利。

（二）人人有平等机会参加本国公务的权利。

（三）人民的意志是政府权力的基础；这一意志应以定期的和真正的选举予以表现，而选举应依据普遍和平等的投票权，并以不记名投票或相当的自由投票程序进行。

第二十二条

每个人，作为社会的一员，有权享受社会保障，并有权享受他的个人尊严和人格的自由发展所必需的经济、社会和文化方面各种权利的实现，这种实现是通过国家努力和国际合作并依照各国的组织和资源情况。

第二十三条

（一）人人有权工作、自由选择职业、享受公正和合适的工作条件并享受免于失业的保障。

（二）人人有同工同酬的权利，不受任何歧视。

（三）每一个工作的人，有权享受公正和合适的报酬，保证使他本人和家属有一个符合人的生活条件，必要时并辅以其他方式的社会保障。

（四）人人有为维护其利益而组织和参加工会的权利。

第二十四条

人人有享有休息和闲暇的权利，包括工作时间有合理限制和定期给薪休假的权利。

第二十五条

（一）人人有权享受为维持他本人和家属的健康和福利所需的生活水准，包括食物、衣着、住房、医疗和必要的社会服务；在遭到失业、疾病、残疾、守寡、衰老或在其他不能控制的情况下丧失谋生能力时，有权享受保障。

（二） 母亲和儿童有权享受特别照顾和协助。一切儿童，无论婚生或非婚生，都应享受同样的社会保护。

第二十六条

（一）人人都有受教育的权利，教育应当免费，至少在初级和基本阶段应如此。初级教育应属义务性质。技术和职业教育应普遍设立。高等教育应根据成绩而对一切人平等开放。

（二教育的目的在于充分发展人的个性并加强对人权和基本自由的尊重。教育应促进各国、各种族或各宗教集团间的了解、容忍和友谊，并应促进联合国维护和平的各项活动。

（三）父母对其子女所应受的教育的种类，有优先选择的权利。

第二十七条

（一） 人人有权自由参加社会的文化生活，享受艺术，并分享科学进步及其产生的福利。

（二） 人人对由于他所创作的任何科学、文学或美术作品而产生的精神的和物质的利益，有享受保护的权利。

第二十八条

人人有权要求一种社会的和国际的秩序，在这种秩序中，本宣言所载的权利和自由能获得充分实现。

第二十九条

（一）人人对社会负有义务，因为只有在社会中他的个性才可能得到自由和充分的发展。

（二）人人在行使他的权利和自由时，只受法律所确定的限制，确定此种限制的唯一目的在于保证对旁人的权利和自由给予应有的承认和尊重，并在一个民主的社会中适应道德、公共秩序和普遍福利的正当需要。

（三）这些权利和自由的行使，无论在任何情形下均不得违背联合国的宗旨和原则。

第三十条

本宣言的任何条文，不得解释为默许任何国家、集团或个人有权进行任何旨在破坏本宣言所载的任何权利和自由的活动或行为。

附件 4

公民及政治权利国际公约（1966）

序　言

本公约缔约各国：

考虑到，按照联合国宪章所宣布的原则，对人类家庭所有成员的固有尊严及其平等的和不移的权利的承认，乃是世界自由、正义与和平的基础，

确认这些权利是源于人身的固有尊严，

确认，按照世界人权宣言，只有在创造了使人人可以享有其公民和政治权利，正如享有其经济、社会、文化权利一样的条件的情况下，才能实现自由人类享有公民及政治自由和免于恐惧和匮乏的自由的理想，

考虑到各国根据联合国宪章负有义务促进对人的权利和自由的普遍尊重和遵行，

认识到个人对其他个人和对他所属的社会负有义务，应为促进和遵行本公约所承认的权利而努力，

兹同意下述各条：

第一部分

第一条

一、所有人民都有自决权。他们凭这种权利自由决定他们的政治地位，并自由谋求他们的经济、社会和文化的发展。

二、所有人民得为他们自己的目的自由处置他们的天然财富和资源，而不损害根据基于互利原则的国际经济合作和国际法而产生的任何义务。在任何情况下不得剥夺一个人民自己的生存手段。

三、本公约缔约各国，包括那些负责管理非自治领土和托管领土的国家，应在符合联合国宪章规定的条件下，促进自决权的实现，并尊重这种权利。

第二部分

第二条

一、本公约每一缔约国承担尊重和保证在其领土内和受其管辖的一切个人享有本公约所承认的权利，不分种族、肤色、性别、语言、宗教、政治或其他见解、国籍或社会出身、财产、出生或其他身份等任何区别。

二、凡未经现行立法或其他措施予以规定者，本公约每一缔约国承担按照其宪法程序和本公约的规定采取必要的步骤，以采纳为实施本公约所承认的权利所需的立法或其他措施。

三、本公约每一缔约国承担：

（甲）保证任何一个被侵犯了本公约所承认的权利或自由的人，能得到有效的补救，尽管此种侵犯是以官方资格行事的人所为；

（乙）保证任何要求此种补救的人能由合格的司法、行政或立法当局或由国家法律制度规定的任何其他合格当局断定其在这方面的权利；并发展司法补救的可能性；

（丙）保证合格当局在准予此等补救时，确能付诸实施。

第三条

本公约缔约各国承担保证男子和妇女在享有本公约所载一切公民和政治权利方面有平等的权利。

第四条

一、在社会紧急状态威胁到国家的生命并经正式宣布时，本公约缔约国得采取措施克减其在本公约下所承担的义务，但克减的程度以紧急情势所严格需要者为限，此等措施并不得与它根据国际法所负有的其他义务相矛盾，且不得包含纯粹基于种族、肤色、性别、语言、宗教或社会出身的理由的歧视。

二、不得根据本规定而克减第六条、第七条、第八条（第一款和第二款）、第十一条、第十五条、第十六条和第十八条。

三、任何援用克减权的本公约缔约国应立即经由联合国秘书长将它已克减的各项规定、实行克减的理由和终止这种克减的日期通知本公约的其他缔约国家。

第五条

一、本公约中任何部分不得解释为隐示任何国家、团体或个人有权利从事于任何旨在破坏本公约所承认的任何权利和自由或对它们加以较本公约所规定的范围更广的限制的活动或行为。

二、对于本公约的任何缔约国中依据法律、惯例、条例或习惯而被承认或存在的任何基本人权，不得借口本公约未予承认或只在较小范围上予以承认而加以限制或克减。

第三部分

第六条

一、人人有固有的生命权。这个权利应受法律保护。不得任意剥夺任何人的生命。

二、在未废除死刑的国家，判处死刑只能是作为对最严重的罪行的惩罚，判处应按照犯罪时有效并且不违反本公约规定和防止及惩治灭绝种族罪公约的法律。这种刑罚，非经合格法庭最后判决，不得执行。

三、兹了解：在剥夺生命构成灭种罪时，本条中任何部分并不准许本公约的任何缔约国以任何方式克减它在防止及惩治灭绝种族罪公约的规定下所承担的任何义务。

四、任何被判处死刑的人应有权要求赦免或减刑。对一切判处死刑的案件均得给予大赦、特赦或减刑。

五、对十八岁以下的人所犯的罪，不得判处死刑；对孕妇不得执行死刑。

六、本公约的任何缔约国不得援引本条的任何部分来推迟或阻止死刑的废除。

第七条

任何人均不得加以酷刑或施以残忍的、不人道的或侮辱性的待遇或刑罚。特别是对任何人均不得未经其自由同意而施以医药或科学试验。

第八条

一、任何人不得使为奴隶；一切形式的奴隶制度和奴隶买卖均应予以禁止。

二、任何人不应被强迫役使。

三、（甲）任何人不应被要求从事强迫或强制劳动；

（乙）在把苦役监禁作为一种对犯罪的惩罚的国家中，第三款（甲）项的规定不应认为排除按照由合格的法庭关于此项刑罚的判决而执行的苦役；

（丙）为了本款之用，“强迫或强制劳动”一辞不应包括：

（1）通常对一个依照法庭的合法命令而被拘禁的人或在此种拘禁假释期间的人所要求的任何工作或服务，非属（乙）项所述者；

（2）任何军事性质的服务，以及在承认良心拒绝兵役的国家中，良心拒绝兵役者依法被要求的任何国家服务；

（3）在威胁社会生命或幸福的紧急状态或灾难的情况下受强制的任何服务；

（4）属于正常的公民义务的一部分的任何工作或服务。

第九条

一、人人有权享有人身自由和安全。任何人不得加以任意逮捕或拘禁。除非依照法律所确定的根据和程序，任何人不得被剥夺自由。

二、任何被逮捕的人，在被逮捕时应被告知逮捕他的理由，并应被迅速告知对他提出的任何指控。

三、任何因刑事指控被逮捕或拘禁的人，应被迅速带见审判官或其他经法律授权行使司法权力的官员，并有权在合理的时间内受审判或被释放。等候审判的人受监禁不应作为一般规则，但可规定释放时应保证在司法程序的任何其他阶段出席审判，并在必要时报到听候执行判决。

四、任何因逮捕或拘禁被剥夺自由的人，有资格向法庭提起诉讼，以便法庭能不拖延地决定拘禁他是否合法以及如果拘禁不合法时命令予以释放。

五、任何遭受非法逮捕或拘禁的受害者，有得到赔偿的权利。

第十条

一、所有被剥夺自由的人应给予人道及尊重其固有的人格尊严的待遇。

二、（甲）除特殊情况外，被控告的人应与被判罪的人隔离开，并应给予适合于未判罪者身份的分别待遇；

（乙）被控告的少年应与成年人分隔开，并应尽速予以判决。

三、监狱制度应包括以争取囚犯改造和社会复员为基本目的的待遇。少年罪犯应与成年人隔离开，并应给予适合其年龄及法律地位的待遇。

第十一条

任何人不得仅仅由于无力履行约定义务而被监禁。

第十二条

一、合法处在一国领土内的每一个人在该领土内有权享受迁徙自由和选择住所的自由。

二、人人有自由离开任何国家，包括其本国在内。

三、上述权利，除法律所规定并为保护国家安全、公共秩序、公共卫生或道德，或他人的权利和自由所必需且与本公约所承认的其他权利不抵触的限制外，应不受任何其他限制。

四、任何人进入其本国权利，不得任意加以剥夺。

第十三条

合法处在本公约缔约国领土内的外侨，只有按照依法作出的决定才可以被驱逐出境，并且，除非在国家安全的紧迫原因另有要求的情况下，应准予提出反对驱逐出境的理由和使他的案件得到合格当局或由合格当局特别指定的一人或数人的复审，并为此目的而请人作代表。

第十四条

一、所有的人在法庭和裁判所前一律平等。在判定对任何人提出的任何刑事指控或确定他在一件诉讼案中的权利和义务时，人人有资格由一个依法设立的合格的、独立的和无偏倚的法庭进行公正的和公开的审讯。由于民主社会中的道德的、公共秩序的或国家安全的理由，或当诉讼当事人的私生活的利益有此需要时，或在特殊情况下法庭认为公开审判会损害司法利益因而严格需要的限度下，可不使记者和公众出席全部或部分审判；但对刑事案件或法律诉讼的任何判刑决应公开宣布，除非少年的利益另有要求或者诉讼系有关儿童监护权的婚姻争端。

二、凡受刑事控告者，在未依法证实有罪之前，应有权被视为无罪。

三、在判定对他提出的任何刑事指控时，人人完全平等地有资格享受以下的最低限度的保证：

（甲）迅速以一种他懂得的语言详细地告知对他提出的指控的性质

和原因；

（乙）有相当时间和便利准备他的辩护并与他自己选择的律师联络。

（丙）受审时间不被无故拖延；

（丁）出席受审并亲自替自己辩护或经由他自己所选择的法律援助进行辩护；如果他没有法律援助，要通知他享有这种权利；在司法利益有此需要的案件中，为他指定法律援助，而在他没有足够能力偿付法律援助的案件中，不要他自己付费；

（戊）讯问或业已讯问对他不利的证人，并使对他有利的证人在与对他不利的证人相同的条件下出庭和受讯问；

（已）如他不懂或不会说法庭上所用的语言，能免费获得译员的援助；

（庚）不被强迫作不利于他自己的证言或强迫承认犯罪。

四、对少年的案件，在程序上应考虑到他们的年龄和帮助他们重新做人的需要。

五、凡被判定有罪者，应有权由一个较高级法庭对其定罪及刑罚依法进行复审。

六、在一人按照最后决定已被判定犯刑事罪而其后根据新的或新发现的事实确实表明发生误审，他的定罪被推翻或被赦免的情况下，因这种定罪而受刑罚的人应依法得到赔偿，除非经证明当时不知道的事实未被及时揭露完全是或部分是由于他自己的缘故。

七、任何人已依一国的法律及刑事程序被最后定罪或宣告无罪者，不得就同一罪名再予审判或惩罚。

第十五条

一、任何人的任何行为或不行为，在其发生时依照国家法或国际法均不构成刑事罪者，不得据以认为犯有刑事罪。所加的刑罚也不得重于犯罪时适用的规定。如果在犯罪之后依法规定了应处以较轻的刑罚，犯罪者应予减刑。

二、任何人的行为或不行为，在其发生时依照各国公认的一般法律原则为犯罪者，本条规定并不妨碍因该行为或不行为而对任何人进行的审判和对他施加的刑罚。

第十六条

人人在任何地方有权被承认在法律前的人格。

第十七条

一、任何人的私生活、家庭、住宅或通信不得加以任意或非法干涉，他的荣誉和名誉不得加以非法攻击。

二、人人有权享受法律保护，以免受这种干涉或攻击。

第十八条

一、人人有权享受思想、良心和宗教自由。此项权利包括维持或改变他的宗教或信仰的自由，以及单独或集体、公开或秘密地以礼拜、戒律、实践和教义来表明他的宗教或信仰的自由。

二、任何人不得遭受足以损害他维持或改变他的宗教或信仰自由的强迫。

三、表示自己的宗教或信仰的自由，仅只受法律所规定的以及为保障公共安全、秩序、卫生或道德，或他人的基本权利和自由所必需的限制。

四、本公约缔约各国承担，尊重父母和（如适用时）法定监护人保证他们的孩子能按照他们自己的信仰接受宗教和道德教育的自由。

第十九条

一、人人有权持有主张，不受干涉。

二、人人有自由发表意见的权利；此项权利包括寻求、接受和传递各种消息和思想的自由，而不论国界，也不论口头的、书写的、印刷的、采取艺术形式的或通过他所选择的任何其他媒介。

三、本条第二款所规定的权利的行使带有特殊的义务和责任，因此得受某些限制，但这些限制只应由法律规定并为下列条件所必需：

（甲）尊重他人的权利或名誉；

（乙）保障国家安全或公共秩序，或公共卫生或道德。

第二十条

一、任何鼓吹战争的宣传，应以法律加以禁止。

二、任何鼓吹民族、种族或宗教仇恨的主张，构成煽动歧视、敌视或强暴者，应以法律加以禁止。

第二十一条

和平集会的权利应被承认。对此项权利的行使不得加以限制，除去按照法律以及在民主社会中为维护国家安全或公共安全、公共秩序，保护公共卫生或道德或他人的权利和自由的需要而加的限制。

第二十二条

一、人人有权享受与他人结社的自由，包括组织和参加工会以保护他的利益的权利。

二、对此项权利的行使不得加以限制。除去法律所规定的限制以及在民主社会中为维护国家安全或公共安全、公共秩序，保护公共卫生或道德，或他人的权利和自由所必需的限制。本条不应禁止对军队或警察成员的行使此项权利加以合法的限制。

三、本条并不授权参加一九四八年关于结社自由及保护组织权国际劳工组织公约的缔约国采取足以损害该公约中所规定的保证的立法措施，或在应用法律时损害这种保证。

第二十三条

一、家庭是天然的和基本的社会单元，并应受社会和国家的保护。

二、已达结婚年龄的男女缔婚和成立家庭的权利应被承认。

三、只有经男女双方的自由的和完全的同意，才能缔婚。

四、本公约缔约各国应采取适当步骤以保证缔婚双方在缔婚、结婚期间和解除婚约时的权利和责任平等。在解除婚约的情况下，应为儿童规定必要的保护办法。

第二十四条

一、每一儿童应有权享受家庭、社会和国家为其未成年地位给予的必要保护措施，不因种族、肤色、性别、语言、宗教、国籍或社会出身、财产或出生而受任何歧视。

二、每一儿童出生后就立即加以登记，并应有一个名字。

三、每一儿童有权取得一个国籍。

第二十五条

每个公民应有下列权利和机会，不受第二条所述的区分和不受不合理的限制：

（甲）直接或通过自由选择的代表参与公共事务；

（乙）在真正的定期的选举中选举和被选举，这种选举应是普遍的和平等的并以无记名投票方式进行，以保证选举人的意志的自由表达；

（丙）在一般的平等的条件下，参加本国公务。

第二十六条

所有的人在法律前平等，并有权受法律的平等保护，无所歧视。在这方面，法律应禁止任何歧视并保证所有的人得到平等的和有效的保护，以免受基于种族、肤色、性别、语言、宗教、政治或其他见解、国籍或社会出身、财产、出生或其他身份等任何理由的歧视。

第二十七条

在那些存在着人种的、宗教的或语言的少数人的国家中，不得否认这种少数人同他们的集团中的其他成员共同享有自己的文化、信奉和实行自己的宗教或使用自己的语言的权利。

第四部分

第二十八条

一、设立人权事务委员会（在本公约里以下简称“委员会”）。它应由十八名委员组成，执行下面所规定的任务。

二、委员应由本公约缔约国国民组成，他们应具有崇高道义地位和在人权方面有公认的专长，并且还应考虑使若干具有法律经验的人参加委员会是有用的。

第二十九条

一、委员会委员由具有第二十八条所规定的资格的人的名单中以无记名投票方式选出，这些人由本公约缔约国为此目的而提名。

二、本公约每一缔约国至多得提名二人，这些人应为提名国的国民。

三、任何人可以被再次提名。

第三十条

一、第一次选举至迟应于本公约生效之日起六个月内举行。

二、除按第三十四条进行补缺选举而外，联合国秘书长应在委员会每次选举前至少四个月书面通知本公约各缔约国，请它们在三个月内提出委员会委员的提名。

三、联合国秘书长应按姓名字母次序编造这样提出的被提名人名单，注明提名他们的缔约国，并应在每次选举前至少一个月将这个名单送交本公约各缔约国。

四、委员会委员的选举应在由联合国秘书长在联合国总部召开的本公约缔约国家会议举行。在这个会议里，本公约缔约国的三分之二应构成法定人数；凡获得最多票数以及出席并投票的缔约国代表的绝对多数票的那些被提名人当选为委员会委员。

第三十一条

一、委员会不得有一个以上的委员同为一个国家的国民。

二、委员会的选举应考虑到成员的公匀地域分配和各种类型文化及各主要法系的代表性。

第三十二条

一、委员会的委员任期四年。他们如被再次提名可以再次当选。然而，第一次选出的委员中有九名的任期在两年后即届满；这九人的姓名应由第三十条第四款所述会议的主席在第一次选举完毕后立即抽签决定。

二、任期届满后的选举应按公约本部分的上述各条进行。

第三十三条

一、如果委员会其他委员一致认为某一委员由于除暂时缺席以外的其他任何原因而已停止执行其任务时，委员会主席应通知联合国秘书长，秘书长应即宣布该委员的席位出缺。

二、倘遇委员会委员死亡或辞职时，主席应立即通知联合国秘书长，秘书长应宣布该席位自死亡日期或辞职生效日期起出缺。

第三十四条

一、按照第三十三条宣布席位出缺时，如果被接替的委员的任期从宣布席位出缺时起不在六个月内届满者，联合国秘书长应通知本公约各个缔约国，各缔约国可在两个月内按照第二十九条的规定，为填补空缺的目的提出提名。

二、联合国秘书长应按姓名字母次序编造这样提出来的被提名人名单，提交本公约各缔约国。然后按照公约本部分的有关规定进行被缺选举。

三、为填补按第三十三条宣布出缺的席位而当选的委员会委员的任期为按同条规定出缺的委员会委员的剩余任期。

第三十五条

委员会委员在获得联合国大会的同意时，可以按照大会鉴于委员会责任的重要性而决定的条件从联合国经费中领取薪俸。

第三十六条

联合国秘书长应为委员会提供必要的工作人员和便利，使能有效执行本公约所规定的职务。

第三十七条

一、联合国秘书长应在联合国总部召开委员会的首次会议。

二、首次会议以后，委员会应按其议事规则所规定的时间开会。

三、委员会会议通常应在联合国总部或联合国驻日内瓦办事处举行。

第三十八条

委员会每个委员就职以前，应在委员会的公开会议上郑重声明他将依秉良心公正无偏地行使其职权。

第三十九条

一、委员会应选举自己的职员，任期二年。他们可以连选连任。

二、委员会应制定自己的议事规则，但在这些规则中应当规定：

（甲）十二名委员构成法定人数；

（乙）委员会的决定由出席委员的多数票作出。

第四十条

一、本公约各缔约国承担在（甲）本公约对有关缔约国生效后的一年内及（乙）此后每逢委员会要求这样做的时候，提出关于它们已经采取而使本公约所承认的各项权利得以实施的措施和关于在享受这些权利方面所作出的进展的报告。

二、所有的报告应送交联合国秘书长转交委员会审议。报告中应指出影响实现本公约的因素和困难，如果存在着这种因素和困难的话。

三、联合国秘书长在同委员会磋商之后，可以把报告中属于专门机构职司范围的部分的副本转交有关的专门机构。

四、委员会应研究本公约各缔约国提出的报告，并应把它自己的报告以及它可能认为适当的一般建议送交各缔约国。委员会也可以把这些意见同它从本公约各缔约国收到的报告的副本一起转交经济及社会理事会。

五、本公约各缔约国得就按照本条第四款所可能作出的意见，向委员会提出意见。

第四十一条

一、本公约缔约国得按照本条规定，随时声明它承认委员会有权接受和审议一缔约国指控另一缔约国不履行它在本公约下的义务的通知。按照本条规定所作的通知，必须是由曾经声明其本身承认委员会有权的缔约国提出的，才能加以接受和审议。任何通知如果是关于尚未作出这种声明的缔约国的，委员会不得加以接受。按照本条规定所接受的通知，应按下列程序处理：

（甲）如本公约某缔约国认为另一缔约国未执行公约的规定，它可以用书面通知提请该国注意此事项。收到通知的国家应在收到后三个月内对发出通知的国家提供一项有关澄清此事项的书面解释或任何其他的书面声明，其中应可能地和恰当地引证在此事上已经采取的，或即将采取的、或现有适用的国内办法和补救措施。

（乙）如果此事项在收受国接到第一次通知后六个月内尚未处理得使双方满意，两国中任何一国有权用通知委员会和对方的方式将此事项提交委员会。

（丙）委员会对于提交给它的事项，应只有在它认定在这一事项上已按照普遍公认的国际法原则求助于和用尽了所有现有适用的国内补救措施之后，才加以处理。在补救措施的采取被无理拖延的情况下，此项通知则不适用。

（丁）委员会审议按本条规定所作的通知时，应以秘密会议进行。

（戊）在服从分款（丙）的规定的情况下，委员会应对有关缔约国提供斡旋，以便在尊重本公约所承认的人权和基本自由的基础上求得此事项的友好解决。

（己）在提交委员会的任何事项上，委员会得要求分款（乙）内所述的有关缔约国提供任何有关情报。

（庚）在委员会审议此事项时，分款（乙）内所述的有关缔约国应有权派代表出席并提出口头和/或书面说明。

（辛）委员会应在收到按分款（乙）提出的通知之日起十二个月内提出一项报告：

（1）如果案件在分款（戊）所规定的条件下获得解决，委员在其报告中应限于对事实经过作一简短陈述；（2）案件有关双方提出的书面说明和口头说明的记录，也应附在报告上。在每一事项上，应将报告送交各有关缔约国。

二、本条的规定应于有十个本公约缔约国已经作出本条第一款所述的声明时生效。各缔约国的这种声明应交存联合国秘书长；秘书长应将声明副本转交其他缔约国。缔约国得随时通知秘书长撤回声明。此种撤回不得影响对曾经按照本条规定作出通知而要求处理的任何事项的审议；在秘书长收到缔约国撤回声明的通知后，对该缔约国以后所作的通知，不得再予接受，除非该国另外作出了新的声明。

第四十二条

一、（甲）如按第四十一条规定提交委员会处理的事项未能获得使各有关缔约国满意的解决，委员会得经各有关缔约国事先同意，指派一个专设和解委员会（以下简称“和委会”）。和委会应对有关缔约国提供斡旋，以便在尊重本公约的基础上求得此事项的友好解决；

（乙）和委会由各有关缔约国接受的委员五人组成。如各有关缔约国于三个月内对和委员会组成的全部或一部分未能达成协议，未得协议和委员会委员应由委员会用无记名投票方式以三分之二多数自其本身委员中选出。

二、和委会委员以其个人身份进行工作。委员不得为有关缔约国的国民，或为非本公约缔约国的国民，或未按第四十一条规定作出声明的缔约国的国民。

三、和委会应选举自己的主席及制定自己的议事规则。

四、和委会会议通常应在联合国总部或联合国驻日内瓦办事处举行，但亦得在和委会同联合国秘书长及各有关缔约国磋商后决定的其他方便地点举行。

五、按第三十六条设置的秘书处应亦为按本条指派的和委会服务。

六、委员会所收集整理的情报，应提供给和委会，和委会亦得请有关缔约国提供任何其他有关情报。

七、和委会于详尽审议此事项后，无论如何应于受理该事项后十二个月内，向委员会主席提出报告，转送各有关缔约国：

（甲）如果和委会未能在十二个月内完成对案件的审议，和委会在其报告中应限于对其审议案件的情况作一简短的陈述；

（乙）如果案件不能在尊重本公约所承认的人权的基础上求得友好解决，和委会在其报告中应限于对事实经过和所获解决作一简短陈述；

（丙）如果案件不能在分款（乙）规定的条件下获得解决，和委会在其报告中应说明对于各有关缔约国间争执事件的一切有关事实问题的结论，以及对于就该事件寻求友好解决的各种可能性的意见。此项报告中亦应载有各有关缔约国提出的书面说明和口头说明的记录；

（丁）和委会的报告如系按分款（丙）的规定提出，各有关缔约国应于收到报告后三个月内通知委员会主席是否接受和委员的报告的内容。

八、本条规定不影响委员会在第四十一条下所负的责任。

九、各有关缔约国应依照联合国秘书长所提概算，平均负担和委会委员的一切费用。

十、联合国秘书长应被授权于必要时在各有关缔约国依本条第九款偿还用款之前，支付和委员会委员的费用。

第四十三条

委员会委员，以及依第四十二条可能指派的专设和解委员会委员，应有权享受联合国特权及豁免公约内有关各款为因联合国公务出差的专家所规定的各种便利、特权与豁免。

第四十四条

有关实施本公约的规定，其适用不得妨碍联合国及各专门机构的组织法及公约在人权方面所订的程序,或根据此等组织法及公约所订的程序，亦不得阻止本公约各缔约国依照彼此间现行的一般或特别国际协定，采用其他程序解决争端。

第四十五条

委员会应经由经济及社会理事会向联合国大会提出关于它的工作的年度报告。

第五部分

第四十六条

本公约的任何部分不得解释为有损联合国宪章和各专门机构组织法中确定联合国各机构和各专门机构在本公约所涉及事项方面的责任的规定。

第四十七条

本公约的任何部分不得解释为有损所有人民充分地和自由地享受和利用它们的天然财富与资源的固有的权利。

第六部分

第四十八条

一、本公约开放给联合国任何会员国或其专门机构的任何会员国、国际法院规约的任何当事国和经联合国大会邀请为本公约缔约国的任何其他国家签字。

二、本公约须经批准。批准书应交存联合国秘书长。

三、本公约应开放给本条第一款所述的任何国家加入。

四、加入应向联合国秘书长交存加入书。

五、联合国秘书长应将每一批准书或加入书的交存通知已经签字或加入本公约的所有国家。

第四十九条

一、本公约应自第三十五件批准书或加入书交存联合国秘书长之日起三个月生效。

二、对于在第三十五件批准书或加入书交存后批准或加入本公约的国家，本公约应自该国交存批准书或加入书之日起三个月生效。

第五十条

本公约的规定应扩及联邦国家的所有部分，没有任何限制和例外。

第五十一条

一、本公约的任何缔约国均得提出对本公约的修正案，并将其提交联合国秘书长。秘书长应立即将提出的修正案转知本公约各缔约国，同时请它们通知秘书长是否赞成召开缔约国家会议以审议这个提案并对它进行表决。在至少有三分之一缔约国家赞成召开这一会议的情况下，秘书长应在联合国主持下召开此会议。为会议上出席投票的多数缔约国家所通过的任何修正案，应提交联合国大会批准。

二、此等修正案由联合国大会批准并为本公约缔约国的三分之二多数按照它们各自的宪法程序加以接受后，即行生效。

三、此等修正案生效时，对已加接受的各缔约国有拘束力，其他缔约国仍受本公约的条款和它们已接受的任何以前的修正案的拘束。

第五十二条

除按照第四十八条第五款作出的通知外，联合国秘书长应将下列事项通知同条第一款所述的所有国家：

（甲）按照第四十八条规定所作的签字、批准和加入；

（乙）本公约按照第四十九条规定生效的日期，以及对本公约的任何修正案按照第五十一条规定生效的日期。

第五十三条

一、本公约应交存联合国档库，其中文、英文、法文、俄文、西班牙文各本同一作准。

二、联合国秘书长应将本公约的正式副本送第四十八条所指的所有国家。

附件 5

经济、社会、文化权利国际公约

序　言

本公约缔约各国：

考虑到，按照联合国宪章所宣布的原则，对人类家庭所有成员的固有尊严及其平等的和不移的权利的承认，乃是世界自由、正义与和平的基础，

确认这些权利是源于人身的固有尊严，

确认，按照世界人权宣言，只有在创造了使人可以享有其经济、社会及文化权利，正如享有其公民和政治权利一样的条件的情况下，才能实现自由人类享有免于恐惧和匮乏的自由的理想，

考虑到各国根据联合国宪章负有义务促进对人的权利和自由的普遍尊重和遵行，

认识到个人对其他个人和对他所属的社会负有义务，应为促进和遵行本公约所承认的权利而努力，

兹同意下述各条：

第一部分

第一条

一、所有人民都有自决权。他们凭这种权利自由决定他们的政治地位，并自由谋求他们的经济、社会和文化的发展。

二、所有人民得为他们自己的目的自由处置他们的天然财富和资源，而不损害根据基于互利原则的国际经济合作和国际法而产生的任何义务。在任何情况下不得剥夺一个人民自己的生存手段。

三、本公约缔约各国，包括那些负责管理非自治领土和托管领土的国家，应在符合联合国宪章规定的条件下，促进自决权的实现，并尊重这种权利。

第二部分

第二条

一、每一缔约国家承担尽最大能力个别采取步骤或经由国际援助和合作，特别是经济和技术方面的援助和合作，采取步骤，以便用一切适当方法，尤其包括用立法方法，逐渐达到本公约中所承认的权利的充分实现。

二、本公约缔约各国承担保证，本公约所宣布的权利应予普遍行使，而不得有例如种族、肤色、性别、语言、宗教、政治或其他见解、国籍或社会出身、财产、出生或其他身份等任何区分。

三、发展中国家，在适当顾到人权及它们的民族经济的情况下，得决定它们对非本国国民的享受本公约中所承认的经济权利，给予什么程度的保证。

第三条

本公约缔约各国承担保证男子和妇女在本公约所载一切经济、社会及文化权利方面有平等的权利。

第四条

本公约缔约各国承认，在对各国依据本公约而规定的这些权利的享有方面，国家对此等权利只能加以限制同这些权利的性质不相违背而且只是为了促进民主社会中的总的福利的目的的法律所确定的限制。

第五条

一、本公约中任何部分不得解释为隐示任何国家、团体或个人有权利从事于任何旨在破坏本公约所承认的任何权利或自由或对它们加以较本公约所规定的范围更广的限制的活动或行为。

二、对于任何国家中依据法律、惯例、条例或习惯而被承认或存在的任何基本人权，不得借口本公约未予承认或只在较小范围上予以承认而予以限制或克减。

第三部分

第六条

一、本公约缔约各国承认工作权，包括人人应有机会凭其自由选择和接受的工作来谋生的权利，并将采取适当步骤来保障这一权利。

二、本公约缔约各国为充分实现这一权利而采取的步骤应包括技术的和职业的指导和训练，以及在保障个人基本政治和经济自由的条件下达到稳定的经济、社会和文化的发展和充分的生产就业的计划、政策和技术。

第七条

本公约缔约各国承认人人有权享受公正和良好的工作条件，特别要保证：

（甲）最低限度给予所有工人以下列报酬：

（1）公平的工资和同值工作同酬而没有任何歧视，特别是保证妇女享受不差于男子所享受的工作条件，并享受同工同酬；

（2）保证他们自己和他们的家庭得有符合本公约规定的过得去的生活；

（乙）安全和卫生的工作条件；

（丙）人人在其行业中有适当的提级的同等机会，除资历和能力的考虑外，不受其他考虑的限制；

（丁）休息、闲暇和工作时间的合理限制，定期给薪休假以及公共假日报酬。

第八条

一、本公约缔约各国承担保证：

（甲）人人有权组织工会和参加他所选择的工会，以促进和保护他的经济和社会利益；这个权利只受有关工会的规章的限制。对这一权利的行使，不得加以除法律所规定及在民主社会中为了国家安全或公共秩序的利益或为保护他人的权利和自由所需要的限制以外的任何限制；

（乙）工会有权建立全国性的协会或联合会，有权组织或参加国际工会组织；

（丙）工会有权自由地进行工作，不受除法律所规定及在民主社会中为了国家安全或公共秩序的利益或为保护他人的利益和自由所需要的限制以外的任何限制；

（丁）有权罢工，但应按照各个国家的法律行使此项权利。

二、本条不应禁止对军队或警察或国家行政机关成员的行使这些权利，加以合法的限制。

三、本条并不授权参加一九四八年关于结社自由及保护组织权国际劳工公约的缔约国采取足以损害该公约中所规定的保证的立法措施，或在应用法律时损害这种保证。

第九条

本公约缔约各国承认人人有权享受社会保障，包括社会保险。

第十条

本公约缔约各国承认：

一、对作为社会的自然和基本的单元的家庭，特别是对于它的建立和当它负责照顾和教育未独立的儿童时,应给以尽可能广泛的保护和协助。缔婚必须经男女双方自由同意。

二、对母亲，在产前和产后的合理期间，应给以特别保护。在此期间，对有工作的母亲应给以给薪休假或有适当社会保障福利金的休假。

三、应为一切儿童和少年采取特殊的保护和协助措施，不得因出身或其他条件而有任何歧视。儿童和少年应予保护免受经济和社会的剥削。雇用他们做对他们的道德或健康有害或对生命有危险的工作或做足以妨害他们正常发育的工作，依法应受惩罚。各国亦应规定限定的年龄，凡雇用这个年龄以下的童工，应予禁止和依法应受惩罚。

第十一条

一、本公约缔约各国承认人人有权为他自己和家庭获得相当的生活水准，包括足够的食物、衣着和住房，并能不断改进生活条件。各缔约国将采取适当的步骤保证实现这一权利，并承认为此而实行基于自愿同意的国际合作的重要性。

二、本公约缔约各国既确认人人享有免于饥饿的基本权利，应为下列目的，个别采取必要的措施或经由国际合作采取必要的措施，包括具体的计划在内：

（甲）用充分利用科技知识、传播营养原则的知识和发展或改革土地制度以使天然资源得到最有效的开发和利用等方法，改进粮食的生产、保存及分配方法；

（乙）在顾到粮食入口国家和粮食出口国家的问题的情况下，保证世界粮食供应，会按照需要，公平分配。

第十二条

一、本公约缔约各国承认人人有权享有能达到的最高的体质和心理健康的标准。

二、本公约缔约各国为充分实现这一权利而采取的步骤应包括为达到下列目标所需的步骤：

（甲）减低死胎率和婴儿死亡率，和使儿童得到健康的发育；

（乙）改善环境卫生和工业卫生的各个方面；

（丙）预防、治疗和控制传染病、风土病、职业病以及其他的疾病；

（丁）创造保证人人在患病时能得到医疗照顾的条件。

第十三条

一、本公约缔约各国承认，人人有受教育的权利。它们同意，教育应鼓励人的个性和尊严的充分发展，加强对人权和基本自由的尊重，并应使所有的人能有效地参加自由社会，促进各民族之间和各种族、人种或宗教团体之间的了解、容忍和友谊，和促进联合国维护和平的各项活动。

二、本公约缔约各国认为，为了充分实现这一权利起见：

（甲）初等教育应属义务性质并一律免费；

（乙）各种形式的中等教育，包括中等技术和职业教育，应以一切适当方法，普遍设立，并对一切人开放，特别要逐渐做到免费；

（丙）高等教育应根据成绩，以一切适当方法，对一切人平等开放，特别要逐渐做到免费；

（丁）对那些未受到或未完成初等教育的人的基础教育，应尽可能加以鼓励或推进；

（戊）各级学校的制度，应积极加以发展；适当的奖学金制度，应予设置；教员的物质条件，应不断加以改善。

三、本公约缔约各国承担，尊重父母和（如适用时）法定监护人的下列自由：为他们的孩子选择非公立的但系符合于国家所可能规定或批准的最低教育标准的学校，并保证他们的孩子能按照他们自己的信仰接受宗教和道德教育。

四、本条的任何部分不得解释为干涉个人或团体设立及管理教育机构的自由，但以遵守本条第一款所述各项原则及此等机构实施的教育必须符合于国家所可能规定的最低标准为限。

第十四条

本公约任何缔约国在参加本公约时尚未能在其宗主领土或其他在其管辖下的领土实施免费的、义务性的初等教育者，承担在两年之内制定和采取一个逐步实行的详细的行动计划，其中规定在合理的年限内实现一切人均得受免费的义务性教育的原则。

第十五条

一、本公约缔约各国承认人人有权：

（甲）参加文化生活；

（乙）享受科学进步及其应用所产生的利益；

（丙）对其本人的任何科学、文学或艺术作品所产生的精神上和物质上的利益，享受被保护之利。

二、本公约缔约各国为充分实现这一权利而采取的步骤应包括为保存、发展和传播科学和文化所必需的步骤。

三、本公约缔约各国承担尊重进行科学研究和创造性活动所不可缺少的自由。

四、本公约缔约各国认识到鼓励和发展科学与文化方面的国际接触和合作的好处。

第四部分

第十六条

一、本公约缔约各国承担依照本公约这一部分提出关于在遵行本公约所承认的权利方面所采取的措施和所取得的进展的报告。

二、（甲）所有的报告应提交给联合国秘书长；联合国秘书长应将报告副本转交经济及社会理事会按照本公约的规定审议；

（乙）本公约任何缔约国，同时是一个专门机构的成员国者，其所提交的报告或其中某部分，倘若与按照该专门机构的组织法规定属于该机构职司范围的事项有关，联合国秘书长应同时将报告副本或其中的有关部分转交该专门机构。

第十七条

一、本公约缔约各国应按照经济及社会理事会在同本公约缔约各国和有关的专门机构进行谘商后，于本公约生效后一年内，所制订的计划，分期提供报告。

二、报告得指出影响履行本公约义务的程度的因素和困难。

三、凡有关的材料应经本公约任一缔约国提供给联合国或某一专门机构时，即不需要复制该项材料，而只需确切指明所提供材料的所在地即可。

第十八条

经济及社会理事会按照其根据联合国宪章在人权方面的责任，得和专门机构就专门机构向理事会报告在使本公约中属于各专门机构活动范围的规定获得遵行方面的进展作出安排。这些报告得包括它们的主管机构所采取的关于此等履行措施的决定和建议的细节。

第十九条

经济及社会理事会得将各国按照第十六条和第十七条规定提出的关于人权的报告和各专门机构按照第十八条规定提出的关于人权的报告转交人权委员会，以供研究和提出一般建议或在适当时候参考。

第二十条

本公约缔约各国以及有关的专门机构得就第十九条中规定的任何一般建议或就人权委员会的任何报告中的此种一般建议或其中所提及的任何文件，向经济及社会理事会提出意见。

第二十一条

经济及社会理事会得随时和其本身的报告一起向大会提出一般性的建议，以及从本公约各缔约国和各专门机构收到的关于在普遍遵行本公约所承认的权利方面所采取的措施和所取得的进展的材料的摘要。

第二十二条

经济及社会理事会得提请从事技术援助的其他联合国机构和它们的辅助机构，以及有关的专门机构对本公约这一部分所提到的各种报告所引起的任何事项予以注意，这些事项可能帮助这些机构在它们各自的权限内决定是否需要采取有助于促进本公约的逐步切实履行的国际措施。

第二十三条

本公约缔约各国同意为实现本公约所承认的权利而采取的国际行动应包括签订公约、提出建议、进行技术援助，以及为磋商和研究的目的同有关政府共同召开区域会议和技术会议等方法。

第二十四条

本公约的任何部分不得解释为有损联合国宪章和各专门机构组织法中确定联合国各机构和各专门机构在本公约所涉及事项方面的责任的规定。

第二十五条

本公约中任何部分不得解释为有损所有人民充分地和自由地享受和利用他们的天然财富与资源的固有权利。

第五部分

第二十六条

一、本公约开放给联合国任何会员国或其专门机构的任何会员国、国际法院规约的任何当事国、和经联合国大会邀请为本公约缔约国的任何其他国家签字。

二、本公约须经批准。批准书应交存联合国秘书长。

三、本公约应开放给本条第一款所述的任何国家加入。

四、加入应向联合国秘书长交存加入书。

五、联合国秘书长应将每一批准书或加入书的交存通知已经签字或加入本公约的所有国家。

第二十七条

一、本公约应自第三十五件批准书或加入书交存联合国秘书长之日起三个月后生效。

二、对于在第三十五件批准书或加入书交存后批准或加入本公约的国家，本公约应自该国交存其批准书或加入书之日起三个月后生效。

第二十八条

本公约的规定应扩及联邦国家的所有部分，没有任何限制和例外。

第二十九条

一、本公约的任何缔约国均得提出对本公约的修正案，并将其提交联合国秘书长。秘书长应立即将提出的修正案转知本公约各缔约国，同时请它们通知秘书长是否赞成召开缔约国家会议以审议这个提案并对它进行表决。在至少有三分之一缔约国赞成召开这一会议的情况下，秘书长应在联合国主持下召开此会议。为会议上出席并投票的多数缔约国所通过的任何修正案，应提交联合国大会批准。

二、此等修正案由联合国大会批准并为本公约缔约国的三分之二多数按照它们各自的宪法程序加以接受后，即行生效。

三、此等修正案生效时，对已加接受的各缔约国有拘束力，其他缔约国仍受本公约的条款和它们已接受的任何以前的修正案的拘束。

第三十条

除按照第二十六条第五款作出的通知外，联合国秘书长应将下列事项通知同条第一款所述的所有国家：

（甲）按照第二十六条规定所作的签字、批准和加入；

（乙）本公约按照第二十七条规定生效的日期，以及对本公约的任何修正案按照第二十九条规定生效的日期。

第三十一条

一、本公约应交存联合国档库，其中文、英文、法文、俄文、西班牙文各本同一作准。

二、联合国秘书长应将本公约的正式副本分送第二十六条所指的所有国家。